U0493085

外国法典译介丛书

Introduction to the Korean Constitutional Law

韩国宪法学概论

[韩] 成乐寅……著
朴大宪 蔡永浩……译

知识产权出版社
全国百佳图书出版单位
——北京——

图书在版编目（CIP）数据

韩国宪法学概论 /（韩）成乐寅著；朴大宪，蔡永浩译 . — 北京：知识产权出版社，2022.9
ISBN 978-7-5130-8282-2

Ⅰ . ①韩⋯ Ⅱ . ①成⋯ ②朴⋯ ③蔡⋯ Ⅲ . ①宪法—法的理论—概论—韩国 Ⅳ . ① D931.261

中国版本图书馆 CIP 数据核字 (2022) 第 146976 号

内容提要

本书由三编构成。第一编"宪法总论"，论及宪法如何诞生、国家如何产生、谁是国家的真正主人、韩国的宪法史、支撑韩国宪法的四大基本原理为何的问题。第二编"宪法与政治制度"，论及代议制的利弊为何、权力分立主义产生了哪些变化、总统制的走向、国会和政府之间的牵制与均衡关系为何、法院和宪法裁判所的关系为何等的问题。第三编"宪法与基本权"，论及人生而享有的自然权利有哪些、宪法中未能列举的权利是否有必要保护、受国家侵害的基本权利如何获得救济、国家的义务有哪些等问题。

本书适合研究宪法学与行政法学方向的高校师生、研究韩国宪法学的相关学者及广大爱好韩国宪法学读者阅读。

责任编辑：王　辉　　　　**责任印制：**孙婷婷

韩国宪法学概论

HANGUO XIANFAXUE GAILUN

［韩］成乐寅　著　朴大宪　蔡永浩　译

出版发行：	知识产权出版社有限责任公司	**网　　址：**	http：//www. ipph. cn
			http：//www.laichushu.com
电　　话：	010-82004826		
社　　址：	北京市海淀区气象路 50 号院	**邮　　编：**	100081
责编电话：	010-82000860 转 8381	**责编邮箱：**	wanghui@cnipr.com
发行电话：	010-82000860 转 8101	**发行传真：**	010-82000893
印　　刷：	北京中献拓方科技发展有限公司	**经　　销：**	新华书店、各大网上书店及相关专业书店
开　　本：	720mm × 1000 mm　1/16	**印　　张：**	27.5
版　　次：	2022 年 9 月第 1 版	**印　　次：**	2022 年 9 月第 1 次印刷
字　　数：	470 千字	**定　　价：**	158.00 元

ISBN 978-7-5130-8282-2

京权图字 01-2022-0624

出版者的话

坚持走中国特色社会主义法治道路，更好地推进中国特色社会主义法治体系建设离不开当代法学理论的引导和推动，其中外向型、国际型的法学研究无疑具有重要价值，既能丰富法学理论研究，又能对完善相关立法提供有益参考。目前，虽然已有一些外国法典的翻译丛书，但大多数出版时间较早，而法律为顺应社会发展在不断修订完善，鉴于此对当前最新的外国法典进行译介是合时宜且必要的。

“外国法典译介丛书”旨在推动我国外向型、国际型的法学基本理论的研究和探讨，对不同法系、不同国家的法学理论和法律制度进行研究，及时跟进国内外比较法学发展的最新动态和研究成果，为我国法治建设提供具有启发性、可行性的借鉴和思路。同时，为法学研究者、实务者在全球化过程中了解和运用外国法律制度打开一扇窗。

我们希望通过本套丛书的积淀，为我国外向型、国际型法学研究尽绵薄之力，同时期盼从事法典翻译和国外制度研究的国内外专家、学者加入创编团队，为法治建设注入新的动能和活力。

知识产权出版社

作者序言

听闻中文版《韩国宪法学概论》得以出版，甚是喜悦。本人的宪法学一般理论著作主要以《韩国宪法学》和《韩国宪法学概论》构成。《韩国宪法学》不仅适合于法学专业本科生以及研究生，也适用于法学教师、法曹界人士（法官、检察官、律师）等法律专家阅读的专业书籍。《韩国宪法学》广泛涉及主要国家的相关领域理论和判例等内容。然而，《韩国宪法学概论》旨在增进对作为国家之最高法、公民之“生活宪章”的宪法之理解，适合所有大学生和对社会科学感兴趣之人士。《韩国宪法学概论》一书虽然使用了“概论”一词，但是近 30 万字的规模，足以使得读者充分熟知韩国宪法学的基本理论。

《韩国宪法学概论》一书在韩国以《宪法学入门》之名已经出版至第 10 版，由于深受读者的喜爱和鼓励，才得以持续出版。在韩国出版的《宪法学入门》虽然属于入门级著作，但由于其过度庞大的内容体系，不得不在 2021 年将其更名为《宪法概论》。正逢 2021 年《宪法概论》在韩国出版之际，喜闻中文版即将出版，甚是荣幸。作为韩国“宪法学入门书”的《宪法概论》将以大众更为容易接受的方式阐释宪法是什么。

中文版《韩国宪法学概论》得以出版，归功于延边大学朝鲜韩国法研究中心主任、法学院副院长蔡永浩博士和辽宁大学法学院朴大宪博士的努力。借此，由衷感谢两位老师的付出，并希望曾与本人一同在首尔大学法学院博士课程中研究宪法学的两位老师获得更高的学术成就。曾与本人的“宪法学研究室”磨砺学问之基础的两位译者，现已成长为法学院教师指导后辈学生，就此，本人倍感欣慰。首尔大学一直与延边大学保持诸多学术交流。感谢蔡永浩教授协助解决交流过程中遇到的诸多难题。另外，2020 年 12 月 23 日经朴大宪博士的协调，本人得以面向辽宁大学法学院学生开展线上讲座。在此，感谢主持讲座的法学院闫海院长和朴大宪博士，并对认真倾听和提出问题的学生表示谢意。

本人的另一部专业学术著作《宪法学》已经立项为中国的国家翻译课题，自2016年以来由上海外国语大学着手翻译，虽然，至今未能出版，但希望《宪法学》的中文版能够尽早问世，使其成为法学学者和法律专家们的益友。

若想深入理解《韩国宪法学概论》，可以参考本人的《宪法学》第21版（2021年），《判例宪法》第4版（2014年），《大韩民国宪法史》（2012年），《宪法诉讼论》（2012年），《宪法练习》（2000年）等。此外，还可以参考本人自2014年开始担任为期4年的首尔大学第26任校长后，于退任之际出版的《宪法学论集》（2018年）收录的82篇学术论文，并于首尔大学法学院退任之际出版的《宪法和国家正体性》（2019年）以及由前辈、同僚法学家参与的《国家与宪法》（宪法总论和政治制度论篇）（2018年）和《国家与宪法》（基本权论篇）（2018年）收录的117篇学术论文。韩国政府曾为推进学问的大众化面向一般市民举办了“大家人文讲座”，本人基于该讲义出版了《宪法与生活法治》（2017年），该书是使得宪法成为国民之挚友的说明书。

末尾，深表感谢协助两位老师出版《韩国宪法学概论》的辽宁大学法学院和知识产权出版社相关人员。

2021年（辛丑年）新年元旦

于首尔大学研究室

成乐寅

译者序言

借用伽利略的一句话，我们无法教别人任何东西，我们只能启发别人发现一些东西。评价一本书是否值得去阅读的标准，也许就是能否给人以某种启发和深思，使其发现真理。《韩国宪法学概论》就是一本给人以某种启发和深思的书籍。

本书中，涉及世界主要国家的宪法学基础理论。所谓的世界主要国家是指社会主义国家以及英、美、德、法、日、韩、俄等国家。韩国和德国、法国、日本一同属于大陆法系（Civil Law System）国家，英国和美国属于英美法系（Common Law System）国家。英国作为民主主义的摇篮，启发了世界各国人民，人民可以限制包括国家权力在内的王权。美国于 1787 年制定世界第一部成文宪法，启发世界各国人民，人民可以通过制定宪法的形式限制国家权力之运行。1789 年爆发的法国大革命，启发人们，人本来就享有人作为人应当享有的权利。1918 年俄罗斯苏维埃制定的宪法，启发世界各国人民，社会福祉国家理念的可行，由 1919 年的德国魏玛共和国宪法所吸收。本书中，论及的韩国宪法就是吸收借鉴世界各国之宪法理念，滋生于本土的宪法，启发我们，韩国是如何培育民主主义、人民如何限制国家权力之运行、人民如何保障自身的自然权利和实定权利。

本书中，论及韩国自建国以来面临的主要宪法问题。例如，韩国宪法史部分，详细说明了自 1948 年制定第一共和国宪法至 1987 年全面修改的第六共和国宪法过程之动荡局面。在政治制度论部分，分析了韩国选择 5 年任期总统制政府形态的前因后果和将来趋势以及弹劾总统过程中发现的制度缺陷问题，韩国如何应对行政国家化倾向和政党国家化倾向的问题，国会议员选举中比例代表选举方式的改革问题，权力分立原理的现代化问题和宪法机关的构成问题等。在基本权论部分，分析了如何保护宪法上未列举之基本权的问题，基本权的对私人效力问题，外国人可否享有政治权利的问题，大学自治的问题，如何看待人的尊严与价值以及幸福追求权的问题等。这些宪法问题将影响韩国的走向，是韩国宪法学界和实务界亟待解决的问题。

成乐寅教授的韩语版《韩国宪法学概论》第一版出版于 2011 年，此后，每年都有更新版本问世。中文版《韩国宪法学概论》是对 2020 年问世的第十版之内容的译文。成乐寅教授历任世界宪法学会韩国学会会长、韩国公法学会会长、韩国法学教授会会长、国会宪法研究咨询委员会副委员长、宪法裁判所咨询委员等职务，其撰写的《宪法学》一书在韩国宪法学界处于权威地位，作为实务界的国会、政府、法院、宪法裁判所都会引用该书之观点。《韩国宪法学概论》其实是《宪法学》的简化版本。

本人于首尔大学法学院求学期间，发现本书不仅有益于我国读者了解韩国宪治状况，还能启发读者以深思宪法的本质是什么。故而，决心将《韩国宪法学概论》翻译成中文，供我国读者阅览。蔡永浩教授与本人系成乐寅教授之弟子，适逢蔡永浩师兄欣然同意合译事宜，不辞履行延边大学法学院副院长职务之辛苦，为本书之问世付出了宝贵的时间和努力。在此一并感谢，江西师范大学政法学院张何鑫博士和首尔大学法学院崔慧珠博士为本书之校对提出的宝贵意见。

本书的出版得益于辽宁大学法学院的慷慨资助和王辉责任编辑协助下知识产权出版社的帮助，特表谢意。

朴大宪

于辽宁大学蒲河校区文华楼

2022 年 8 月

目　录

第一编　宪法总论

第二编　宪法与政治制度

第三编 宪法与基本权

第一编 宪法总论

第一章　宪法与宪法学

第一节　作为权力与自由之调和技术的宪法

一、意义

（一）宪法与宪法学

宪法（Constitution）既是国家的最高法，又是国家的基本法。近代市民革命终结了绝对君主时代，由此确立的近代立宪主义宪法是立足于国民主权主义的控制权力以及保障国民自由和权利的最高合议文书。

（二）作为权力之学问的宪法学

国家中一切制度的维持和管理都是政治权力的具体化。从此种意义上讲，宪法学是关于权力的学问。

（三）作为自由之学问的宪法学

根据国民主权主义，国家应当最大限度地保障人的自由，但此种自由，并非是国家放任的自由，而是在国家的框架内得到保护的自由。

（四）作为权力与自由之间调和技术的宪法学

国民作为主权者，在其自由和权利栖息的地方，权力并非行使权力者的权力，而是服务于国民的权力。自近代立宪主义产生以来，宪法学是一种基于国民主权主义保障国民自由和权利的学问，以及基于权力的民主化意图调和权力和自由的学问。

二、立宪主义

（一）固有意义上的宪法

固有意义上的宪法是指“组织建立国家的最高机关，规范此类机关的行为方式、权力机关之间的相互关系和活动范围的规定”。因此，固有意义上的宪法并不是以近代立宪主义为前提确立的宪法概念。此种定义把宪法理解为国家的根本组织法，因此固有意义上的宪法存在于任何体制下的国家之中。

（二）近代立宪主义宪法的确立

近代立宪主义宪法是指在1776年美国独立革命和1789年法国大革命后制定的基于近代自然法理论的一系列宪法。近代立宪主义宪法以国民主权、基本权保障、权力分立、代议制、法治主义等为其主要内容，并以成文宪法及硬性宪法为其主要形式。近代立宪主义宪法进入20世纪后发展成了现代社会福祉国家宪法。

三、外国立宪主义宪法理论与大韩民国宪法

（一）近代立宪主义理论的吸收

就当今世界各国宪法教科书中提到的理论而言，其基本模型大体上确立于19世纪末、20世纪初。现代宪法学中，所谓的两大山脉，亦即法国宪法学和德国宪法学，其基础学问奠基于上述期间。

（二）大韩民国宪法的理解

充分理解宪法学需要一种智慧，这种智慧需要融会贯通作为宪法学思想根基的近代自然法理论和法实证主义的理论与制度。就理解韩国宪法而言，首先，需要理解近代自然法理论的思想，近代自然法理论是近代立宪主义宪法的普遍价值。其次，认知韩国国内实际存在的法规范与法现实，并能够顺应与此。亦即，沉思于“法实存主义（Existentialisme Juridique）”才能够理解韩国宪法。

第二节　宪法的定义和分类

一、宪法的定义

（一）根据宪法发展过程的宪法定义

1. 固有意义上的宪法

固有意义上的宪法，也称本义上的宪法，是指关于国家之组织与构成的基本法。

2. 近代立宪主义意义上的宪法

近代立宪主义意义上的宪法，就其内容而言，是由主权者，即由国民制定的国民主权主义宪法；是确保主权者的自由和权利的宪法，是保障基本权的典

章；是根据代议民主主义原理基于主权者的意思，采用权力分立原理实现权力的牵制与均衡的控权规范。就其形式上，采用了成文宪法与硬性宪法的原理。

3. 现代社会福祉主义意义上的宪法

现代社会福祉主义意义上的宪法是指在坚持近代立宪主义宪法的内容及其形式特征的同时，进一步实质化国民主权、基本权保障、控权理论的宪法。第一次世界大战之后制定的《魏玛共和国宪法》即是第一批社会福祉主义宪法。

就现代社会福祉主义意义上的宪法内容而言，为了具体化国民主权主义，在代议民主主义之中附加了直接民主主义的要素；立足于社会福祉国家原理，为了更加实质性地保障基本权而采纳了社会性基本权与社会性市场经济秩序两部分内容，意欲实现社会正义；为了担保宪法规范的实质性效力而导入了宪法裁判所制度。

（二）实质意义上的宪法和形式意义上的宪法

1. 实质意义上的宪法

如果立足于宪法的实质性概念，不问其是否为成文宪法或者不成文宪法，任何种类的法规范只要其实质内容具有宪法价值，就可以包括在宪法概念之中。

2. 形式意义上的宪法

形式意义上的宪法是指囊括于成文宪法典中的规范，并应当由特别的机关制定，且需特别程序才得以修改。

二、宪法的分类

（一）基于宪法存在形式的分类：成文宪法和宪法惯例（不成文宪法）

1. 成文宪法

成文宪法是指成文的宪法典。当今大多数国家都具有成文宪法。通常情况下，成文宪法中都规定修宪的特别机关或程序，因而带有硬性宪法的倾向。

2. 宪法惯例

（1）意义。

宪法惯例是指被一国所容忍的，具有宪法价值的习惯性规范之总体。但就宪治事实而言，由于其缺乏规范性效力，因此仅是单纯的、现实的事实，所以区别于宪法惯例。如英国等不具有成文宪法的不成文宪法国家，此类国家立足于宪法惯例维持宪治秩序。即英国虽然不具有成文宪法，但有着基于宪法惯例的实质意义上的宪法。

（2）宪法惯例的认可与否。

在成文宪法中，不可能面面俱到地规定所有宪法事项，即使是具有宪法价值的事项，也有可能遗漏于成文宪法之外，因此比较妥当的做法是认可宪法惯例的必要性和规范力。

关于韩国宪法惯例的争议起因于《新行政首都建设特别法》是否违宪的诉讼（宪裁 2004.10.21. 2004Hun–Ma554 等）。[1] 本案的争议焦点是首都为首尔特别市的事实是否为宪法惯例的问题。宪法裁判所的多数意见认为首都是首尔特别市的事实应当视为宪法惯例，因此不可以通过制定法律来迁都，并且上述《新行政首都建设特别法》侵害了《宪法》第一百三十条中明示的国民投票权，应当判决该特别法为违宪法律。对此，少数意见认为宪法惯例仅具有补充成文宪法的补充效力，因此改变宪法惯例，不能等同于宪法修订。在上述案件中，宪法裁判所宣布了该特别法违宪。此后，在另一起类似案件，即《基于新行政首都后续政策的延期和建设公州地区行政中心复合都市的特别法》之违宪确认（宪裁 2005.11.24. 2005Hun–Ma579 等）案件中，有七名宪法裁判官提出了却下[2]意见。然而，有六名宪法裁判官依照先前的宪法裁判所决定，认为首都为首尔特别市的事实确属宪法惯例，而剩余三名宪法裁判官否定此为宪法惯例。此外，有两名宪法裁判官认为，建设新行政首都终究是想省略国民的合议或同意的程序实现分割首都的目的，因此，省略国民的合议或同意的程序实属违宪行为。虽然，宪法裁判所认为《基于新行政首都后续政策的延期和建设公州地区行政中心复合都市的特别法》合宪，但是基于舆论压力韩国政府曾于 2010 年向国会提交了反映分割首都批判观点的修正案，然而，该修正案未能通过国会的表决。从上述分析来看，既然宪法裁判所将首尔特别市是首都的事实视为是宪法惯例，那么旨在分割首都的上述《基于新行政首都后续政策的延期和建设公州地区行政中心复合都市的特别法》也应当判决为违宪。

（3）宪法惯例的成立要件。

宪法惯例属于习惯法的一种，因此，有关习惯法成立要件中的一般性成立要件同样适用于宪法惯例。其一，应当存在某种关于基本宪法事项的习惯或者惯例。其二，就此种习惯而言，其存在应当被国民所认知，并且由于长期反复以及继续存在，而使得国民认为这种习惯不会消失（反复性、继续性）。其三，由于

---

[1] 宪裁2004.10.21. 2004Hun–Ma554，“宪裁”是指宪法裁判所，“2004.10.21.”是指该案件的宣告日期，2004Hun–Ma554 中的“2004”是指该案件受理年份，“Hun–Ma”是指宪法裁判所受理之案件类型（又称审判类型）中的权利救济型宪法诉愿案件，“554”是指 2004 年宪法裁判所受理之权利救济型宪法诉愿案件的编号（后同）。有关宪法裁判所受理之审判类型，可以参考本书第二篇第五章内容。——译者注。

[2] 却下是指诉讼法上对当事人提起的诉讼，法院认为不符合法律要求而排斥的处分。却下类似于我国的驳回起诉。弃却是指诉讼法上对当事人的诉讼请求，法院认为理由不充分而排斥的处分。弃却类似于我国的驳回诉讼请求。——译者注。

习惯应当具有持续性，因而在其存续期间不可以形成相反的习惯（恒定性）。其四，习惯应当具有明确的内容，而不应当是具有多种解释的模糊内容（明确性）。其五，这种习惯作为宪法惯例，应当获得国民的普遍认可甚至确信或者获得了广泛的合议，并且国民认为这种习惯具有强制力（国民合议）（宪裁 2004.10.21. 2004Hun-Ma554 等）。然而，宪法惯例并非成文规范，因而不需要国家机关的认可。

（4）宪法惯例事项。

就宪法惯例的成立而言，相应事项应当是有必要由宪法所规范的，有必要使其效力优于法律的重要宪法性基本事项。除了国号（大韩民国）、国语（韩国语）、首都（首尔特别市）以外，国旗（太极旗）、国歌（爱国歌）、国玺等也可以被认为是宪法惯例。就有关识别大韩民国之属性的标志事项，有必要借鉴外国宪法（如法国宪法）的事例，在《宪法》中予以明示。

（5）宪法惯例的效力。

由于宪法惯例也是宪法规范，在原则上与成文宪法有着相同的法律效力。然而，在实践中，就宪法惯例的效力而言，仍然存在着一定的限制。首先，惯例无法替代成文宪法典中规定的内容。其次，惯例可以在成文宪法保持沉默时，根据一定的条件补充成文宪法，特别是当宪法规定不明确时，可以对其进行评释。

（6）宪法惯例的变更。

宪法惯例以惯例的存在、反复性和继续性、明确性、恒定性、国民合议为要件，因而就其变更而言，当习惯的延续被断绝或者变更，再或者国民对惯例为法的确信变更时，宪法惯例可能变更为其他内容。

（二）基于宪法存在论的分类：规范宪法、名义宪法、装饰宪法

规范宪法是指宪法规范与宪法现实大体保持一致的宪法。这种宪法类似于定制的衣服（如英国、美国、法国、德国等的宪法）。名义宪法是指虽然具有完美的宪法规范，但与宪法现实大体上不一致的宪法。这种宪法类似于已经做好的成品衣服，不太合身（如拉丁美洲等第三世界国家的宪法）。装饰宪法是为了应付外界压力而制定的宪法，因而在本质上无法适用于现实。这种宪法类似化装舞会的服装（如非洲等独裁国家的宪法）。

（三）其他分类

基于宪法制定的主体，可以将宪法区分为君主制定的钦定宪法、君主和国民合议制定的君民协定宪法、国民作为主权者制定的民定宪法；基于有无宪法的独创性，可以将宪法区分为独创性宪法和模仿性宪法；基于修宪难易程度，可以将

宪法区分为硬性宪法和软性宪法；基于国家形态的不同，可以将宪法区分为单一制宪法和联邦制宪法；基于国家体制的不同，可以将宪法区分为社会主义宪法和资本主义宪法；基于国家权力的行使方式，可以将宪法区分为立宪主义宪法和专制主义宪法。

三、大韩民国宪法的定义和分类

韩国宪法是以近代立宪主义宪法为基础，吸收了现代社会福祉主义的宪法，同时也是成文宪法、民定宪法、模仿性的宪法、单一制国家宪法、严格的硬性宪法、（修正）资本主义宪法、立宪主义宪法。然而，也可将韩国宪法评价为是从名义宪法向规范宪法过渡中的宪法。

第三节　宪法的特性

一、意义

宪法的特性可以区分为事实特性和规范特性。事实特性是指发现于制定和修改宪法过程中的特性。规范特性是指宪法（典）本身具有的特性。

二、宪法的事实特性

（一）宪法的政治性、开放性

宪法的制定和修改不得不受到主导制宪和修宪的实存政治势力之政治力量的左右。即，宪法是政治妥协或者决断的产物。此外，作为国家基本法的宪法无法囊括所有规范内容。因此，宪法自行为其提供了兼顾宪法现实与宪法规范的现实性空间。由此，可以认为宪法具有开放性。

（二）宪法的理念性、历史性、价值性

宪法是时代理念的反映物。特定国家根据某一时代、某一占有支配地位的意识形态，将其所追求的时代精神，体现于宪法之中。因此，各个国家的宪法并非是价值中立的宪法，而是具有价值指向性的宪法。

三、宪法的规范特性

（一）国法秩序体系中的最高规范

国民是主权者。一方面，宪法基于国民合议，规定国家的组织与构成。另一方面，宪法是规定国民自由与权利的最高规范体系，同时也是保障国民权利的典章。

（二）自由（基本权）之典章

若一国宪法中没有规定国民的自由与权利（基本权），就等同于该宪法已经放弃了作为自由之典章的宪法作用。

（三）设计政治制度的权力体系

国家权力的基本构架基于宪法，组织而成（组织规范性），该组织应当互相牵制、均衡（控制权力的规范性），最终基于宪法授权形成政治制度的具体面貌（授权规范性）。

（四）为了保障宪法的规范

宪法由制宪权人通过发动宪法制定权制定。民定宪法是作为主权者的国民所表现出的主权意思。

（五）统一的价值体系

宪法并非由相互不相关的序言以及各个条款组成的单纯集合体，而是一个统一的价值体系。

第四节　宪法学与宪法解释

一、意义

宪法解释学是指通过系统地解释成文宪法规范，研究宪法规范原理、原则的法解释学。

二、以宪法的特性为基础的宪法解释

（一）宪法的特性与宪法解释的延续性

基于宪法的事实特性和规范特性，在解释宪法时，不仅要考虑规范的观点，还要同时考虑到政治性、合目的性。

（二）宪法解释的基本原理

宪法的解释应当充分反映宪法特性，并遵守规范相互之间体系调和的解释原则。即应当充分考虑宪法的政治性、开放性、理念性、历史性、价值性等特性。此外，基于“权力与自由之调和技术”的宪法特性，应当调和权力的授权和控制与基本权的保障。

（三）宪法解释的主体

宪法解释根据解释主体的不同区分为有权解释和学理解释。有权解释由于是国家机关行使的解释，因而具有一定的约束力。学理解释是为了明确宪法的原理而由私人（个人）所做的解释。较为妥当的宪法解释是有权解释和主流学理解释的合一。特别是有权解释中的宪法裁判所解释，最好与学者的学理解释朝着归一的方向做出解释。

三、传统的宪法解释方法

就传统法解释方法而言，主要有萨维尼（Friedrich Karl von Savigny）的四阶段解释方法论，即文法解释、逻辑解释、历史解释、体系解释。此后又出现了更加全面的七阶段解释方法论，即语言学解释、逻辑解释、体系解释、历史和制度史解释、比较法学解释、立法者的主观解释、目的论解释。然而，笔者认为可以将法解释方法区分为四种。第一，文理解释（文法解释、语言学解释）。是指针对实定宪法规范，通过语言学、文法的方法，明确宪法之意思内容的解释方法。第二，主观、历史解释。是指通过破解宪法制定权者的主观意思，探究此种意思的解释方法。第三，客观、体系解释。是指比起宪法制定权者的主观意思，更加注重宪法条文所表现的客观内容，基于事物的本质、条理，依据法体系整体的统一原理，客观、有机、系统地探究宪法条文客观内容的解释方法。第四，目的论解释。是指探究制定宪法的目的或者宪法内在价值的解释方法。

就宪法解释而言，其出发点旨在明确宪法条文的意思内容（文理解释）。但如果仅执着于文理解释，就会有碍宪法的统一性，因此应以客观、体系解释为后盾。最后，应当立足于某一时代宪法所指向的“权力与自由之调和”的理念与价值，做出目的论解释。

四、宪法解释的界限

宪法的解释不能逾越成文宪法之文理界限。因此，在解释不成文宪法时，成文宪法对不成文宪法起到限制的作用。此外，虽然允许基于宪法解释的宪法变迁，但不能允许基于宪法解释的宪法侵害或者宪法修订。

五、合宪性法律解释

（一）意义

1. 基于合宪性法律解释的宪法解释

合宪性法律解释（法律的合宪性解释或宪法合致性解释）是指针对某一法律，即使适用某一种解释方法可以解释为违宪时，也应当适用另一种解释方法将该法律解释为合宪的司法消极主义法律解释技术。亦即，就某一法律可以适用不同的解释方法时，应当选择合宪解释方法，而不应当选择违宪解释方法的法律解释技术。合宪性法律解释实质上是解释法律的问题（体系解释方法的一种形态），应当区别于宪法解释。然而，法律的合宪性解释必然涉及合宪性判断，而此种判断终究关涉解释宪法的问题，因此合宪性法律解释与宪法解释有着密切的关联性。

2. 合宪性法律解释与规范控制的关系

合宪性法律解释是由司法部门在规范控制（违宪法律审查）过程中通过判例确立的理论。因此，合宪性法律解释与规范控制（违宪法律审查制）具有表里关系。合宪性法律解释和规范控制都以宪法的最高规范性作为前提，然而，合宪性法律解释中的宪法起到法律之解释标准作用，而规范控制中的宪法起到法律之审查标准作用。

（二）理论依据

首先，作为一国最高法的宪法规范和在宪法秩序体系下形成的一系列法秩序需要形成统一的法体系，因而所有法规范应当与宪法相合致。其次，具有国民正当性的立法府，通过其固有权限所制定的法律是立足于权力分立原理的立法行为。因此，应当尽可能地尊重立法权。最后，就作为国民之代表机关的立法府所制定的法律而言，首先应当推定该法律具有有效性，基于该法律的推定效力，可以确保民主法治国家之法的稳定性。

（三）合宪性法律解释的典型：限定合宪解释

宪法裁判所在原则上应当做出合宪或者违宪的决定。然而，例外情形下，可以做出居于合宪和违宪之间的变形决定。当以合宪性法律解释的意义与理论依据为参照物进行分析时，可以发现宪法裁判所的所有变形决定都吸收了一些合宪性法律解释的意思。其中，合宪性法律解释的典型是限定合宪决定。该种决定的主文形态是“……当限定性地解释为……时，不违背宪法”。此外，“……当限定性地解释为……时，违背宪法”的主文形态是限定违宪决定。然而，就限定合宪决定与限定违宪决定的关系而言，“只是在形式上存在差异，就其两种决定的实质而言并不具有差异”（宪裁 1997.12.24. 96Hun–Ma172 等）。

合宪的限定缩小解释旨在消极地排斥违宪解释的可能性和基于违宪解释的法适用。限定违宪决定旨在缩小法律的适用范围，积极地排斥违宪性法适用领域和违宪解释的可能性。然而，这些只是合宪的限定缩小解释和限定违宪决定的形式上差异，就其本质而言，两者都属于部分违宪决定。因此，限定违宪决定也应当看作是合宪性法律解释的一种形态。

（四）合宪性法律解释的界限

即使允许合宪性法律解释的存在，也不能使其跃出上述理论依据的框架，因而合宪性法律解释具有一定界限。其一，文理解释的界限，即使作出合宪性法律解释，相应法条的语义不能变质为全然不同的意思。其二，目的论解释的界限，即使作出合宪性法律解释，不能作出与该法律之立法目的全然不同的解释。其三，宪法允许的界限，即使作出合宪性法律解释，不能越过宪法规范的意思与内容而作出解释。

（五）合宪性法律解释的羁束力：变形决定的羁束力

所有国家机关应当遵循宪法裁判所的决定。即“法律的违宪决定羁束法院和其他国家机关以及地方自治团体”（《宪法裁判所法》第 47 条第 1 款）。然而，当根据合宪性法律解释做出变形决定时，就其是否具有羁束力存在实务界上的争议。韩国大法院曾经就否定过部分变形决定的羁束力。但是宪法裁判所则认为变形决定也是《宪法》所规定的一种违宪法律审查类型，因而肯定了变形决定的羁束力。

从宪法裁判的特性来看，应当认可变形决定的羁束力。然而，宪法裁判所也应当最大限度地克制有害于法之稳定性的变形决定。

第二章　宪法的制定、修改和宪法的变迁、保障

第一节　宪法的制定与修改

相对于一般法规范而言，宪法具有最高性、优越性，因而在论及宪法的制定与修改时，必然会提及其特殊性。为了确保宪法的最高规范性，不可以突然制定一部宪法或者频繁修改宪法以致侵害制度稳定性。因此，宪法的制定和修改应当区别于法律，经过充分的深思熟虑而完成。

第一项　宪法的制定

一、意义

宪法的制定是指宪法制定权者（始源性制宪权者）通过行使宪法制定权力（始源性制宪权）创造作为一国基本规范之新宪法的行为。

二、始源性制宪权（宪法制定权力）

（一）始源性制宪权的本质

始源性制宪权是指制定关于政治权力的归属和行使的根本规范之权力。即，制定一国之新宪法规范的权力。始源性制宪权是基于新的法理念创造出（创造性）新的国法秩序的首次、始源性权力（始源性），并且由于其不受既存法秩序的约束，而自行行使（自律性）权力，因而区别于制度化的制宪权（宪法修改权力）。同时，始源性制宪权是在制度化的宪法框架内行使的立法权、行政权、司法权等国家权力的全局性基础，因此，始源性制宪权是统一而不可分割的（统一

性、不可分割性）权力。再者，始源性制宪权与以国民主权主义为基础而确立的近代立宪主义宪法的产生有着直接关系，因此，主权者始终享有（恒久性）始源性制宪权。由此，国民不可以让渡始源性制宪权（不可让渡性），也不可以委任于其他机关（不可委任性）。

（二）始源性制宪权的实现与革命

始源性制宪权的发动伴随着新秩序代替旧秩序，因而必然具有革命性。革命是指新秩序的创造。新秩序的有效性并非产生于将事实转换为法的革命成功效果，而产生于法理念的变化。通过具体化新的法理念，废止既存的政治、社会组织，新的法体系代替旧的法体系。

（三）实定宪法秩序中之适法性与正当性

就适法性与正当性而言，两者在本质上是相互不同的概念范畴。适法性是指与实定宪法秩序相联系的约束性效果，受公权力的保障，即若违反则加以制裁。正当性是与权力相联系的资格，宪法制定权力的准据之标准、提倡的渊源、意识形态则是需要多数国民表态的对象。

（四）始源性制宪权的界限

只有将始源性制宪权，理解为是基于国民正当性的法理念之体现，才会具有作为民主意识形态的价值。此即始源性制宪权的界限。

（五）区别概念

宪法修改权力具有制度化的制宪权之属性。因此，主权（宪法制定权力）至宪法修改权力的过程得以成立。立法权由宪法授权行使之，因此，立法权是宪法制定权力和宪法修改权力的下位概念。统治权同样由宪法授权行使之，并从属于宪法，然而，很难评价其与宪法修改权力之间的上下关系。

三、宪法制定的过程与时期

（一）国家的诞生

当新国家诞生时，需要制定作为国家基本法的宪法。特别是第二次世界大战以后，殖民地国家基于独立制定了新宪法。宪法是对其他国家，证明一个国家之存在的标志，即如同确认一国之同一性的身份证。

（二）既存国家中的体制变化

当面临国家性的危机时，会对宪法的正当性产生疑惧心理，此种疑惧心理达到某种程度时，与其极力维持这种危机状态，不如制定代替既存宪法的新宪法，从而再造新政治、新社会秩序更为妥当。

四、宪法制定权人

宪治实际下，谁是宪法制定权者的问题与宪治体制的功能存在紧密联系。理论上，存在三种基本情形。首先，由特定个人独占始源性制宪权而制定宪法的情形。这种专制的方法是所有权威主义体制的特征。其次，由议会制定宪法的情形。这是作为始源性制宪权者的国民向代表者委托行使宪法制定权的情形。最后，通过对宪法制定的国民投票，国民可以直接行使始源性宪法制定权。

五、大韩民国宪法的制定

（一）1948 年宪法的制定

1948 年制宪宪法的序言中指出“我们大韩国民……在由我们正当而自由地选出的代表组成的国会中……制定这一宪法”，由此明确了大韩国民是韩国宪法的制宪权者，通过作为国民之代表机关的国会制定了宪法。在当时的时代背景下，由于难以实施宪法制定国民投票，国会兼任了宪法制定议会（制宪议会）。

（二）第二共和国以后的宪法制定和宪法修改

现行《宪法》序言规定，“经国会表决并依国民投票，将制定于 1948 年 7 月 12 日并经过八次修订的宪法进行修订”。即根据《宪法》序言的字面意思，大韩民国宪法自 1948 年制定以来，只存在宪法的修订，无宪法的制定。

然而，第三共和国宪法、第四共和国宪法、第五共和国宪法并未遵循先前《宪法》上规定的修宪程序。因此，无法断定上述三部宪法的产生是否属于行使制度化的制宪权情形。上述三部宪法和第二共和国宪法以及第六共和国宪法在形式上表现为宪法修订的形态。然而，为了全面改编既存宪法秩序，作为宪法制定权者的国民（《宪法》第 1 条第 2 款的主权者）介入了该改编过程、上述宪法修订属于全面的宪法变更，因此，实质上可以将上述宪法修订视为是宪法制定。

六、结　　语

当今世界各国出于维持国家体制的稳定，很少会为了确立新国家体制而制定宪法。当韩国和朝鲜采纳合议统一时，出于重新设计国家体制等，不得不制定新宪法。

第二项　宪法的修改

一、意义

宪法修改（又称宪法改正）是指根据宪法本身规定的修改程序，在维持与既存宪法的同一性前提下，对宪法条文或者文字进行有意识的修正、删除、增补，从而改变宪法典内容的行为。

二、制度化的制宪权（宪法修改权力）

制度化的制宪权被用作二次制宪权或者衍生制宪权的同义词。这是为了修改成文宪法，由宪法本身规定的权限。制度化的制宪权，使得宪法适应一个国家所经历的现实变化；应当具备制度性的安全装置，以避免过度频繁地发动；是为了防止非法破坏或者废除宪法的必要权限。

三、宪法修改的类型（方式与程序）

（一）柔性宪法与硬性宪法

柔性宪法是指很容易就能完成修宪的宪法。硬性宪法是指在修宪时，其制定、修改程序要比一般法律更加困难的宪法。

（二）宪法修改的提案权者

宪法修改的提案权者会因国家的不同而有所差异。当今基于民主方式，政府、议会或者国民皆可成为提案权者。

（三）宪法修改的程序

修宪程序应当同时考虑两个方面。一方面要防止滥用修宪权，从而保护宪法。另一方面当面临特殊全国性情况时，不可以阻止不得已的修宪。

四、宪法修改的界限

（一）宪法理论上的界限

就法实证主义的思路而言，不认可始源性制宪权与制度化的制宪权具有本质性差异，从而否定宪法修改的界限。然而，当修宪意欲歪曲已经给出的宪法之本质时，这种修改不能再视为是宪法修改，因此应当认可宪法修改的界限。即宪法修改是制度化的制宪权之行使，因此不可以介入只有始源性制宪权者才可以行使的领域。

（二）实定宪法上的界限

宪法中明示的禁止修改的条款不可以通过发动制度化的制宪权予以修改。因此，这便成了宪法修改的界限。外国宪法中常常规定如下内容为禁止修改的条款，即共和国的国家形态、君主制、领土条款等。虽然韩国宪法没有明文规定有关修宪对象的限制，但在理论上认可了一定的界限。

（三）脱离宪法修改界限的修宪之效力

虽没有行使始源性制宪权（宪法制定权力），而只是通过制度化的制宪权（宪法修改权力），进行宪法修改，但该修改却在实际上引发了制定宪法的效果时，对此种宪法修改而言，可能直面为守护宪法而行使的国民抵抗权。

五、大韩民国宪法的修改

（一）宪法修改程序（《宪法》第 10 章）

宪法修改提案权者是国会在籍议员的过半数或者总统（国务会议的必须审议事项）(《宪法》第 128 条第 1 款）。被提案的宪法修正案，应当由总统公告二十日以上（《宪法》第 129 条）。

国会应在宪法修正案公告之日起六十日内进行表决，由国会在籍议员三分之二以上的赞成通过（《宪法》第 130 条第 1 款）。宪法修正案应在国会表决通过后三十日内进行国民投票，由有权选举国会议员的选民过半数投票、投票者的过半数赞成通过（《宪法》第 130 条第 2 款）。宪法修正案取得第 2 款规定的赞成，宪法修改即被确定，总统应立即将其公布（《宪法》第 130 条第 3 款）。

（二）通过总统之国民投票附议权（《宪法》第 72 条）的修宪可能性

总统可以附议于国民投票的对象包括，“外交、国防、统一及其他有关国家安全的重要政策”，那么问题就是该对象中是否可以包括宪法修正案。

然而，根据《宪法》第 72 条的国民投票条款分析宪法修改的问题时，从以下理由中可以推断此为违宪之举，即可能导致针对硬性宪法原理的严重挑战；将违背立足于代议制的宪法秩序；由于省略了公告程序，将侵害到国民的知情权；将侵害到为修宪而单独制定的特别程序；由于侵害国会的审议、表决权，很可能引发权限争议问题。

（三）宪法修改的界限

现行《宪法》上，没有关于宪法修改之界限的明文规定。然而，就宪法内在的界限而言，有《宪法》序言；第 1 条的民主共和国、国民主权主义；第 4 条的和平统一主义；第 5 条的国际和平主义；第 8 条的复数政党制度之保障；第 10

条的基本权之保障；第 119 条的社会性市场经济；第 10 章的硬性宪法原理等。

有学者认为“延长总统任期或变更连任规定的宪法修改，对该提案出台当时的总统不发生效力”（《宪法》第 128 条第 2 款）的规定属于宪法修改的限制条款。然而，这一条款并非宪法修改的限制条款，而是主权者希望通过总统之单任制实现权力民主化的意思表示。这一条款仅是对宪法修改提案当时的总统不具有效力，因此这是关于宪法修改之效力的溯及适用限制规定（适用对象限制或者界限）。

（四）脱离宪法修改界限的修宪之效力

从法律层面上讲，脱离宪法修改界限的修宪属于无效。若强行超越宪法修改的界限，很容易卷入关于修宪之效力的争论。对于那些超越宪法修改界限的修宪行为而言，可以通过如下宪法保障手段做出法律上、事实上的应对：弹劾追诉；权限争议；宪法诉愿；国民投票无效诉讼；抵抗权等。

第二节　宪法的变迁与宪法的保障

第一项　宪法的变迁

一、意义

（一）宪法变迁的概念

宪法变迁是指宪法不是依照预定的宪法修改程序，而是通过改变宪法规范之适用，最终导致宪法意义和内容发生实质性变化的情形。

（二）与宪法修改、宪法解释的关系

宪法变迁区别于宪法修改，宪法修改是依照宪法所明示的规定，对特定条款进行有意识的修改、删除、追加。宪法解释与宪法变迁处在不同的空间层次。宪法解释围绕着宪法规定的文义之意义和界限展开。而宪法变迁首先判定现行宪法的特定规定不具有规范力，同时认定具有不同于先前内容的新规范效力的过程。

二、宪法变迁的类型、成立要件、界限

（一）宪法变迁的类型

宪法变迁的类型包括：依照宪法解释的变迁；依照政治必要的变迁；依照长久以来持续的惯行产生的变迁；由于国家权力的不行使而产生的变迁；为了补充和完善宪法之缺陷而产生的变迁。

（二）宪法变迁的成立要件

首先，宪法变迁要求事实关系在长期以来得到平稳的反复适用和持续适用，该事实关系应当由有权解释机关确立（物理要素）。其次，认为制定宪法丧失了规范力，认可相应事实具有规范价值。即针对变迁事实应当具有法律确信乃至国民之合议（心理要素）。

（三）宪法变迁的界限

宪法变迁只能在宪法修改的界限范围内存在，并且应当最大限度地尊重宪法。

三、宪法变迁的具体事例

韩国 1952 年宪法和 1954 年宪法中曾经采纳了参议院制度，但实际上没有组织参议院。自第三共和国宪法以来都规定了关于地方自治的条款，但一直没有得到实施，直到 1991 年才开始施行地方自治制度。针对上述具体事例，虽然有学者认为这些情形属于宪法变迁，但实质上这也只不过是宪法的违反状态，并非宪法变迁。

四、对宪法变迁的评价

对宪法变迁的认可程度而言，为了适应社会变化的宪法变迁，只能限于完善宪法意义的程度。

五、宪法的废弃、废止、侵毁、停止

（一）宪法的废弃

宪法的废弃或者破弃是指废弃既存的成文宪法，依照新宪法制定权力制定宪法的行为。1789 年法国大革命以后制定的《法国第一共和国宪法》、1917 年俄罗斯革命以后制定的《苏维埃宪法》、第一次世界大战以后制定的德国 1919 年《魏玛共和国宪法》等属于废弃既存宪法后，制定的新宪法。

（二）宪法的废止

宪法的废止或者宪法的代替，虽然在废弃既存成文宪法并制定新宪法的过程与宪法的废弃相同，但由于其不伴随着宪法制定权力的变化，因此又有别于宪法的废弃。结束法国第四共和国危机状况而制定的 1958 年《法国第五共和国宪法》属于此种情形。

（三）宪法的侵毁

宪法的侵毁或者宪法的侵害、宪法的破毁是指在不排斥宪法的部分条款，或者不停止适用的前提下，侵犯宪法的行为。宪法的侵毁有两种情形，即宪法认可的情形和宪法否定的情形。宪法认可的宪法侵毁是国家紧急权的适用情形。例如，《魏玛共和国宪法》第 48 条第 2 款的总统非常措施和韩国《宪法》上总统的非常戒严宣布权（韩国《宪法》第 77 条），可以侵毁宪法上个别条款。

（四）宪法的停止

宪法的停止是使宪法中的特定条款临时丧失效力的行为。就宪法认可的宪法停止事例而言，有《日本明治宪法》第 31 条，当满足该条款时，宪法认可宪法的停止。不可以允许宪法自身不予认可的宪法停止。

第二项　宪法的保障（保护）

一、意义

宪法保障，又称宪法保护（守护），在狭义上是使宪法规范能够保持实效性，在广义上不仅要保持宪法规范的实效性，还要保障国家的存立。通常宪法的保障并不必然要区别于国家的存立，因此，可以视宪法的保障和国家的保障为相互融合的概念。

二、宪法保障的内容

根据关注领域的不同，宪法保障可以区分为向上的宪法保障、向下的宪法保障、平常的宪法保障、非常时的宪法保障等。此外，宪法保障可以分类为基于宪法之政治性的政治性保障与基于司法审查的司法性保障。

首先，就政治性宪法保障而言，包括通过权力分立制度的权力之牵制与均衡（《宪法》第 40 条、第 66 条、第 101 条），国务总理、国务委员解任建议制度（《宪法》第63条），公务员的政治中立性保障（《宪法》第7条第2款），军队的政治中立性（《宪法》第5条第2款），宪法修改国民投票制度（《宪法》第130条第2款），国家紧急权制度（《宪法》第76条、第77条），国政监查、调查制度（《宪法》第61条第1款）等。其次，就宣言性的宪法保障而言，包括宪法遵守义务宣誓制度（《宪法》第66条第2款、第69条），硬性宪法制度（《宪法》第10章宪法修改）等。再次，超宪法的保障，即抵抗权。韩国宪法并未明示规定抵抗权，因此，此类宪法保障属于未组织化的宪法保障。最后，就司法性宪法保障而言，包括违宪法令审查制度（《宪法》第107条第2款），国宪紊乱者处罚制度（《刑法》《国家安保法》）等。就宪法裁判所的宪法保障而言，包括弹劾制度、违宪政党解散制度、违宪法律审查制度、宪法诉愿制度、权限争议审判制度（《宪法》第111条）等。

三、宪法的守护者

（一）施米特与凯尔森的争论

就有关谁是保障宪法的守护者问题，1931年引发了卡尔·施米特（Carl Schmitt）与汉斯·凯尔森（Hans Kelsen）的学术争论。施米特认为，在二元政府制性质的魏玛宪法体制下，由于国会与法院不能完全胜任宪法守护者的角色，因此宪法守护者的角色应当由总统担任。此处的总统应当是通过民选产生的行使中立性权力的总统。相反，凯尔森不仅提及了总统、议会，还强调了宪法裁判所的宪法守护功能。

（二）小结

不得小觑作为宪法机关的总统、议会、包括宪法裁判所的司法府之宪法守护作用，以及这些机关的组成人员，即公务员的宪法守护义务。身为国家元首的总统，为了守护宪法，可以对破坏宪法秩序的敌人行使国家紧急权。由此，韩国宪法强调了总统之宪法守护者的作用。然而，当宪法机关没有尽到守护宪法的作用时，只能依靠作为主权者的国民之宪法守护作用。由此，可以推导出作为最后、最终的宪法守护者之国民的抵抗权。

四、抵抗权

（一）意义

抵抗权理论源自社会契约论和近代自然法论。抵抗权是对国家权力的违法行使，进行抵抗的权利。这是针对侵害或者将要破坏立宪主义宪法秩序的国家机关或者公权力担当者，由作为主权者的各个国民或者集体，为了维持、恢复宪法秩序，行使最后之武器的宪法保障手段。

（二）区别概念

（1）抵抗权与革命以及政变。

抵抗权与革命都是基于国民正当性的行为，但革命的目的在于创造新宪法秩序，而抵抗权的目的则是守护既存的宪法秩序。通过革命构建新秩序的过程中，由于伴随既存秩序的破坏，因此，革命过程中时而动用暴力方法（见表1）。

表1　革命、抵抗权、市民不服从之区别

区别标准	革命	抵抗权	市民不服从
行使目的为何	解体既存秩序，通过革命，革命者充当未来的传递者	抵抗者意在充当民主法治国家的立宪主义守护者	市民不服从者意在促使施政者确立正义的个别政策或者立法
是否需要满足补充性原则	无关	必须	不需要
行使方法	不可避免地使用暴力	允许使用暴力	采取非暴力方式
可否发动国家刑罚权	无法发动国家刑罚权	存在违法性阻却事由	有必要最大限度宽容适用刑事处罚

政变（Coup d'État）或抗命事态是少数特殊集团变更宪治体制的行为。基于其缺乏国民正当性，有别于基于国民正当性的革命。因此，韩国宪法裁判所认为处罚1979年12月12日以及1980年5月18日恣行之成功的政变，属于符合正义和衡平观念的决定（宪裁1996.2.16. 96Hun–Ka2等、宪裁2002.10.31. 2000Hun–Ba76等）。

（2）抵抗权与市民不服从。

①市民不服从的意义。市民不服从（Civil Disobedience）是指在肯定全体法秩序之正当性的同时，鉴于自身的良心，认为个别法令或者政策违背正义，并以非暴力的方式，有意识地违反该法令或政策的政治性抗议行为。

②抵抗权与市民不服从的区别。在宪法秩序正在遭遇破坏的情况下，可以同抵抗权或者革命权一道行使市民不服从。针对政府的政策或者立法，也可以行使市民不服从。就抵抗权或者革命权的行使而言，可以通过暴力方式否定实体法秩序。此种暴力方式可以被正当化。然而，市民不服从只能以非暴力方式行使。抵抗权的行使受补充性原则的限制，即只有在其他救济方法无法实现救济时，才可以行使作为最后救济手段的抵抗权。然而，市民不服从的行使无须受补充性原则

的限制。

③市民不服从运动的事例。自 1906 年南非开始出现市民不服从运动以来，20 世纪 30 年代由甘地在印度领导的市民不服从运动和 20 世纪 50 年代以后由马丁·路德·金（Martin Luther King）牧师为中心的美国民权运动，都属于市民不服从运动的典型事例。

（3）抵抗权与国家紧急权。

国家紧急权是国家的自救行为。抵抗权是作为主权者的国民行使的最后之宪法秩序保护手段。因此，抵抗权有别于国家紧急权。

（三）是否认可抵抗权

对待立宪主义的公敌时，抵抗权是守护立宪主义的终极、最后的手段。认不认可抵抗权的问题不在于是否在宪法文本中明示相关内容，而在于抵抗权就是守护立宪宪法秩序，就是守护国民的终极、最后的武器，因此，应当认可抵抗权的存在。

（四）抵抗权的法律性质

抵抗权不应视为是实体权利，而应视为是具有自然法属性的前国家之权利。同时，抵抗权是宪法保护手段，其具有基本权的属性（双重性质）。

（五）抵抗权的主体

抵抗权的主体，原则上应当是国民个人。此外，团体、政党等也可以成为抵抗权的主体。然而，国家机关或者地方自治团体等公法人不可以成为抵抗权的主体。

（六）抵抗权的行使

抵抗权的行使要件包括：①国家权力的行使严重侵害民主基本秩序，并试图否定宪法存在本身。②违法行使国家权力的行为，应当客观而明显。③抵抗权的行使应当是维持或者恢复法律的最后手段（补充性）。

当正当行使抵抗权时，该行为在外观上时而满足犯罪的构成要件该当性。但应当将该行为视为是《刑法》上的正当行为（《刑法》第 20 条）。因此，正当行使抵抗权的行为系公务执行妨碍罪等类似犯罪的违法性阻却事由。

（七）抵抗权的行使目的和界限

抵抗权之行使目的应当限于维持或者守护宪法的民主基本秩序。宪法的民主基本秩序以人格尊严为其理念。针对客观而明显的非法权力行使，原则上应当以和平的、非暴力的方式行使抵抗权。因此，禁止事前的、过度的行使抵抗权。然而，在不可避免的情况下，也可以动员有限的暴力。

第三节　大韩民国宪法史

第一项　宪法的制定与修改

一、制宪宪法之前

1894 年 12 月 12 日制定的《洪范十四条》具有政治改革之基本纲领的性质，阐明了基于自主独立的国政之自主改革。1899 年 8 月 17 日制定的《大韩帝国国制》是首部成文宪法。以 1919 年 3 月 1 日的己未独立运动（又称三一运动）为始端，在中国上海成立了大韩民国临时政府。临时政府于 1919 年 4 月 11 日制定了《大韩民国临时宪章》，并于同年 9 月 11 日制定了《大韩民国临时宪法》。

二、制宪宪法的诞生

（一）作为大韩民国之法律基础的宪法

1948 年 2 月 27 日联合国大会临时委员会（Little Assembly of the United Nations）做出了在可能的范围内实施总选举的决议，随即驻朝鲜美国陆军司令部军政厅于 5 月 10 日实施了国会议员总选举。通过总选举选出的 198 名国会议员，于 5 月 30 日组成了制宪国会。1948 年 6 月 3 日组织了宪法起草委员会。宪法草案于 7 月 12 日通过国会，1948 年 7 月 17 日由国会议长署名、公布，并于当日开始施行。

（二）权力结构的二元性质

国会由任期为四年的 198 名直选议员组成，采纳单院制。总统是行政府的首班以及国家元首。总统与副总统由国会通过间接选举方式选出，任期为四年，可以连任两届。作为保全措施设置了国务院。国务院是由身为议长的总统与身为副议长的国务总理以及国务委员组成的合议制议决机关。总统有故时的第一顺序权限代行者是副总统。副总统并非国务院的组成人员。国务总理虽由总统任命，但须经国会的承认。在国会议员总选举结束后，任期内的国务总理应当获得国会的承认。就制宪宪法之权力结构而言，与其说是总统制，却更近似于作为折中型政府形态的二元政府制。

此外，宪法委员会具有违宪法律审查权，弹劾裁判所具有弹劾审判权。制宪宪法规定了基本权的法律保留事项，特别规定了劳动者的利益分配均沾权。就经济秩序而言，有着较强的社会化、国有化的倾向。

三、沦落为李承晚政府之集权工具的宪法（第一共和国）

（一）违背宪法程序的第一次总统直选制修宪

所谓的萃取修宪案（又称拔萃改宪案）是1952年7月4日整合政府提交之总统直选制修宪案和在野党提交之国务院不信任修宪案的折中型修宪案。萃取修宪案是在颁布非常戒严令的情况下，以起立投票方式通过的宪法修正案。这一修宪过程省略了宪法上明示的公告程序。因此，该宪法修正案是违背程序正义原理的违宪性质之修宪案。经历第一次修订的宪法规定了两院制的国会、国会的国务院不信任制、国务总理的国务委员候选人提请权等。然而，未能实施参议院选举。

（二）违背议决定足数的第二次修宪

民议院于1954年11月27日针对第一任总统不适用连任限制条款的修宪案做出了表决。修宪所必需的议决定足数（即法定人数）是在籍议员三分之二以上的赞成。然而，该修宪案获得了民议院在籍议员203人中135人的赞成票，距离在籍议员三分之二仅缺少1票。因此，民议院宣布否决该修宪案。然而，在“四舍五入理论”的主张下，仅在自由党议员出席的议会中，宣布了针对该修宪案的可决。

第二次宪法修订违背了宪法上规定的议决定足数。因此，第二次宪法修订是自始无效的修宪。同时，该宪法中规定了仅对第一任总统停止适用连任限制的违宪内容。该宪法废止了国务总理制度，民议院具有针对国务委员的不信任决议权。

四、没能实现民主之梦的张勉政府（第二共和国）

（一）三·一五不正选举与李承晚政府的悲剧性终结

正如自由党的意图，在1960年3月15日的选举中李承晚、李起鹏分别当选为正、副总统。然而，1960年4月19日学生展开了针对不正选举的抵抗活动。由此，4月24日李起鹏辞去副总统职务，4月26日李承晚总统下台，随即于5月2日成立了许政过渡政府。

（二）四月革命后为权力之民主化的第三次议院内阁制修宪

1960年6月15日经执政党与在野党的合议，完成了修宪。这一宪法虽然在形式上遵循了修宪程序，但究其实质却是事实上的宪法之制定。正因如此，这一宪法史称第二共和国宪法。

就第二共和国宪法之权力结构而言，立足于古典议院内阁制原理，国会采纳了两院制。为了进行违宪法律审判、弹劾审判，设置了宪法裁判所；采取了大法院院长、大法官选举制，从而为法院获得民主正当性提供了基础。此外，该宪法还规定中央选举管理委员会为宪法机关、警察的中立性、地方自治团体之首长的直选制等。

（三）第四次修宪与民主党之张勉政府的极限

1960 年 7 月 28 日国会自行解散，并于 7 月 29 日实施了民议院和参议院的选举。8 月 2 日国会两院联席会议选出了尹潽善总统，8 月 19 日国会通过了张勉为国务总理的决议，成立了第二共和国政府。

自称继承四月革命之精神的学生要求国会制定处罚反民主行为者的特别法。10 月 11 日事态发展至学生占据国会议事堂的地步，由此于 11 月 29 日国会通过了第四次宪法修正案，在宪法附则中增设了处罚反民主行为者的溯及立法根据。据此，国会制定了《不正选举相关者处罚法》《反民主行为者之公民权限制法》《不正蓄财者特别处罚法》《特别裁判所以及特别检察部组织法》等溯及立法。

民主党政府难以应付泉涌而出的民主诉求，加之政府内部新派、旧派的矛盾，其危机管理能力达到了峰值。

五、沦落为军事政权之装饰品的宪法

（一）五一六与朴正熙政府（第三共和国）

1961 年 5 月 16 日以朴正熙将军为首的武装军人集团实施了政变，并于 6 月 6 日制定了《国家重建非常措施法》，由此破坏了立宪秩序。该政府是由国家重建最高会议集中行使国家权力的一种过渡性会议体政府。国会处于解散状态，而第二共和国宪法仅在不违背《国家重建非常措施法》的范围内具有效力，由此该宪法处在宪法破坏状态。

军事政府在制定新宪法时，修改了《国家重建非常措施法》。1962 年 12 月 6 日修宪案经最高会议的议决后，于 12 月 17 日经国民投票得到了确定。第五次宪法修订是在宪法已被破坏的状态下实施的修订，由此可知其在事实上是宪法的制定。因此，该宪法史称第三共和国宪法。

就第三共和国宪法之权力结构而言，采纳了总统中心制的结构。该宪法由于规定了国务总理制度与国务总理、国务委员解任建议制度，因此也包含了议院

内阁制要素。总统任期为四年，可以连任；国会采纳单院制。大法院具有违宪法律审判权，弹劾审判委员会负责弹劾案件。首次采纳修宪必须实施国民投票的条款。在基本权条款中，新设了人的尊严与价值条款。保障职业自由、规定了社会权中享受正常人生活的权利和受教育的权利。再一次获得四年连任的朴正熙总统于 1969 年 10 月 17 日推动了允许总统三次连任的第六次修宪（又称三选改宪）。

（二）十月维新（第四共和国）

1971 年制定了《关于国家保卫的特别措施法》，1972 年 10 月 17 日进行了十月维新。解散国会后，由非常国务会议代替行使国会权限，由此又一次引发了中断宪治的事态。1972 年 11 月 21 日经 91.9% 选举权人的投票，并以选举权人 91.5% 的赞成确立了维新宪法（第七次修宪）。

任期为六年的总统由统一主体国民会议之大议员间接选举产生。由此，朴正熙总统得以终身执政。国会的三分之一是通过总统的一揽子推荐，在统一主体国民会议中选出的维新政友会之议员。因此，总统不仅掌握了行政府，还直接掌握了立法府。维新宪法引用所谓的“议会主义的合理化”甚至“Orléans 型议院内阁制”的美名，却旨在人格化权威主义总统权力，展现了现代版执行府的权力独占体制。例如，总统紧急措施权、对总统之连任限制的删除、国会会期的缩短与国政监查制度的废止、针对大法院院长等所有法官采用总统任命制等。虽然新设立了宪法委员会并规定其具有违宪法律审查权、违宪政党解散审判权、弹劾审判权，但却是空有其名的机关。

此外，增设了基于国家安全保障的基本权限制事由，删除了不得侵害自由与权利之本质内容的条款等，导致了基本权保障的倒退。1979 年第一在野党的总裁被国会除名，并加之跛行的权力运作招致了国民的抵抗。同年 10 月 26 日中央情报部长官金载圭刺杀了朴正熙总统，由此朴正熙政府在悲剧中得以瓦解。

（三）双十二与全斗焕政府（第五共和国）

总统遇刺后，身为国务总理的崔圭夏接任了总统职务并公布了全国性非常戒严令。然而，1979 年 12 月 12 日以国军保安司令官全斗焕为首的军人集团实施了政变，并于 1980 年 5 月 18 日针对光州实施了武装镇压，血染了迎春之际。1980 年 10 月 22 日第八次宪法修正案得以确定。国会被解散，政党活动也遭到了禁止，由国家保卫立法会议代替了国会的功能，又一次引发了宪治中止事态。

为了回避针对维新宪法的批判，第五共和国宪法强化了国民之自由与权利保障条款。例如，新设了幸福追求权、刑事被告人的无罪推定、废止连坐制、私生活秘密与自由的不可侵犯、劳动者的适当薪金保障、环境权等，并强调了基本人权的自然权属性。总统的任期为七年且是单任，但保留了通过选举人团选举总统的间接选举方式。

六、由执政党与在野党之合议而诞生的文民宪法（第六共和国）

根据执政党与在野党的合议，通过八人政治会谈，1987 年 10 月 27 日以总统直选制为中心的第九次修宪案经国民投票后得以确定。本次修宪遵守了宪法明示的修改程序，在经执政党与在野党的合议下，全面修改了之前宪法。这一宪法是依照国民的要求结束权威主义时代的宪法，因此，史称第六共和国宪法。

1988 年 2 月 25 日任期为七年的全斗焕总统退任，任期为五年、单任制的卢泰愚总统就任。虽然，这是同一政党内的执政者交替，但却是韩国宪治史上第一次和平政府交替。

1993 年就任的金泳三总统标榜“文民政府”，明确了与过去军事政府、权威主义政府的差别性，通过采取攻击既得权势力等的一系列改革与施政措施，获得了国民的支持。然而，在卸任之际一连发生了系列财政丑闻，同时接受了未曾经历过的 IMF 体制。

1997 年 12 月 18 日实施第十五任总统选举，新政治国民会议的候选人金大中得以当选。由此，第一次完成了执政党与在野党之间的总统职位之横向政权交替。金大中政府以“国民的政府”为口号，克服了金融危机，通过阳光政策，成功地举办了南北峰会。因此，有学者评价说该政府完成了历史赋予的任务。

2002 年 12 月 19 日卢武铉当选为总统，其“参与政府”提出了许多改革方案。然而，未能做到众望所归，反而激化了矛盾。

2007 年 12 月 19 日李明博当选为总统，李明博政府的产生体现了第二次和平政权交替（Two Ture-over）。李明博政府没有像之前的政府那样，提出特别的政府口号，因而单纯地称为“李明博政府”。

2012 年 12 月 19 日实施的第十八任总统选举中，新国家党总统候选人朴槿惠压倒民主统合党总统候选人文在寅，当选为新总统。朴槿惠总统是韩国首位女性总统，且是朴正熙前总统的女儿。其在竞选总统时，曾承诺通过经济民主化消除两极分化，实现清廉政治。然而，任期末年因闺蜜门，其成了韩国宪治史上第一位获弹劾罢免的总统（宪裁 2017.3.10. 2016Hun-Na1）。

2017 年 5 月 9 日首次实施了韩国现行宪法上总统有故时的选举，共同民主党总统候选人文在寅当选为总统。文在寅总统强调了清算前政府的积弊和执政党与在野党间协商治理的施针方针。

七、文民时代宪法支配的社会

韩国虽然经历了革命、军事政变等，但在主权者的意识之中，民主共和国的理念与精神仍旧延续了下来，直到今日的民主政府之构成。亨廷顿（Samuel Huntington）曾言东亚地区是“没有政权交替的民主主义”，然而这一说法在现如今以被推翻，这是国民之潜力的所在，正是在这种充满欢喜与挫折的宪法史中，国民之潜力才得以孕育。

第二项　大韩民国宪法史上共和国次序（序数）

一、意义

如何划分韩国各个共和国时期的问题，仍然是未解之课题。消极意义上的共和国意味着排斥君主制，而积极意义上的共和国则意味着立足于自由、平等、福祉原理的国民主权主义之体现。

在韩国宪法史上，特别是在极其混乱的宪法史岁月中，也未曾遗忘为共和国冠以次序的工作。就共和国的排序而言，需要考虑如下要素。即1960年的“四一九”革命、基于1961年“五一六”政变导致的共和国宪法之一时中断、1962年新共和国宪法的施行、1972年的维新政变、基于“双十二”与“五一八”政变之后的1980年宪法、1987年的六月抗争及基于六月抗争的宪法之全面变革。

二、大韩民国宪法史上共和国之时期划分

（一）宪法典（规范）上的共和国

1. 宪法序言中意味着宪法修改的第一共和国之延续性

自第一共和国宪法在第1条中阐明“大韩民国是民主共和国”之后，任何时期的宪法都没有否定过共和国制度。自1948年7月12日制定宪法以后，任何时期的宪法都没有使用过“制定”宪法的用语。因此，依照宪法典的表述，自制宪法以后展开的所有宪法之变化均可以评价为是宪法的修改。

2. 1980年宪法序言和第五共和国

1980年宪法序言提及，“随着第五共和国的开始”，从而在宪法中明示了1980年宪法即为第五共和国宪法。特别是在其序言中指出，“宪法经1960年6月15日、1962年12月26日、1972年12月27日的修订后”，步入了第五共和

国宪法时期，即在该序言中明确了宪法修改与新共和国之排序的关系。当认为1980年宪法是第五共和国宪法时，经历六月抗争的1987年宪法则无疑是第六共和国宪法。

（二）学界对宪法史上共和国次序的看法

1. 第六共和国论的一般化

多数学者通过如下方式判断新共和国的次序问题，即宪法是否在形式上采取（全面）修改的方式，并且是否在实质上相当于宪法之制定。1960年的四月革命宣告了权威主义体制的终结，为建立新民主共和国促成了国民合议。因此，不问1960年宪法之形式如何，可以毫无疑问地认定其为实质上的宪法制定。“五一六”政变停止了第二共和国宪法的实施，通过制定和实施《国家重建非常措施法》代替了第二共和国宪法。韩国在经历军事政府时期后，重新确立了为实现移交民政的宪法。因此，可以说上述宪法的确立是第三共和国宪法之制定。

朴正熙总统于1972年推行十月维新，发动了超宪法的国家紧急权。此后，韩国确立了维新宪法即第四共和国宪法。“双十二”与“五一八”的军事叛乱引发了韩国宪治中止事态，最终在新制定的1980年宪法中，以宪法典的形式明示了第五共和国。经历六月抗争之后，执政势力开始向国民妥协，崭新的第六共和国宪法得以制定。

2. 第五共和国论

就第六共和国论而言，有学者认为1987年的第九次宪法修订实质上并非宪法的制定，而是宪法的修改。因此，不予认可第六共和国的存在。

3. 以政府形态为标准的第四共和国论

1960年第一共和国宣告结束，此后适用议院内阁制的第二共和国宪法得以诞生。第三共和国宪法是对第二共和国宪法的全面修改，虽然没有按照第二共和国宪法所规定的修宪程序完成修订，但由于颁布第三共和国宪法时，有史以来首次适用国民投票制度，并由此通过了宪法，因此，可以将这一宪法命名为第三共和国宪法。同时，维新宪法与1980年宪法可以视为是第三共和国宪法的延续。虽然1987年宪法的政治体制类似于第三共和国宪法，但1987年宪法以宪治的民主化代替了祖国的近代化使命，因此，认为应当对1987年宪法赋予新的共和国宪法次序。

4. 次序否定论

有学者批判性地认为韩国的共和国次序，不像法国那样具有一贯的标准，而表现出即兴的做法，时而是以历史变革中事件为中心的排序、时而是以统治者为中心的排序。通过上述批判，否定了援用学术用语排序共和国的做法。

5. 评价

毫无异议的是法国普遍采纳针对共和国进行排序的做法。然而，很难认定1958年法国第五共和国与第四共和国之间经历了时间上、政治上的完全决裂过程。因此，不能认为法国式的共和国排序，完全类似于韩国的共和国排序。法国在进行共和国排序过程中，将重点放在了如下过程，即作为主权者的国民是否通过发动实质上的制宪权制定了具有国民正当性的新共和国宪法。

三、替代共和国次序的宪治史视角

宪治史和宪法史都以宪法和宪法现实（政治现象）为对象。然而，宪治史主要侧重事实层面的问题，而宪法史主要侧重规范层面的问题。因此，两者在本质上具有差异。

从宪治史的观点看，可以做出如下评价，即第一共和国时期的李承晚政府在其执政初期，存在过比较民主的宪治。此后，逐渐沦落为独裁共和国，最终引发了四月革命。就朴正熙政府而言，虽然是通过“五一六”政变夺得政权，但在移交民政之后的初期也施行过较为民主的机制。因此，将朴正熙政府一概地总结为权威主义政府的评价，应当再行斟酌。

四、以实质上的宪法制定审视共和国之排序

（一）实质宪治中断和宪法的全面修改

韩国现行《宪法》序言仅使用了“修改”这一术语。然而，在发生宪治中断级别的变革后，经主权者的直接介入产生新宪法时，针对该新宪法可以赋予新共和国宪法之次序。

（二）通过宪法制定权力的介入确保国民正当性

对新共和国的排序，意味着新共和国的诞生。在既存宪治体制处于中断或者危机状态下，经作为主权者的国民之直接介入产生新宪法时，该新宪法由于主权者的介入获得了国民正当性。因此，针对该新宪法可以赋予新共和国宪法之次序。

（三）共和国排序之便利性

针对第一共和国宪法、第二共和国宪法、政变后的第三共和国宪法、1987年宪法，可以赋予新共和国宪法之次序。其中，1987年宪法终结了持续25年之

久的权威主义军事政府。因此，可以赋予 1987 年宪法以新共和国宪法之次序。

1972 年宪法和 1980 年宪法都是专制主义性质的独裁共和国宪法，有别于其他共和国宪法。即便二者采纳专制主义性质的独裁国家体制，但仍是共和国的一种类型。因此，赋予二者以新共和国宪法之次序，有利于系统理解韩国宪法史。

第三章　国家的本质和国家形态

第一节　作为国家的大韩民国

一、意义

一般国家学中论及的事项包括：①根究国家之本质的国家本质论。②探究国家之产生与变化的国家变迁论。③研究各种国家观的国家思想论。④有关国家的组织与构成的国家形态论等。

二、国家的概念

国家的概念有着多重含义。其中，可以将国家定义为“依支配一定地域的最高权力，结合的人之集体”。国家之中必然存在作为构成国家的自然人全体之国民和支配一定地域的概括性领土以及统辖该地域与国民的统治组织和统治权。国家以强有力的法作为媒介发挥强制力，区别于其他社会组织。基于这一点，国家是法的社会，更是典型的政治社会。

三、国家的成立与本质

（一）有关国家之成立起源的理论

国家的成立起源理论包括：神意说，认为国家以神的旨意成立；实力说，认为国家是依实力，通过征服形成的支配与服从关系；家族说，认为国家是从家族发展到氏族，再经过部族确立的近代国家；阶级国家说，认为国家是经济上的支配阶级剥削被支配阶级的手段。

随着近代市民社会的形成，开始普遍吸纳社会契约论。社会契约论认为国家基于获得人民同意的社会契约而成立。霍布斯的社会契约论认为自然状态是“万人对万人的斗争状态”，而社会契约是出于维持和平向国家让渡主权的服从契约。

通过服从契约，社会才得以维持和平状态。因此，此种服从契约不可以让渡，也不可对其进行抵抗。

洛克的社会契约论认为自然状态是一种和平状态，但是当发生社会矛盾时，社会契约以解决此种矛盾的手段出现。洛克认为社会契约是为了解决社会矛盾，将权利委任于代表的委任契约、信托契约。当国家依照这一社会契约而滥用权力时，作为社会契约之参与者的国民，不仅有权撤销该契约，还可以进行抵抗。由此可知，相较霍布斯的社会契约论，洛克的社会契约论更加进步一些。

卢梭的社会契约论认为自然状态是一种和平而又没有组织起来的状态，为了维持此种自然状态，基于全体人民之自由意志的合议创设了国家。国家权力的源泉即为人民本身，人民相互间订立的契约即是组织国家的社会契约。一般意志作为人民的集体意志，追求共同的利益。因此，不可能犯错误，有别于仅追求个人利益的特殊意志或者作为特殊意志之单纯总和的全体意志。

（二）国家的本质

有关国家本质的学说包括：一元论、二元论、多元论。首先，有关国家本质的一元论是指以一种观点认知国家的意思。社会学的国家论，认为只有存在个人之间的关系或者活动时，才能成立社会或者国家。因此，主张国家并非团体的统一体或者有机体。经济学的国家论，认为国家是以维持一定生产关系为目的的支配组织。法学的国家论，基于法与国家的同一论观点，认为国家是作为法规范体系的法秩序本身。此为法实证主义者凯尔森的理论。国家有机体说，承认国民为国家的要素，并认为国家是具有独立意志的团体。因此，区别于国民个人的单纯总和。其次，二元论是指以两种观点认知国家的意思。耶利内克（Georg Jellinek）基于社会学的国家概念和法学的国家概念认知国家。社会学的国家概念，认为国家是具有原始统治权的定居人之集体统一体。法学的国家概念，认为国家是具有原始统治权的定居国民之社团。此二元论可以与国家主权说或者国家法人说相联系。最后，多元论认为国家并非全体社会，而是部分社会。这里的国家是指以维持治安为唯一目的的国家。

四、国家的构成要素

（一）意义

根据传统的国家三要素说，国家的存续中必要要件包括国民、领土、作为最高国家权力的主权。

（二）国民

作为国家永久成员的国民是指在领土内的任何地点都要受到国家统治权影响的人之范围。民主国家中的国民是国家的主权者。国民区别于以血统为中心的民族概念。国民由具有某种目的的政治共同体结合而成。国民是根据国内法赋予其地位的法律概念。民族则是由语言、宗教、风俗、习惯等文化要素和称为内部同质性的感情要素结合而成的社会学概念。

1. 国籍的取得

国籍是成为国民的资格。《宪法》第 2 条第 1 款规定，“大韩民国国民的资格由法律规定”。基于这一宪法规定制定的《国籍法》，原则上采纳单一国籍主义。即取得大韩民国之国籍的外国人，具有外国国籍时，应当于取得大韩民国国籍之日起一年内，放弃该外国国籍（《国籍法》第 10 条第 1 款）。然而，基于国际潮流和顺应国家利益，韩国吸纳了限定性地双重国籍措施。

（1）先天取得。

先天取得是指以出生的事实，取得国籍的情形。国籍的先天取得包括属地主义和属人主义。属人主义（血统主义）是指以父母之国籍，决定出生者的国籍。欧洲各国与日本等单一民族或者少数民族国家，主要采取属人主义。属地主义（出生地主义）是对出生在某国家领土之内的人，不问其父母的国籍，而赋予该出生地国家之国籍。英国、美国、南美各国等复数民族的国家，大多采取属地主义。

韩国在原则上采用属人主义，对于那些国籍不明或无国籍、弃儿等例外情况下，兼用属地主义（《国籍法》第 2 条）。同时，韩国《国籍法》中不仅适用了父系血统主义，还适用了父母两系血统主义。

（2）后天取得。

后天取得是指在出生之后取得其他国家国籍的情形。其事由包括，婚姻、认知、归化等。

2. 国籍的丧失与恢复

《国籍法》中列举了丧失国籍的情形（《国籍法》第 15 条）。丧失国籍的人员，应当向法务部长官申告国籍的丧失（《国籍法》第 16 条）。丧失国籍的人员也可以通过法务部长官的许可，重新恢复国籍（《国籍法》第 9 条）。

3. 在外国民的保护

“国家依照法律规定，负有保护在外国民的义务”（《宪法》第 2 条第 2 款）。据此韩国制定了《关于在外同胞之出入境与法律地位的法律》。根据《宪法》，在外国民是指在国外的所有国民。出于确认在外国民的现状，韩国施行在外国民注册制。取得外国永住权的人（永住权人）虽然可以免签自由出入该国，但因未取得该国国籍，仍属于韩国国民。相反，取得外国市民权的人（市民权人）是取得该国国籍的人。因此，市民权人丧失韩国国籍。在外同胞包括居住于国外的韩国国民或者曾为韩国国民的人及其子女。

移民的在外国民，依照《国籍法》未丧失国籍时，享有国民的基本权。限制在外国民投票权或者未给予实施不在者投票的法律规定属于违宪（宪裁2007.6.28. 2005Hun–Ma772、宪裁 2007.6.28. 2004Hun–Ma644 等）。

（三）领域

1. 意义

领域一词通常用作广义上领土的同义词。领域是指排他性地行使国家属地优越权的空间，包括狭义上的领土、领海、领空。大韩民国的领域由韩半岛及其附属岛屿组成，当然包括领海和领空。

2. 领域的范围

在领域中，狭义的领土是韩半岛及其附属岛屿（《宪法》第 3 条）。

领海是一国主权能够影响的海域，其范围因国家而异。韩国则根据《领海以及接续水域法》，以 12 海里为领海。接续水域（即毗连区）是指在从基线外侧开始测量至 24 海里的线为止的水域中，除去大韩民国之领海的水域（《领海以及接续水域法》第 3 条之二）。在接续水域中，可以处理关税、出入境管理、卫生的法规违反行为。韩国缔结了《大陆架公约》，按照此公约，沿岸国家可以在沿岸至水深 200 米处的海底区域中，即大陆架上进行渔业或开发地下资源，享有作为支配权的管理权。领空是领土与领海的上空，就其范围而言，并非无限大，而是在通常情况下，限定为是能够支配的上空。

领域有可能发生变更。就领土变更的事由而言，虽有无主地先占、自然形成的领土、海中沉没等自然变更的存在，但十分罕见。比较普遍的变更是通过国家之间的条约进行的领土合并、买卖、交换、割让等。

（四）主权

主权是决定国家意思的最高权力，是所有国家权力的源泉。对内具有最高权力，对外具有独立的权力。《宪法》第 1 条第 2 款规定，“大韩民国的主权属于国民，一切权力来自于国民”。

基于主权推导出宪法制定权力。因此，主权是宪法制定权力的上位概念。国家权力是由主权者制定的宪法所授权的具体而又现实的权力。因此，主权区别于那些为现实统治而具体赋予的作为统治权的个别国家权力。根据统治权的内容，可以将统治权区分为领土优越权、对人优越权、权限优越权（自主组织权）。根据统治权的发动形态，可以将统治权区分为立法权、执行权、司法权。

第二节 大韩民国的国家形态

一、意义

国家形态是指能够体现国家全体性质的有关整体性组织与构成的类型。基于国家形态，根据不同的权力分立类型，能够具体体现不同的政府形态。

二、作为宪法学一般理论的国家形态论

（一）古典理论

当考虑到社会现象时，国家形态论则是区分健全的（好的）国家与堕落的（不好的）国家的重要工具。基于如下三个要素可以确立国家形态的不同类型：①依照统治者的数量而确定的形式要素；②依照目的而确定的实质要素（柏拉图认为是对法与习惯的尊重；亚里士多德认为是追究一般利益）；③依照社会阶级与财富之再分配的实质要素（亚里士多德）。此三种要素同时考虑了经验的、体系的、价值评价的分析方法。

柏拉图（Platon）的国家论分为：①法与习惯所支配的三个国家形态（君主制、贵族制、受节制的民主制）。②脱离了原则（变质）的三种国家形态（暴君制、寡头制、极端民主制）。

亚里士多德（Aristoteles）的国家形态论有意介入了不同的要素（在健全的形态下，追求一般利益；堕落的形态下，追求特定集体的特殊利益）。即依照一般利益与特殊利益，①由一人支配的君主制、暴君制；②由少数人支配的贵族制、寡头制；③由多数人支配的民主制、暴民制。就亚里士多德的国家形态论而言，在洛克的《政府论》、孟德斯鸠之《论法的精神》、卢梭的《社会契约论》等的国家形态论之内容中，都有论及其基本原理。

（二）近代理论

耶利内克（Georg Jellinek）带着国家意思是由宪法上一个人的自然意思构成，还是由多个人的法律意思构成的疑问，以“国家意思之构成方法”这一单一分类标准，将国家形态区分成了君主国和共和国。即根据代议制度、政府组织、

权力的行使方法等，做出如下分类：①君主国分为世袭君主国、选举君主国、专制君主国、限制君主国（贵族君主国、立宪君主国、议会主义的君主国）。②共和国分为贵族共和国、民主共和国。

雷姆（H.Rehm）则做出了如下分类：①根据国家权力的负责人，分类国家形态（君主国、贵族国、阶级国、民主国）。②根据国家权力的最高行使者，分类政府形态（民主政府 、共和政府、间接民主政府、直接民主政府、联合制与单一制、立宪政府、非立宪政府）。

（三）现代理论

在韩国，传统的国家形态论以国体与政体的区分论展开论述。即依照主权之所在（谁是主权者）的国体与依照国家权力（统治权）之行使方法的政体。根据这一传统理论，如果主权在于君主，即为君主国；如果主权在于国民，即为共和国。然而，当今世界，虽有君主制度，但君主主权国家已不复存在，因此国体论也慢慢丧失了其原有之意义。

依照国家权力的行使方法，可以将政体区分为专制政体和立宪政体，但如今没有哪个国家标榜自身为专制政体，都在标榜自身为立宪政体，因此，政体论也存在一定局限性。根据比尔多（Georges Burdeau）的观点，其认为国家形态甚至国家权力的形态可以依照该结构、目的、行使方式作出区分。即①依照国家权力的结构是单一制，还是联邦制，区分为单一制国家和联邦制国家；②依照国家权力的目的是民主主义，还是权威主义，区分为民主主义国家和权威主义国家；③依照国家权力的行使方式，区分为总统制、议院内阁制（议会制）、半总统制（二元政府制）、会议政体等。总之，基于现代国家权力运行形态，可以将国家形态（宪治体制）区分为民主主义模式和权威主义模式。

（四）综合国家形态与政府形态的类型

当认为国家形态是一个国家较为宏观的宪治体制时，政府形态便是国家形态的狭义概念。即政府形态是在已经存在的宪治体制中，实践权力分立原理的方式。因此，应当综合理解国家形态与政府形态。

三、单一制国家、联邦制国家、国家联合

（一）意义

依照国家权力内部结构，可以将国家形态区分为单一制国家和联邦制国家。然而，由于国家不断强化联合力度和统合力，导致联邦制国家呈现单一国家化趋势。同时，由于地方自治的兴起，导致单一制国家呈现联邦国家化趋势。因此，

作为传统国家形态之分类的联邦制国家和单一制国家的区分论，正在面临极大的挑战。

基于各国推进组建国际法上共同体，产生了类似欧洲联盟（EU）等的国家联合。以个别国家的存在为前提，当加入国步入一个统一体时，形成国家联合。然而，基于美国初期为国家之间的联合共同体，最终成为联邦制国家的经验来看，不可断然认为联邦制国家和国家联合为完全不同的个体。

（二）单一制国家中的地方自治与联邦制国家

1. 意义

单一制国家是指国家结构为单一而统一的国家。通常单一制国家的权力集中于中央。就联邦制国家中支邦而言，根据支邦是否为主权国家的标准，联邦制国家中的支邦（State，Land，Canton）具有不同的法律性质。

2. 地方自治的宪法本质

地方自治制度是通过纠正单一制国家过度集中权力导致的弊端，实现权力分散和权力分立之目的，并意欲实现地方和中央之均衡发展，基于体现草根民主主义具体化国民主权主义，夯实内在民主主义的制度。地方自治团体被赋予了国民中的部分居民，领土中的部分地域，源自主权的自治权。地方自治团体虽然被赋予了独立处理地方之固有事务的法人格，但始终是从属于国家的团体。

3. 联邦制国家的宪法本质

在有关联邦制国家之本质的论述中首先要解决如下问题，就联邦与支邦中哪一边才是真正的主权国家，对此存在着以下学说：①只有支邦国具有主权，联邦不具有任何国家性质的学说；②主权归属于联邦与支邦国之共有的学说；③只有联邦具有主权，而支邦国虽然不具有主权，但却是真正国家的学说；④只有联邦是真正的国家，支邦国只是具有广泛自治权的一种自治团体，因此不具有主权的学说；⑤联邦国家和支邦国都具有主权，但基于联邦宪法由联邦政府行使外交权等权力，支邦国是对内具有自主组织权的一种主权国家学说。

就上述争议，不可以忽视联邦制国家的历史性质及其产生背景，而妄自断定。虽然美国的独立意味着新国家的创设，但不可以否认其国家联合的性质，即现实中不具有单一制国家之容貌的国家联合性质。作为统一国家的美利坚合众国之建设意味着已经具有国家之面貌的支邦国之统一。

根据传统主权理论，当认为主权是单一、不可分时，必然会提出针对联邦国家与支邦国之间主权共有或者分割的质疑。因为此时的联邦制国家意味着同一国家内，并存若干主权国家。相反，当认为只有联邦是主权国家，而支邦国是非主权国家时，有可能引起针对传统国家概念或者国家要素的重大混乱。此时，忠于传统国家理论的联邦国家和支邦国之区别论以及是否具有主权国家性的问题，将面临相互冲突的问题。

（三）联邦制国家和国家联合

1. 国家联合的意义

国家联合通常是指主权国家相互之间的联合。此为复数国家之间通过缔结国际条约，而成立的联合体。即国家联合是主权国家相互间，基于国际条约成立的条约共同体。这区别于主权国家之间，基于国际协定而成立的国际机构。例如，1787 年独立之前的美国是国家联合的形式，1945 年成立的阿拉伯国家联合，随着 1991 年旧苏联的解体而成立的独立国家联合体（Commonwealth of Independent States，CIS）以及英联邦共同体（Commonwealth of Nations），欧洲联盟（EU）也是国家联合的一种形态。

2. 联邦制国家与国家联合的差异

（1）联邦制国家是主权国家，而国家联合并非真正意义上的国家。

（2）联邦制国家是基于联邦宪法的永续结合体，而国家联合则是根据成员国之间的条约成立的临时性的结合体。

（3）联邦制国家是国际法上的主体。因此，这一点区别于支邦国。除了条约上特殊而限定性的领域以外，国家联合不可以成为国际法上的主体。

（4）联邦制国家的统治权在联邦之内分割予联邦与支邦，而国家联合的统治权原则上由个别国家保留。

（5）在联邦制国家中，联邦负责履行国际法上的责任，而国家联合在原则上不负国际法上的责任。

（6）联邦制国家中的军队属于联邦，而国家联合中的军队仍属于各个成员国。

（7）就联邦制国家的制度特征而言，包括统一的宪法、两院制议会、联邦最高法院等。就国家联合的制度特征而言，包括联合条约、复数宪法、联合议会等。

（四）小结

由于单一制国家的联邦制国家化和联邦制国家的单一制国家化现象，很难一概划分单一制国家和联邦制国家。同时，作为国际法上条约共同体的国家联合，通常将组建联邦制国家设定为长期目标。欧洲联盟在初期只是经济共同体，后来经《马斯特里赫特条约》（Maastricht Treaty）呈现出了国家联合的性质，有关制定欧洲联盟宪法的话题也变得异常活跃。

诚然，朝鲜主张的联邦制在法律上具有浓厚的国家联合性质。就韩国的统一政策而言，同样向往着经过国家联合，最终基于制定统一宪法建立统一国家。2000 年 6 月 15 日在平壤举行的南北峰会中，曾就初级联邦制问题形成共识。

四、作为国家形态的共和国之现代化变迁

（一）确立共和国之概念的困境

超越否定君主制度的消极意义上之共和国定义，摸索共和国之积极概念的征途正在进行。共和国意味着对国民权利的绝对尊重、对自由的坚固防御、对所有个人权威主义之宪治体制的厌恶。

（二）作为新形态的共和君主制

法国的杜瓦杰（Maurice Duverger）在其《共和的君主国》中，系统阐述了新型国家形态，认为共和君主国是“在经济上最为发达、具有悠久民主主义历史的国家中，采纳的现代共和国形态”。例如，英国虽然是保留君主制度的议院内阁制国家，但基于首相的强势地位和权限，可以将英国首相视为君主。再例如，美国总统虽为民选总统，但基于其超越古典君主的强势地位，可以将美国总统视为民选君主。

五、大韩民国的国家形态

（一）意义

《宪法》第 1 条第 1 款规定，“大韩民国是民主共和国”。由此，韩国学界开展了针对民主共和国的宪法意义及其规范性的广泛研究。

（二）作为国家形态的民主共和国

就《宪法》中民主共和国之意思而言，基于古典国家形态论，提出了如下异论：①第一说，认为民主为政体，共和国为国体。②第二说，将民主理解为民主政体，而将共和国理解为是共和政体，从而认为民主共和国是有关政体的规定。这一学说认为第 1 条第 2 款中规定的主权在民原理是国体。③第三说，将民主共和国本身理解为是国体。④反馈（Input-Output）模式说，认为将国体与政体的区别视为论述之前提的做法是无意义的，并认为在现行《宪法》中，国家形态虽然接近于代议民主制模式，但其中却也带有权威主义的色彩。

总之，民主共和国的意思是针对民主主义原理的阐述，同时意指共和国。由此，应当将“民主共和国”本身理解为是关于国家形态的规定。这里的民主共和国否定了君主制，并根据国民主权主义原理，排斥权威主义与全体主义。

（三）民主共和国的规范性

如何评价民主共和国的规范价值，将影响民主共和国的宪法意义。同时，这将关系到宪法修改之界限。相当于宪法核的内容是韩国《宪法》第 1 条的民主共和国和国民主权主义。[1]《法国第五共和国宪法》（第 89 条第 5 款），《意大利宪法》（第 139 条）中明确规定，共和国之国家形态不可成为宪法修改的对象。

《宪法》中的共和国可以称为是宪法核，因此不能成为宪法修改的对象。所以若想将共和国之国家形态变更为君主国（君主制度国家），只能通过发起宪法制定权人的始源性制宪权，方能完成。因此，以修宪的方式，不能变更《宪法》第 1 条之民主共和国为（立宪）君主国。

（四）民主共和国的内容

大韩民国作为民主共和国，立足于国民主权主义。《宪法》第 1 条第 2 款中明确了国民主权主义，即“大韩民国的主权属于国民，一切权力来自于国民”。根据国民主权主义原理，采用代议民主主义（间接民主政治）。由于同时采纳了国民投票制度（直接民主政治），因此并非纯粹代表制，而是半代表制。在民主主义共和国中，韩国是追求自由民主主义的民主主义共和国。这体现在《宪法》第 8 条第 4 款的违宪政党解散制度，即通过解散违宪政党阻止民主主义的公敌，亦称防御民主主义。现如今，代议民主政治呈现出政党国家化倾向。《宪法》第 8 条是积极保护、培育政党的条款。就民主主义的自由与平等而言，应当依照现代的社会福祉国家原理，积极、实质地体现在国家生活之中。大韩民国不是联邦制国家，而是单一制国家。

---

[1] 译者注：宪法核是指宪法规范中相对于宪法律的宪法核心内容。

第四章　大韩民国宪法的结构和基本原理

第一节　大韩民国宪法的法源与结构

一、法源

（一）成文法源

韩国宪法中，第一层次的成文法源是宪法典。第二层次的成文法源是宪法附属法令。宪法附属法令包括组织国家权力的法令和基本权关系法令。第三层次的成文法源是作为国际关系法的条约、国际法规。

（二）不成文法源

大韩民国之不成文法源包括自然法、习惯法、判例法等。随着宪法裁判制度的发展，除了补充成文宪法的习惯法以外，作为不成文法源的判例法也占据了不可小觑的地位（参照第一篇第一章第二节）。

二、结构

大韩民国《宪法》由序言、130 条正文（第 1 章～第 10 章）、6 条附则构成。正文由以下顺序排列，即第 1 章总纲（第 1 条～第 9 条），第 2 章国民的权利与义务（第 10 条～第 39 条），第 3 章国会（第 40 条～第 65 条），第 4 章政府（第 66 条～第 100 条），第 5 章法院（第 101 条～第 110 条），第 6 章宪法裁判所（第 111 条～第 113 条），第 7 章选举管理（第 114 条～第 116 条），第 8 章地方自治（第 117 条～第 118 条），第 9 章经济（第 119 条～第 127 条），第 10 章宪法修改（第 128 条～第 130 条）。

第二节　通过宪法序言阐明宪法基本原理

一、意义

通常情况下，法规范一般不设序言，唯独在宪法中设置序言。宪法序言是指处于宪法正文之前的文章或条文。在宪法序言之中阐述该宪法的由来与基本原理。

二、宪法序言的内容

（一）宪法的由来与国民主权主义

《宪法》序言规定，“拥有悠久历史和光辉传统的大韩国民……特将1948年7月12日制定并经过八次修订的宪法，经国会表决并依国民投票，进行修订”。《宪法》序言阐明了大韩民国宪法的成立与制定以及修订的历史。同时，明示了宪法制定与修改的主体是大韩国民，从而阐释了国民主权主义原理与作为宪法制定权者的国民。

（二）对大韩民国临时政府之法统的继承

序言中规定，“我们大韩民国继承以三一运动建立起来的大韩民国临时政府之法统”。在“三一”运动之后诞生的大韩民国，虽然具有临时政府性质的局限性，但却是在1948年成立的大韩民国之正统性所在，即大韩民国继承了三一运动以及大韩民国临时政府的正统性。然而，应当区分合法性与正统性。虽然在《宪法》序言中规定了大韩民国临时政府之法统的继承，但这也只是意味着法统性的继承，而非实定宪法秩序上之合法性的继承。

（三）立足民族之民主主义的和平统一

序言中规定，“立足于祖国的民主改革和和平统一之使命”，“以正义、人道和同胞之爱来巩固民族之团结，打破所有的社会陋习和不义”，阐明了大韩民国是通过单一民族所具有的同胞之情进行祖国的民主改革与和平统一。

（四）国民的自由与权利的保障

序言中规定，“使得政治、经济、社会、文化的所有领域内各人的机会均等，并能够发挥最高能力，完成伴随自由和权利之责任和义务，决心对内通过致力于国民生活的均等提高，……从而永远确保我们和子孙们的安全、自由和幸福”。

不仅保障了国民的自由与权利，而且通过明示伴随权利的义务，明确了宪法中民主市民的坐标。

（五）基于人类共同繁荣的国际和平主义

序言中规定，“对外贡献于永久的世界和平和人类的共同繁荣”，这表明大韩民国不是执着于排他的、国粹主义性质的民主主义，而是为了人类共同繁荣，致力于国际和平的国家。

三、宪法序言的规范性

（一）意义

关于宪法序言的规范性，存在认可宪法序言规范性的观点和否定宪法序言规范性的观点对立。当认可宪法序言规范性时，存在认可宪法序言裁判规范性的观点和否定宪法序言裁判规范性的观点对立。

（二）宪法序言的法律性质

美国宪法序言篇幅较短且简略，而且未包含特别内容。相比之下，韩国宪法序言篇幅较长且比较详细，而且包含了保障基本权的概括性内容。因此，比较妥当的做法是采纳肯定宪法序言之规范性的效力认可说。在主张效力认可说的学者中，针对宪法序言是否具有直接的裁判规范性，有着对立的见解。韩国宪法裁判所自设立之初就认可了宪法序言的裁判规范性（宪裁 1989.1.25. 88Hun–Ka7）。

（三）宪法序言之规范性效力的认可范围

1. 宪法序言之规范性效力的认可

宪法序言是国家的最高规范，不仅是解释所有法令的标准，还是立法的指南，而且在裁判中，起到参照规范作用。贯穿于宪法序言的基本原理不能成为修宪的对象。

2. 宪法序言之规范性效力的具体范围

韩国宪法裁判所虽然认可了宪法序言的法律效力，并将其视为裁判的参照规范，但仍然存在着下列疑问，即宪法序言之字句的准确意思，是否可以像解释宪法正文那样予以解释。法国同样也认可了宪法序言的规范性质，并认可了 1789 年之人权宣言与 1946 年之宪法序言的法规范性，但是，对于与人权和国民主权无直接关联或者具有矛盾的内容而言，不认可其宪法的价值。

虽说宪法序言具有规范效力，但同时也具有宣言的性质，即反映制定宪法之时有关宪法诞生的基本情况。虽然宪法序言作为实定规范，具有实质性效力，但不能误解宪法序言的规范意义。例如，不能将大韩民国临时政府的第一任总统解释为是大韩民国的第一任总统。因此，应当将 1948 年宪法理解为是基于国家创设而制定的制宪宪法或者建国宪法。

第三节　大韩民国宪法的基本原理

宪法的基本原理是宪法的理念基础，同时是支配宪法的指导原理。韩国宪法基本原理作为大韩民国政治存在形态和基本价值秩序的理念基础，由享有大韩民国主权的国民基于国民合议设定于宪法。宪法的基本原则既是国家机关以及国民应当遵守的最高价值规范，又是针对包含宪法各个条款在内的所有法令的解释标准，指明了立法权的范围和界限以及决定国家政策的方向。

大韩民国宪法自制宪宪法以来就吸纳了近代立宪主义宪法之基本原理和现代福祉国家原理。应当从国民主权主义出发寻找大韩民国宪法之基本原理的理念、法律基础。国民主权主义是贯穿宪法所向往之政治、经济、社会、文化等所有领域的基本理念。

源自国民主权主义的政治理念是自由民主主义。当无法忽视宪法的政治设计作用时，可以认为宪法的基本秩序源自自由民主主义的政治设计。自由民主主义是贯穿宪法之总纲、基本权、政治制度论的基本原理。宪法上经济、社会、文化的基本原理是基于 20 世纪社会福祉国家理念的原理。在地球村时代，韩国宪法并非是孤立于地球村的宪法，而是包容世界宪法秩序的宪法。因此，韩国宪法是基于国际和平主义的宪法。

第一款　理念和法律的基础：国民主权主义

一、意义

在法国政治宪法学理论中，主权理论是最为普遍的古典理论。主权概念产生于绝对君主时期的天主教神学（Catholic Theology），经过法国革命的洗礼，又产生了两个相异的主权理论，即国民主权与人民主权。在革命的特殊时代下，激化了这种在理念、思想上具有不同根基的意识形态之矛盾。

二、国家的主权

（一）作为政治性概念的国家主权

1576年让·博丹（J. Bodin）在《国家六论》中通过确立主权与绝对独立之间的平衡，阐释了国家主权。根据其国家主权论，国家应当脱离于所有类型的从属。

（二）作为法律概念的国家内主权

作为法律概念的国家内主权，通常被认为是统治权。然而，统治权有别于主权。主权是一国的最高权力，而统治权则是源于主权的权力。

三、国民主权与人民主权

（一）意义

虽然在英国，不需要提起主权论来正当化其政治体制的特征，然而，对于法国而言，在革命之后，确立合理的主权理论是树立新宪法学理论过程中最为重要的事情。主权理论的出发点是解答一国之主权性权力属于谁的问题，即发布命令和实施强制的力量属于谁的问题。直到18世纪末，主权一直被理解为是君主主权，即神赋予国王以权力，因此主权属于国王（王权神授说）。基于王权神授说的君主主权理论遭到18世纪近代自然法论、社会契约论、启蒙思想的排斥与否认。目前，认为主权只能产生于社会契约行为，并且主权必须属于原始社会契约的署名者（参加者），即归属于形成国民（Nation）的各个人。

人民（Peuple）主权论是卢梭于《社会契约论》中确立的理论，认为各组成人员享有各自的份额。国民（Nation）主权论是经孟德斯鸠的《法的精神》，由西耶斯于《第三等级是什么》中确立的理论，认为主权属于作为一个法人体的国民。这两个相异的理论曾体现于1791年宪法和1793年宪法之中。就发生在国民主权与人民主权之间的二元对立与理论冲突，即孟德斯鸠或西耶斯的理论与卢梭的理论之间的冲突而言，其冲突在根本上是温和革命派与极端革命派相互之间使用的道具概念的不同。

（二）国民（Nation）主权理论

根据国民主权理论，主权的主体是作为一个统一体的全体国民，推导出了代议制理论，即由全体国民选出的代表者来负责国政的代议制理论。然而，采取了受限选举制度，即选出代表者的选举人，只能是具有财产与教养的人。选举不是国民的权利，而是责任，通过选举而当选的代表者不单纯是选区居民的代表，而是全体国民的代表，即遵循禁止羁束委任（自由委任）法理。为了克服自由委任中存在的问题，统治方式只能立足于多极化的权力分立原理。

（三）人民（Peuple）主权理论

根据人民主权理论，主权的主体是具体的、各个人的总和。因此，以直接民主制为理想，即作为现实、具体主权者的 Peuple，由其自己进行直接统治。由于不可能对主权者，即 Peuple 的统治权进行任何限制，因此采取了普通选举。即使是选出了作为代替 Peuple 的代表，其代表也只能受羁束于 Peuple 的指示、控制。在接受国民之直接指示与控制的体制中，权力分立原理并非必须采纳的原理。

（四）Nation 主权与 Peuple 主权的理论对立及其融合

现如今，代议民主主义与禁止羁束委任（自由委任）之法理得到了广泛的接受，并且由于权力分立原理是立宪主义的当然要求，因此可以说 Nation 主权论获得了胜利。但是，随着普通选举的一般化，以及为了纠正代议制的弊病，而导入了直接民主制度。通过采纳这种直接民主制，半、准代表原理在宪法中被制度化，从而为 Peuple 主权论提供了空间。这意味着经历了数个世纪的 Nation–Peuple 主权论，现如今却成了一个融合、统合、妥协的宪法体制。

四、宪法上国民主权主义的体现

（一）作为大韩民国宪法之法律基础的国民主权主义

《宪法》第 1 条第 1 款规定，大韩“民”国是“民主”共和国，在第 2 款中规定，“大韩民国的主权属于国民，一切权力来自于国民”。这与宪法序言中通过明确大韩国民制定宪法，阐明国民是宪法制定权者的做法一脉相承。这里所说的国民是全体国民，即享有主权的国民。

在国民主权主义的法律基础之下，作为国民主权主义的下位概念，即主权之实在行使者，是选举人或有权者。该选举人限于一定的国民，即需是满足选举法之资格与要件的国民。作为主权（享有）者的国民享有作为主权行使者的国民投票权（《宪法》第 72 条、第 130 条第 2 款）、作为代表人选举者的总统选举权（《宪法》第 67 条）和国会议员选举权（《宪法》第 41 条）。

（二）通过保障自由与权利而实质化国民主权

在《宪法》第 2 章中规定了国民之权利与义务，这是为了表示实质化国民主权主义的宪法意志。实现基于人格尊严的基本权，便是这种意志的表现。根据《宪法》，作为个人的国民可以分为，作为基本权享有者的国民与作为义务主体的国民。作为基本权之主体的国民，是指各个国民。作为义务主体的国民，也是基于国民是国家组成人员的观点得出的。

（三）间接民主制（代议制）与直接民主制的调和：半代表民主主义

就体现实在的主权意思而言，由主权者自己来行使主权是最为妥当的（直接民主主义），但在现实之中，却不可能直接行使，因此通过政治技术，即通过代表来予以行使（间接民主主义）。代表通过普通、平等、直接、秘密选举而产生。韩国宪法虽然采用了代议民主主义（间接民主主义），但同时也导入了直接民主主义性质的国民投票制度（《宪法》第 72 条、第 130 条第 2 款）。

（四）为了纠正代议制之弊病的权力分立主义

经典的权力分立理论是以水平权力分立理论为中心，调整立法、行政、司法的牵制与均衡。然而，当今的权力分立理论，为了执政党与在野党的实质性权力分立，更加强调议会之牵制功能的强化，以及为了促进自下而上之民主主义，而更加强调作为垂直权力分立的地方自治制度之保障。

（五）为了代议制之实质化的复数政党制度之保障

政党制度是体现代议制之实质性所不可或缺的要素，特别是体现多元性民主主义之理想的决定要素，因此复数政党制度才得以保障（《宪法》第 8 条）。

（六）为全体国民服务的职业公务员制度之保障

为国民服务，并对国民负责的公务员制度是体现国民主权主义的制度："公务员为国民全体的公仆，对国民负责"（《宪法》第 7 条）。

第二款　政治性基本原理：自由民主主义

当今作为民主主义的概念表征，普遍提及保障最大多数组成人员在政治上自由、平等地参与权力体制的组建。此类权力体制的组建包含美国前总统林肯（A.Lincoln）在葛底斯堡（Gettysburg）演说中指出的"民有、民治、民享的政府（the government of the people，by the people and for the people）"、保障统治者与被统治者之自同性（identification）原理的宪治体制等内容。

当今较为一般化的民主主义是自由民主主义或者多元性民主主义。在民主主义之中，所有的权力源自国民，应当反映更多国民的意思。因此，民主主义国家的选举应当是普通选举，并且应当保障以政党为首的政治团体之多元性，以及市民和市民团体的自由。作为政治多元主义的民主主义是指所有国民可以自由地选择统治者。自由民主主义不受特定意识形态的支配，而是把所有意识形态容纳在其体制之内。

自20世纪后期以来，为克服自由民主主义之界限的努力，仍在持续着。参与民主主义（Participatory Democracy）与深思民主主义（Deliberative Democracy）作为这一趋向的代表理论，具有类似的指向。参与民主主义继承了卢梭的直接民主主义理念，提供自由民主主义以现实性对策。

就深思民主主义的积极层面而言，以对社会组成人员之生活有用的知识为基础，深思问题的解决方案，从而找出最为经济、有效的答案。然而，深思民主主义采纳了精英主义与绩效主义，因此受到了批判，即认为深思民主主义不过是自由民主主义的一种变形。就现如今的自由主义而言，只有“充分深思后的参与”，才能体现真正的自由民主主义理想。

作为政治自由主义的民主主义是指个人或者集体的能够自由表明其自身意思的体制。在民主主义社会中，多数决原理是指当参与者全体的意思不合致时，由参与者过半数的意思来代表全体意思的原理。然而，多数决原理中的多数不应当是排斥少数的多数，而应当是保护和包容少数的多数。

第一项　自由民主的基本秩序

一、意义

韩国宪法为了具体化自由民主主义，规定了自由民主主义的基本秩序。即在《宪法》序言中规定“更加巩固自由民主的基本秩序”；“立足于自由民主的基本秩序”，实现作为民族夙愿的统一（《宪法》第4条）；“政党的目的或活动不得违背民主的基本秩序”（《宪法》第8条第4款）；“国家将劳动义务的内容及条件，按民主主义原则以法律规定”（《宪法》第32条第2款）。在第1条第1款中明确了“大韩民国是‘民主’共和国”。

在德国，特别是由于魏玛共和国的价值中立性原理，曾导致纳粹得以夺权，因此基于反省式的省察，在《德国基本法》中规定了违宪政党解散（《德国基本法》第21条）；当基本权攻击自由民主的基本秩序时，该基本权便丧失效力（《德国基本法》第18条）；为了维持自由民主的基本秩序，可以发起紧急权（《德国基本法》第91条第1款）等。

二、民主的基本秩序与自由民主的基本秩序

（一）两者的关系

韩国《宪法》第 8 条使用了“民主基本秩序”的表述。然而,《宪法》序言以及第 4 条（和平统一）中却使用了“自由民主基本秩序”的表述。基于此种表述上的差异，韩国学界就民主基本秩序和自由民主基本秩序之间的意义与关系存在较大争议。

有些学者将民主基本秩序理解为是包括了自由民主之基本秩序与社会民主之基本秩序的概念，持上述观点的学者认为，自由民主之基本秩序的概念范围比宪法序言中明示自由民主之基本秩序的概念更加小。即将民主的基本秩序分为自由民主的基本秩序与社会民主的基本秩序，从而将民主的基本秩序，视为自由民主之基本秩序的上位概念或概括性概念。

然而，由于在韩国宪法中引入了基于自由民主主义的社会福祉国家原理，因此民主之基本秩序与自由民主之基本秩序，不应理解为是相互冲突的个别概念，应当理解为是相互融合的概念。虽然在《宪法》序言中，使用了“自由民主主义之基本秩序”的表述，但是纵观韩国宪法之整体的理念框架，可知其中也包括了社会福祉国家原理。

（二）在自由民主主义的理念基础上体现的自由民主基本秩序

不论宪法典上使用了自由民主的基本秩序，还是民主的基本秩序，宪法所指向的基本原理始终是自由民主主义，其中当然包括现代社会福祉国家原理。自由民主主义是指多元的民主主义。

三、宪法上体现

根据《宪法》，自由民主的基本秩序体现在：①作为法律之基础的国民主权主义；②保障国民的自由与权利；③代议民主主义与直接民主主义的调和（半代表民主主义）；④民主的选举制度；⑤复数政党制度；⑥权力分立与政府的责任性；⑦实质法治主义；⑧保障地方自治制度；⑨为了经济民主化的社会市场经济秩序；⑩为了权利救济之实质化的司法权独立；⑪ 国际和平主义。

四、自由民主基本秩序的宪法保护

（一）作为宪法之基本秩序的自由民主基本秩序

自由民主的基本秩序是大韩民国的实体法秩序所追求的最高原理，也是解释

实体法的标准。因此，应当将是否符合自由民主的基本秩序视为发动国家权力的妥当性尺度。

（二）自由民主之基本秩序的宪法保护

就来自权力的侵害而言，可以援用弹劾制度、违宪法律审查制度、宪法诉愿等宪法上制裁措施，以及最终可以由国民行使的超宪法性抵抗权。为了守护自由民主的基本秩序，培育民主的政党制度，甚至为了惩戒民主主义的公敌设置了违宪政党解散制度。

（三）防御的民主主义论

1. 意义、本质

防御的民主主义是指防御民主主义之公敌，从而保护民主主义的理论，属于宪法内在的宪法保护手段之一。在 20 世纪 30 年代以后，纳粹借用《魏玛共和国宪法》中民主主义之价值相对性的宽容，发动了暴力支配。因此，德国基于对纳粹之暴力支配的反省，承认民主主义之价值相对性应当具有一定的界限，从而明确指出民主主义只能是价值指向性、价值约束性的民主主义。防御的民主主义，可以称为战斗的、斗争的民主主义，意在正当化针对民主主义之公敌的斗争。

《德国基本法》进一步采纳了基本权失效制度。这是针对那些以破坏宪法秩序为目的，滥用基本权的特定人或特定团体，通过宪法裁判，使得被宪法保障的部分基本权对其丧失效力，从而防御宪法之公敌，进而保护宪法的制度。

2. 现行宪法中防御的民主主义

《宪法》序言与第 1 条第 1 款、第 4 条中明示了大韩民国是立足于自由民主基本秩序的民主共和国。《宪法》第 8 条第 4 款中引入了防御性民主主义理论。2014 年韩国宪法裁判所针对统合进步党作出了违宪政党解散决定（宪裁 2014.12.19. 2013Hun-Da1）。此外，宪法裁判所作出的有关国家安保的一系列决定，可以视为是防御性民主主义理论的应用。当基本权的行使，有害民主主义之本质时，可以限制该基本权，而《宪法》第 37 条第 2 款为此提供了正当性依据。

3. 防御的民主主义的界限

①不可以侵害民主主义的本质。应当特别警惕滥用为不当限制政治基本权的手段。②不得侵害法治国家、社会福祉国家、文化国家、国际和平主义。③就国家的介入与限制而言，应当遵循比例原则（过剩禁止的原则）。④应当是消极的、防御的，不应当是积极的、攻击性的防御性民主主义之应用。

第二项　代表民主主义和直接民主主义的调和：半代表制

一、意义

代表的概念之中，大体上包括了如下要素：①法律由国民的代表者制定。②代表者是全体国民的代表者。③通过反复的选举，使得代表者对国民负责。

二、直接民主主义与代表民主主义

（一）直接民主主义

直接民主主义是由国民直接行使主权的制度，适合在小规模的国家施行。瑞士以 Canton 为单位，施行直接民主主义。

（二）代表民主主义

1. 意义

行使主权的权限赋予了代表，代表由国民的普通选举而选出，并以国民全体的名义或 Nation 的名义做出决定。代表的选举应当是由所有公众参与的普通选举以及直接选举。

2. 类型

代表民主主义存在两种形态。第一种形态是纯粹代表型。在纯粹代表制下，国民只能通过直接选举或间接选举，选出国会议员。而后，由国会指定、控制执行权。就第二种形态而言，国民不仅通过普通选举，选出国会议员，而且选出居于执行权之首的国家元首。

3. 问题

第一，在民主国家中，国民主权原理正转变为议会主权。第二，国会议员在议会中进行议事决定时，由于受到该议员所属政党领导者的指示或控制，最终会没落成政党共和国。当政党领导者的意思积极介入议会之意思决定时，国民主权的原理有可能被误读。

三、半直接民主主义

半直接民主主义是代表机关和国民之直接介入共存的体制。半直接民主主义盛行于作为联邦国家的瑞士的 Canton 之中。堪称代表民主主义之故乡的英国在 1973 年才援用了国民投票制度，至今共实施了四次国民投票（1975 年、2011 年、2014 年、2016 年）。特别是 2016 年 6 月 23 日实施的有关是否脱欧的国民投票

（Brexit），对全世界产生了较大影响。

第三项　民主的选举制度

一、意义

选举应当立足于普通、平等、直接、秘密、自由选举。然而，一国采纳何种选举制度的问题是该国之合目的选择问题。就国会议员和总统的选举而言，韩国《宪法》明确规定，国民通过“普通、平等、直接、秘密的方式选举”（《宪法》第41条第1款、第67条第1款）。“所有国民依照法律规定享有选举权”（《宪法》第24条），“地方议会的组织、权限、议员选举和地方自治团体之首长的选任方法以及其他有关地方自治团体组织和运行的事项由法律规定”（《宪法》第118条第2款）。具体内容由《公职选举法》规定。

二、选举制度与基本原则（普通、平等、直接、秘密、自由选举）

（一）从限制选举到普通选举

历史上的选举由过去的限制性选举发展至如今的普通选举。普通选举不受那些曾经在立宪主义的发展过程中出现过的限制，即不受社会身份、财力、纳税、学位等选举限制，并且不得以人种、信仰、性别等任何理由限制选举权的行使。

（二）从不平等选举到平等选举

平等选举是不平等选举（差别选举）的相反概念，是指根据一人一票（One man，one vote）的原则，所有选举人平等地行使一票，再根据一票一价（One vote，one value）的原则，所有选举人所投的票具有平等成果价值的选举。此外，在选举过程中，还要求对参与选举人员的机会均等。就平等选举的问题而言，主要是关于划分选区的争议。

（三）从间接选举到直接选举

直接选举是间接选举的相反概念，是指由选举人直接选出代表的选举。分层形式的选举属于间接选举。

（四）从公开选举到秘密选举

秘密选举是与公开选举或公开投票相反的概念，是指不公开选举人的意思决定或者投票内容的选举。

（五）从强制选举到自由选举

韩国宪法没有明文规定自由选举原则。然而，自由选举作为民主国家选举制度中内在的法律原理，可以从国民主权、议会民主主义以及参政权中推导。自由选举是强制选举的相反概念，是指选举人行使选举权时，不受外部强制或者干涉地形成意思和实现意思的选举。

然而，有些国家却把参与投票的行为规定为是选举人的公共义务，并对违反该义务的选举人，负担以行政处罚或罚款等法律制裁（《比利时王国宪法》等）。根据自由选举的原则，此举并非妥当之措施。韩国《公职选举法》中虽然规定了选举人的法律义务，即“选举权者应当诚实地参与选举，并行使选举权”（《公职选举法》第 6 条第 4 款），但没有强制性的规定。

三、选区制与代表制

（一）意义：从选区制到代表制

有关选举制度的争议：首先，怎样划分选区；其次，在大、中、小三种规模的选区之中，应当选择哪种规模的选区；最后，就决定代表的方式而言，在多数代表制、少数代表制、比例代表制、职能代表制中，应选择哪种制度等。就第一个划分选区的问题而言，这是有关选区之间人口不均、防止格里蝾螈（Gerrymander）的问题，因此，可以在理论上基于合理性和合宪性予以解决。然而，就第二个、第三个问题而言，这不是有关选举制度的合理性或正当性或者当为的问题，而是根据各国所处的特殊情况，通过政治的方式予以解决的合目的性选择问题。

代表制，即决定代表的方式或者决定议员名额的方式；与有关选区的问题，即有关选出议员之单位的问题，可以视为是个别的问题。然而，有关代表制之种类的争论而言，在多数、少数、比例、混合、职能代表制中，其焦点大体上可以归结于多数代表制、比例代表制以及两者的折中形态。虽然多数代表制在理论上也可以适用中选区制，但在现实中一般适用小选区制。就比例代表制而言，其必然是以中、大选区制为前提。此外，德国式的混合选举制，与其说是真正意义上的混合选举制，不如说是不真正混合代表制，即由于德国式的混合制度是在比例代表制中，混合了多数代表制的制度，因此最终显示出较强的比例代表制性质。由此，可以将有关选区的研究范畴缩小至小选区和大选区的论述。此外，有关小选区和大选区的优缺点论述，同样也可以用于表述多数代表制与比例代表制之优缺点。

（二）多数代表制

1. 意义

多数代表制是指在多数的候选人当中，将获得选举人之多数得票的候选人决定为当选者的选举制度。

2. 类型

相对多数代表制是指仅通过一次选举，将获得相对多数有效得票者选为代表的制度，又称一回制多数代表制。由于此种选举制度简单明了，因此当今的英国与美国等仍在采取这一制度。

绝对多数代表制是指在第一次选举中，没有出现获得有效投票的过半数得票者时，对获得一定选票以上的候选人，进行第二次最终投票，将获得有效投票之过半数得票者决定为当选者的选举制度，又称最终投票制或者二回制多数代表制。由于要进行两次选举，可能会存在不便或难处，但至少能够保障当选者是获得有效投票之绝对过半数得票者，因此可以说是较为符合民主正当性的选举制度。现在的法国采纳了此种选举制度。

3. 优点和缺点

就多数代表制的优点而言，可以通过技术上的方法，轻松地确保稳定多数派的产生，有益于宪治体制的稳定。政党制度倾向于采纳两党制。在多党制国家中，当采取绝对多数代表制时，通过第二次投票呈现的左、右的联合，会产生两极化现象，因此在实质上将呈现出与两党制类似的稳定政局。同时，通过小选区制的选举，选举人能够更加轻松地直接选择候选人，不仅充实直接选举的原理，还能强化选举人与代表之间的纽带关系。

然而，由于多数代表制最终会导致许多有效投票变为死票，有着不能将选举人的正确意思反映到议会中的致命缺点。由此可能衍生出如下现象，即虽然在全国范围内获得了更多的有效投票，但却在争夺议会席位中败下阵的现象。同时，这种选举制度仅有利于大的政党，而截断了少数派获得议会席位的机会。此外，当选区的规模较小时，可能导致选区的人为操控。

（三）比例代表制

1. 意义

比例代表制是为了克服多数代表制的缺点，根据各政治势力的得票率，按照比例分配代表者的选举制度。由于比例代表制能够更为准确地反映出作为有权者之国民的意思，并且比多数代表制更能确保国民正当性，因此广泛适用于当今的欧洲各国。

2. 类型

比例代表制的目的是通过防止死票的发生，在选出代表时，能够正确反映选举人的意思。体现这种理想的技法，非常之多。例如，可以通过调整选区的规模、候选人的确立方式、选举人的投票方法、有效投票的席位分配方法等要素，整合出多种制度。

就选区的规模而言，以大选区制为前提，可以区分为全国选区制与特定区域别的选区制。就国会议员之选举而言，一般采用特定区域别的比例代表制。候选人的确立方式有按个人的确立方式与名册式确立方式，而名册式确立方式又分为固定名册式与可变名册式等。现如今，随着政党国家化倾向，按各政党的固定名册式比例代表制较为普遍，就投票方式而言，比起较为复杂的复数投票方法等，普遍采用了单一投票方法。

席位的分配方法是非常复杂的问题。多数情况下采用了德洪特（d'Hondt）式比例代表制。根据d'Hondt式，用数字1开始到分配给该选区的总席位的数字，除以各名册所获得的有效投票数，用结果做出表2后，在表2中选出基数最多的数，依次分配席位的做法，这便是除数式席位分配方法。

表2　除数式席位分配法

各政党名册	除数							
	1	2	3	4	5	6	7	8
A名册	126 000	63 000	42 000	31 500	25 200	21 000	18 000	15 750
B名册	94 000	47 000	31 333	23 000	18 800	15 666	13 428	11 850
C名册	88 000	44 000	29 333	22 000	17 600	14 666	12 571	11 000
D名册	65 000	32 500	21 666	16 250	13 000	10 833	9825	8125
E名册	27 000	13 500	9000	6750	5400	4500	3857	3375

注：表2中，A政党在特定选区中获得了126 000选票，用除数1~8除以126 000时，分别为126 000、63 000、42 000、31 500、25 200、21 000、18 000、15 750。B政党在该选区中获得了94 000选票，同样用除数1~8除以94 000时，分别为94 000、47 000、31 333、23 000、18 800、15 666、13 428、11 850。以此类推，获得如表2之数据。因该选区应选议员名额为8人，按照表2中最大数排列出8个数，分别为126 000、94 000、88 000、65 000、63 000、47 000、44 000、42 000。选择各名册中最大的数字，即分配给A名册为3个席位，B名册为2个席位，C名册为2个席位，D名册为1个席位，E名册为0个席位。

3. 优点和缺点

比例代表制的优点，不仅能够实现投票的算术性计算价值的平等，同时还能够实现成果价值的平等，可以说这是最符合平等选举原理的制度。在此种情况下，可以让曾经在小选区制中，处于死票地位的群小政党甚至新政治势力获得议会之议席，将其意思反映到议会，从而体现对少数派的保护。这不仅能够防止多数派的专横，而且也可以促进政党政治的发展。比例代表制只能采用大选区制，从而可以拂拭多数代表制中小选区制所导致的划分选区上的不平等问题。

然而，就比例代表制的缺点而言，比例代表制虽然可以将各界各层的不同政治党派分送至议会，但基于群小政党的乱立、难以形成稳定而又具有同质性的议会内多数派，很有可能导致政局的不稳定。比例代表制采用的大选区制，疏远了选举人与代表之间的关系。就实施比例代表制而言，在现实中存在许多程序上、技术上的困难。在通常情况下，普遍采用的名册式比例代表制，因名册自身以及名册的排序受特定政治领导者或者政治势力的左右，有可能无法准确反映选举人的意思。

（四）混合代表制

1. 意义

为了互补比例代表制与多数代表制所具有的优点与缺点，产生了小选区相对多数代表制与大选区比例代表制的混用形态，即混合代表制。德国的选举制度与日本的选举制度属于这一范畴。两者虽然同是双重投票制，但德国的选举制度是不真正混合选举制度，而日本的选举制度则是并列式选举制度。

2. 德国式混合代表制（不真正比例代表制）

德国联邦下院的选举方式包括如下内容。选举人用第一个投票纸，对该选区的候选人进行投票，用第二个投票纸，对各政党按照各州而提名的候选人名册进行投票。

2013 年修改的《联邦选举法》中明示的议席分配方式如下：①只有获得有效投票的 5% 以上（阻止条款、封锁条款）或者在 3 个选区以上获得议席（基本议席）的政党，才可以分配到议席。②根据各政党的总得票率分配各政党的议席数。③根据各政党在各州中的得票率，分配各州的议席数。④分配各政党的地区当选者议席，当分配至各州的议席数比地区当选者少时，会发生超过议席。⑤为了补正因发生超过议席问题导致的各政党间“实际得票和议席的不均衡”（分配议席和地区议席之间的间隙），另分配补正议席。通过增加总议席数的方式，分配补正议席。2017 年实施的德国联邦议院选举中，出现超过议席 46 席、补正议席 65 席，共增加了 111 席位，引发了德国民众的追加负担问题。

德国式混合代表制以比例代表制为基础，并在此追加了由地区选出的相对多数代表制。因此，德国式混合代表制是不真正混合代表制度，或称之为接近比例代表制的混合代表制。

3. 日本式混合代表制（并列式混合代表制）

日本的众议院与参议院选举，预先设定了地区议员与比例代表议员的议席数。选举人行使一人两票。地区议员通过相对的多数代表制选出，而比例代表议员则由名册式比例代表制选出。由于在日本式混合代表制中，分别规定了应当由多数代表制选出的议员与由比例代表制选出的议员，因此这种混合代表制也称为并列式混合代表制。

4. 韩国的混合代表制

就国会议员的选举制度而言，分为由相对多数代表制选出的地区国会议员与由比例代表制选出的比例代表国会议员。比例代表议员的议席分配是以全国为单一选区的。在地方议会议员的选举之中也部分援用了比例代表制。

（五）职能代表制

职能代表制（Functional Representation）是指按照职能分类选举人团，以其职能为单位选出代表的制度。然而，按照职能分类的行为，在现实中难以实现，因此，职能代表制只徒有理想，在现实中却无法运行，处于废弃的状态。

（六）评价：宪治理想和体制、选举制度、选举政党制度的调和

代表制的现实总结如下，首先，比例代表制提供了丰富而又巧妙的理论，却是非现实性的制度。其次，二回制（绝对）多数代表制提供了很好的线索，却不得不予以否定性评价。最后，一回制（相对）多数代表制在其理论基础上虽然存在缺陷，却是具有效率的制度。

选举制度是基于各国的历史、政治情况进行选择的问题。正如杜瓦杰（Maurice Duverger）在其《政党论》中提出的“杜瓦杰法则（loi de Duverger）”，很好地阐述了基于选举制度的宪治体制与政党制度的相互关系。①一回制多数代表制具有两党制的倾向。②比例代表制具有相互独立的多党制的倾向。③二回制多数代表制则依靠政党之间的联立，具有受节制的多党制倾向。

四、现行法上选举制度

（一）意义

1994 年 3 月 16 日基于推进政治改革，公布了《公职选举以及防止不正选举法》（2005 年修订成了《公职选举法》）与《有关政治资金的法律之修订法律》（后来修订成了《政治资金法》）以及《地方自治法的修订法律》。国会议员选举制度，作为选举制度的基本，采用了小选区的相对多数代表制（地区国会议员）

与全国选区的比例代表（比例代表国会议员）制度。在选举基层以及广域的地方自治团体之首长时，采用了相对多数代表制。广域议会与基层议会由地区议员与比例代表议员组成。其中，在广域议会采用小选区制，基层议会则采用中选区制。

（二）公正选举与公职选举法

为了保障公正的选举，《公职选举法》规定了如下事项，政党、候选人的公平竞争义务（《公职选举法》第7条），言论机关的公正报道义务（《公职选举法》第8条～第8条之七），公务员的中立义务（《公职选举法》第9条），促进社会团体之公平选举的活动（《公职选举法》第10条），不正选举监视团（《公职选举法》第10条之二、第10条之三）。为了确保选举报道的公正性，特别规定了选举放送审议委员会（《公职选举法》第8条之二），选举新闻审议委员会（《公职选举法》第8条之二），网络选举报道审议委员会（《公职选举法》第8条之五），选举放送讨论委员会（《公职选举法》第8条之七），有关选举报道之反论报道的特则（《公职选举法》第8条之四）。然而，选举放送审议委员会下属于放送通信审议委员会，而选举新闻审议委员会则下属于言论仲裁委员会，网络选举报道审议委员会下属于中央选举管理委员会，由于有关选举报道的规制机构呈现出多元化的现象，可能导致规制上的混乱局面。

（三）选举权与被选举权

1. 意义

根据国民主权主义的原理（《宪法》第1条），“所有国民依照法律规定享有选举权”（《宪法》第24条），以及基于公务担任权的被选举权（《宪法》第25条）。选举权者与被选举权者的年龄计算以该选举日为准（《公职选举法》第17条）。

2. 选举权者

选举权者是指具有选举权的人，即选举权人。由于《公职选举法》采用了形式主义，选举人只能是“享有选举权的人，并且是登记在选举人名册或在外选举人名册之中的人员”（《公职选举法》第3条）。有关选举权人的事项分为积极要件与消极要件。作为积极要件，应当是18岁以上的大韩民国国民（《公职选举法》第15条第1款）。就年龄的计算而言，根据《民法》第158条的规定，算入出生之日。

外国人在满足一定要件时，享有对地方自治团体之首长或议会议员的选举权。根据《居民投票法》第5条第1款第2项与《有关居民召回的法律》第3条第1款第2项，当外国人满足一定的要件时，也可以认可其享有居民投票权或居民召回投票权。就有关认可选举权之消极要件而言，如下人员的选举权将受到限制，无行为能力人（《公职选举法》第 18 条第 1 款第 1 项）；被宣告禁锢以上之刑罚后，还未结束该执行的人（《公职选举法》第 18 条第 1 款第 2 项）；选举犯（《公职选举法》第 18 条第 1 款第 3 项）；依法院判决或者其他法律丧失、停止选举权的人（《公职选举法》第 18 条第 1 款第 4 项）等。

3. 被选举权者（候选人）

如同选举权者，能够被确立为公职选举之候选人的被选举权人也应当是大韩民国的国民。就享有被选举权的年龄而言，总统选举为 40 岁以上，国会议员选举以及地方自治选举中适用《公职选举法》的被选举权人年龄，统一为 18 岁以上。

（四）选区与议员法定人数

1. 选区

总统与比例代表国会议员的选举，以全国为单位进行（《公职选举法》第 20 条第 1 款）。比例代表之市、道议员的选举以该市、道为单位进行，比例代表之自治区、市、郡议员的选举则以该自治区、市、郡为单位进行（《公职选举法》第 20 条第 2 款）。地区国会议员、地区地方议会议员（地区之市、道议员，以及地区之自治区、市、郡议员）则以该议员的选区为单位进行选举（《公职选举法》第 20 条第 3 款）。地方自治团体之首长则以该地方自治团体的管辖区域为单位进行选举（《公职选举法》第 20 条第 4 款）。

2. 议员法定人数

（1）国会议员法定人数。

国会议员法定人数是由地区国会议员 253 人和比例代表国会议员 47 人，合计 300 人组成（《公职选举法》第 21 条第 1 款）。各地区国会议员之法定人数最少为 1 人（《公职选举法》第 21 条第 2 款）。因此，第 21 届国会由 253 名地区国会议员和 47 名的比例代表国会议员组成。

（2）广域议会（市、道议会）的议员法定人数。

各个市、道的地区市、道议员之总数是该管辖区域内自治区、市、郡之数量的两倍（《公职选举法》第 22 条第 1 款）。

（3）基层议会（自治区、市、郡议会）的议员法定人数。

选举基层议会议员时，变更了从前的小选区制，采用了中选区制，即在地域选区中，选出 2 人以上、4 人以下的基层议员（《公职选举法》第 26 条第 2 款）。自治区、市、郡议会的最少法定人数为 7 人（《公职选举法》第 23 条第 2 款）。

比例代表自治区、市、郡议员法定人数是自治区、市、郡议员法定人数的百分之十（《公职选举法》第 23 条第 3 款）。

（4）问题与对策。

现行选举制度中，不论是地区国会议员选举，还是广域议员、基层议员的选举，都采用了在相对多数代表制中，加入比例代表制的选举制度。如果说地方自治的本质是为了从基层单位中收集地方居民之民意，那么应当区别于国会议员之选举。基层议会议员应当是能够密切联系该地区居民的人员，因此不可避免地要选出以洞、邑、面为单位的代表者，所以采用小选区之相对多数代表制更为妥当。由此可知，采用中选区制不够妥当。相反，在选举广域议会之议员时，大选区之政党名册式比例代表制更为妥当。

3. 选区划定委员会

为了公正的划分国会议员之地域选区与自治区、市、郡议员之地域选区，在国会中设立了国会议员选区划定委员会；而在市、道之中，设立了自治区、市、郡议员选区划定委员会（《公职选举法》第 24 条第 1 款、第 24 条之三第 1 款）。

4. 选区的划定

（1）地区国会议员之选区的划分。

①意义。就国会议员选区的地域划分而言，应当考虑市、道的辖区内之人口、行政区域、地势、交通等其他条件，并且不可以分割区、市、郡的一部分地域作为其他国会议员之选区（《公职选举法》第 25 条第 1 款）。

②选区人口偏差的合理基准。不可能完全消除选区人口的偏差。然而，当选区人口偏差超出一定范围时，会违背投票价值的等价性，最终会违反平等原理。

就人口偏差的基准而言，宪法裁判所将 1995 年的 4∶1、2001 年的 3∶1 变更为了 2014 年的 2∶1。然而，基于韩国的制度与现实，即单一制、急剧的都市化、韩国式的归属意识等来看，将人口偏差控制在 2∶1 的做法仍有提出质疑的空间。

③划分选区的地理基准（人口比例以外的基准）。就选区的划分而言，应当考虑社会、地理、历史、经济、行政的关联性与生活圈等，除非发生特殊而不可避免的事情，应当选择临近的地域组成一个选区。

（2）地方议会议员选区的划分。

①划分地方议会议员选区的特殊性。就市、道之议会议员选区的划分而言，应当考虑人口、行政区域、地势、交通等其他条件，并且以自治区、市、郡为单位而进行划分或者以分割区、市、郡的方式予以划分，在一个市、道议员地区之中，只能选出 1 名地区市、道议员（《公职选举法》第 26 条第 1 款）。划分自治

区、市、郡议员地区时，应当考虑人口、行政区域、地势、交通等其他条件，并且在一个自治区、市、郡议员地区中，能够选出 2 名以上、4 名以下的地域自治区、市、郡议员。该自治区、市、郡议员地区的名称、区域、议员法定人数，由市、道条例规定（《公职选举法》第 26 条第 2 款）。

②地区地方议会议员选区的确定。宪法裁判所通过变更判例，将过去地方议会议员选举人口偏差 4∶1，变更成了 3∶1。在划定广域议会以及基层议会的选区时，就如何确定人口偏差的可接受基准而言，应当考虑如下三个要素，并进行合理的比较衡量，从而得出结论。即出于对投票价值的平等考虑，首先应当考虑人口比例的原则，并出于对韩国特殊的状况考虑，作为第二个要素，应当考虑市、道议员的地域代表性。第三个应当考虑的要素，即由于人口大多集中于城市，导致了城市与农、渔村之间极大的人口偏差。

5. 比例代表国会议员、地方议员的选举制度

（1）全国选区中比例代表国会议员的选举制度。

① 2004 年以前全国选区中比例代表国会议员之选举制度问题。宪法裁判所在 2001 年 7 月 19 日（宪裁 2001.7.19. 2000Hun–Ma91），对《公职选举与防止不当选举法》第 146 条第 2 款中“一人一票”部分做出了限定违宪决定。该决定认为“就国会议员选举而言，虽然一并实施地区国会议员选举和政党名册式比例代表制选举，却不允许针对政党进行投票的限制，属于违宪”。该《公职选举法》将有权者（即享有选举权的人）在地区选举中做出的表决意思，拟制成了针对政党的支持意思，基于拟制意思分配了比例代表席位。宪法裁判所认为这种规定违反了民主主义原理、直接选举的原则、平等选举的原则，侵害了有权者的选举权与相关基本权。

②现行全国选区中比例代表国会议员的选举制度。现行比例代表国会议员法定人数为 47 人。进行推荐的政党应当一并提出按照顺序排列的比例代表国会议员之候选人名册（《公职选举法》第 49 条第 2 款）。在选举比例代表国会议员中，中央选举管理委员会对获得有效投票总数的百分之三以上，或者在地区国会议员总选举中，占有 5 个以上议席的各个政党（分割议席的政党），根据该分割议席的政党在比例代表国会议员选举中所获得的得票比率，分配比例代表国会议员的议席（阻止规定）（《公职选举法》第 189 条）。韩国第二十一届国会议员总选举采纳了 2019 年修订的《公职选举法》，第一次适用了准联动型比例代表制（联动率为 50%）。比例代表为 47 人，其中的 17 人采纳并列式比例代表制（依政党得票比例分配议席），剩余 30 人采纳准联动型比例代表制。如下为准联动式分

配方式。首先，在全部300个议席中，减去无党派、未满足阻止条款的地区国会议员当选人。其次，在剩余议席中，乘以比例议席分配比例，再减去相应政党地区当选人。最后，再乘以50%的联动率，得出的数值为相应政党的联动分配议席数。

③全国选举区中国会议员选举制度的改革方向。较为妥当的做法是引进按区域的比例代表制。为此，应当将比例代表议员的法定人数向上调整至地区国会议员法定人数的二分之一。然而，当上调比例代表议员数时，将导致地区国会议员之地区范围扩大，最终会抹杀设立地区国会议员制度的本意。因此，有必要慎重审视现行的小选区相对多数代表制。

（2）比例代表地方议会议员的选举制度。

比例代表之市、道议员法定人数是地区市、道议员法定人数的百分之十。此时，将单数视为是一。然而，当计算出的比例代表之市、道议员法定人数不足3人时，视为3人（《公职选举法》第22条第4款）。比例代表之自治区、市、郡议员法定人数是自治区、市、郡议员法定人数的百分之十。此时，将单数视为是一（《公职选举法》第23条第3款）。

（五）选举期间与选举日

1. 选举期间

为了防止选举活动过热，韩国以法律的形式设定了选举期间。总统选举的选举期间为结束注册候选人之日的次日起至选举日；国会议员和地方自治团体之议会议员以及首长选举的选举期间为结束注册候选人之日的六日起至选举日（《公职选举法》第33条第3款）。各个选举的选举期间规定如下，总统选举为23日；国会议员选举和地方自治团体之首长、议会议员的选举为14日。

2. 任期结束的选举日

通过法定化选举日（选举日法定主义），使得国民能够充分的预测到何时实施选举。总统选举是结束任期前70日之后的第一个星期三；国会议员是结束任期前50日之后的第一个星期三；地方自治团体之首长与地方议会议员的选举是结束任期前30日之后的第一个星期三（《公职选举法》第34条第1款）。

3. 补缺选举等的选举日

因总统之缺位而进行选举或者再选举时，应当在其实施选举的理由被确定之日起60日内实施，并且就选举日而言，至少要在选举日之前50日，由总统或者总统权限代行者予以公告（《公职选举法》第35条第1款）。补缺选举、再选举、增员选举以及因地方自治团体的设置、废止、分割、合并而进行的地方自治团体之首长的选举，依照如下各项规定实施（《公职选举法》第 35 条第 2 款）：对国会议员、地方议会议员、地方自治团体之首长，进行补缺选举、再选举、地方议会议员之增员选举时，于 4 月中的第一个星期三实施；因地方自治团体的设置、废止、分割、合并而进行地方自治团体之首长的选举时，在实施事由被确定之日起的 60 日内，经辖区选举管理委员会委员长和相应地方自治团体首长协商择日实施。

（六）选举人名册

选举人名册采取随时拟定主义（《公职选举法》第 37 条）。分别拟定居所投票申告人名册和线上投票申告人名册（《公职选举法》第 38 条第 5 款）。

（七）候选人

1. 推荐候选人

（1）政党之候选人的推荐。

当政党推荐比例代表国会议员选举的候选人或比例代表地方议会议员选举的候选人时，其候选人之中应当有百分之五十以上的女性，在该候选人名册的排序中，奇数位应当推荐为女性（《公职选举法》第 47 条第 3 款）。在选举比例代表地方议会议员时，若违反上述规定，则不得申请注册，即使是在注册后，也要宣布注册无效（《公职选举法》第 49 条第 8 款、第 52 条第 1 款第 2 项）。

（2）旧公职选举法上禁止对基层议会议员标榜政党的违宪性。

旧《公职选举法》允许在全国性公职选举中，实施候选人的政党推荐制，却禁止在基层议会议员选举中标榜政党。对此，宪法裁判所起初作出了合宪的决定（宪裁 1999.11.25. 99Hun–Ba28），后来通过变更判例作出了违宪的决定（宪裁 2003.1.30. 2001Hun–Ka4）。为了草根民主主义的生根发芽，应当促进政党制度在基层地区的发展。因此，就废除地区党制度而采用市、道党制度的做法，应当通过修订《政党法》予以纠正。

（3）政党为推荐候选人而实施党内竞选（《公职选举法》第 6 章之二）。

根据《公职选举法》的规定，是否在政党内部实施党内竞选的问题，属于各政党的裁量事项（《公职选举法》第 57 条之二第 1 款）。然而，当实施党内竞选时，参与竞选的候选人不得私自以不服竞选为由注册为候选人（《公职选举法》第 57 条之二第 2 款）。未参与党内竞选的党员，可以通过退党而成为候选人。因此，有必要进一步探讨禁止以退党的方式表示不服的问题。

（4）预备候选人的注册。

欲成为预备候选人的人员应当在如下日期内提出书面申请：选举总统时，在选举日前240日；选举地区国会议员以及选举市、道之知事时，在选举日前120日；选举地区市、道议会议员或者选举自治区、市之首长或地区议会议员时，在选举期间开始之日的前90日；选举郡之首长或地区议会议员时，在选举期间开始之日的前60日（《公职选举法》第60条之二）。为了防止预备候选人的乱立，申请注册为预备候选人时，应当向辖区选举管理委员会交付相应选举寄托金之百分之二十的预备候选人寄托金（《公职选举法》第60条之二第2款）。

2. 公务员等的注册选举和辞去公职

在选举总统或国会议员之时，国会议员可以在其任期内注册参与选举。在选举地方议会议员和地方自治团体首长时，该地方自治团体的议会议员或者首长可以在其任期内注册参与选举。此时，无须辞去公职。注册参与比例代表国会议员之选举、比例代表地方议会议员之选举、补缺选举时；国会议员注册参与地方自治团体之首长的选举时；地方议会议员注册参与其他地方自治团体之首长或议会议员的选举时，应当至少在选举日前的30日，辞去公职（《公职选举法》第53条第2款）。比例代表国会议员参与注册为地区国会议员补缺选举等的候选人时；比例代表地方议会议员参与注册为该地方自治团体之地区地方议会议员补缺选举等的候选人时，应当在申请注册为候选人之前，辞去公职（《公职选举法》第53条第3款）。

其他公务员、公企业高管、媒体人等欲注册为候选人时，应当至少于选举日前的90日，辞去公职（《公职选举法》第53条第1款）。当地方自治团体之首长参与地区国会议员之选举时，如果该选区与地方自治团体的管辖区域相同或相重叠，那么地方自治团体之首长应当在选举日的120日前，停止行使其职权。但如果地区国会议员的选举将在地方自治团体之首长的任期结束之日起90日后进行，那么地方自治团体之首长就无须停止其职务而参与地区国会议员之选举（《公职选举法》第53条第5款）。

3. 候选人的注册与寄托金

（1）候选人的注册。

就候选人的注册而言，当竞选总统时，在选举日前24日；当竞选国会议员与地方自治团体之首长或议会议员时，在选举日前20日（申请注册候选人的开始日），在两天的期限内，向相关选区的选举管理委员会，提出书面申请（《公职选举法》第49条第1款）。进行推荐的政党，应当一并提出，按照顺序排列的比例代表国会议员之候选人与比例代表地方议会议员之候选人的名册（《公职选举法》第49条第2款）。

（2）禁止候选人取消或者变更注册（《公职选举法》第 50 条）。

在注册候选人之后，政党不可以取消或者变更对已经注册为候选人的推荐，不可以追加或者变更排序比例代表国会议员候选人之名册、比例代表地方议会议员候选人之名册。

（3）竞选总统时例外性追加注册。

选举总统的情形下，当政党推荐的候选人在注册候选人期间或者在注册期间结束后死亡时，可以在结束注册候选人之日起五日内，根据《公职选举法》第 47 条（政党的候选人推荐）与第 49 条（注册候选人等）的规定，申请注册候选人（《公职选举法》第 51 条）。然而，当有力的总统候选人在选举期间有故时，有必要通过立法明示延期选举等的立法性保障措施。

（4）注册候选人的无效（《公职选举法》第 52 条）。

注册为候选人之后，若发现该候选人没有被选举权或者违背比例代表的排序再或者在地区地方议会议员选举中违反女性配额制时，宣布该注册为无效。

（5）寄托金与依选举结果的返还（《公职选举法》第 56 条、第 57 条）。

①法律性质。寄托金制度具有预交制裁金的意思，即为了防止候选人的乱立，预先交付制裁金。此外，寄托金制度还具有预交罚款、代执行费用、选举费用的意思，即针对违反《公职选举法》的行为做出的罚款、针对清理违法设施等的代执行费用、制作宣传画报以及选举公报的部分费用。

②寄托金的宪法界限。即使认为寄托金制度本身合宪。然而，该金额的额度应当限定于不阻碍公营选举原理的范围之内。该金额的额度不可以是限制国民之被选举权的高额。

③公职选举法上寄托金的确定与返还。韩国曾经通过《国会议员选举法》针对政党推荐的候选人与无党派候选人设定了不同的寄托金金额。宪法裁判所通过宪法不合致决定，统一了寄托金金额（宪裁 1989.9.8. 88Hun–Ka6）。此外，宪法裁判所针对过高的寄托金金额作出了违宪决定（宪裁 1996.8.29. 95Hun–Ma108）。总统选举需要交付 3 亿韩元的寄托金，国会议员选举需要交付 1500 万韩元的寄托金。

从寄托金中扣除相关费用后，应当于选举日后的 30 日内返还寄托者。当获得有效投票总数的百分之十五以上时，返还全额；在百分之十五以下、百分之十以上时，返还百分之五十的金额（《公职选举法》第 57 条第 1 款）。

（八）选举活动与选举费用

《公职选举法》第 7 章规定了选举活动（第 58 条～第 118 条），第 8 章规定了选举费用（第 119 条～第 135 条之二）。《公职选举法》原则上认可选举活动的自由，针对个别的具体情况采纳了限制或禁止的方式。

1. 选举活动

（1）选举活动的自由。

选举活动的自由应当与选举公正的价值保持均衡。在《公职选举法》不予禁止的范围内，任何人都可以自由进行选举活动（《公职选举法》第 58 条第 2 款）。选举活动是指当选或者使得当选或者阻止当选的行为。然而，韩国的《公职选举法》存在过分关注防止不正选举问题的缺陷，与其说此法是选举活动自由法，更像选举活动规制法。基于外国立法例普遍采纳选举活动自由理念，有必要大幅放宽选举活动的规制。

韩国《公职选举法》规定以下行为不属于选举活动，①有关选举的单纯意见陈述以及意思表示。②确立候选人和选举活动的准备行为。③针对政党推荐的候选人做出的单纯支持、反对的意见陈述或意思表示。④一般意义上的政党活动。⑤在春节、中秋节等节日以及释迦牟尼诞辰日、基督诞辰日等，以短信方式发送礼仪性问候的行为（《公职选举法》第 58 条第 1 款）。破坏推荐、破坏选举的活动属于违反《公职选举法》的行为，规制此类行为的《公职选举法》条款为合宪（宪裁 2001.8.30. 2000Hun–Ma121 等）。

（2）选举活动的期间。

禁止事前选举活动、禁止在选举日进行选举活动。在原则上，选举活动只能在结束候选人注册之日的次日起至选举日之前一天进行（《公职选举法》第 59 条）。

（3）不得进行选举活动的人。

《公职选举法》第 60 条详细规定了不得进行选举活动的人。然而，预备候选人、候选人的配偶或者候选人的直系亲属在满足一定条件时，可以进行选举活动。

（4）选举活动机构的设置与政党选举办公室的设置。

政党或者候选人在进行选举活动、处理其他有关选举的事务时，可以设置选举办公室与选举联络处，预备候选人可以设置选举办公室，政党可以在中央党以及市、道党的办公室内各设置一处选举对策机构（《公职选举法》第 61 条）。

（5）选举画报和选举公报的制作。

当发行册子型选举公报时，应当在公报中注明财产状况、兵役事项、纳税等适当的候选人信息公开资料（《公职选举法》第 64 条、第 65 条）。

（6）选举活动的多样性。

可以通过如下方式进行选举活动：横幅（《公职选举法》第 67 条），肩带（《公职选举法》第 68 条），新闻广告（《公职选举法》第 70 条），候选人的广播演说（《公职选举法》第 71 条），由广播机构主持的演说、对谈（《公职选举法》第 79 条），由团体来邀请候选人等进行对谈、讨论会（《公职选举法》第 81 条），由言论机关邀请候选人等进行的对谈、讨论会（《公职选举法》第 82 条），由选举放送讨论委员会主持的对谈、讨论会（《公职选举法》第 82 条之二），由选举放送讨论委员会主持的政策讨论会（《公职选举法》第 82 条之三），利用信息通信网的选举活动（《公职选举法》第 82 条之四），网络广告（《公职选举法》第 82 条之七）。然而，为了纠正利用信息通信进行选举活动的弊端，采纳了选举活动信息的传送限制制度（《公职选举法》第 82 条之五），以及网络媒体公告栏、群聊等的实名确认制度（《公职选举法》第 82 条之六）。

（7）受限制或者禁止的选举活动类型。

严格禁止公职人员等的选举活动。即禁止公务员等利用其地位进行选举活动（《公职选举法》第 85 条），禁止公务员等进行影响选举的行为（《公职选举法》第 86 条），禁止团体的选举活动（《公职选举法》第 87 条），禁止为其他候选人进行选举活动（《公职选举法》第 88 条）。

《公职选举法》中，限制或禁止的行为类型和方法包括如下内容。禁止设置类似机关（《公职选举法》第 89 条），禁止构筑设施等（《公职选举法》第 90 条），限制使用扩声装置与机动车等（《公职选举法》第 91 条），禁止利用电影等进行选举活动（《公职选举法》第 92 条），禁止以不法的方式分发、刊载文书、图画（《公职选举法》第 93 条），禁止在广播、新闻等刊登广告（《公职选举法》第 94 条），禁止以通常方法之外的方法发布新闻、杂志等（《公职选举法》第 95 条），禁止虚假评论、报道（《公职选举法》第 96 条），限制为了非法利用广播、新闻的行为（《公职选举法》第 97 条），限制为了选举活动而利用广播（《公职选举法》第 98 条），禁止以局域性广播等进行选举活动（《公职选举法》第 99 条），禁止使用录音机等（《公职选举法》第 100 条），禁止进行其他演说会（《公职选举法》第 101 条），限制在夜间演说等（《公职选举法》第 102 条），限制各种集会等（《公职选举法》第 103 条），禁止在演说会场上的骚乱行为（《公职选举法》第 104 条），禁止列队等行为（《公职选举法》第 105 条），限制挨家挨户的访问（《公职选举法》第 106 条），禁止进行签名、盖章活动（《公职选举法》第 107 条），禁止以书信、电报等方式进行选举活动（《公职选举法》第 109 条），禁止对其他候选人等进行诽谤（《公职选举法》第 110 条）。

任何人不得在选举期间，为了对选举施加影响而组织乡友会、宗亲会、同窗会、团结大会、野游会等其他方式的集会或聚会（《公职选举法》第 103 条第 3 款）。

任何人不得在选举期间，使用本法规定之外的方法，向选举权人发送书信、电报、彩信，并不得利用其他电气通信的方法进行选举活动（《公职选举法》第 109 条）。

国会议员或者地方议会议员可以通过报告会等集会、报告书、网络、短信、电话或者贺电、问候等，向选区居民报告议政活动。然而，从选举日前的 90 日至选举日为止，只能通过网络，告示或者传送议政活动报告书（《公职选举法》第 111 条）。

原则上禁止捐赠行为。“捐赠行为”是指对该选区内的人员、机关、团体、设施、该选区居民的聚会、活动，或者虽然在该选区之外，但与该选区居民有关联的人员、机关、团体、设施，提供金钱、物资、其他财产上的利益，或者做出提供利益的意思表示，再或者约定该供给的行为（《公职选举法》第 112 条第 1 款）。然而，下列行为则不视为是捐赠行为：与通常政党活动相关的行为；一贯行为；救护、慈善行为；职务上的行为；在前项范围内，根据其他法令的规定，赞助、捐助、提供金钱等的行为；此外，准于上述各项行为之一的由中央选举管理委员会规则规定的行为。

除此之外，限制候选人等的捐赠行为（《公职选举法》第 113 条），限制政党以及候选人之家属等的捐赠行为（《公职选举法》第 114 条），限制第三人的捐赠行为（《公职选举法》第 115 条），禁止劝诱、要求捐赠（《公职选举法》第 116 条），禁止受捐赠的行为（《公职选举法》第 117 条），禁止选举日后的答礼（《公职选举法》第 118 条）等。当违反上述捐赠行为的限制规定时，对接受金钱等的人员，处以相当于该金钱或者食物、物品价额的 10 倍以上 50 倍以下的罚款。但罚款的上限是 3000 万韩元（《公职选举法》第 261 条第 9 款）。任何人不得在选举日前 6 日至选举日的投票结束之前，就有关选举，而报道对政党的支持度或者引用、公布预测当选者的舆论调查（包括模拟投票或人气投票的情形）之经过与其结果（《公职选举法》第 108 条第 1 款）。

（8）有关选举的政党活动规制。

随着选举的临近，政党活动也会受到规制（《公职选举法》第 137 条～第 145 条）。限制在新闻广告、广播演说等中宣传政治纲领、政策，限制宣传物的分发。限制分发政策公约集，限制发行、分发政党机关报。限制创党大会等的召开与告知。限制党员集会、政党的党员募集、揭示党史的宣传物等。

2. 选举费用

选举费用是指在进行选举活动时，所需要的金钱、物品、债务以及其他所有具有财产上价值的事物，并由该候选人（包括想要成为候选人的人员，在竞选总统过程中政党推荐的候选人与在选举比例代表国会议员以及选举比例代表地方议会议员中的政党）予以负担的费用（《公职选举法》第119条）。然而，为了选举活动，而在准备过程中支付的费用等，则不属于选举费用（《公职选举法》第120条）。不予填补预备候选人的选举费用。以下是选举费用的限额计算方法（《公职选举法》第121条）。

（1）总统之选举：人口数 ×950韩元。

（2）地区国会议员之选举：1亿韩元+（人口数 ×200韩元）+（邑、面、洞之数 ×200万韩元）。

（3）比例代表国会议员之选举：人口数 ×90韩元。

（4）地区市、道议员之选举：4000万韩元+（人口数 ×100韩元）。

（5）比例代表市、道议员之选举：4000万韩元+（人口数 ×50韩元）。

（6）市、道之知事的选举：①特别市市长、广域市市长的选举：4亿韩元（人口数不足200万人时为2亿韩元）+（人口数 ×300韩元），②道知事的选举：8亿韩元（人口数不足100万人时为3亿韩元）+（人口数 ×250韩元）。

（7）地区之自治区、市、郡议员的选举：3500万韩元+（人口数 ×100韩元）。

（8）比例代表自治区、市、郡议员的选举：3500万韩元+（人口数 ×50韩元）。

（9）自治区、市、郡之首长的选举：9000万韩元+（人口数 ×200韩元）+（邑、面、洞之数 ×100万韩元）。

以下是有关填补选举费用的规定（《公职选举法》第122条之二）。

（1）总统之选举、地区国会议员之选举、地区地方议会议员之选举、地方自治团体之首长的选举：①当候选人当选或死亡时，或者当候选人的得票数为有效投票总数的百分之十五以上时，填补候选人所支出的全额选举费用；②当候选人的得票数在有效投票总数的百分之十以上、百分之十五以下时，填补相当于由候选人所支出的选举费用中，百分之五十的金额。

（2）比例代表国会议员之选举、比例代表地方议会议员的选举：在候选人名册中，产生当选者时，填补由该政党支出的选举费用之全额。

（九）选举日与投票

1. 选举日和选举方法

原则上在选举日实施投票。为了扩大投票的参与度，韩国采纳了事前投票（《公职选举法》第 158 条）、居所投票（《公职选举法》第 158 条之二）、线上投票（《公职选举法》第 158 条之三）制度。在选举日前 5 日至前 2 日实施的事前投票，对扩大投票率具有成效。选举以写票方式完成投票。可以直接或者邮寄投票，采用一人一票（《公职选举法》第 146 条）。

2. 投票用纸中政党、候选人的记载顺序

就候选人的记载顺序而言，按如下顺序排列，首先，以结束候选人注册之日为准，在当时国会中拥有席位的政党之推荐候选人；其次，在国会中没有席位的政党之推荐候选人；最后，无党派候选人。就政党的记载顺序而言，按如下顺序排列，首先，以结束候选人注册之日为准，在当时国会中拥有席位的政党；其次，在国会中没有席位的政党（《公职选举法》第 150 条第 3 款）。在国会中拥有 5 名以上地区国会议员的政党或者在之前总统选举、比例代表国会议员选举、比例代表地方议会议员选举中获得全国有效投票总数之百分之三以上的政党，可以优先授予全国统一的记号（《公职选举法》第 150 条第 4 款）。

3. 投票时间

投票站在选举日的上午 6 点开启至下午 6 点关闭（进行补缺选举等时，在下午 8 点关闭）。但，当临近关闭投票站时，仍有选举人等候投票的情形下，应当发放票号，待结束投票后关闭（《公职选举法》第 155 条第 1 款）。

4. 保障投票的秘密（《公职选举法》第 167 条）

应当保障投票的秘密。然而，为了预测选举结果，媒体可以在选举日，于投票站 50 米外，以不侵害投票秘密的方式采访选举人。此时，不得于结束投票之前公布该采访的过程与结果。选举人不得公开写票的投票纸，公开的投票纸视为无效。

（十）再选举与补缺选举

除了任期结束后的正常选举外，还可实施再选举、补缺选举。当发生天灾、地变等其他不可避免的事由，导致不能实施选举或者无法实施选举时，总统应当宣布延期实施选举（《公职选举法》第 196 条）。

1. 再选举（《公职选举法》第 195 条）

当发生下列事由之一时，实施再选举。

（1）该选区没有候选人时。

（2）没有当选人，或者在选举地区自治区、市、郡议员中，该选区的当选人人数没有达到应当于该选区中选出的地方议会议员法定人数时。

（3）当有选举全部无效的判决或者决定之时。

（4）当选人在任期开始之前辞退或者死亡时。

（5）当选人在任期开始之前，依照《公职选举法》第192条（因丧失被选举权而引起的当选无效等）第2款规定，丧失当选效力；或者根据同条第3款规定，宣布为当选无效时。

（6）依照《公职选举法》第263条（因超额支出选举费用而引起的当选无效）至第265条（因选举事务长等的选举犯罪而引起的当选无效）规定，宣布为当选无效之时。

2. 补缺选举（《公职选举法》第200条）

当地区国会议员、地区地方议会议员、地方自治团体之首长，发生缺员或者缺位时，实施补缺选举。补缺选举是任期开始后，因辞退、死亡、丧失被选举权等身份上问题导致缺员或者缺位时，实施的选举。基于补缺选举是任期开始后因故实施的选举，有别于任期开始前因故实施的再选举。

当比例代表国会议员、比例代表地方议会议员，发生缺员时，选区之选举管理委员会应当在收到缺员通知后的10日内，依先前进行该选举之时，该议员之所属政党在其比例代表国会议员候选人名册、比例代表地方议会议员候选人名册中记载的顺序，决定继承该国会议员、地方议会议员之席位的人员。但当该政党已经解散或者距离结束任期不足120日时，则另当别论。

3. 有关补缺选举等的特例（《公职选举法》第201条）

自下一次选举日至任期结束日的期间不足一年时，或者当地方议会议员的法定人数之缺员未超过四分之一以上（以下情形除外，即距离任期结束日仍有一年以上期间时发生的再选举、延期选举、发生再投票的事由）时，可以不予实施补缺选举等（除总统选举、比例代表国会议员选举、比例代表地方议会议员选举）。因地方议会议员法定人数之缺员在四分之一以上而实施补缺选举等时，应当对缺少的全体议员实施选举。

（十一）当选人（《公职选举法》第12章）

《宪法》和《公职选举法》在原则上采纳多数代表制，规定各类选举以获得多数有效投票之人为当选人。但，比例代表选举中的当选人以候选人名册上的顺序确定（见表3）。

表 3　候选人为一人以及最多得票人为两人以上时的当选人决定

各类选举	两种特殊事由	
	候选人为一人时	最多得票人为两人以上时
总统选举的情形	候选人获得选举权人总数的三分之一以上选票时，为当选人	国会在籍议员过半数出席的公开会议中，获得多数选票者为当选人
地区国会议员选举的情形	结束候选人注册日至结束投票之日：候选人自动视为当选人 结束投票之日后至决定当选人之前：辞退、死亡、注册无效之人获得多数选票时，视为无当选人	年长者为当选人
地方议会议员以及地方自治团体之首长选举的情形	同上	同上

（十二）关于选举的争讼

1. 意义

选举的争讼包括选举诉请、选举诉讼、当选诉讼。但，选举诉请仅适用于地方自治选举。选举诉请准用《行政复议法》。有关选举的诉讼，准用《行政诉讼法》(《公职选举法》第 227 条）。

2. 选举诉请和当选诉请（《公职选举法》第 219 条）

考虑到地方自治选举的特殊性，对地方自治选举的效力有异议的选举人、推荐候选人的政党、候选人，可以提出选举诉请。针对当选效力存在异议的政党或者候选人，可以提出当选诉请。

3. 选举诉讼（《公职选举法》第 222 条）

选举诉讼是针对选举效力的争讼，是一种民众诉讼。因此，选举人、政党、候选人都可以提起选举诉讼。当存在违反选举规定的事实并认为该事实影响了选举结果时，可以提起选举诉讼。

就总统选举以及国会议员选举而言，对选举的效力存在异议的选举人、推荐候选人的政党、候选人，可以在选举日起至 30 日内，以该选区选举管理委员会委员长为被告，向大法院提起诉讼。就地方议会议员之选举、地方自治团体之首长的选举而言，对选举效力诉请之决定不服的诉请人（包括当选者），可以以下列人员为被告：对诉请进行弃却或者却下决定时，以该选区选举管理委员会委员长为被告；对诉请进行认容决定时，以做出该认容决定的选举管理委员会委员长为被告，向下列机关提起诉讼：在选举比例代表市、道议员以及选举市、道之知事时，向大法院提起诉讼；在选举地区市、道议员或者选举自治区、市、郡议员以及选举自治区、市、郡之首长时，向管辖该选区的高等法院提起诉讼（见表 4）。

表 4　选举诉讼和当选诉讼的比较

比较事项	选举诉讼	
	选举诉讼	当选诉讼
提诉权人	选举人（但是在国民投票的情况下，需有10万人以上的赞成），政党，候选人	政党，候选人
被告	该选区选举管理委员会委员长	当选人等
提诉法院	大法院（适用于针对总统，国会议员，市、道知事，比例代表市、道议员的诉讼），相关辖区的高等法院（适用于除了比例代表市、道议员的地方议会议员之诉讼，以及适用于针对自治区、市、郡之首长的诉讼）	与左框内容相同
期限	自选举之日起至30日内（在国民投票的情况下，自投票之日起至20日内）	当选决定之日起至30日内

4. 当选诉讼（《公职选举法》第 223 条）

以有效选举为前提，认为在决定个别当选者的过程中存在违法时，可以就效力问题提起当选诉讼。只能由候选人或者推荐候选人的政党提起当选诉讼。

就总统之选举、国会议员之选举而言，对当选效力存在异议的候选人、推荐候选人的政党，可以向大法院提起诉讼。就地方议会议员之选举、地方自治团体之首长的选举而言，对当选效力诉请之决定不服的诉请人或者作为当选人的被诉请人，可以以下列人员为被告：对诉请进行弃却或者却下决定时，以当选人为被告；对诉请进行认容决定时，以做出该认容决定的选举管理委员会委员长为被告，向下列机关提起诉讼：在选举比例代表市、道议员以及选举市、道之知事时，向大法院提起诉讼；在选举地区市、道议员或者选举自治区、市、郡议员以及选举自治区、市、郡之首长时，向管辖该选区的高等法院提起诉讼。

5. 判决（《公职选举法》第 224 条）

就选举争讼收到诉请或诉状的选举管理委员会或者大法院再或者高等法院，认为违反选举规定的事实确实影响了选举结果时，决定或判决该选举的全部或部分为无效或者当选无效。

（十三）选举犯罪的处罚与当选无效

1. 选举犯罪的处罚（《公职选举法》第 16 章）

为了防止不正当的选举，韩国通过立法列举了多种选举犯罪的类型，并强化了处罚力度。主要包括收买以及利害诱导罪，妨害选举自由罪等。

2. 因选举犯罪的当选无效（《公职选举法》第 17 章）

（1）因超额支出选举费用的当选无效。以超额支出选举费用限额的二百分之一以上为由，判处选举事务长、选举办公室的会计负责人以徒刑或者 300 万韩元以上的罚金时，该候选人之当选为无效。因其他法定事由，判处选举办公室的会计负责人以徒刑或者 300 万韩元以上的罚金时，该候选人之当选为无效。

（2）因当选人之选举犯罪的当选无效（《公职选举法》第 264 条）。当选人在选举中，因违反《公职选举法》以及《政治资金法》，判处徒刑或者 100 万韩元以上的罚金时，该当选为无效。

（3）因选举事务长等之选举犯罪的当选无效（《公职选举法》第 265 条）。选举事务长、选举办公室的会计负责人、候选人之直系亲属或配偶在选举中，因触犯收买以及利害诱导罪（《公职选举法》第 230 条）、当选无效诱导罪（《公职选举法》第 234 条）、捐赠行为之禁止限制等的违反罪（《公职选举法》第 257 条第 1 款）、政治资金不正收受罪（《政治资金法》第 45 条第 1 款），而被判处徒刑或者 300 万韩元以上的罚金时，该候选人的当选为无效。以候选人之直系亲属等实施犯罪行为为由，而将候选人的当选视为无效的行为，存在违背《宪法》第 13 条第 3 款规定的禁止连坐制之嫌。然而，这一规定不应当视为是将直系亲属等的责任扩张至候选人，应视为是候选人的自己责任。

第四项　民主政党制度的保障

一、意义

正如特里派尔（H.Triepel）所言，近代立宪主义发展过程中，起初宪法对政党采纳了敌对的态度。特别是以直接民主主义为理想的卢梭之思想体系下，政党被认为是歪曲国民意思的因子。然而，不可否定政党在民主主义发展过程中的作用和功能。基于此，可以将宪法对政党的态度变化总结为如下四个阶段：敌对阶段、无视阶段、承认以及合法化的阶段、现如今的编入宪法的阶段。

韩国现行《宪法》第 8 条详细规定了有关政党的内容。即，设立政党的自由（复数政党制的保障），目的、活动、组织的民主性，违宪政党解散程序，国民政治意思之形成的必要组织，国家的保护以及政治资金的国库补助等。此外，在其他宪法条款中，也存在着有关政党的多数规定。

除了《宪法》第 8 条以外，还规定作为国务会议必须审议事项的违宪政党解散之起诉（《宪法》第 89 条第 14 项）、违宪政党的解散审判（《宪法》第 111 条第 1 款第 3 项），禁止宪法裁判官加入政党（《宪法》第 112 条第 2 款），政党解散决定的议决法定人数（《宪法》第 113 条第 1 款），选举管理委员会可以处理、制定有关政党的事务、规则（《宪法》第 114 条第 1 款、第 6 款），禁止中央选举管理委员会之委员加入政党（《宪法》第 114 条第 4 款），有关选举的经费而言，除非有法律规定的情形，不得将该经费负担于政党或候选人（《宪法》第 116 条第 2 款）。

二、作为宪法之制度的政党

（一）政党的概念

《政党法》第 2 条规定，政党是指为了国民之利益，负责任地推进政治主张或政策，推荐或支持公职选举的候选人，以参与国民政治意思形成为目的的国民之自发性组织。政党的概念要素包括：对民主基本秩序的肯定；实现国民利益；负责任地推进政治主张或政策；推荐或支持公职选举的候选人；参与国民政治意思形成；国民自发的持续性组织。

（二）政党的宪法地位

有观点认为可以将政党视为宪法机关或者国家机关。然而，就国家机关（宪法机关）而言，其设立受到严格的限制（法定主义），通过行使公权力可以独立做出意思表示，其组成人员具有公务员或者准于此的身份。与此相反，韩国的政党可以自由设立、运行。因此，无法将政党视为宪法机关或者国家机关。

基于上述认识，有观点认为政党是韩国《宪法》第 21 条上单纯的私法上结社，可以将政党视为是任意设立的私法上结社。然而，考虑到韩国《宪法》第 8 条特别保障政党之设立自由和功能，不应当将政党仅仅视为是私法上结社。私法结社说的学者认为，政党与私法上之结社一样，仅是政治性、社会性的任意结社，只不过考虑到政党之政治意思形成的重要性，该政党之设立的自由与功能，得到了宪法之保障而已。这种私法结社说固然有些不妥。

因此，制度保障说或者媒介体说应运而生。此类学说认为政党虽然不是宪法上的国家机关，却得到了宪法上的政治性、社会性、制度性保障，属于为形成国民政治意思的中介性机关。这种制度保障说或者媒介体说（中介机关说、中间形态说）更具妥当性。

（三）政党的法律性质

即使是将政党之宪法地位看作是制度保障或者媒介体，其法律性质方面仍存在些许疑问。在现实中，政党的法律性质只能视为是私法性、政治性结社甚至是无法人格的社团。在理论上，政党又与私法性结社不同，其存续受宪法保障、受国家之特别保护，并履行公法义务，因此也可以将政党视为是宪法制度与私法性结社的混合形态。

然而，就有关政党的争讼而言，只能通过民事诉讼，即典型的私法性诉讼程序来解决。虽然如此，法院在对政党进行私法性判断时，应当充分考虑政党的宪法地位。即《宪法》第 8 条之政党条款在对比《宪法》第 21 条中规定的一般结社而言，应当在裁判过程中，最大限度地反映该政党条款之特别法性质。

三、政党的权利和义务

（一）能动地位：参与政治意思形成过程

政党通过推荐或者支持公职选举的候选人，参与国民政治意思形成。政党是以参与国民政治意思形成为目的的国民之自发性组织。因此，为了推荐公职选举的候选人，政党可以实施党内竞选（《公职选举法》第 47 条、第 6 章之二,《政党法》第 28 条）。同时，政党应当为推荐的候选人进行选举活动。

（二）消极地位：政党的自由

1. 政党的设立、活动、解散的自由

《宪法》第 8 条第 1 款中，虽然只规定了政党设立的自由，但这里的政党自由包括了政党组织的自由、政党活动的自由、政党解散的自由。通过立法要求设立政党时，满足一定要件的政党注册制度并不违反宪法。

2. 政党的解散自由和注销

政党的自由中，包含政党的解散自由（《政党法》第 45 条）。除了基于自律性意思表示的解散外，还有基于他律性意思表示，即依公权力对政党进行注销的解散制度。政党存在如下情形时，相关选举管理委员会可以取消政党的注册，①根据《政党法》，没能满足保留 5 个以上的市、道党（第 17 条）或者市、道党的党员数量在 1000 人以上（《政党法》第 18 条）。②最近四年中，没有参加因任期结束而展开的国会议员选举或者因任期结束而展开的地方自治团体之首长的选举或者市、道议会之议员的选举（《政党法》第 44 条第 1 款）。

韩国《政党法》曾经规定，政党虽然参加了因任期结束而展开的国会议员选举，却没有获得议员席位并且没有获得有效投票总数的百分之二以上选票时，应当由相关选举管理委员会予以注销。针对这一规定，韩国宪法裁判所认为该规定的目的正当、手段适当，然而，违背侵害最小性和法益均衡性，因此做出了违宪

决定（宪裁 2014.1.28. 2012Hun–Ma431 等）。

3. 违宪政党的解散

（1）严格政党解散的要件和程序的必要性。

就政党解散的限制而言，基于防御性民主主义，韩国于宪法中明确了解散政党的要件以及权限，相较一般结社给予了特别的保护。

（2）政党之目的或活动违背民主基本秩序。

①政党之目的或者活动。作为解散之对象的政党，原则上应当限定于完成注册的政党（既成政党）。就判断是否违背的材料而言，包括政党之纲领、党章、机关刊物等。对于判断是否具有目的之违宪性而言，不能仅仅停留于主观层面的判断，还应当考虑该目的所追求的客观性强度。就活动之违宪性而言，由于政党解散制度是保障宪法存续的制度，因此，无须考虑违宪性的主观认识。

②违背民主基本秩序。第一，民主基本秩序和自由民主的基本秩序。民主基本秩序是政党的目的或活动的基本前提。韩国宪法上的民主基本秩序是考虑了韩国宪法之基本秩序以及韩国特殊情况的民主基本秩序。因此，韩国宪法上的民主基本秩序并不是立足于一般论价值观上的民主基本秩序。第二，违背民主基本秩序的程度。政党解散制度是保障宪法的最后手段。然而，当滥用或者误用该制度时，反而会对民主主义造成危害。因此，有必要慎重考虑目的或活动在违背民主基本秩序上的危险程度。

（3）强制解散程序。

①政府的起诉。当政府认为政党的“目的与活动”，即党章、纲领、政策，违背《宪法》上“民主基本秩序”时，经国务会议的审议之后（《宪法》第 89 条第 14 项），可以向宪法裁判所起诉该政党的解散。对违宪政党的起诉属于政府之政治判断的裁量事项。

②宪法裁判所的审判。宪法裁判所作出解散政党的决定时，应有 6 名以上的裁判官赞成（《宪法》第 113 条第 1 款）。“当宪法裁判所接到解散政党审判的请求时，根据申请人的申请或者依职权，可以在做出最终裁定之前，决定停止被申请人的活动”（《宪法裁判所法》第 57 条）。

③解散决定的执行。当选举管理委员会接到解散决定的通知时，应当注销该政党的登记事项，并及时公告该意思（《政党法》第 47 条）。

（4）强制解散的效果。

①丧失作为政党的特权。当宪法裁判所宣告解散政党时，该政党便丧失所有

作为政党的特权，并成为非法结社。宪法裁判所的审判具有确认政党之违宪性的创设性效力。因此，根据宪法裁判所的决定，确定政党的违宪性后，决定为违宪的政党自动解散（《宪法裁判所法》第 59 条）。中央选举管理委员会的解散公告仅具有宣言性、确认性效力。

②禁止设立代替政党。“依宪法裁判所的决定，政党被解散的情形下，不得以被解散政党的纲领（或者基本政策）或者类似的纲领创设政党”（《政党法》第 40 条）。同时，“不得将被解散政党的名称重新使用为政党之名称”（《政党法》第 41 条第 2 款）。当设立代替政党时，该政党无法获得政党特权，因此，政府可以基于行政处分解散该代替政党。

③剩余财产归属国库。“根据宪法裁判所的解散决定，被解散政党的剩余财产归国库所有”（《政党法》第 48 条第 2 款）。

④所属议员是否丧失资格。根据宪法裁判所的解散决定，被强制解散之政党的所属议员，是否可以继续维持议员的职务，还是在被解散的同时，丧失议员的职务？对此法律无明文规定。在德国，根据判决而被解散之政党的议员，不论是属于联邦议会，还是州议会，都会丧失议员资格。

（三）积极地位：政党的保护

1. 政党之间以及政党与非政党之间的平等

“政党依照法律规定受国家保护，国家可以依照法律规定补助政党运行所需资金”（《宪法》第 8 条第 3 款）。对政党的保护而言，根据宪法上平等的法理与参政权的法理，应当平等保护执政党与在野党、少数派与多数派。即在政党的设立与组织、党员的募集、宣传、公职选举候选人的推荐、选举过程、政党活动等方面予以平等的保障。

然而，无法避免宪法允许的合理范围内之差别。例如，政治资金募集或后援会上的优待、相对于无所属候选人的政党推荐候选人的优待、当政党在国会之中组成交涉团体时，可以赋予该政党以全国统一的记号等。然而，曾经特意允许政党推荐之候选人进行政党演说会等的权限，因有学者提出违宪质疑，最终被废止（《公职选举法》第 75 条～第 78 条的删除）。

2. 政治资金补助与选举公营制

（1）意义。

广义上的政治资金是指进行政治活动所必要的一切经费。在这些费用之中，除法律规定的情形外，关于选举的经费，不得使政党或候选人负担（《宪法》第 116 条第 2 款）。因此，在《宪法》上采取了选举公营制。

（2）政治资金的国库补助。

政治资金的种类包括党费、后援金、寄托金、补助金、由政党的党章或党规等中规定的附带收入。此外，对进行政治活动的政党（包括中央党之创党准备委员会）、在公职选举中当选的人员、公职选举的候选人或者想成为候选人的人员、后援会或者政党的干部或者带薪职员、其他进行政治活动的人员提供的金钱或者有价证券、其他物品；上述人员（包括政党以及中央党之创党准备委员会）进行政治活动所需的费用（《政治资金法》第3条）。补助金是指为了保护、培育政党，而由国家支付给政党的金钱或者有价证券（《政治资金法》第3条第6项）。

（四）被动地位：政党的义务

1. 对国家和民主基本秩序的肯定义务

根据宪法理念，政党当然具有肯定国家的义务，同时根据《宪法》第8条第4款的规定，具有尊重民主基本秩序的义务。

2. 组织义务

“政党由设置在首都的中央党与设置在各个特别市、广域市、道的市、道党构成”（《政党法》第3条）。“政党应当具备5个以上的市、道党”（《政党法》第17条）。“各市、道党应当具有居住在该地区的1000名以上之党员”（《政党法》第18条）。“政党的创党活动由发起人组织的创党准备委员会进行”（《政党法》第5条）。“创党准备委员会为中央政党的情况下，由200人以上组成发起人；为市、道党的情况下，由100人以上组成发起人”（《政党法》第6条）。

修订后的《公职选举法》废除了地区党。废除地区党是为了阻断管理地区党的过程中引发的政治腐败。然而，这一做法忽视了现实需求。废除地区党之后，实践中出现了党员协议会代替了过去地区党的作用。因此，有学者认为废止市、道党并恢复地区党会更为妥当。

3. 党内民主化义务

党内民主化包含如下核心内容：政党之民主、公开的运行；政党议决民主性；政党机构构成与推荐选举候选人的民主性；财政的公开；保障党员的地位等。政党的目的、组织和活动应当民主（《宪法》第8条第2款）。应当公开政党的纲领与党章（《政党法》第28条），应当拥有反映党员之全体意思的代议机关以及执行机关和议员总会（《政党法》第29条）。应当民主地推荐公职选举候选人，为此可以实施党内竞选（《公职选举法》第47条、第6章之二）。

4. 通过政党之财政公开义务确保财政的透明性

为了确保政党财政的透明性，《政治资金法》明示了一定的义务。政党必须依照《政治资金法》获得政治资金（《政治资金法》第 2 条第 1 款）。当个人欲交付寄托金时，应当寄托于各级选举管理委员会（《政治资金法》第 22 条第 1 款）。中央选举管理委员会扣除募集寄托金所需的直接经费后，根据支付当时的国库补助金之分配比例，分配、支付该寄托金（《政治资金法》第 23 条第 1 款）。禁止法人或者团体寄赠或寄托政治资金（《政治资金法》第 22 条、第 31 条、第 32 条）。限于中央党，可以通过政党后援会获得后援金。

四、宪治史与政党

（一）捏造的政党史

在韩国政党史之中，执政党分别为第一共和国的自由党，第二共和国的民主党，第三和第四共和国的民主共和党，第五共和国的民主正义党，第六共和国的民主自由党、新韩国党、新政治国民会议、新千年民主党、开放国民党、大统合民主新党、共同民主党。新韩国党于 1997 年摇身一变为大国家党，于 2008 年得以成为执政党。然而，在 2012 年第十九届国会议员总选举前夕，大国家党变更成了新国家党（2012）。随后，新国家党又更名成了自由韩国党（2017 年）、未来统合党（2020 年）。身为正统在野党的民主党，在经历统合与分裂后，从新政治民主联合变更成了共同民主党（2015 年）。

（二）仍未稳定的国民政党制度

非因政党理念或政策之故，而出于政治策略的韩国政党间集散离合现象，有碍政治的稳定和发展。韩国这种政党间非正常的离散集合现象，仍处于深刻的状态。

五、政党国家倾向（国会议员与政党代表性的调和）

（一）意义

当今现代民主主义社会中，政党起到重要作用，很难想象在没有政党的情况下，民主政治能够发挥其应有的功能。因此，韩国《宪法》第 8 条规定了对政党的特别保护条款。

（二）政党国家的民主主义

政党国家的民主主义，将成为直接民主政治的代用品，而发挥直接民主的功能；国民全体之意思将等同于多数党的意思；基于议会制度的成熟，政党将强化针对院内各自政党的纪律，因政党对院内各自政党的强制，自由委任法理将受到冲击；选举将表现为一种国民投票，即针对政党推荐候选人进行国民投票的过程；政府的议会解散将表现为对政府信任投票。

（三）国会议员的国民代表性与政党代表性的宪法价值

1. 国会议员的国民代表性：代表民主主义与自由委任（禁止羁束委任）

国会议员根据《宪法》第1条第2款（国民主权主义），第7条第1款（公务员对全体国民的奉献），第40条（国会立法权），第41条（国会议员的选举），第44条（不受逮捕的特权），第45条（免责特权），第46条第2款（国家利益优先义务），第50条（议事公开原则）等的规定，在禁止羁束委任的法理（自由委任的法理）基础上，具有作为全体国民之代表者的地位。

2. 基于政党国家倾向的国会议员与政党代表性的调和

《宪法》第46条第2款规定，“国会议员以国家利益为先，凭良心履行职务”。《国会法》规定，“议员作为国民之代表者，不羁束于所属政党的意思，凭良心进行投票”（《国会法》第114条之二）。因此，政党对国会议员的羁束性具有一定的界限。

3. 国会议员的党籍变更

根据现行选举制度中的设计，地区国会议员变更其党籍的同时，将丧失议员职务，这一规定不具有妥当性。然而，基于政党名册式比例代表选举制度的特性，针对全国选区的比例代表国会议员而言，可以在其变更党籍时，剥夺该议员资格。

第五项 法治主义

一、意义

韩国宪法并未明文规定法治主义原理，但这一原理却是贯穿韩国宪法的基本原理之一。各国基于其自身发展的特有法文化和传统，以各自不同的视角审视法治主义。法治主义是指基于对人的不信，排斥恣意的、暴力的支配，依照由国民意思制定的法律，要求“理性支配”的统治原理。

二、法治主义的理论延展

（一）法治主义的发展

法的支配（Rule of law）原理启源于英国，特别是基于戴雪（A. V. Dicey）的理论得以确立为法的支配原理。英国经历了君主主权至议会主权的转化过程，英国之法的支配原理是英国式民主主义发展过程中确立的原理。在德国、法国，法的支配原理被表述为法治国家。

（二）实质法治主义的确立

当今的法治主义意味着立足于实质法治主义的依法支配。这里的法并非意指基于议会主权论或者法律主权论的法律至上，而应当归结为成文宪法至上。形式法治主义要求通过法律规定国民的权利与义务。实质法治主义要求实质正当程序，即法律的目的和内容应当符合保障基本权的宪法理念。当今的法治主义意味着形式法治主义和实质法治主义的结合。法律的正当性根据在于符合宪法理念。

三、法治主义在宪法上的体现

（一）意义

法治主义一般包括如下内容：①基于成文（硬性）宪法，确保宪法的上位法地位；②基本权与实质正当程序的保障；③权力分立；④规范控制与权利救济的制度化；⑤禁止概括性委任立法。

此外，作为法治主义的衍生原则包括：①信赖保护的原则；②禁止溯及立法；③体系正当性的原理等。

尤其是通过脱离过去的形式法治主义，现代的法治主义应当是立足于自由、平等、福祉原理的实质法治主义。

（二）信赖保护的原则

信赖保护原则是法治国家原理的衍生原则。国民基于合理的信赖，认为法律规则或者制度会在将来持续存在，并形成个人的法律地位时，要求国家尽可能保护该国民之信赖的原则。就公权力的行使而言，预测可能性的保护以及信赖保护的原则是追求法律稳定性的自由民主主义、法治国家宪法的基本原则。韩国《宪法》通过规定组织执行权和司法权的法律主义（《宪法》第 96 条、第 89 条、第 102 条第 3 款），间接地担保了公权力行使的预测可能性；通过规定刑罚不溯及和一事不再理原则，保护了国民的信赖（《宪法》第 13 条）。

（三）禁止溯及立法

根据新法是否对已经结束的事实关系起作用，还是仅对现在进行中的事实关系起作用，可以将溯及立法区分为真正溯及立法和不真正溯及立法。法治国家原理中包含个人信赖保护和法律稳定性的内容。基于法治国家原理，宪法上以不允许真正溯及立法为原则，仅在特殊情形下，例外地允许真正溯及立法。相反，原则上允许不真正溯及立法，然而，在比较衡量要求溯及效力的公益事由和要求信赖保护的事由过程中，信赖保护的观点将限制立法者的形成权。

（四）体系正当性的原理

体系正当性的原理是指为了让规范相互之间的结构与内容等，维持体系与均衡，而羁束立法者的宪法原理。要求规范之间保持体系正当性的理由，是为了禁止立法者的恣意，并确保规范的明确性、预测可能性以及对规范的信赖和法律稳定性。这是从法治主义原理推导出的原理。

四、法治主义的界限（例外）

（一）总统的国家紧急权

一旦发布总统的国家紧急权（《宪法》第 76 条、第 77 条），《宪法》中预定的正常、一般的法治主义，甚至正当程序，将在一定的期间内，受到限制。

（二）特殊身份关系

具有特殊身份关系的人，即对于公务员、国立或公立学校之学生、囚犯等而言，虽然在原则上适用法治主义，但是在合理范围内，可以限制其基本权。

第三款　经济、社会、文化的基本原理：社会福祉国家

第一项　社会福祉国家原理

一、意义

18 世纪末近代市民革命得以成功，确立了国民主权主义。基于代议制原理和权力分立，形成了权力的牵制与均衡的局面，法治主义框架得以形成。然而，随着 19 世纪工业革命的成功，贫富之间的矛盾日益深化，为了将国民的自由与权利实质地体现于国家生活，国家不得不积极介入社会领域。1919 年的魏玛宪法在保留自由国家的理念和体制下，采纳了社会福祉国家原理。

二、现代社会福祉国家原理的展开

（一）意义

为了突破 18 世纪和 19 世纪的政治性民主主义的界限，体现经济、社会领域中的民主主义，现如今的社会福祉国家原理是旨在确保国家共同体之组成人员相互间连带关系的原理。

（二）社会福祉国家原理的内容

如果说近代立宪主义宪法受支配于自由优先于平等的思想，那么现代社会福祉国家一方面排斥极端平等主义；另一方面在能够体现实质平等的范围内，认为可以限制自由。在这种情形下，形成了社会福祉国家中自由和平等之间的矛盾和紧张关系。因此，现代宪法则通过对自由与平等的实质性保障，突显了社会福祉国家原理。

（三）国家对经济的介入：社会性市场经济

国家对经济的介入并非是指通过全盘的国家介入，实现计划经济，而是在保障立足于市场经济原理的私有财产制的同时，通过受限制的国家介入，实现社会正义。

（四）社会福祉国家原理的法律性质

社会福祉国家原理并非单纯的政治性、理念性指标，也具有规范的性质。社会福祉国家原理约束修宪权力，其是解释法令的标准，具有裁判规范的性质。

三、社会福祉国家原理在宪法上的体现

（一）社会福祉国家原理在宪法上的体现

韩国《宪法》通过如下条款体现了社会福祉国家原理，《宪法》的序言；社会基本权的保障（《宪法》第 31 条 ~ 第 36 条）；经济领域中积极计划、引导、再分配的国家义务等有关经济的条款（《宪法》第 119 条第 2 款以下）等。

（二）社会基本权的保障

《宪法》在第 31 条 ~ 第 36 条之中，规定了社会基本权。特别是第 34 条第 1 款中规定的“享受人类生活的权利”成了社会基本权的中心概念。社会基本权具体包括：为了努力增进社会保障、社会福祉的国家义务，国家保护无生活能力的国民，国家保护国民免受灾害，保障国民的劳动权利、国家促进雇佣、保障适当薪金、实施最低薪金制度，确立保障人格尊严的劳动条件之标准，保障劳动三权，环境权，受教育的权利，所有国民就保健受到国家保护。

（三）财产权的受社会约束性

财产权得到保障，其内容与界限由法律规定（《宪法》第 23 条第 1 款）。然而，“财产权的行使，应当适合公共福利”（《宪法》第 23 条第 2 款），从而明示了财产权的受社会约束性质。

（四）经济的民主化

“经济秩序以尊重个人和企业在经济上的自由和创意为根本”（《宪法》第 119 条第 1 款）。然而，“国家维持国民经济的均衡发展和稳定，维持适当的收入分配，防止市场支配和经济力的滥用，为通过经济主体间的调和而实现经济民主

化，可以对经济进行规制和调控”（《宪法》第 119 条第 2 款）。

（五）国民的义务

根据《宪法》规定，国民的义务包括如下有关社会福祉国家原理的内容，即行使财产权，应当适合公共福利的义务（《宪法》第 23 条第 2 款），教育的义务（《宪法》第 31 条），劳动的义务（《宪法》第 32 条第 2 款），环境保护义务（《宪法》第 35 条），纳税义务（《宪法》第 38 条）。

四、社会福祉国家原理的界限

其一，国家立足于社会福祉国家原理实施规制与介入行为时，不能根本否定自由市场经济秩序。其二，在国家生活中具体体现实现社会正义的社会福祉国家原理时，应当接受来自正当程序和法治国家的限制。其三，基于社会福祉国家原理的国家规制与介入，应当以尊重个人的自律和创意为前提。其四，为了实现社会福祉国家原理而对国民之自由与权利施加一定限制时，不得侵害自由与权利的本质内容（《宪法》第 37 条第 2 款）。其五，实现社会福祉国家原理要以国家的财政、经济为后盾，因此会受到国家负担能力之限制。

第二项 社会性市场经济主义

一、意义：宪法与经济秩序

韩国自制宪宪法以来，就设有关于经济的独立章节。这种宪法编制在资本主义的自由民主主义宪法体制中很难找到类似作法。

二、经济秩序的基本类型：世界经济秩序的新篇章

（一）纯粹的市场经济秩序

立足于古典自由主义原理且能够维系纯粹意义上之市场经济秩序的体系正在销声匿迹。可以说美国的模式极其接近于这一体制。

（二）社会性市场经济秩序：传统自由民主主义国家中左派、右派间的矛盾

社会性市场经济秩序可以称为所谓的修正资本主义原理，是当今传统资本主义国家的一般经济秩序。在适用社会性市场经济秩序的国家之中，还存在着左派、右派之政策手段上的差异。然而，不论是在何种情形下，都不允许国家对市

场机制的全面介入。即左派、右派之政策手段上的差异，取决于社会福祉国家所向往的社会正义所体现的程度差异。

（三）以苏联为首的东欧国家编入了市场经济秩序

随着苏联的瓦解以及称为独立国家联合体（CIS）的不稳定特殊联合体的实际存在，俄罗斯采纳了市场经济秩序，波兰等东欧国家也采纳了市场经济秩序。以 CIS 为主的东欧各国，虽然从计划经济走向了市场经济，但其土地等重要生产手段仍处于国有化、公有化的状态，因此其市场经济秩序有别于以生产手段的私有化为出发点的西欧各国之模式。

（四）传统社会主义国家之经济秩序所面临的瓶颈

维持社会主义计划经济秩序的古巴、越南等能够在多大的程度上接受资本主义市场经济机制的问题，仍存在着争议。这些国家正在通过采用合营法、经济特区等方式，引进市场经济要素。

（五）展望

上述四种模式当中，除了纯粹市场经济秩序以外，其他三种模式将会继续存在。需要特别说明的是虽然社会党的政策方向与东欧各国之经济秩序，在其基本体制上存在着差异，却有着社会民主主义倾向的共同点。

三、宪法上经济秩序的基本原理：社会性市场经济秩序

（一）意义

《宪法》第 119 条规定了有关经济秩序的基本原则：①大韩民国的经济秩序以尊重个人和企业在经济上的自由和创意为根本。②国家维持国民经济的均衡发展和稳定，维持适当的收入分配，防止市场支配和经济力的滥用，为通过经济主体间的调和而实现经济民主化，可以对经济进行规制和调控。第 119 条第 1 款是有关大韩民国之经济秩序的基本规定。即阐释了“以尊重个人和企业在经济上的自由和创意为根本”的市场经济秩序原理。只有在保障了财产权的情况下，市场经济秩序才有可能实现。因此，在《宪法》第 23 条中规定的财产权之保障是与其一脉相承的。

经济的成长、稳定、分配，以及防止经济力的滥用与经济的民主化，不仅是当今韩国的课题，也是世界经济的当前课题。为解决这一课题而进行的国家规制与调控是适应时代要求的、经济民主化意志的表现。因此，在韩国宪法中，有关经济的基本原则可以视为是市场经济、私有财产权保障、经济民主化。社会性市场经济秩序是韩国宪法中有关经济秩序的基本命题，是包含市场经济、私有财产权保障、国家规制与调控等概念的综合性、上位概念。

（二）市场经济秩序

市场经济是在公开状态下，根据竞争决定价格之形成、生产、雇佣、分配的经济结构。自由竞争，作为市场经济的基本条件，必然将作为经济主体的“个人和企业在经济上的自由”视为前提。

（三）财产权的保障

《宪法》第 23 条第 1 款规定了“所有国民的财产权得到保障”，即规定了有关财产权保障的一般性原则，并且在第 13 条第 2 款中规定禁止以溯及立法剥夺财产权。

（四）经济的民主化

《宪法》第 119 条第 2 款的规定是对第 1 款之市场经济原理的制约条款，即宣布了国家“对有关经济的规制与调控”。亦即，国家维持国民经济的平衡发展和稳定及适当的收入分配；防止市场支配和经济力的滥用；为通过经济主体间的调和而实现经济民主化，可对经济进行规制和调控。虽然现行宪法修订了从前的“为实现社会正义，而进行对经济的规制与调整”，取而代之的是“为实现经济民主化，而进行规制与调控”，但两者却没有根本的差异。

四、社会性市场经济秩序的具体化

（一）意义：经济领域之中的国家目的

《宪法》为了体现社会性市场经济秩序的原理，在其经济秩序的章节中规定了如下内容，即第 120 条的自然资源等的国有化、社会化与经济计划，第 121 条的农地制度，第 122 条的国土利用、开发，第 123 条的农、渔民以及中小企业的保护、培育，第 124 条的消费者保护运动之保障，第 125 条的对外贸易，第 126 条的私营企业的国、公有化，第 127 条的科学技术。

（二）国、公有化与私有化

1. 国有化、社会化

如果说《宪法》第 120 条第 1 款是对重要国家资源进行国有化甚至社会化的原则性规范，那么，第 120 条第 2 款（国土与资源），第 121 条（农地制度），第 122 条（国土），第 126 条（私营企业的国、公有化）则是《宪法》上有关国有化、社会化的具体规范。

2. 天然资源等的国、公有化

“矿物及其他重要的地下资源、水产资源、水力和经济上可利用的自然力，可依法律规定在一定期间内特许其开采、开发或利用”（《宪法》第 120 条第 1 款）。

3. 私营企业的国、公有化与对经营的控制、管理

"除因国防或国民经济上的急切需要而由法律来规定的情形外，不得将私营企业转为国有、公有或对其经营进行控制或管理"（《宪法》第126条）。

（三）经济计划

"国土和资源受国家保护，国家为了均衡地开发和利用，制定必要的计划"（《宪法》第120条第2款）。这一规定与第123条第1款之规定，即为了开发农、渔村的"计划"，是《宪法》上国家对有关经济计划的全部内容。

（四）农地制度

《宪法》第121条规定，对于农地，国家应努力使得耕者有其田的原则得以实现，禁止农地佃户制。为了提高农业生产率和农地的合理利用或因不可避免的情况而发生的农地租赁和委托经营，根据法律规定予以认可。

第121条第2款是对第1款中耕者有田原则的例外条款。特别是在《宪法》中明文禁止了作为前近代性法律关系的佃户制度，但却又允许了替代制度的存在，即具有近代法律关系性质的委托经营与租赁。

（五）国土的利用、开发

"为了有效、均衡地利用、开发和保全作为全体国民生产、生活基础的国土，国家可根据法律规定，对其设定必要的限制和义务"（《宪法》第122条）。

（六）农、渔民以及中小企业的保护、培育

"为了保护、培育农业及渔业，国家应制定和施行农、渔村综合开发及其支援等必要的计划"（《宪法》第123条第1款）。"为地区间的均衡发展，国家负有培育地区经济的义务"（《宪法》第123条第2款）。"国家应保护、培育中小企业"（《宪法》第123条第3款）。"国家通过致力于对农水产物供求平衡和流通结构的改善，谋求价格稳定，从而最终保护农、渔民的利益"（《宪法》第123条第4款）。"国家应培育农、渔民及中小企业的自助组织，并保障其自律活动和发展"（《宪法》第123条第5款）。

（七）保障消费者保护运动

"国家根据法律规定保障旨在开导健康的消费行为，促进产品质量提高的消费者保护运动"（《宪法》第124条）。

（八）对外贸易

"国家培育对外贸易，可以对其进行规制、调整"（《宪法》第125条）。

（九）科学技术

"国家应通过科学技术的革新、信息及人力开发，致力于国民经济的发展。

国家确立国家标准制度。为实现第 1 款目标，总统可设必要的咨询机构”（《宪法》第 127 条）。

（十）国家介入经济秩序的界限

国家对经济的介入，不得脱离宪法上有关经济秩序的基本原则。例如，侵犯财产权的本质内容，或者援用社会主义计划经济秩序，对财产进行全面的国、公有化，这都是脱离宪法界限的行为。

第三项 文化国家原理

一、意义

文化国家原理与法治国家原理以及社会福祉国家原理一样，韩国宪法上都无明文规定，却被认可为国家的基本原理。韩国为了具体化文化国家原理制定了《文化基本法》。《文化基本法》以调和实现文化之本质属性的多样性、自律性、创造性原理为其基本理念。文化国家是指国家不仅要保障个人的文化自由和自律，还要积极为实现个人的文化生活而努力。“文化”可以定义为是教育、学问、文学、艺术等“人类精神、创造性活动领域”。

二、文化国家原理的内容

（一）意义

文化的自律性受到来自文化之经济从属性、文化之不平等、传统文化之衰退的挑战。因此，国家应当为体现文化多元性，积极推进文化政策。为了保护和增进文化的多样性，韩国制定了《关于保护和增进文化多样性的法律》。

（二）文化自由

国家对文化的介入有可能阻碍人类精神、创造性活动。即根据文化国家原理，国家负有积极施行文化政策的义务，这种义务有可能导致国家对文化领域的支配与干涉。因此，国家对文化的介入应当控制在最小限度之内。

（三）国家对文化的介入

国家对文化的介入，就其性质而言，迥然不同于社会福祉国家原理中的国家规制与介入。前者具有造成性质，而后者具有调整性质。国家抛弃对文化的介入，会导致文化国家原理的废弃。因此，国家应当在目的和方法的界限内介入文化领域。即在组织、培育、振兴、继承、发展、支援层面予以介入，对于直接的规制而言，应当控制在最小限度之内。

三、文化国家原理在宪法上的体现

（一）文化国家原理的一般性体现

韩国《宪法》不仅在序言中宣布，“在文化……领域，应当保障个人机会的均等”，而且在正文中还规定了如下义务，即国家要致力于传统文化的继承、发展和民族文化的繁荣昌盛（《宪法》第 9 条）。为了实现文化国家原理，国家应当超越仅在物质层面上满足“享受人类生活的权利”，而在文化层面上也要满足“享受人类生活的权利”。

（二）文化民族国家的体现

自 1980 年宪法以来规定，“国家要致力于传统文化的继承、发展和民族文化的繁荣昌盛”（《宪法》第 9 条），意欲坚守文化民族的自尊心。然而，并非对所有传统文化一概予以保护，而是保护、增进符合时代要求的文化。宪法裁判所曾经对“电影配额制度”（Screen Quota）做出了如下决定，即认为 Screen Quota 制度是保护、增进国内文化的合宪性限制（宪裁 1995.7.21. 94Hun–Ma125）。相反，宪法裁判所对“禁止课外教授”的问题，做出了如下决定，即创意和个性、激发最大潜能是教育的理念，禁止课外授课违背了旨在培养国民各个人之个性和多样性的宪法上文化国家原理（宪裁 2000.4.27. 98Hun–Ka16 等）。

（三）文化基本权的确立

下列内容具有文化基本权的性质，即为保障个人的精神、创造性活动领域的良心自由（《宪法》第 19 条），宗教自由（《宪法》第 20 条），表现自由（《宪法》第 21 条），学问与艺术的自由（《宪法》第 22 条第 1 款）等。特别是下列各项内容则与文化基本权有着直接关联，即环境权（《宪法》第 35 条），国家的环境保护义务（第 35 条第 1 款），国家为国民能过上舒适的居住生活而努力（《宪法》第 35 条第 3 款）。

（四）文化遗产以及创作物等的保护

“著作者、发明家、科学技术者和艺术家的权利，由法律保护”（《宪法》第 22 条第 2 款）。虽然这些权利不属于基本权，但也要受到相当于学问与艺术自由的法律保护。就文化遗产而言，出于其是全人类的共同遗产，应当予以保护。

第四款 国际秩序的基本原理：国际和平主义

第一项 国际和平主义

一、意义

为了防止战争的灾祸，在很久以前，格劳修斯、康德等就提倡国际和平论，但却没能在制度上确立国际和平主义理念。第一次世界大战后设立的国际联盟，由于作为超级大国的美国没有参加，未能发挥好自身的功能。虽然在1928年缔结了有关放弃战争的条约（非战公约），但由于缺乏对违反该条约的制裁手段，因此没能发挥其实效性。考虑到第二次世界大战对人格尊严的抹杀，联合国（UN）应运而生，在UN宪章中，不仅禁止了侵略战争，而且禁止了作为纷争解决手段的战争或武力的行使。

二、国际和平主义在宪法上的保障

第二次世界大战后，各国宪法开始明示国际和平主义理念。

其一，例如1949年《德国基本法》中规定的和平条款。即，侵略战争的拒绝，扰乱和平行为的禁止（《德国基本法》第26条第1款），对军需物资生产、输送、流通的控制（《德国基本法》第2款），统治权的限制（《德国基本法》第24条第1款），良心的兵役拒绝权（《德国基本法》第4条第3款），国际法规比照国内法的优越（《德国基本法》第25条）等规定。

其二，日本作为第二次世界大战的另一战犯国家，在1946年《日本国宪法》中规定了交战权的抛弃和保留战力的禁止（《日本国宪法》第9条）。这是以宪法规定抛弃该种权力的唯一国家。

其三，就否认侵略战争的宪法而言，有韩国等国家的宪法。

其四，有些国家以宪法规定了和平解决国际纠纷的义务（1931年《西班牙宪法》）。

其五，有些国家宣言为永久中立国家。瑞士于1815年通过维也纳会议的决定，确认成了永久中立国家，1955年《奥地利宪法》宣布其为永久中立国家（《奥地利宪法》第1条第1款）。

其六，各国宪法为维持和平所做的努力，以如今的地区安保会议等形式获得了相当的成就。然而，虽然不是世界大战，但局部战争仍然频繁出现，以强国为

中心的军费扩充或者新武器开发，仍在持续。因此，其他各国不得不强化自身国家的安全保障。

三、国际和平主义在宪法上的体现

（一）国际和平主义的一般性宣言

韩国《宪法》序言规定，“决心对内通过致力于国民生活的均等提高，对外贡献于永久的世界和平和人类的共同繁荣，从而永远确保我们和子孙们的安全、自由和幸福”；在第 5 条第 1 款中明示了国际和平主义，即“大韩民国致力于国际和平的维持”。

（二）否定侵略战争

韩国《宪法》第 5 条第 1 款规定，“大韩民国致力于国际和平的维持并否认侵略战争”。侵略战争的概念是相对于为了击退敌人的直接攻击而进行的战争，即自卫战争之概念，是指作为领土扩张、实现国家利益、解决国际纷争的手段，而行使的武力。韩国宪法规定否认侵略战争，这一规定有别于否认交战权的日本宪法。

第 5 条第 2 款规定，“国军以履行国家的安全保障和国土防卫的神圣义务为使命，遵守政治中立性”。除此之外，还规定了如下有关军事的规定，旨在应对侵略的自卫战争，即总统的国军统帅权（《宪法》第 74 条第 1 款），国军的组织与编制的法定主义（《宪法》第 74 条第 2 款），国民的国防义务（《宪法》第 39 条第 1 款），国家安全保障会议（《宪法》第 91 条），军事法院（《宪法》第 27 条第 2 款、第 110 条），对有关军事的主要事项，必须有国务会议的同意（《宪法》第 89 条第 2 项、第 6 项、第 16 项），对宣战等军事行动的国会之同意（《宪法》第 60 条第 2 款）等。

（三）和平统一

《宪法》序言中规定了“祖国……和平统一的使命”，在第 4 条规定了“大韩民国面向统一，树立并推进立足于自由民主基本秩序的和平统一政策”，在第 66 条第 3 款规定了“总统就祖国的和平统一负有诚实的义务”，根据第 69 条之规定，总统在就任之际，宣誓如下内容，即“我向国民宣誓，为祖国的和平统一……努力，从而诚实地履行作为总统的职责”，第 92 条第 1 款规定了“为应对关于和平统一政策之树立的总统咨询，可设立民主和平统一咨询会议”。

（四）国际法规的尊重

《宪法》第 6 条第 1 款规定，“根据宪法缔结、公布的条约及普遍得到承认的国际法规具有与国内法同等的效力”。第 6 条第 2 款规定，“外国人依照国际法及条约的规定，其地位得到保障”，即在宪法中，明示了国际法尊重主义。

第二项　和平统一主义

一、意义

国家的统一（统合）是指将原来两个以上的国家，建设为一个国家的意思。然而，就南北统一而言，则是指原来为单一的一个国家，因历史原因分裂后，再重新获得统一的意思。分裂国家（又称分断国家）作为第二次世界大战与东西冷战时代的产物，大都陆续获得了统一（1975 年的越南、1990 年的德国、1992 年的也门）。事实上，韩国成了唯一的分断国家。

二、宪法上的和平统一主义

（一）宪法对和平统一主义的直接阐述

韩国宪法的序言和多数条款都直接阐明了“和平统一”的原则。即《宪法》序言中规定，大韩国民负有“和平统一的使命”，第 4 条中规定“大韩民国面向统一，树立并推进立足于自由民主基本秩序的和平统一政策”，在第 66 条第 3 款中规定“总统就祖国的和平统一负有诚实的义务”，在第 69 条的总统就任宣誓文中，规定应当宣誓“祖国的和平统一”，在第 92 条第 1 款中规定了“为应对关于和平统一政策之树立的总统咨询，可设立民主和平统一咨询会议”。

（二）宪法对和平统一主义的间接阐述

和平统一原则，不仅体现在宪法中直接规定的条款，还被相关的间接条款所认可。国际和平主义原则必然与祖国的和平统一相关联。《宪法》序言明示了“贡献于永久的世界和平和人类的共同繁荣，从而永远确保我们和子孙们的安全、自由和幸福”，并在第 5 条第 1 款规定“大韩民国致力于国际和平的维持并否认侵略战争”，在第 2 款中规定了“国军以履行国家的安全保障和国土防卫的神圣义务为使命，遵守政治中立性”，从而间接地表现出，大韩民国秉持着和平统一的原则。

（三）国民与总统为实现和平统一的义务

实现和平统一既是这个时代大韩民国之国民的权利，也是义务。韩国《宪法》第 72 条规定，“总统认为必要时，可以对外交、国防、统一及其他有关国家安全的重要政策进行国民投票”。就决定有关统一的重要政策而言，比起国会或总统的意思，由作为主权者的国民通过合议做出决定更能确保针对统一政策的国民正当性。

韩国宪法赋予总统针对统一政策的国民投票附议权，还明示了总统推进和平统一的责任。因此，总统身为国家元首、国政的最高责任人是为了达成统一大业，具有进行最终政策性决断权的人。此时，作为主权者的国民和作为国家元首的总统之间应当有基于民主程序和方法的合议。

（四）立足于自由民主基本秩序的和平统一

韩国宪法所追求的统一并非基于武力手段的统一，而是以和平的手段与方法进行的统一。这种和平统一应当符合自由民主的基本秩序。

三、和平统一主义与国家安全法

为了“规制危及国家安全的反国家活动，从而确保国家的安全与国民的生存以及自由”（《国家安保法》第 1 条第 1 款），制定了《国家安保法》。然而，由于《国家安保法》具有冷战体制的法律性质，以及其规范的过度恣意性质，导致对该法的违宪争议持续不止。因此，在 1991 年通过修订增加了如下内容，即“就解释适用本法而言，为了达成第 1 款的目的，应当在必要最小限度之内进行解释，不可以作扩大解释或者不当限制宪法上予以保障的国民之基本人权”（《国家安保法》第 1 条第 2 款）。

大法院一直认可《国家安保法》的合宪性。大法院认为朝鲜仍未放弃赤化统一路线，因此不能认为《国家安保法》已经丧失规范力。宪法裁判所也持有类似观点。宪法裁判所对《国家安保法》中存在的问题条款，作出了限定合宪的决定（宪裁 1990.4.2. 89Hun-Ka113）。然而，在宪法裁判所的反对意见中，有裁判官认为《国家安保法》属于违宪。

韩国《国家安保法》规定，朝鲜是“以僭称政府或者以扰乱国家为目的组成的国内外之结社或者集团，是具备指挥统帅体制的团体”（《国家安保法》第 2 条第 1 款）。国家安全法对潜入、逃脱（《国家安保法》第 6 条），赞扬、鼓舞（《国家安保法》第 7 条），会合、通信等行为进行处罚。

四、和平统一主义和南北交流合作

在和平统一条款与领土条款并存于宪法的状态下，韩国制定了《有关南北交流合作的法律》。如果说《国家安保法》合宪，那么该法就有可能是违宪。因此，与《国家安保法》之间的合理关系之设定等问题提上了议程。

《有关南北交流合作的法律》和《国家安保法》并非完全相异的法体系，可以将二者视为特别法与一般法的关系。为了促进南北交流，《有关南北交流合作的法律》规定了有关南北居民往来的条款，即“根据总统令的规定，获得统一部长官的访北承认后，持有由统一部长官颁发证明书”时，方可进行往来（《有关南北交流合作的法律》第 9 条）。当“以南居民想要与以北居民进行会合、通信，或者以其他方式进行接触时，应当预先向统一部长官进行申告”（《有关南北交流合作的法律》第 9 条之二）。就南北交流合作而言，本法优先于其他法律适用。

《有关南北交流合作的法律》第 12 条和《有关南北关系发展的法律》第 3 条规定了“南北关系不是国家之间的关系，而是在面向统一的过程中，临时形成的特殊关系；南北之间的经济交流不是国家之间的经济交流，而是民族内部的经济交流”。1991 年缔结的《关于南北之间的和解与不可侵以及交流、合作的合议书》是以《宪法》第 4 条之和平统一条款为根据的。就基本合议书的法律性质而言，由于仅具有类似于一种共同声明或者绅士协议的性质，因此不具有法律拘束力，也就不具有与国内法同等的效力。

第三项 国际法尊重主义

一、意义

《宪法》第 6 条第 1 款规定，“根据宪法缔结、公布的条约及普遍得到承认的国际法规具有与国内法同等的效力”。第 6 条第 2 款规定，“外国人依照国际法及条约的规定，其地位得到保障”，即在《宪法》中，明示了国际法尊重主义。

二、国际法与国内法的关系

就国际法与国内法的关系而言，有如下两种对立的观点，即将两者视为两个个别法体系的立场（二元论）与视为是属于同一法体系的立场（一元论）。然而，将两者视为是同一法体系的观点更为妥当一些。就国际法在国内法中的效力而言，有国际法上位论与国内法上位论。然而，至少在国内法秩序体系上，国际法也只能是宪法的下位规范。

三、国际法在国内法中的效力

（一）意义

就国内法对国际法的吸纳而言，当国际法具备国内法的形式时，其效力不会构成特别的问题。当国际法不具备国内法之形式时，应当决定与国内法中宪法、法律、命令、条例、规则等的优劣关系。

（二）被普遍承认的国际法规

被普遍承认的国际法规是指由世界多数国家，普遍承认的一般性、普遍性规范。然而，就世界多数国家承认的规范而言，不一定都必须予以承认。被普遍承认的国际法规之中，包括了成文的国际法规与国际习惯法，甚至也包括被普遍承认的国际条约。例如，UN 宪章的一部分（1945 年）、国际法院（ICJ）规定，《防止及惩治灭绝种族罪公约》（1948 年）、《关于战俘待遇之日内瓦公约》（1949 年）等。

虽然《宪法》规定了，“普遍得到承认的国际法规具有与国内法同等的效力”（《宪法》第 6 条第 1 款），但由于国际法规的存在形式及内容呈多样性，因此在国内法上之宪法、法律、命令、条例、规则等规范中，就国际法规处于何种地位的问题，存在学界上的争议。虽然有学者认为，被普遍得到承认的国际法规也应当像条约一样，具有与法律同等的效力，但是至少在原则上，应当将其视为是宪法的下位规范、法律的上位规范。

当被普遍得到承认的国际法规成为裁判的前提时，由法院予以审查；当具有法律效力的国际法规存在违宪问题时，最终由宪法裁判所予以审判。然而，即使被普遍得到承认的国际法规与宪法、法律相抵触，也很难通过违宪判决撤销其普遍的效力。因此，在这一点上与条约的规范控制有着本质区别。

（三）条约

1. 意义

《宪法》第 6 条第 1 款规定，“根据宪法缔结、公布的条约……具有与国内法同等的效力”。条约是指两国或者两个以上的国家之间，以创设、变更、消灭法规上的权利义务等法律效果为目的，而进行的明示合议。

2. 条约的缔结、批准与国会的同意

“根据宪法缔结、公布的条约”是指根据宪法上的规定与程序的条约。根据《宪法》，总统具有条约的缔结权（《宪法》第 73 条）。总统在缔结、批准条约之前，应当经过国务会议的审议（《宪法》第 89 条），特别是国会对重要条约，即对关于相互援助或安全保障的条约、关于重要国际组织的条约、友好通商航海条约、关于主权限制的条约、媾和条约、给国家或国民带来重大财政负担的条约或关于立法事项的条约的缔结、批准享有同意权（《宪法》第60条第1款）。国会的同意，意味着条约被赋予了国内法效力，具有立法行为的实质，甚至意味着对条约的国会之民主控制过程。

3. 条约的效力

条约“具有与国内法同等的效力”（《宪法》第6条第1款）。但，仍然需要明确国内法的确切意思是什么的问题。虽然，有学者基于国际协助主义主张条约上位说，但多数说是宪法上位说。即“根据宪法缔结”条约，通过发动基于国民主权主义的宪法制定权力制定宪法，宪法是国家的最高规范，并且《宪法》附则第5条规定了“本宪法施行当时的法令和条约，除违反本宪法之外，其效力持续存在”，因此，条约只能是宪法的下位法规。获得国会同意的条约，具有与法律同等的效力，当条约与法律抵触时，可以根据新法优先、特别法优先的原则予以排序。就行政协定等而言，应视为是法律的下位规范。

随着近来缔结韩美自由贸易协定（FTA），就条约是否具有直接适用性而言，有关自己执行性（Self-executing）条约与非自己执行性（Non-self-excuting）条约的争论日益增加。前者是指不需要有特别立法措施，即可以在国内适用的条约，后者是指应当制定执行法律（履行立法），才可以在国内适用的条约。然而，根据韩国《宪法》上有关条约的规定，可将条约分为，获得国会同意的条约与无须获得国会同意的条约，从而决定其法律性质与效力既可以判断直接适用性，因此，上述争论不具有现实性实益。

4. 对条约的司法审查

当条约违反宪法时，根据宪法上位说的立场，条约可以成为司法审查的对象。因此，具有法律效力的条约，由宪法裁判所进行违宪审查，具有命令、规则效力的条约，由大法院做出最终违宪审查。

与在程序上、实质上合宪的真正合宪条约相比，在程序上、实质上违宪的条约，不具有国内法的效力。然而，对于程序上合宪，而在实质上违宪的条约而言，其在国际法上也许会有效，但在国内法上则应视为是违宪、无效的条约。同时，对于在程序上违宪，而在实质上合宪的条约而言，虽然其在国际法上也许是有效的，但在国内法上则应视为是违宪、无效的条约。

四、保障外国人的法律地位

就外国人的法律地位而言，各国宪法采取了相互主义或者平等主义。《宪法》第6条第2款规定了“外国人依照国际法及条约的规定，其地位得到保障”，即采取了相互主义。

第二编

宪法与政治制度

第一章　政治制度的一般理论

第一节　总论

一、政治制度论（统治机构论）的宪法坐标

统治的意思中包含了将国民视为支配对象的意思，统治机构论是基于统治这一概念形成的用语，因此，使用统治机构论这一用语来表述政治制度论的做法，不够妥当。当排除政治制度论时，宪法便会成为自由之学问。然而，缺少政治制度论的宪法学就像是失去了宪法本质要素的古典意义上宪法。很难想象没有政治制度论的宪法学。近代立宪主义宪法学以国民主权主义作为其理念、制度上基础。因此，政治制度应当符合国民主权主义。

二、韩国宪法上政治制度论（统治机构论）的规定体系

首先，韩国宪法以国会、政府、法院、宪法裁判所的顺序记叙了国家的权力结构。然而，将既是国家元首，又是执行府首班的总统排列于国会之后的做法，有些欠妥。韩国总统并非单纯行使行政权的首班，而是国家元首。因此，在宪法规定体系中，有必要在政治制度论部分优先安排总统相关规定。

其次，将《宪法》第5章法院部分原封不动地保留下来后，在第6章新设宪法裁判所的做法，阻碍了司法体系上相互整合关系的设定。

第二节 代议制度（国民代表制）

一、意义

代议制度通常表述为代表制、国民代表制、代议民主主义、议会制（度）、议会政治、议会民主主义等。代议制是国家意思的决定原理，也是政治组织原理。随着近代立宪主义原理的形成，身为主权者的国民在无法直接承担国政的现实下，代议制是由国民选出的议员代替国民组织国会（议会）的原理，也是赋予国会以国民正当性的原理。

二、国民代表与国民主权的实质化

（一）国民主权与人民主权

由身为主权者的国民直接承担所有国政是最为妥当的做法。这也代表了卢梭的直接民主主义理想。然而，现实中由国民直接承担所有国政是不可能的，因此代议民主制（纯粹代表制）便不可避免地占了上风。

（二）代表与国民

《宪法》第1条规定“大韩民国的主权属于国民，一切权力来自于国民”，因此代议制是源自宪法上国民主权主义的制度。

（三）国民主权的实质化——从纯粹代表到半代表

在代表民主主义之中，羁束委任禁止（自由委任）的法理获得普遍接受以后，只能通过国民直接参与国政来补充代表与主权者之间产生的断绝。

三、代议制的逻辑基础

（一）代议制的本质

代议制度是国民赋予代表机关以国民正当性的原理。议会应当基于国民之信任，具体化责任政治。应当保障民主的选举制度，即选举应当是自由、平等、普通、直接、秘密的选举。代表根据自由委任（羁束委任禁止）之原理，并以自己的责任行使意思决定。亦即，代表不采用羁束委任，即不受主权者的命令。代表应当是全体国民之代表，因此应当为国民全体之利益而行动，并对国民负责。议会应当是被赋予国民正当性的议员进行自由讨论的场所。应当根据民主主义的一般原则，即多数决原理来形成最终的意思决定，但是也要遵守尊重少数意见的原理。

（二）代议制的危机与病理

为实践代议制而确立的民主选举法制以及基于此的选举公正性，有时无法得到有效保障。随着政党国家化的倾向，代表正逐渐沦落为政党的代表。同时，行政国家化的倾向也导致了议会地位的下滑。

合议制度没能正常地发挥其应有作用，议会反而深化了对立与矛盾，正逐渐丧失着国民的信赖。特别是多数派导致了独善其身与独断行事。甚至出现了由少数政党领导者独占议会的现象。

（三）代议制危机的对策

1. 克服代议制危机

其一，应当将国民之间多样的利害关系引入议会之中，推进能够溶解此种利害关系的选举制度改革。不得不强调，应当向合理的方向确立比例代表制或者职能代表制。其二，应当通过政党的民主化，克服议会主义的危机。亦即，应当确立从国民参与开始的自下而上的政党民主主义。其三,一方面，通过具体化国民的知情权，拓宽当今信息社会下的国政参与和批判之路。另一方面，通过保障舆论调查结果的公正性与确定性，使得政治家能够聆听真正的国民之意。其四，应当积极实践使得地方住民自主决定的参与民主主义机制。有必要使得地方自治团体积极实践直接民主主义。

2. 克服合议制的病理

首先，应当采取方案限制依政党纪律进行国会表决的行为。通过确立自由投票制度（交叉投票制度），使得议员基于国家利益实施投票，而非基于政党领导者的利益实施投票。其次，有必要通过作为第三方机关的宪法裁判所来控制缺乏对话与妥协精神的合议制病理。最后，实现代表之自由委任法理的前提是代表应当对自身行为负责。因此，应当公开议员的意思与表决。

四、韩国宪法上代议制与半代表

基于《宪法》第 1 条的国民主权主义原理，保障了国民之选举权（《宪法》第 24 条）与公务担任权（《宪法》第 25 条）。同时，在第 40 条（立法权）、第 41 条（国会议员选举）、第 66 条第 4 款（行政权）、第 67 条（总统选举）等规定了代议制原理。此外，《宪法》通过规定对国家主要政策由总统行使国民投票附议权（《宪法》第 72 条）和确立修宪时必须进行国民投票的制度（《宪法》第

130 条第 2 款），完善了代议制原理。

第三节　权力分立主义

一、意义

权力分立是政治技术，是基于消极原理的理论。权力分立是基于如下假设确立的理论。即如果由相互独立的机关负责立法、行政、司法等国家功能将更能有效地实现国家作用和保障国民的基本权。权力分立的理论基础是代议制，权力分立的原理与代议制有着直接的关联。因此，在直接民主主义下，权力分立并非是必要之制度设计。例如，在实践直接民主主义的瑞士，权力分立理论并不具有特殊的意义。

历史上的权力分立理论和国民主权主义都是为了对抗绝对王权而确立的理论。因此，在美国独立战争时期和法国大革命时期，自然而然地提起了权力分立理论。通过相互分立的权力间形成共和与均衡，政治上权力分立理论起到为政治自由提供原动力的作用。权力分立理论成了预防代议制下议会等可能侵害国民之自由与权利的重要理论。

二、权力分立理论的确立

自从洛克在其《政府论》中提出权力分立理论以来，孟德斯鸠在其《论法的精神》中主张了国家的功能应当区分为立法、行政、司法等三权的理论。孟德斯鸠的权力分立理论被后世命名为“牵制与均衡理论”（Checks and Balances）。

三、近代立宪主义宪法中的权力分立

（一）作为政治性设计的权力分立

权力分立理论被确立为是一种政治技术，能够合理化国家事务的有效履行与尊重国民基本权的目标。

（二）作为自由民主主义权力分立之实践模型的政府形态

如何在宪法规范中确立权力分立原理以及如何在宪法现实中适用权力分立原理，取决于该国家追求的国家形态之基本原理。

（三）基于立法权与执行权之间关系的权力分立

基于不同权力之间关系的权力分立原理，可以区分不同类型的政府形态：立

法权与执行权独立成立并独立存续的严格意义上权力分立型（严格型）之美国总统制（硬性型）；立法权与执行权有着直接联系的议院内阁制模型（柔性型）。此外，作为折中型政府形态的半总统制（二元政府制）以新政府形态模型登上了历史舞台。在瑞士等较小的国家则采用了会议制形态的议会政府制（会议政体）。

四、现代权力分立的变化

（一）意义

议院内阁制下一并存在着权力分立和权力共和。即使是在总统制下，执行府与立法府之间也存在着最小限度的权力共和。

（二）对古典权力分立理论的批判

首先，现实中权力集中现象不断地强化，然而，并未导致自由主义宪治体制的崩塌。其次，一方面，权力分立理论无法完全符合现今的政治现实，因此其价值与力量正在逐渐丧失。另一方面，通过不断加深对权力分立理论的信赖，来强调权力分立理论的有用性。在上述两种矛盾共存的情况下，有必要通过合理的方法来调和上述矛盾。

（三）现代政治权力的确立

由国家元首、政府以及行政机关承担的行政、指挥功能与由议会承担的控制、审议功能之间的权力得以分立。同时，从过去单一的水平权力分立延伸到实施地方自治的垂直权力分立。

（四）权力均衡的崩溃

权力分立理论以追求立法府与执行府之间的均衡为其客观原理。虽然立法府与执行府之间的均衡还没有完全丧失，但是其权力均衡仍处在不断退化的阶段。这些变化并非基于制度层面上的设计，而是基于政治考量的变化，因此，古典权力分立理论的本质正在受到前所未有的冲击。在权力均衡理论不断退化的现今，基于权力分立理论的民主主义体制却通过地方自治、司法权独立、个人自由与权利的保障、反对的自由，得到了巩固。

五、大韩民国宪法与权力分立

（一）大韩民国宪法史上模糊的权力结构模式

1. 制宪宪法上权力结构的二元性质

制宪宪法采纳了二元性质的权力结构。国会采取任期为四年的一院制，总统与副总统由国会以间接选举的方式选出。国务院是合议制机关，由身为议长的总统与身为副议长的国务总理以及国务委员组成，当总统有故时，第一顺序权限代行者是副总统，但副总统不属于国务院的组成人员。国务总理由总统任命，并且需要获得国会的承认，当产生新一届国会时，还需再次承认国务总理的任命。此种国务总理制度具有议院内阁制性质。

1952 年基于折中政府的总统直选制修宪案和在野党的国务院不信任修宪案，表决通过了“萃取修宪案”。1954 年基于所谓的“四舍五入修宪”删除了对第一任总统的连任限制规定，废除了国务总理制度。

2. 第二共和国时期权力分立的柔性模式：议院内阁制宪法

基于古典议院内阁制原理，国会采用了两院制。为了实施违宪法律审判，设立了宪法裁判所。通过采纳大法院院长和大法官的选举制度，为权力的民主化和正当性确保，提供了基本框架。

3. 第三共和国时期权力分立的硬性模式：总统制宪法

权力结构上采用总统中心制结构（总统直接选举制），国会采取一院制，赋予大法院违宪法律审判权。通过设置国务总理制度与国务总理、国务委员解任建议制度，体现了议院内阁制要素。

4. 第四共和国、第五共和国时期执行府上位的新总统制

任期为六年的总统，由统一主体国民会议大议员的间接选举产生。国会的三分之一其实是由总统指定的维新政友会议员组成，因此总统不仅掌握了行政府还掌握了立法府。经第 8 次宪法修订，于 1980 年 10 月 22 日通过的第五共和国宪法规定了禁止连任的七年单一任期总统，总统由选举人团间接选举。最终于 1987 年经过执政党和在野党的合议，通过了第六共和国的总统直选制宪法。

（二）现行宪法规范的实践性解释与适用的必要性

就韩国宪法史上权力结构而言，除了在第二共和国时期采用议院内阁制以外，基本上采用了总统制。然而，自制宪宪法以来始终在宪法中保留了部分议院内阁制要素，因此可以认为韩国宪法上权力结构是具有二元政府制可能性的权力结构。虽然存在这种可能性，但宪治的实际却是总统中心制。

现行宪法采用了总统直选制，因此可以说韩国是实行总统制的国家。但与此同时，韩国宪法通过采纳国务总理制，国务总理、国务委员解任建议制等，多少弱化了总统制。如此来看，韩国的宪法吸收了接近于半总统制（二元政府制）的要素。兼有总统制和议会制特点的双重民主正当性宪治体制下，权力正当性的位阶应当由国民来做出最后的选择。

第四节 政府形态论

第一项 政府形态论的概念以及地位

一、宪治体制（统治秩序的形态）和政府形态

政府形态是国家的统治秩序形态。政府形态这一用语既可以用来指代该国家的宪治体制，也可以在更加一般的意义上看作是总统制、议院内阁制（议会制）、半总统制（二元政府制）等有关执行权与立法权之间关系的问题。

二、政府形态论的地位

（一）宪治体制论和政府形态论

“政府形态”是指权力分立原理的组织、结构性实现形态。就政府形态论而言，广义上是指包括全部政治制度的宪治体制。狭义上是指以立法府与行政府之关系为中心的问题。最狭义上可以理解为是有关行政府之组织与构成的问题。一般有关政府形态的讨论主要是指狭义的政府形态论，即以行政府与立法府之间关系为中心展开讨论。

（二）政府形态论及其讨论的前提

就政府形态的概念而言，有必要设定如下前提。第一，有关政府形态的讨论应以民主主义的宪治体制（国家形态、政治形态、政治体制）作为前提。第二，政府形态的中心问题仍然是立法府与行政府之关系。

第二项 议院内阁制

一、意义

历史上议院内阁制，经历了从绝对君主制发展到限制君主制，再由二元的议院内阁制，即奥尔良（Orléans）式议院内阁制后，最终扎根在了当今古典的议院内阁制或一元的议院内阁制。

二、议院内阁制的基本原理

（一）柔性权力分立

议院内阁制下权力机关相互之间并未采取严格的分立，在该制度下允许机关层面和功能层面上的共和，因此议员内阁制下权力分立并非严格型分立，而是柔性分立。

（二）代议制

代议制理论之所以能够在议院内阁制中存续，是因为代议制理论为议院内阁制提供了议会主权的正当性。采纳议院内阁制原理的宪法中，采用了强制委任禁止（自由委任）的法理。

（三）议院内阁制的基准

均衡理论立足于两个基本原理，即执行权与立法权的均衡以及执行权与立法权的共和。另外，称为政治责任理论的议院内阁制之基本要求是议会面前存在负担政治责任的政府。

三、议院内阁制的权力结构

（一）议院内阁制的类型

1. 大陆式、古典议院内阁制

大陆式、古典议院内阁制是指法国第三、第四共和国的议院内阁制。但是在多党制下，由于议会过度行使对政府不信任权，因而联合政府变得异常脆弱，使得政府处于持续不稳定状态，最终形成了强议会、弱政府的局面。

2. 英国式责任内阁制

英国式责任内阁制的发展过程中，随着一元议院内阁制的确立，作为国家元首的国王统而不治，处在名义上、礼仪上的地位。英国采纳了基于相对多数代表制的选举制度和其特有的两党制。因此，在英国的责任内阁制下，能够组成强势的政府。若想在形成规律的英国两党制下，挑战身为多数党党首的首相是难以想象的事情。因此，英国式责任内阁制常常被评价为首相政府制、首相独裁制，表现为强政府、弱议会的局面。

但是在 2010 年和 2017 年英国的议会选举中，却发生了第一大党没能赢得下议院绝对过半数席位的情况（Hung Parliament）。最终，第一大党通过与少数政党协商成立了联合政府。

3. 议院内阁制的合理化

为了解除古典议院内阁制下政府的不稳定性，议院内阁制的合理化方案纳入到了宪法框架内。特别是德国的建设性不信任投票制度被评价为是合理化议院内阁制的代表性宪法装置。建设性不信任投票制度是指下一届首相未经联邦议会在籍议员过半数的赞成而选任前，联邦议会不得对现任政府（内阁）提出不信任的制度，是预防政局不稳定的德国式议院内阁制特有制度（《德国基本法》第 67 条）。该制度使得德国在多党制的议院内阁制情况下，也能维持相对稳定的政府。这与至今还处在持续不稳定状态的意大利政府形成了对比。

（二）执行府的结构：形式二元化和实质一元化

在议院内阁制下，执行府的结构呈二元化趋势。即身为国家元首的国王或者总统停留在象征性、名义性、礼仪性的地位，而执行府的实质权限则存在于以首相为中心的政府。换言之，执行权处于形式上的二元化状态，实质上的政府一元化状态。

（三）政府与议会的权力共和：成立与存续的相互联系

议院内阁制是通过制度性装置，即政府与议会可以相互介入对方的成立与存续，最终明确政治责任的所在，从而达到权力共和的制度。政府由议会的多数派组织。议会通过提出对政府不信任同意案控制政府。这种控制在议院内阁制中体现了责任政治。政府的议会解散权是政府能够采取手段的均衡轴。

四、议院内阁制的现实运行－政党、多数派、选举制度的联系

（一）选举制度与议院内阁制

英国式一回制相对多数代表制必然不利于少数政党。德国式混合代表制度（不真正比例代表制度）或者比例代表制为少数政党提供了存续的基础，由于少数派能够入围议会，因此可以将德国模式归结为多党制。同时，杜瓦杰（Maurice Duverger）在《政党论》中主张，采取两回制多数代表制有可能导致多党制下的两极化（实质上两党制）现象，瑞克（Riker）将其命名为“Maurice Duverger 法则”。

（二）政党制度与议院内阁制

在欧洲的议院内阁制下，国民所期盼的是不偏向于任何极端的、均衡保守与进步的制度。通过确立英国的保守党、劳动党体制，德国的居中偏右政党与社会民主党体制，该国促成了政治安定局面。然而，传统以居中右派和居中左派运行宪治的模式，在当今极左派的衰退、极右派的跃进、居中统合论的兴起背景下，正在推进新政治地貌的形成。

第三项　总统制

一、意义

世界各国宪法曾一度采纳总统制的政府形态，大体上以失败告终。历史上总统制得以维持其命脉的国家是美国。由此，在没有特别说明的情况下，总统制一般是指美国式的总统制。总统制以严格型权力分立为其特征，在这里还可以追加总统制的独自性与优越性。

二、美国式总统制的规范与现实

（一）基本原理

总统制以1787年以来形成的美国式模型为基本模式，总统制在发展变化过程中形成了总统主义制、半总统制等的变形模式。总统制的基本要素包括：执行府的一元性；总统直选制；执行府与立法府的相互独立性等。

（二）总统的地位和权限

总统既是国家元首，又是政府首脑，因此总统不仅行使宪法赋予的权限，还可以行使其他的概括性权限。然而，在宪法上有关总统的权限，不仅有不明确的情况存在，还存着与议会共有其权限的情况。例如，总统任命主要公职人员时，需要得到上院的承认。

（三）联邦议会的地位和权限

联邦议会由包括上院与下院的两院制议会构成。在下院中，议长、交涉团体代表以及21个委员会委员长发挥着重要作用。任期为2年的下院议员，通过一回制多数代表制基于人口比例选出。下院享有几乎与上院同等的权限，采取平等两院制，并具有针对总统的弹劾追诉权。自1913年以来，上院由任期为6年的直选议员组成。副总统兼任上院议长。上院的权限大体上与下院类似，尤其是对于条约的批准，需要有三分之二以上上院议员的同意，并具有针对总统的弹劾审判权。

（四）总统与议会的关系

虽然总统与议会之间不得不保持和谐关系，但实际上总统与议会多数派很难形成完全一致的意思。因为要在总统的任期内实施两年任期的下院议员选举，并且上院的议员每两年需改选三分之一。

（五）联邦司法权

联邦法院由 94 个地方法院、13 个上诉法院、最高法院构成。由 9 名终身制法官组成的联邦最高法院是美国法院的象征。

三、美国式总统制在法国第五共和国中的变化

（一）宪治体制的基础：议院内阁制与总统制的融合

为了合理化议院内阁制，1958 年法国第五共和国宪法为先前议会主权原理带来了根本性变化。特别是在 1962 年进行总统直选制修宪以后，将法国模式认知为新型政府形态的认识得到了扩散。

（二）总统主义制的倾向与同居政府

总统主义制可以说是自由民主主义宪治体制下，权力不均衡的一种形态。特别是在 1986—1988 年、1993—1995 年、1997—2002 年出现的同居政府时期以外，从宪治实际上看，法国宪治体制更加倾向于总统制，即比起议会，权力更倾向于以直选制总统为中心的政府。同时，在 2000 年 9 月通过对宪法修正案实施国民投票后，总统任期缩短至 5 年，与国民议会议员的任期相同，因此可以预想到总统主义制倾向的强化。

然而，法国于 2008 年 7 月完成了第五共和国宪法史上最大规模的宪法修订，进一步明确了总统与首相之间的权限关系，试图通过强化议会的权限，寻找新的制度平衡。

第四项　二元政府制（半总统制）

一、意义

折中型政府形态是议院内阁制与美国式总统制的中间模式概念。然而，这种折中型政府形态不是一般意义上的单纯的折中型政府形态，而是要确立作为新政府形态模式的二元政府制（半总统制）。因此，有关确立二元政府制的争论仍在持续着。

二、作为独立第三政府形态的二元政府制

（一）基于折中型政府形态的二元政府制之确立

传统议会制经历合理化后，执行权得到了强化、总统获得了实质权限，脱离

古典议会制框架的宪法规范与宪治实际逐渐浮出水面。基于此，1970 年杜瓦杰（Maurice Duverger）在其宪法教科书中首次提出了半总统制（二元政府制）的理论体系，随后法国世界报（Le Monde）也接受了这一用例。

（二）宪法规范上二元政府制的范畴

这一部分的论述，应当以二元政府制可以视为独立第三政府形态作为讨论的前提展开论述。以宪法规范为中心，将两个极端的制度，即总统制与议院内阁制划分在如下图的两端，两端之间划出八个等份，得出图 1。

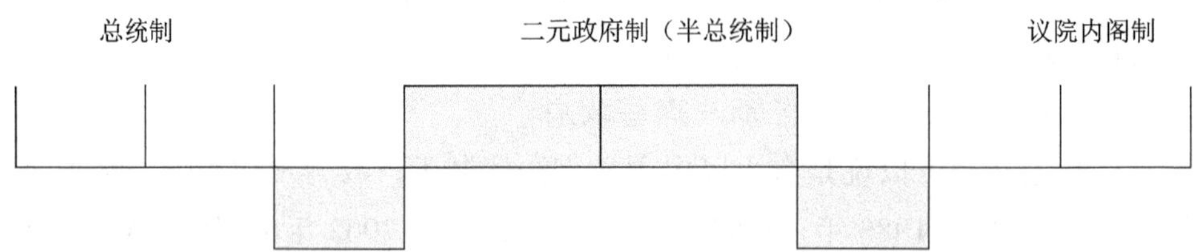

图 1　各类政府形态的区分界限

其一，当拥有八分之六以上的总统制要素时，应当将该国政府形态视为总统制。即使宪法规范中包含议院内阁制要素或者二元政府制要素内容，也很难将该国宪治运行为议院内阁制或者二元政府制。其二，同样，当拥有八分之六以上的议院内阁制要素时，应当将该国政府形态视为议院内阁制。即使宪法规范中包含总统制要素或者二元政府制要素内容，也很难将该国宪治运行为总统制或者二元政府制。其三，当拥有八分之五以上至八分之六以下的总统制要素时，很难将该国政府形态视为单纯的总统制，因此应视为是总统制中加入议院内阁制要素的折中型政府形态。此时，既可以运行总统制，也可以运行二元政府制。其四，当拥有八分之五以上至八分之六以下的议员政府制要素时，很难将该国政府形态视为单纯的议员政府制，因此应视为是议院内阁制中加入总统制要素的折中型政府形态。此时，既可以运行议院内阁制，也可以运行二元政府制。其五，当拥有八分之三以上至八分之五以下的总统制要素，或者拥有八分之三以上至八分之五以下的议院内阁制要素时，很难将该国政府形态命名为总统制中加入议院内阁制要素的折中型政府形态，或者议院内阁制中加入总统制要素的折中型政府形态。因此，应当将其分类为独立第三政府形态，即二元政府制。

（三）二元政府制的本质要素

首先，二元政府制下的执行权由总统和首相分占，不同于总统制下执行权属于总统的情形。其次，通过国民的普通选举，事实上直接选举总统。在二元政府制下，存在着总统与议会两个国民正当性的砥柱。最后，政府对议会负有政治责任，这便是议会的政府不信任权的制度化表象。总之，二元政府制的本质要素可以概括为：①执行府的实质二元化（两头制）；②总统的事实上直选制；③议会的政府不信任权。

三、比较宪法上二元政府制的审视

杜瓦杰（Maurice Duverger）认为半总统制宪法模式包括魏玛共和国（1919—1933年），芬兰（1919年以后），奥地利（1929年以后），爱尔兰（1937年以后），冰岛（1945年以后），法国（1962年以后），葡萄牙（1976年以后）之宪法。

（一）宪法规范上总统的地位与权限

从宪法规范上观察总统之权限，并按照其权限的强度可以看出如下情景，即统治者（冰岛、芬兰）→调整者以上（魏玛、奥地利、葡萄牙）→调整者（法国）→调整者以下（爱尔兰）。

（二）宪法现实上总统的地位与权限

从宪治实际去观察总统之权限，并就其权限进行比较宪法之考察时，按照其地位的强度可以发现如下现象，即法国（议会的多数派与总统，相一致的情况）→芬兰→魏玛→葡萄牙、法国（同居政府）→奥地利→冰岛→爱尔兰。

（三）总统与议会的关系

当存在议会多数派时，将呈现三种不相同的政治状况。第一，当议会多数派与总统属于同一政治势力时，或者当议会多数派把总统视为是其领导者时，可与英国式内阁责任制比肩。在这种情况下，总统既享有首相的实质性权限，又享有国王的象征性权限。第二，当总统与议会多数派相异时，总统将受困于宪法上赋予的权限之中。得到议会多数派支持的首相，将升格为执行府的真正首长。第三，当总统与议会多数派确属同一党派，但其多数派不视总统为其领导者时，总统只能迎合议会多数派或其领导者所追求的方向而行使权限。这便意味着总统已沦落为弱势地位。相反，当不存在议会多数派时，将形成类似非多数议会制的现象。在此种情况下，总统的稳定将难以保障政府之稳定。

四、评价与前景

权力中心的所在，只能取决于由国民选出的总统与议会，即两个国民正当性中，国民在现实中倾向于何方。根据选举结果，不仅可以明确主权意思的方向，还可以体现责任政治。

第五项　韩国宪法上政府形态与二元政府制（半总统制）的可能性

一、意义

在有关二元政府制的讨论之中，就其称谓而言，有二元执政府制、半总统制、准总统制、混合政体等称谓，并且就其概念而言，呈现出因学者而异之势。甚至有学者认为二元政府制不是自由民主主义的政府形态，而是权威主义的政府形态。

二、从韩国宪法学界的观点上看二元政府制

（一）二元政府制的概念以及本质

二元政府制的本质要素包括：①执行府的实质二元化（两头制）；②总统的事实上直选制；③议会的政府不信任权。

（二）二元政府制在韩国的评价

韩国有关二元政府制的正式讨论始于 1980 年。韩国国内学界对二元政府制的否定性评价沿用了 1980 年的结论。即目前的否定评价是结合 1980 年时代背景而得出的结论。在当时，在野党批判执政党想通过二元执政府制延长该政党的执政期间。

三、现行宪法上政府形态与二元政府制的实现可能性

（一）针对现行宪法权力结构深入审视的必要性

在总统制、议院内阁制、二元政府制（半总统制）的政府形态之中，现行宪法能够共有的内容包括：①国会具有国政调查权；②国会具有预算审议与确定权；③国会具有弹劾追诉权。

现行宪法中，美国式总统制的要素包括：①总统既是国家元首，又居于行政权之首。②美国总统是事实上的直选，而韩国总统则是名实相符的直选。③总统具有法律案否决权。就不同之处而言，①不设置副总统制度。②总统具有法律案提出权。③设有国务总理制度。④国会具有对国务总理与国务委员的解任建议权

（见表5）。

表5 美国的总统制与韩国总统制的比较

比较事项	韩国	美国
任期	5年、单任制	4年、连任两届
是否认可法律案否决权	认可（只认可退还否决）	认可（包括退还否决和保留否决）
行政府的法律案提出权	认可	否认
总统权限代行的顺序	（1）国务总理；（2）国务委员	（1）副总统；（2）下院议长
是否认可国政监查、调查权	都认可	只认可国政调查权
弹劾追诉程序	国会实施弹劾追诉，宪法裁判所进行弹劾审判	下院实施弹劾追诉；上院进行弹劾审判（审判长为联邦最高法院院长）
认可否决权的时限	移送至政府后的15日内	移送至政府后的10日内

现行宪法中，德国式议院内阁制的要素包括：①国家元首是总统。②国会议员与内阁成员之间可以兼职。③国务总理解任建议权制度与不信任制度类似。就不同之处而言，①总统不是象征性的存在，而是掌握了行政实权的存在。②国务总理是行政府之第二位阶人物。③政府不可以解散议会。

现行宪法中，法国第五共和国之二元政府制（半总统制）的要素包括：①总统由国民直接选举。②总统任命首相，并主持国务会议。③总统享有非常大权。④总统具有国民投票附议权。⑤总统是国军统帅权者。⑥国会的国务总理解任建议权与不信任同意权类似。就不同之处而言，①政府不具有国会解散权。②以国务总理为中心的政府，没能掌握行政的实权。

（二）将现行宪法规范理解或解释为二元政府制的可能性

首先，由于采用了总统直选制，因此总统具有很强的国民正当性。没有设置副总统制度，而是设置了国务总理制度，并且当总统有故时，其权限代行以及继任者选举类似于法国。其次，对有关是否存在政府不信任权的问题，仍有歧义。然而，对“国务总理、国务委员解任建议权是议院内阁制性质的政治责任追究制度”的问题没有异见。

（三）宪法规范与宪法现实的融合：随着联合政府与政权交替的现实化而产生的反响

1. 宪法上政权交替与二元政府制

韩国宪法史中，真正意义上的和平政权交替体现在1997年、2007年、2017年的总统选举中。然而，这只不过是在执政党占少数、在野党占多数的情况下，所体现的小规模政权交替。

2. 总统与作为同一政党的国会多数派的一致：总统主义制

三党合并以后的卢泰愚政府、金泳三政府、李明博政府、朴槿惠政府的前期、文在寅政府的后期得到了国会多数派稳定的支持，因此构筑了稳定的政治局面。

3. 总统与复数政党之国会多数派的一致：二元政府制的运行可能性

金大中政府在执政初期出现了执政党占少数、在野党占多数的情况，因此不得不与作为自民联总裁的金钟泌进行联合。这一联合意味着执行权的两头制，亦即可以看作是二元政府制的试验期。

4. 总统与国会多数派的不一致：二元政府制的现实化

当总统在任期间实施国会议员总选举时，在单一的在野党获得国会过半数席位的情形下，会提高实现二元政府制的可能性。此时，可以提出权力分占论或者权力分散论，分担总统与总理之间的权责。

（四）小结

得到由单一政党形成的国会多数派之支持，即总统占优势的总统主义制——金泳三总统执政时期（1993—1997年），卢武铉总统执政后期（2004—2008年），李明博总统执政时期（2008—2013年），朴槿惠总统执政前期（2013—2016年），文在寅总统执政后期（2020至今）。虽然得到了由单一政党形成的国会多数派之支持，但却不断受到执政党内部之牵制的总统制——卢泰愚总统执政时期（1989—1992年）。虽然得到了由不同性质的两党所形成的国会多数派之支持，却要适用联合政府下的共同政府之体制，即总统占优势的二元政府制——金大中总统执政的前半时期（1998—1999年）。总统在任期间，单一在野党得到议会多数席位时，总统与国会多数派的不一致（假设）——总统与国会多数派之间的非妥协性矛盾得到实现时，法国同居政府所沿用的权力分占论将得到实现。

四、议院内阁制修宪与二元政府制性质的两头制之运行可能性

（一）组织联合政府：议院内阁制宪法下的两头制宪法现实

在韩国的国情下，如果组织联合政府，那么联合政府的第一党代表很可能就任为国务总理，而第二党代表将就任为总统。此时，宪法规范将采纳议院内阁制，然而，宪法现实却会呈现两头制。

（二）单一政党的执政：议院内阁制宪法下两头制运行的不透明性

并非由联合政府，而是由单一政党执政时，宪法现实很可能会呈现出议院内

阁制的政府形态。然而，如果将执政党内部的政治上第二位阶人物选为总统，那么很可能会发生类似于第二共和国的政治局面。

五、评价与前景

纵观韩国宪法规范与宪法现实，在未做出纯美国式总统制的修宪前，当发生执政党的国会议席少于在野党的国会议席时，完全有可能运行二元政府制模式。

第二章　国会

第一节　议会主义（议会制）

一、意义

议会主义（议会制）是指由作为主权之正当性源泉的国民选出议员，由议员组成的议会作为合议机关成为国家意思决定之原动力的政治原理（政治方式）。议会主义的用语，常与议院内阁制、议会民主主义等混用。

二、沿革与发展

（一）等族会议

自 12 世纪以后，在欧洲不仅是贵族、僧侣，市民阶级的代表也可以参与的等族会议得到了一般化。等族会议又称三级会议（États généraux）或者身份议会。

（二）近代议会制的成立与近代市民革命

“国王逐渐没落的命运，即是英国民主主义的发达史。”誉为民主主义之故乡的英国，就其议会制度的发展过程而言，经过模范议会，在 14 世纪就已经具备了两院制的形态，通过 1688 年的光荣革命，开始确立了相对于国王的议会上位制度。18 世纪末，随着震惊世纪的美国独立革命和法国大革命的爆发，近代立宪主义和近代议会制得以正式确立。

三、议会主义的本质（基本原理）

根据代议制度的原理，议会是国民代表机关，议会主义是赋予议会以国民正当性的原理。议会基于国民的信任，应当具体化责任政治。议会根据自由委任的原理，进行公开、开放的讨论后，依照多数决原理，作出最终意思决定。但在此过程中也要坚守尊重少数派的原理。

四、议会主义的弊病与改善

（一）议会主义的危机

议会主义的危机现象包括政党国家化倾向对古典国民代表原理带来的危机和行政国家化倾向导致执行府愈发强大的现象。同时，议会内的对立和矛盾以及基于此的多数派专断阻碍了政治合议下国民共识的形成。

（二）对议会主义危机的对策

首先，政党在议会中，占有中心地位，因此应当实现政党的民主化。其次，有必要推广参与民主主义。其三，通过提高透明度，公开议会的讨论与合议过程，从而吸纳国民之批判。最后，通过提高议会的专业性，纠正依赖于行政府处理议案的问题。

五、大韩民国宪法与议会主义

韩国《宪法》为了强化国会地位，将国会（第3章）规定在了政府（第4章）之前。然而，宪法现实中的议会主义一般性问题仍未得到解决。为了完善议会主义，《宪法》第72条规定了有关国家重要政策的总统之国民投票附议权，并在《宪法》第130条第2款规定了修宪时必须进行国民投票的措施（半代表原理的制度化）。

第二节　议会的组织与构成

一、意义

议会的构成原理由称为一院制和两院制的两种制度模式发展形成（见表6）。

表6　各国议会制度的比较

议会构成和任期	美国	英国	日本	德国	法国	俄罗斯	中国
构成	上院100名 下院435名	上院678名 下院646名	参议院248名 众议院480名	上院69名 下院603名	上院348名 下院577名	上院178名 下院450名	全国人大代表2953名
任期	上院6年 下院2年	下院5年	参议院6年 众议院4年	下院4年	上院6年 下院5年	上院2年 下院4年	5年

二、一院制与两院制的制度评价

（一）两院制

1. 两院制的意义

两院制是议会虽然由两个相互独立的合议体构成，却要将两个合议体的一致意思表示视为是议会意思的一种议会构成原理。

2. 两院制的类型

下院必须是由国民的普通、平等、直接、秘密选举而选出的议员构成。上院的构成有如下几类：①身份型（保守型，英国）；②联邦型（美国、德国、瑞士）；③地域代表型（参议院型，日本、韩国第二共和国）；④职能代表型（爱尔兰）等。

3. 两院的相互关系

两院的相互关系可以区分为，均衡型（美国、法国第五共和国、瑞士）与不均衡型（英国、法国第四共和国）。就两院的运行原则而言，相互之间存在着组织独立的原则、议决独立的原则、意思一致的原则、同时行动的原则。

（二）一院制

一院制又称单院制，是指议会仅由通过国民的普通、平等、直接、秘密、自由选举而产生的议员所构成。

（三）制度价值：优点和缺点

两院制的优点，既是单院制的缺点，包括如下内容：①通过议案处理上的慎重行事，可以防止单院制的轻率与激进性；②就议会构成而言，适用了权力分立原理，因此可以防止多数议员的专横；③当两院之中的一院与政府发生冲突时，另一院可以进行仲裁；④根据上院的性质，不仅可以反映联邦国家的性质，还可以引用地域代表、职能代表的原理。

两院制的缺点，既是单院制的优点，包括如下内容：①由于两院之间的意思不一致，而导致迟延处理议案；②由于运行两个议院，而导致国家预算支出的增大；③当两院之间存在矛盾时，议会的责任将变得不透明；④当议会分裂时，议会对政府的牵制力将被弱化；⑤由于上院的保守化倾向，可能扭曲国民之意思；⑥当两院的支撑基础不相同时，可能导致上院的保守反动；⑦地方代表与地域代表、职能代表可能会歪曲全体国民之意思等。

三、在宪法上导入两院制度的适时性与合理的两院制模式

（一）意义和沿革

1952 年第一次修宪时，虽然采纳了两院制，但未得到实施。1960 年第二共和国宪法时期，实施了唯一一次的两院制。

（二）防止国会发生所谓的“专断处理”问题以及两院制的采纳

单院制下即使受到“专断处理”问题的批判，多数派或者政府仍会获得议案之通过的成果。然而，在两院制的情况下，根据议决独立原则和议事一致原则，同一内容的议案必须一致通过两院。就达成防止“专断处理”问题的目的而言，两院制实属优选之制度。

（三）南北统一以及两院制的采纳

南北统一后，为了克服南北之间存在的差异，有必要采纳两院制。为了最小化已经存在的矛盾，不能以单纯的人口比例确定上院人数，有必要采纳考虑南北之特殊性的上院制度。当统一国家采纳联邦制时，应当确立联邦型上院。即使统一后的国家是单一制国家，也应当引入具有南北之地域代表性和元老院性质的上院。

第三节　国会的宪法地位

一、意义

国会是代为反映主权意思的机关。国会行使作为其本源权限的立法权，产出法律。该法律表达了主权者的一般意思。然而，随着现代行政国家化倾向，国会的作用更倾向于表现为对政府的控制、牵制权。

二、作为主权意思之代表机关的国会

（一）从国民主权到议会主权

韩国《宪法》第 1 条规定，“大韩民国的主权属于国民，一切权力来自于国民”，明示了国民主权原理。国会作为国民代表机关的地位源自国民主权主义下代议制理念的具体化。基于这一精神史上的基础，国民主权与议会主权建立了紧密联系。

（二）议会主权的终结

自进入 20 世纪以来政党成了宪法所保护的团体，由于国会议员误用自由委任（羁束委任禁止）的法理，导致了政党国家化现象，即国会议员跟随政党的指挥、控制的现象。这一现象诱发了针对议会制度的怀疑，对国会的国民代表机关性带来了深刻的挑战。

此外，为了克服代议制（间接民主制）的矛盾，引入了直接民主制要素，这一做法导致半代表原理得以确立成宪法制度。自进入 21 世纪的网络时代，网络作为非制度性的直接代议制影响着国家的运行。这一做法是半代表原理的非制度性表现形式，将来很有可能转化为正式的法律制度。

三、作为立法机关的国会

（一）法律主权的终结

过去的议院内阁制国家通过结合代议制逻辑，曾经得出过国民主权 = 议会主权的等式。同时，基于议会的意思通过立法得以具体化，得出了议会主权 = 法律主权的等式。然而，为了体现宪法的最高规范性，对法律实施了司法审查，议会主权与法律主权的时代事实上已宣告终结。

（二）立法权

1. 原则 – 形式意义上的立法

立法是由议会制定的法规范，原则上是指形式意义上的法律。因此，《宪法》第 40 条（“立法权属于国会”）的立法，意味着形式意义上的法律（形式立法说）。原则上，国会单独行使立法权（国会单独立法的原则），立法权由国会独占（国会独占立法的原则）。

2. 例外

在国会单独立法的原则与国会独占立法的原则之中，存在着例外情形。根据《宪法》，总统通过行使法律案提出权（《宪法》第 52 条），法律案公布权（《宪法》第 53 条第 1 款），法律案否决权（《宪法》第 53 条第 2 款）等参与到立法过程。同时，总统发布的紧急命令以及紧急财政经济命令是实质意义上的立法。还有，如下权限虽然是法律的下位规范，但也具有实质意义上的法律确立作用，即行政府的行政立法权（《宪法》第 75 条、第 95 条），宪法机关的规则制定权（《宪法》第 64 条第 1 款、第 113 条第 2 款、第 108 条、第 114 条第 6 款），地方自治团体的自治立法权（《宪法》第 117 条第 1 款）。

（三）国会立法权的萎缩

在当今多元化社会中，国家功能呈现出复合型扩大趋势。然而，国会却由于缺乏专业性立法能力，只得同意行政府所制定的立法案，仅履行了程序性功能。因此，国会被批判为是“通法府”，认为仅是审查立法议案的程序性机关。

四、国政控制机关

（一）与政府的关系

根据《宪法》，国会的对政府控制权主要包括如下内容，即国务总理任命同意权，国务总理、国务委员解任建议权，国会出席要求、质问权等。除了上述重要权限以外，还有国政监查、调查权，弹劾追诉议决权，紧急命令以及紧急财政经济命令承认权，戒严解除要求权，主要公职人员任命同意权、人事听证权，以及有关预算的权限等。

（二）与司法府的关系

司法府作为由立法、行政、司法构成的国家权力结构中的一支，其成立和存续并未与国民正当性形成直接联系。因此，不得不由具有国民正当性的国会和政府介入司法府的成立过程。国会可以行使如下权限，对大法院院长、大法官、宪法裁判所所长的任命同意权，选出 3 名宪法裁判官的权限，有关设置、组织法院和宪法裁判所的法律制定权。同时，就司法府的运行而言，国会可以通过预算案的审议、确定权和国政调查、监查权施加一定的控制。然而，由于宪法裁判所可以对法律进行司法裁决，因此不可避免地形成了国会与宪法裁判所之间的紧张关系。

第四节　国会的会议运行与议事原则

一、意义

《宪法》《国会法》、国会规则等详细规定了有关国会的会议运行与议事原则。

二、国会的会期与会议

（一）国会的会期：定期会议、临时会议、特别会议

通过国会议员总选举而组织起来的国会议员，自其任期开始以后到任期结束

的期间是议会期，又称立法期。会期是指在议会期之内，国会能够进行活动的一定期间。国会定期会议的会期是100日，临时会议的会期不得超过30日（《宪法》第47条第2款）。国会的定期会议，依照法律规定每年举行一次（《宪法》第47条第1款）。根据《国会法》的规定，每年9月1日为集会日，如果9月1日为公休日，那么就在次日举行（《宪法》第4条）。

临时会议是依照总统或者国会在籍议员四分之一以上之请求而举行（《宪法》第47条第1款）。当总统要求召开临时会议时，应明示期间和要求召集的理由（《宪法》第47条第3款）。进行国会议员总选举之后，首次临时会议在国会议员任期开始之后的7日内召集（《国会法》第5条第3款）。特别会议是指国会解散以后，由新选任的国会议员召集的集会。由于现行宪法上没有国会解散制度，因此没有与此相关的规定（见表7）。

表7　国会与地方议会的比较

比较事项	国会	地方议会 （具体参见第二篇第三章第三节）
集会总类	1次定期会议和临时会议	2次定例会议和临时会议
临时会议的召集权人	总统或者在籍议员四分之一以上	地方自治团体之首长或者在籍议员三分之一以上
年度会期的总天数	无规定	定例会议、临时会议的总天数，由地方自治团体的条例规定
如何提出针对议长、副议长的不信任	无规定	能够行使不信任议决（在籍四分之一以上的提议，在籍过半数的同意）
议事定足数	需有在籍议员五分之一以上出席	需有在籍议员三分之一以上出席
议决定足数	需有在籍过半数出席和获得出席过半数的同意	同国会规定
议案提出的要件	需有议员10人以上的同意	需有在籍议员五分之一以上或者10人以上的同意

（二）休会、闭会

休会是指在国会的会期中，通过国会的议决，规定一定期间内中止活动的情形（《国会法》第8条第1款）。“即使是在国会休会期间，如果总统有要求时，议长认可确有紧急的必要性或者有在籍议员四分之一以上的要求时，须继开国会的会议（正式会议）”（《国会法》第8条第2款）。闭会是指由于会期的终了，国会中止活动的情形。

（三）开议、流会、散会

当有在籍议员五分之一以上的出席时，开始举行正式会议（开议）(《国会法》第 73 条第 1 款)。根据第 72 条的规定，自开议那一刻起到经过一小时的期间内，未能满足第一款之定足数时，议长可以宣布流会（《国会法》第 73 条第 2 款）。会议过程中，出现不足第一款之定足数时，由议长宣布会议的中止或者散会。当提上议事日程的案件得到处理时，议长宣布散会（《国会法》第 74 条第 1 款）。

（四）国会议员的任期开始、临时会议、议院构成

1. 任期开始后 7 日内的集会

“进行国会议员总选举之后，首次临时会议在国会议员任期开始之后的 7 日内召集，当首次选出的议长之任期结束，其任期的结束发生在闭会期间时，最晚应当在其结束任期之前的 5 日内召集”（《国会法》第 5 条第 3 款）。

2. 国会议院构成与议长职务代行的权限

根据《国会法》，在结束国会议员总选举后，选举最初的议长与副议长前，先由“出席议员中历次选举中当选次数最多的议员代行，当当选次数最多的议员为两人以上时，由年长者代行议长的职务”（《国会法》第 18 条第 1 款）。

三、国会的议事原则

就国会的议事而言，为了确保民主正当性，应当相互调和程序正当性的原则与议事过程中的效率性原则。

（一）议事公开原则

议事公开的原则是指公开作为民意之殿堂的国会之议事进程，接受国民的批评和监督的原则。不仅要公开国会的正式会议，还应当公开委员会的会议。议事公开的原则包括报道的自由，国会议事录的公开、分发的自由（《国会法》第 118 条）等。

（二）多数决原则

根据《宪法》规定，“宪法或法律没有特别规定时，国会以在籍议员过半数出席、出席议员的过半数赞成作出决议。赞成和反对票数相同时，视为否决”（《宪法》第 49 条）。

（三）会期继续的原则

韩国《宪法》采纳了会期继续的原则。“向国会提交的法律案以及其他议案，不因未在会期中通过而作废”（《宪法》第 51 条）。“但国会议员任期届满的除外”

（《宪法》第 51 条但书）。

（四）一事不再议的原则

韩国并非通过《宪法》，而是通过《国会法》确立了一事不再议的原则。《国会法》规定，“被否决的案件，不得在同一会期中再次提案或者提出”（《国会法》第 92 条）。一事不再议的原则，首先，可以防止国会议决的不稳定；其次，提高会议效率；最后，其是阻断少数派进行议事妨碍的制度。

四、定足数

（一）意义

定足数是指在由多数人组成的合议体召开会议和作出意思决定时，所必要的人员数。

（二）议事定足数

议事定足数是指议会进行议事时，所必要的议员人数，因此又称开议定足数。“当有在籍议员五分之一以上出席时，开始举行正式会议”（《国会法》第 73 条第 1 款）。当正式会议开始以后，不足开议定足数时，“除了由交涉团体代表议员要求补足以外，为了保障进行议事的效率，可以继续进行会议”（《国会法》第 73 条第 3 款但书）。委员会会议的议事定足数也要求有在籍委员五分之一以上出席（见表 8）。

表 8　国会的定足数

定足数	满足相应定足数时，可以处理如下事务
10人以上	不公开会议的提案；一般议案的提案
20人以上	对国务总理、国务委员出席要求的提案；紧急案件的质问；惩戒要求的提案；议事日程变更的提案
30人以上	对在委员会会议中废止的议案，要求在正式会议中附议；议案的修订同意；资格审查请求
在籍五分之一以上	属于正式会议、委员会议事定足数；提出记名、点名、不记名之投票要求
在籍四分之一以上	作出释放被拘束议员的提案；临时会议的召集；国政调查要求；召开全院委员会的要求；在休会中要求议会的重开
在籍三分之一以上	国务总理、国务委员解任建议提案；对总统以外的人员进行弹劾提案；无限讨论（Filibuster）的要求
在籍过半数和获得出席多数票	临时议长与常任委员长的选出；预算和决算委员会、伦理特别委员会委员长的选出；在总统选举中，获得最多得票者为2人以上时，选出总统

续表

定足数	满足相应定足数时，可以处理如下事务
在籍过半数	宪法修正案的提案；总统弹劾追诉提案；议长与副议长的选出；作出戒严解除要求；国务总理、国务委员解任建议议决；除总统外的高位公务员的弹劾议决；迅速处理案件的指定同意要求
在籍过半数出席和出席三分之二的赞成	再审议总统否决的法律案
在籍四分之一以上出席和出席过半数的赞成	在全院委员会中议决议案
在籍五分之三以上的赞成	针对同意指定迅速处理议案的议决；针对终结无限讨论的同意
在籍三分之二以上的赞成	议员的除名；总统弹劾追诉议决；议员资格审查决定；宪法修正草案的议决

（三）议决定足数

议决定足数是指议会进行议决时，所必要的议员人数。就一般的议决定足数而言，适用《宪法》上的多数决原理（《宪法》第 49 条）。

在籍议员过半数的出席与出席议员三分之二以上的赞成：法律案的重新审议（《宪法》第 53 条第 4 款）。在籍议员过半数的赞成：国务总理、国务委员解任建议（《宪法》第 63 条第 2 款），一般弹劾追诉的议决及对总统提起弹劾追诉（《宪法》第 65 条第 2 款），戒严的解除要求（《宪法》第 77 条第 5 款），宪法修正草案的提出（《宪法》第 128 条第 1 款）。在籍议员三分之二以上的赞成：国会议员的除名处分（《宪法》第 64 条第 3 款），对总统弹劾追诉的议决（《宪法》第 65 条第 2 款），宪法修正草案的议决（《宪法》第 130 条第 1 款）。

五、会议进行

（一）正式会议

正式会议原则上于下午 2 点开始（《国会法》第 72 条）。

（二）委员会会议

委员会会议在如下情况下进行，即通过正式会议的议决要求进行委员会会议时；当议长或委员长认为有必要时，以及有在籍议员四分之一以上的要求时（《国会法》第 52 条）。议事定足数是在籍委员五分之一以上的出席（《国会法》第 54 条）。

第五节　国会议员选举

（参照第一篇第四章第三节第二款第三项之民主选举制度）

第六节　国会的内部组织

一、国会法上为国会议员活动的组织

（一）国会议长与副议长

“国会选举议长一人和副议长二人”（《宪法》第 48 条）。“议长自当选之时的次日起，不得保有党籍。”“如果议长想要参加国会议员总选举，并想成为政党推荐的候选人时，可以在任期结束前 90 日起，取得党籍”（《国会法》第 20 条之二）。“议长与副议长由国会通过不记名投票的方式选举，得到在籍议员过半数投票得以当选”（《国会法》第 15 条）。“议长与副议长的任期为两年”（《国会法》第 9 条）。“议长代表国会并整理议事进程，维持秩序、监督事务”（《国会法》第 10 条）。“议长可以出席委员会并发言，但不得参加表决”（《国会法》第 11 条）。

（二）国会的委员会

1. 意义

委员会是指为了在正式会议中达到有效审议议案的目的，针对一定事项，由具有专业知识的少数议员预先审议的合议制机关。根据《国会法》，采取常任委员会中心主义与正式会议决定中心主义，即先由常任委员会审议法案，再向正式会议做出审查报告后，最后由正式会议做出赞成与否的投票。

2. 委员会制度的功能（优点和缺点）

委员会的优点：①通过节约法案审议的时间以及对重要案件的集中讨论，可以进行有效的议事活动；②由具备专业知识的议员进行审议，从而适应国政功能的分化、扩大趋势；③可以开展弹性会议活动。

委员会的缺点：①可能成为行政府之公务员或利益集团的公关窗口；②由于代表不同政党的委员之间进行政治策略上的斗争，可能降低作为审议机关的功

能；③委员会中心主义可能导致正式会议流于形式，阻碍全体国会议员进行深入审议。

3. 委员会的种类

常任委员会是审议其所管事项之中一定议案的常设委员会。《国会法》上规定了 17 个常任委员会，其所管事务由法律规定（《国会法》第 37 条）：国会运行委员会、法制司法委员会、政务委员会、企划财政委员会、科学技术情报放送通信委员会、教育委员会、文化体育观光委员会、外交统一委员会、国防委员会、行政安全委员会、农林畜产食品海洋水产委员会、产业通商资源中小创业企业委员会、保健福祉委员会、环境劳动委员会、国土交通委员会、情报委员会、女性家族委员会。

特别委员会是为了有效审查涉及两个以上常任委员会的案件或者认为存在特别必要的案件，经正式会议的议决设立的一时性委员会（《国会法》第 44 条）。常设特别委员会有任期为 1 年的由 50 名委员组成的预算结算特别委员会（《国会法》第 45 条）。非常设特别委员会是在规定的期限内活动的一时性委员会。过去设立为常设特别委员会的伦理特别委员会（《国会法》第 46 条）转化成了非常设特别委员会。此外，有审议宪法规定的需要由国会同意或者选举的主要公职人员而设立的人事听证特别委员会（《国会法》第 46 条之三）。

全院委员会是由国会议员全体人员组成的委员会。其主要审查，经委员会之审议或者由委员会提案的议案中，涉及政府组织的法律案、税收或者给予国民以负担的法律案等重要议案。当有在籍议员四分之一以上的要求时，组织全院委员会（《国会法》第 63 条之二）。连席会议是委员会之间协商召开的会议。虽然可以陈述意见、进行讨论，但不可以进行表决（《国会法》第 63 条）。

4. 委员会的运行

当有正式会议的议决时，或者当议长或委员长认为有必要时，再或者有在籍委员四分之一以上的要求时，召开委员会（《国会法》第 52 条）。委员会会议的开始以在籍委员五分之一以上的出席为准，由在籍委员过半数的出席和出席委员过半数的赞成作出议决（《国会法》第 54 条）。

常任委员会（情报委员会除外）为了分担、审查其所管法律案，可以设置常设小委员会。常任委员会可以设置两个以上的小委员会分担所管法律案的审查。审查法律案的小委员会每月召开两次以上的会议（《国会法》第 57 条）。

二、交涉团体

原则上交涉团体是由同一政党所属议员组成的院内政治团体。交涉团体是为有效运行国会，收集、集中所属议员的意思，从而调整意见的交涉窗口。交涉团体的机关包括议员总会和代表议员。交涉团体的权限由称作院内代表的代表议员行使。交涉团体的代表议员通过综合所属议员的意见，决定国会中进行的议事和对议案的态度。

根据《国会法》，原则上由 20 名以上的所属议员，以政党为单位组织交涉团体。然而，即使并非以政党为单位的情况下，不属于其他交涉团体的 20 名以上之议员也可以组织交涉团体（《国会法》第 33 条第 1 款）。

三、国会议员的活动辅助机关

设置如下机关为国会议员的议政活动辅助机关，即国会事务处、国会预算政策处（《国会法》第 22 条之二,《国会预算政策处法》)、国会立法调查处（《国会法》第 22 条之三,《国会立法调查处法》)、国会图书馆（《国会图书馆法》)、国会未来研究院（《国会未来研究院法》)。

第七节　国会议员的地位、权限、义务

一、国会议员的宪法地位

（一）作为国民之代表者的地位

国会议员并非地域居民的代表，而是全体国民的代表者。通过《宪法》上国民主权主义（《宪法》第 1 条）、国家利益优先义务（《宪法》第 46 条第 2 款），可以明显发现这一用意。

（二）作为国会之组成人员的地位

“国会由国会议员组成”（《宪法》第 41 条第 1 款）。作为国会之组成人员的国会议员参与国会的运行与活动。

（三）从国民代表者到政党代表者

国会议员不是政党的代表者。然而，当比例代表国会议员变更党籍时，却要丧失国会议员的职务，这种制度在事实上承认了议员作为政党所属人员的地位。

二、国会议员的身份上地位

（一）议员资格的发生

当选决定说认为议员资格的发生时期是基于当选人的决定而发生。就任承诺说认为议员资格的发生时期是基于当选人的决定和被选举人做出就任议员的承诺而发生。任期开始说认为议员资格的发生时期与宪法和法律上规定的任期开始时期同时发生。根据《公职选举法》的规定，“国会议员的任期是从基于总选举而当选的前任议员结束其任期之日的次日起开始”（《公职选举法》第14条第2款），因此采纳了任期开始说。

（二）议员资格的消灭

1. 任期结束

议员结束为期4年的任期后，丧失议员资格（《宪法》第42条）。

2. 辞职

议员在任期中，出于自愿，经国会同意，可以辞职。在国会闭会期间，由议长决定是否准予辞职（《国会法》第135条）。

3. 退职

除了当然丧失议员资格的死亡或任期结束的情形外，有如下情形的应当退职。根据《国会法》，违反禁止兼职规定（《国会法》第29条）；提出辞职后，登记为公职选举候选人（《国会法》第136条第1款）；根据《公职选举法》，丧失被选举权（《国会法》第136条第2款）；当选无效、选举无效与有罪判决的确定。

4. 除名

就除名而言，由伦理特别委员会实施审查，并向正式会议提交报告（国会法第14章），通过正式会议中在籍议员三分之二以上的赞成作出除名的议决。不得就该议决向法院提起诉讼（《宪法》第64条第3款、第4款）。

5. 资格审查

国会审查作为议员所必须具有的资格，即是否具有被选举权以及是否存在兼职而丧失资格等（《宪法》第64条第2款）。资格审查的程序与《国会法》上除名的程序相同。

（三）国会议员的党籍变更

原则上国会议员不因党籍的变更而丧失议员资格。但是，比例代表国会议员非因所属政党的合并、解散或者除名等事由，脱离、变更其原有党籍时，以及拥有两个以上党籍时，应当退职（《公职选举法》第192条第4款）。

三、国会议员的权限与权利

（一）一般权限与权利

国会议员具有独立的、个别权限与权利。即在常任委员会会议与正式会议中，享有发言、同意权，质问权、质疑权，讨论、表决权等。

（二）国会议员的特权

1. 作为平等权之例外的特权

《宪法》所认可的例外性特权包括，相对于一般结社（《宪法》第21条）的政党之特权（《宪法》第8条），除了犯有内乱或外患之罪外，在职中免受刑事追诉的总统之特权（《宪法》第84条），国会议员的免责特权（《宪法》第45条）与不受逮捕特权（《宪法》第44条）等。

2. 国会议员的免责特权

（1）意义。

“国会议员在国会中所做的职务发言和表决，不在国会外负责”（《宪法》第45条）。规定免责特权是为了保障身为国民代表的国会议员能够在国会之内，进行自由的发言与表决，使得国会在行使宪法所赋予的立法以及国政控制等权限时，能够有效履行其功能。

（2）法律性质。

免责特权是国会议员的发言、表决虽然构成民事、刑事上的犯罪或者负有责任，却可以免除其责任的情形。相当于刑法上的处罚阻却事由。

（3）主体。

只有国会议员享有免责特权。因此，就兼任国会议员的国务委员而言，至少以国务委员的身份做出的发言不应当视为是免责特权的对象。免责特权只是免除其责任，而其违法性不可阻却。因此，教唆、帮助国会议员之发言、表决的人员，应负民事、刑事责任。

（4）免责对象。

成为免责对象的行为包括国会内的职务上发言和表决。其一，“国会内”的意思不应理解为地点，而应当将其刻画为国会之职务活动范围。因此，国会议员参加国会议事堂外举行的委员会会议或听证会时，做出的发言、表决，也属于免责范围之行为。其二，“职务上发言”包括，国会议员在行使职务过程中，进行的讨论、演说、提问、事实陈述等所有意思表示。“职务上表决”是就有关议题，做出赞成与否的意思表示。现实中，准确定位“职务上发言和表决”的意思并非易事。然而，参照韩国采纳免责特权的意图，有必要尽可能广泛地认定免责范围（大判 2007.1.12. 2005Da57752）。[1]其三，有些学者主张应将免责特权的对象范围扩大至损毁名誉性质的发言和行为。然而，如果明示将其排除在免责特权的范围外，很可能会导致免责特权流于形式。如果认可此类免责特权，又存在无法排除其成为打压在野党手段的嫌疑。因此，应当限于存在特别事由时，予以个别判断是否认可此类免责特权。其四，就事先分发原稿行为而言，当狭义理解“国会内”的意思时，事先分发原稿的行为，不能成为免责的对象。但是，国会议员在实施对政府质问的前一刻，会将原稿分发给出入国会的记者，而这一行为已经成为习惯，因此当存在尊重这一习惯的充分价值时，亦即存在会议的公开性、时间的紧凑性、地点及对象的限定性、目的正当性的行为时，可以将其行为视为是国会议员免责特权的对象，即相当于职务附随行为（大判 1992.9.22. 91Do3317）。

（5）免责的效果。

首先，在国会中的职务发言，虽然属于免责特权的范围，但这只不过是免除民事、刑事上的法律责任，不包括政治责任或者根据国会自律权的惩戒责任。其次，国会议员将其在国会内的发言公布或者出版于国会之外时，其发言之内容不享有免责特权。除非是在公开会议中，将会议记录的内容予以公开或者颁布时，可以因报道的自由，获得免责（《宪法》第 50 条第 2 款，《国会法》第 118 条第 4 款）。最后，当检察官对本属于免责特权范围内的行为，误认为不是免责特权对象而提起公诉时，法院应当根据《刑事诉讼法》第 327 条第 2 款做出公诉弃却判决。

3. 国会议员的不受逮捕特权

（1）意义。

“除现行犯外，未经国会同意，国会议员在会期内不受逮捕或拘禁。国会议员在会期前被逮捕或拘禁的，除现行犯外，如国会要求，在会期内获得释放。”（《宪法》第 44 条）。

（2）法律性质。

设置不受逮捕特权的意义在于通过保障议员之身体自由，保障议政活动的自

---

[1] 译者注：大判2007.1.12. 2005Da57752，“大判”是指大法院判例，“2007.1.12.”是指该案件的宣告日期，2005Da57752 中的“2005”是指该案件受理日期，“Da”是指大法院受理之第三审案件类型（或者审判类型）中的民事案件，“57752”是指 2005 年大法院受理之第三审民事案件的编号。此外，本书中还会出现如下大法院判例中的其他案件类型，“Do”是指大法院受理之第三审案件类型中的刑事案件，“Nu”是指大法院受理之第二审案件类型中的行政案件。

由，使其能够独立于行政府，保障国会功能的自由行使。因此，议员不可以随意抛弃不受逮捕特权。

（3）内容。

首先，除了现行犯以外，国会议员不在会期中未经国会同意而被逮捕或拘禁。就“逮捕、拘禁”而言，不仅是指刑事程序上的逮捕、拘禁，而且还包括行政上的强制等所有逮捕、拘禁。对现行犯而言，不享有这一特权。只要有国会的同意，便可以进行逮捕、拘禁。国会是否予以同意的问题属于国会的裁量事项。“在会期内”是指从集会之日起到闭会之日。当然也包括休会期间。其次，国会议员在会期前被逮捕或拘禁的，只要不是现行犯，如有国会的要求，在会期中获得释放。最后，除了现行犯以外，国会议员不在宣布戒严期间，被逮捕或拘禁（《戒严法》第13条）。

（4）效果。

就不受逮捕特权的效果而言，不是指免除国会议员的处罚，而只是在会期中享有不受逮捕或者拘禁的特权。

4. 经费以及得到其他便利的权利

议员可以得到相应的补贴和旅费（《国会法》第30条）。《有关国会议员补贴等的法律》中，就经费的法律性质采纳费用补偿说。

四、国会议员的义务

（一）宪法上义务

“国会议员负有廉洁的义务”。同时，“国会议员以国家利益为先，凭良心履行职务”（《宪法》第46条第1款、第2款，《国会法》第24条）。“国会议员不得滥用其地位，通过与国家、公共团体、企业签订合同或处分的方式，为自己或替他人斡旋取得财产上的权利、利益、职位”（《宪法》第46条第3款，《国会法》第155条第1项）。“国会议员不得兼任法律规定的职务”（《宪法》第43条，《国会法》第29条）。

（二）国会法上义务

国会议员有如下义务：①出席正式会议、委员会会议（《国会法》第155条第8项）；②禁止占据议长席或者委员长席的义务（《国会法》第148条之二）；③维持品位的义务（《国会法》第25条）；④不得侮辱其他议员或者妨碍其他议员之发言的义务（《国会法》第146条、第147条）；⑤服从议长之维持秩序命令的义务（《国会法》第145条、第155条第6项）等。为了提高国会议员的伦理性，国会制定了《国会议员伦理纲领》以及《国会议员伦理实践规范》。

（三）对违反义务的制裁

当国会议员不履行义务时，可以对其予以制裁。当违反兼职义务时，可以进行资格审查（《国会法》第 138 条、第 142 条）。当议员违反廉结义务、禁止滥用地位的义务及《国会法》上的义务时，这种违反行为会成为惩戒事由（《国会法》第 155 条）。

第八节 国会的权限

第一项 立法权

一、意义

“立法权属于国会”（《宪法》第 40 条）。这一条款与“行政权属于以总统为首的政府”（《宪法》第 66 条第 4 款），“司法权属于由法官组成的法院”（《宪法》第 101 条第 1 款）形成对比。然而，立法权却因专业性、技术性立法以及委任立法的增多，正沦落为形式上的权限。

二、宪法第 40 条：“立法权属于国会”

（一）立法权的概念

“立法权属于国会”之意是指应当在国民代表机关，即在国会之中，以法律的形式制定有关国民权利义务的事项和有关国家之基础性统治组织或者功能的事项。

（二）作为立法权之主体的国会

首先，国会之立法以法律的形式存在，因此虽然存在着国会以外之机关的立法作用（紧急命令、紧急财政经济命令权，国会、大法院、宪法裁判所、中央选举管理委员会的规则，委任命令、执行命令），但这些立法作用之中，有些仅是法律的下位规范，有些则是由法律之上位法，即由宪法所认可的例外情形。其次，以国会为中心的立法原则，不必然导致国会独占立法原则的产生。政府的法律案提出权、总统的法律案否决权与法律案公布权，提供了政府积极介入国会之法律制定的空间。

三、立法权的特性

（一）立法的意义

立法是指依据国家统治权，确立规范国家与国民以及国民相互之间关系的一般性、抽象性成文法规范的作用。

（二）立法的一般性、抽象性原则

立法的一般性是指以不特定多数人为对象的性质，抽象性是指规定不特定事项的性质。为了确保法律的确实性、公平性、稳定性、统一性，确立了立法的一般性、抽象性原则。

（三）处分性法律：立法的一般性、抽象性原则的例外

1. 意义

立法的一般性、抽象性是法律的一般特征。因此，有必要探讨是否可以制定不具有一般性、抽象性特征的处分性法律的问题。

2. 处分性法律的概念与类型

与规范一般性、抽象性事项的一般法律不同，处分性法律是指不以司法、行政为媒介直接规范具体案件，或者仅适用于特定人的直接对国民权利与义务产生影响的法律。就处分性法律的类型而言，包括仅以一定范围内的国民为对象的个别人法律，以个别、具体的情况或者案件为对象的个别案件法律，限定施行期限的一时性法律。

3. 从否定处分性法律到认可：理论与判例

曾经一直认为处分性法律有违法规范的一般性、抽象性原则。但是，为了实现当今的社会性法治国家，随着国家功能与作用的增大，一般法律已经无法合理地体现国民之生存与福祉，并且随着现代危机国家的常存化，为了能够及时应对危机的管理，不可避免地造成了处分性法律的存在。只要处分性法律不是极端性的个别、具体处分或者以裁判为其内容就不违反权力分立原则。同时，根据处分性法律，能够给予那些最需要国家之关心的部分国民以优先的考虑，从而可以视为是平等原则的实质化体现。

4. 对处分性法律的司法审查

就处分性法律引起的权利侵害而言，处分性法律未以具体执行性行为为媒介直接对基本权产生影响的情况下，当存在权利侵害的直接性和现实性时，可以通过宪法诉愿获得权利救济。在提起宪法诉愿的情况下，由于不能直接将法令本身

的效力作为诉讼对象，因此该诉愿相当于补充性原则的例外情形。

5. 小结

原则上不允许制定限制国民之自由与权利的处分性法律，即使在必要时，也应当予以严格限制。然而，为了保障国民的实质性自由和权利，基于实质法治主义以及社会性法治国家的要求，在合理的范围内可以广泛认可处分性法律的存续。

四、立法权的范围与界限

（一）法律制定权

1. 意义

国会具有将有关国民之权利和义务的法规事项规定为法律的权限。同时，国会还以法律的形式确立如下法规范，即宪法明示要求须经国会议决制定为形式性法律的法律事项。国会不限于法规事项和法律事项，享有广泛的法律制定权。

2. 法律制定程序（见图 2）

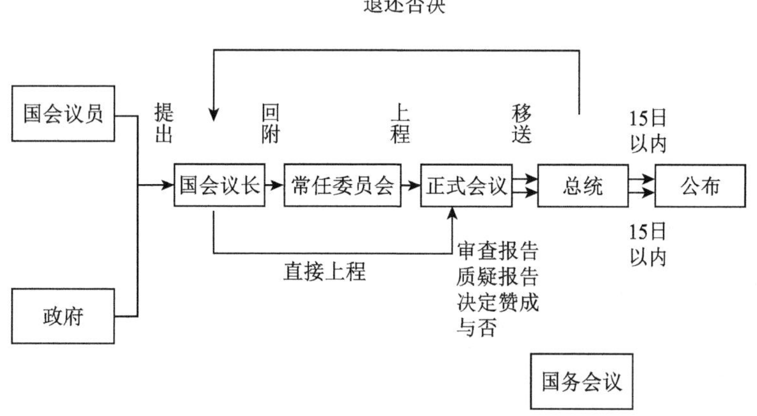

图 2　国会的立法过程

（1）法律案的提出。

根据《宪法》，法律案提出权由国会议员和政府共享（《宪法》第 52 条）。政府提出的法律案是国务会议之必须审议事项（《宪法》第 89 条第 3 项）。当有国会议员 10 人以上的赞成时，可以提出议案（《国会法》第 79 条）。当议员提出伴随预算或基金上措施的议案时，应当一并提出针对经费的估算书（《国会法》第 79 条之二）。

（2）法律案的审议、议决。

议长通过印刷或者录入计算机网络的方式向议员分发提交到国会的法律案，向正式会议报告后，移交（又称回附）于相关常任委员会（《国会法》第 81 条）。委员长应当做出 10 日以上的立法预告（《国会法》第 82 条之二）。相关常任委员会经过审查认为没有必要将法律案，附议于正式会议的，可以不向正式会议提出附议（《国会法》第 87 条第 1 款）。但是，该委员会的决定，自报送至正式会议之日起 7 日内，排除闭会或休会的期间，如果有 30 名以上的议员提出要求时，该法律案应当附议于正式会议（《国会法》第 87 条第 1 款但书）。

（3）移送政府。

经国会议决通过的法律案，应当移送至政府（《国会法》第 98 条第 1 款）。

（4）总统之法律案否决、法律的确定。

当总统对法律案有异议时，应当自法律案移送至政府后，15 日内做出退回否决（《宪法》第 53 条第 2 款）。对总统之法律案否决而言，若国会以在籍议员的过半数的出席和出席议员的三分之二以上之赞成而做出同样的决议，该法律案则被确定为法律（《宪法》第 53 条第 4 款）。总统在法律案移送至政府后，15 日内未公布或未提出重新审议要求的，该法律案被确定为法律（《宪法》第 53 条第 5 款）。

（5）法律的公布与发生效力。

总统应当在法律案移送至政府后，15 日内予以公布（《宪法》第 53 条第 1 款）。法律被确定后或者确定之法律移送至政府后总统未于 5 日内公布时，由国会议长公布此确定之法律（《宪法》第 53 条第 6 款之后段）。除非有特别规定，法律自公布之日起经过 20 日发生效力（《宪法》第 53 条第 7 款）。“公布之日”视为是最初能够阅读的那一刻（大判 1970.7.21. 70Nu76）。

（6）对立法程序的违宪审查。

宪法诉愿审判。宪法裁判所认为，仅以立法程序上的瑕疵，不足以得出已经侵害国民基本权的结论，但是当认可国民享有特定程序性基本权的特殊情况下，基于立法程序上的瑕疵有可能侵害到该特定程序性基本权，此时，视为可以适用宪法诉愿（宪裁 1994.12.29. 94Hun–Ma201、宪裁 2001.2.22. 99Hun–Ma613 等）。

违宪法律审判。具有提请违宪法律审判资格者除了可以主张法律内容上的违宪，也可以独立于法律内容上的违宪因素，单独主张法律制定程序上的违宪。但就作为法律之违宪事由的程序上瑕疵而言，应当限于明显而重大的瑕疵（宪裁 1995.1.20. 90Hun–Ba1）。

权限争议审判。当立法程序上存在着明显的缺陷时，可以通过权限争议审判判断该法律案是否违宪，进而可以确认该法律案的无效（宪裁 1997.7.16. 96Hun-Ra2、宪裁 2011.8.30. 2009Hun-Ra7）。

3. 法律制定权的界限

首先，禁止滥用立法裁量权的界限。国会制定法律的自由是宪法以及宪法原理所允许的范围内之自由。其次，基于国际法之一般原则的界限。这与规定在《宪法》第 6 条第 1 款的国际法尊重主义相合致。

4. 法律制定权的控制

随着行政国家化倾向，政府不仅通过《宪法》上规定的法律案提出权、总统的法律案否决权、法律公布权等针对国会立法实施控制，而且还时常直接介入国会之立法过程（《宪法》第 52 条、第 53 条）。司法机关通过法院的违宪法律审判提请权（《宪法》第 107 条）、宪法裁判所的违宪法律审判权以及宪法诉愿审判权（《宪法》第 111 条）等，对国会制定的法律进行实质性控制。随着大众民主主义的倾向，国民通过其立法请愿和立法抵抗，或通过媒体的舆论、利益团体的游说活动、政党、NGO 等，对国会之立法权进行一定程度的控制。

（二）制定法律以外的立法权

1. 有关修订宪法的权限

通过国会在籍议员过半数的提议，可以提案修订宪法（《宪法》第 128 条第 1 款）。

2. 对缔结、批准重要条约的同意权

（1）意义。

国会具有对缔结、批准重要条约的同意权（《宪法》第 60 条第 1 款）。需要国会进行同意的条约有："有关相互援助或安全保障的条约、有关重要国际组织的条约、友好通商航海条约、有关限制主权的条约、媾和条约、给国家或国民带来重大财政负担的条约或有关立法事项的条约"。针对单纯行政协定、文化协定、签证协定、贸易条约、渔业条约、国家承认等非为国会同意事项的问题，仍是学界争议事项。

（2）时期。

根据条约的缔结方式，国会可以在签署条约后至总统批准之前的阶段和批准条约后的阶段行使同意权。

（3）条约同意案的修订可能性。

针对需要由两国全权委员签署的条约而言，当国会行使修订同意权时，会产生尴尬的局面。

（4）拒绝同意的效果。

未能获得国会同意的条约，不发生作为国内法的效力。

3. 国会的规则制定权

国会可以在不与宪法和法律相抵触的范围内制定有关议事和内部纪律的规则（《宪法》第 64 条第 1 款）。

第二项　财政权

一、意义

（一）财政立宪主义

财政是指国家或者公共团体在进行活动和维持存续的过程中，为了取得、管理、运用所必要的财货而进行的所有活动。为了提高国民负担的合理性与民主性，在宪法之中规定了有关财政的基本事项（财政立宪主义）。

（二）财政议会主义

行政府行使财政执行权。有关财政的政府权限包括：①预算案提出权；②追加更正预算案的提出权；③预备费的支出权；④紧急财政经济命令、处分权等。

然而，对于财政执行的基本原则与执行范围而言，采纳了由作为国民之代表机关的国会予以控制的财政民主主义、财政议会主义、国会中心主义。为了实现对财政权力的民主控制，韩国《宪法》规定了如下内容：①为确立公正的课税原则，明确了依法纳税义务（《宪法》第 38 条）；②根据税收法律主义原则，规定了课税、税务征收的界限；③根据财政的民主控制原理，将行政府之财政管理作用设置在国会的控制之下。

国会对财政可以行使如下权限，即预算案审议、确定权（《宪法》第 54 条、第 56 条），结算审查权（《宪法》第 99 条），对继续费的议决权（《宪法》第 55 条第1款），预备费支出、承认权（《宪法》第55条第2款），发行国债同意权（《宪法》第 58 条前段），对于订立预算外国家负担合同的同意权（《宪法》第 58 条后段），对于缔结、批准带来财政负担之条约的同意权（《宪法》第 60 条第 1 款），对于紧急财政、经济处分的承认权（《宪法》第 76 条第 3 款）等。

二、宪法上税收的基本原则

（一）意义

税收是指国家或地方自治团体等公权力的主体以确保税源为目的，通过行使课税权，向一般国民单方面（无偿）强制附加、征收课惩金的行为（宪裁1991.11.25. 91Hun-Ka6）。

（二）税收法律主义

1. 意义和沿革

韩国《宪法》规定“税收的种类与税率，由法律规定”（《宪法》第59条），宣布了税收法律主义的原则，即禁止行政府单方面、恣意地征税，只能根据国会制定的法律征税。

2. 税收法律主义的内容

（1）课税要件法定主义。

课税要件法定主义是指有关产生纳税义务的纳税义务人、课税物、课税标准、税率等课税要件与税务征收程序都需要由作为国民之代表机关的国会通过制定法律予以规范的原则。

（2）课税要件明确主义。

即使课税要件由法律规定，但当该规定内容过度抽象且不明确时，有可能导致征税机关的恣意解释和执行。因此，课税要件明确主义是明确相应法律规定内容，使其具有一义性的原则。

（3）其他税收法律主义的内容。

首先，实质法治主义。税收法律主义不应停留于满足形式意义上的法治主义，还应当满足实质法治主义的要求，使其符合法律的目的和内容或者宪法理念（宪裁1994.6.30. 93Hun-Ba9）。同时，应当符合正当程序原理。其次，禁止类推解释和扩大解释。解释和适用税收法规时，为了防止国民财产权受到不当侵害，禁止做出类推解释或者扩大解释，应当进行严格解释（宪裁1996.8.29. 95Hun-Ba41）。最后，禁止溯及课税和信赖保护。韩国《宪法》第13条第2款的禁止溯及立法原则也应当适用于课税与税务征收，对于已经完成的课税要件事实而言，不得以事后的新税法予以课税。基于这一宪法条款，可以推导出禁止溯及课税的原则（宪裁2008.5.29. 2006Hun-Ba99）。禁止溯及课税原则同宪法上信赖保护原则具有直接的联系。

（4）税收法律主义的例外。

税收法律主义的第一个要素，即税的附加、征收应当依照国会制定的法律进行。但这种税收法律主义却存在一定的例外。例如，依条例的地方税之附加、征收（《地方自治法》第135条,《地方税基本法》第5条第1款），依条约的协定税率，紧急财政经济命令。

（三）税收平等主义

税收平等主义与税收法律主义是具有宪法基础的税法之基本原则。为了更加具体地实现税收平等主义，应当适用实际课税的原则与应能负担的原则。

（四）税收与准税收

虽然未冠以税收之名，但却适用税收法律主义的事项，称之为准税收。准税收之中包括负担金（分担金，交付金）、手续费、使用费等。负担金是指在一般情况下，与特定公益事业有着利害关系的相关人，相对于国家或公共团体而负担该项公益事业的全部或者部分经费，即公法上的金钱交付义务。手续费是指国家或公共团体为私人提供公共性服务时，作为相反给付而征收的费用。使用费是指使用公共设施或者财产，所产生的费用。

三、预算审议、确定权

（一）意义

1. 预算的概念

预算是指在一个会计年度之中，以国家税入、税出的预定准则为内容，通过国会的议决而成立的国法行为形式。

2. 预算的法律性质

有关预算，目前有以法律形式确定预算的做法（预算法律主义）和以区别于法律的独立形式确定预算的做法，各国立法例存在着差异。美国、德国、法国等多数国家采纳预算法律主义。韩国、日本、瑞士等国家则以特殊的存在形式确定预算。韩国《宪法》规定了区别于第40条（国会立法权）的第54条之国会预算审议权。

韩国虽然没有采纳预算法律主义，但是预算的成立需要有国会的预算审议和议决。因此，一旦国会通过该议决，预算便可以约束国家机关。同时，预算中限定了有关税入的税源和税出的目的、时期、金额，因此也可以视为是一种法规范。

（二）预算与法律

1. 意义

宪法将预算和法律分别规定为是个别的存在形式（见表9），然而在现实中却常把预算的法律性质理解为是一种法规范。由此，引申出了预算和法律的性质、关系、差异等问题。

表9　预算与法律的比较

比较事项	比较对象	
	预算	法律
存在形式	以称为预算的独立法规范形式存在（预算非法律主义：日本、瑞士）	以法律形式存在
提出时限	会计年度开始的90日前	无限制
提出权者	只有政府才能提出	政府、国会议员（10人）、委员会
审议程序	未经政府同意不得增加预算金额或者新设费用明细	修订或者撤回政府提出的法律案时，需有国会同意（修订时，需有30人同意）
是否召开听证会	预算结算特别委员会应当召开针对预算案的听证会	在部分修订法律案、全面修订法律案时，有义务召开听证会
发生效力要件	公告并非发生效力的要件	公布是发生效力的要件
能否行使否决权	不得对预算案行使否决权	可以对法律案行使否决权
有效期间	仅在一个会计年度中发生效力	在修订、废止之前具有持续性效力
约束力	仅约束国家机关	约束所有国家机关和国民

2. 概念

预算是在一个会计年度之中，以国家之税入、税出的预定准则为内容，通过国会的议决而成立的国法行为形式。法律是经过国会的议决而被制定的法规范。

3. 差异

（1）存在形式。

根据现行《宪法》，预算并非以法律的形式存在，而是以独立的国法行为形式存在。因此，预算是以预算的形式，法律则是以法律的形式存在。

（2）程序。

第一，提出权者。只有政府才具有预算的提出权，国会不具有提出权。第二，审议。国会虽然可以在政府提出的预算范围内，进行删减，但不得在未经政府同意的情况下，增加政府提出的各项支出预算的金额或设置新的费用明细（《宪法》第57条）。然而对于法律案而言，却无此种限制。即虽然国会只能对预算进行消极的修订，但对于法律而言，却没有此种限制。第三，效力发生要件。只是规定了应当以官报的形式予以公告，因此公告不是效力发生的要件。然而，法律案则以公布为效力发生要件（《宪法》第 53 条）。第四，否决权的限制。国会不能全面拒绝预算审议。总统不可以像行使法律案否决权那样（《宪法》第 53 条第 2 款），将由国会通过的预算案退还国会提出重新审议的要求。

（3）效力。

①期间。预算的效力以一个会计年度为限。法律在原则上具有永久性效力。

②约束力。预算仅约束国家机关。法律同时约束一般国民。

③范围。国会针对预算的议决，仅约束政府的财政行为。对于政府的收入、支出之权限和义务而言，并非依照预算本身，而是基于其他个别法律予以调整。

4. 预算与法律的相互关系

（1）变更关系。

预算与法律在性质、成立程序、效力上存在差异。因此，不可以基于预算变更法律，也不可以基于法律变更预算。

（2）约束关系。

首先，即使税出预算已经以预算的形式成立，但当缺乏经费支出命令或者认可的法律时，政府不得支出该经费。税入预算也是如此，当缺乏税入根据法律时，不得实施税入征收。其次，即使依法获得支出经费的认可或者命令，当缺乏实施该支出的必要预算时，不能实施实际的支出行为。最后，当国会制定了以预算为必要的法律时，国会之预算审议权将受到该法律的限制。

（3）不一致的发生。

对在税出预算之中，已经认可的支出事项而言，如果能够命令该预算之执行的法律不成立，那么预算便不可能实施。同理，当预算不成立时，法律也不可能执行。

（4）不一致的调整。

政府在提出预算案与法律案时，为了防止发生预算与法律的不一致，应尽可能地在预算案反映所有税出，并一同提出准据法令与预算案，同时通过政府之国会出席发言权等对国会牵制权来予以调整。

（三）预算的成立

1. 预算案的提出

政府应在每个会计年度编制预算案，经过国务会议的审议后（《宪法》第 89 条第 4 项），在会计年度开始的 90 日前，向国会提出（《宪法》第 54 条第 2 款）。

就预算的编制而言，分别采用了如下原则，即在每一会计年度都要编制预算的一年预算主义、在预算中计入国家总税入与税出的总计预算主义［对于现物出资、转贷借款的引进、技术费等，视为是总计预算主义原则的例外（《国家财政法》第 53 条）］、将国家税入与税出合并在一个预算编制的单一预算主义（会计统一主义）。对于上述原则的例外情形有如下几种，即相对于一般会计预算的特别会计预算（《国家财政法》第 4 条）、对正式预算的追加更正预算（《宪法》第 56 条）、准预算（《宪法》第 54 条第 3 款）。

2. 预算案的审议

对于预算案的审议而言，现实中存在着如下制约：①国会不具有预算案的提案权。②国会虽然可以对预算案进行废除、删减（消极的修订），但未经政府同意不得在原有的预算之中增加预算金额或者新设费用明细（积极的修订）（《宪法》第 57 条）。③国会不能删减已经在条约或者法律中规定的税出。④对于伴随着预算的国家性事业而言，如果存在着规范国家性事业的法律，并由政府对此提出预算案，那么国会之预算案审议权要受到该法律的拘束。⑤当政府要修订或撤回在国会的正式会议或者委员会会议之中成为议题的预算案时，应当得到正式会议或者委员会会议的同意（《国会法》第 90 条第 3 款），国会议员同意修订时，应当有 50 名以上议员的赞成（《国会法》第 95 条第 1 款但书）。⑥与一般法律不同，当国会拒绝审议预算案时，国家将无法实施财政支出，因此，不能认可国会之全面拒绝审议预算案的权限。然而，对于部分修订而言，可以予以认可。此外，总统不得针对预算案行使否决权。

3. 预算案的确定

国会应当在会计年度开始 30 日之前，议决预算案。经国会议决的预算，移送至政府后，由总统公告。与法律不同，预算的公告并非发生效力的要件。

4. 继续费与预备费制度

（1）继续费的议决。

韩国一方面采纳预算一年主义，另一方面也认可了例外的情形。当存在继续支出的特殊必要时，可以通过规定年限以继续费的形式，获得国会的议决（《宪法》第 55 条第 1 款）。继续费是指针对横跨数年的事业经费，一概由国会先予议决后，除变更该事业外，无须重新进行议决的经费。

（2）预备费的议决与对支出的承认。

为了补充不可预测的预算外支出或超出预算的支出，可以设置预备费项目，这一支出需要获得下届国会的承认（《宪法》第 55 条第 2 款）。预备费只计算总额，对于其以何种目的使用和怎样使用的问题，则由政府进行裁量。因此，对于个别的、具体的支出而言，应当获得定期国会的承认。

（四）预算的不成立与变更

1. 预算的不成立与临时预算

政府应在每个会计年度编制预算案，于会计年度开始的 90 日前提交国会，国会应于会计年度开始 30 日前作出决议（《宪法》第 54 条第 2 款）。然而，当预算案未能获得国会的议决时，政府可以在获得预算案的议决前，根据前一年度的预算执行下列内容的支出：①维持和运行依宪法或法律设置的机关、设施所需的经费；②履行法律上支出义务的经费；③对于已经以预算的形式获得承认的事业而言，为了继续进行该事业所需的经费。

2. 追加更正预算

对于预算成立后发生的事由，政府认为有必要变更预算时，可编制追加更正预算案提交国会（《宪法》第 56 条）。可以编制追加更正预算案的事由有如下几种，即①发生战争或大规模的自然灾害；②发生或有可能发生，经济萧条、大量失业、南北关系的变化、类似经济合作的对内对外条件之重大变化；③根据法令，发生或者增加应当由国家给付的支出（《国家财政法》第 89 条第 1 款）。

（五）预算的效力

1. 时间效力

预算只在一个会计年度（1 月 1 日至 12 月 31 日）之内产生效力（预算一年主义）。但同时也设置了例外情形，即继续费制度。

2. 对人效力

预算仅约束国家机关。一般国民不受预算的约束。

3. 地域效力

预算不论是在国内还是在国外都具有效力。因此，预算同样适用于在外公馆等的收入、支出。

4. 形式效力

不得基于预算变更法律，也不得基于法律变更预算。

5. 实质效力

预算得到确定后，便可以约束政府的财政行为。但在效力上税入预算与税出预算却具有不同的内容。税出预算不仅对支出的目的、金额、时期具有约束力，而且不可以移用由预算所规定的各机关之间和各章、款、项之间的费用。根据永久税主义原理，税入预算仅具有税入日程表的效力。即税入预算仅为管辖特定会计年度的税收提供方便，因此，政府不能根据税入预算直接征收税入。

四、结算审查权

经过监查院检查的国家结算报告书，应当在下一年度的 5 月 31 日前，由政府提交国会（《国家财政法》第 61 条）。“国会应当在定期会议开始之前，结束对结算的审议、议决”（《国会法》第 128 条之二）。监查院检查每年税入、税出的结算，并向总统和下一年度定期国会报告结果（《宪法》第 99 条）。

五、对政府之重要财政行为的同意权、承认权

（一）同意权

1. 国债同意权

国债同意权，又称起债同意权，政府为了补充国家税入的不足而发行流动国债或固定国债时，应当事先取得国会的同意（《宪法》第 58 条前段）。

2. 对于订立预算外国家负担合同的同意权

当订立外债支付保证合同、外国人雇佣合同、赁借合同等由国家负担之合同时，应当事先取得国会的同意（《宪法》第 58 条后段）。

3. 对于缔结、批准带来财政负担之条约的同意权

在缔结、批准给国家或国民带来重大财政负担的条约时，应当取得国会的同意（《宪法》第 60 条第 1 款）。

4. 国会对基金的控制

基金是指为了继续、灵活地进行特定事业，根据预算会计法，在税入税出预算之外，运行的资金。

（二）承认权

1. 预备费支出承认权

当预备费的支出未获得下一年度定期国会的承认时，政府应当就此负担政治责任（《宪法》第 55 条第 2 款）。

2. 对于紧急财政经济命令以及紧急财政经济处分的承认权

总统在发布财政经济上的紧急权后，应当获得国会的事后承认（《宪法》第 76 条第 3 款）。

第三项　国政控制权

一、意义

立法权与财政权是最为古典、传统的国会权限。然而，现如今这类权限正在缩小、变弱。相反，国政控制权的重要性却日趋增大。

二、有关宪法机关之构成与存续的权限（国会的人事权）

（一）意义

宪法赋予总统的主要权限，过去一般视为是总统的裁量权限。然而，之所以确立针对总统任免主要公职者的国会控制权，是因为这一做法能够为总统与国会多数派提供政治妥协的基础。

（二）权力分立原理与国会对主要公职者任免的控制权

国会对公职候选人实施人事听证会。根据《宪法》规定，需要获得国会任命同意的公职候选人，由人事听证特别委员会实施听证会；对于在法律中规定的人事听证对象而言，应当由相关常任委员会对该公职候选人实施听证会。对于国务总理、大法院院长以及大法官、宪法裁判所所长以及由国会选出的宪法裁判官和中央选举管理委员会委员、监查院院长等需要由国会同意、选出的公职候选人而言，应当由人事特别委员会实施人事听证（《人事听证会法》第3条、第9条）（见表10）。

表10　人事听证会的实施机关与对象

实施机关	相应委员会针对如下对象实施听证会
人事听证特别委员会	国务总理、大法院院长、大法官、宪法裁判所所长、监查院院长、由国会选出的3名宪法裁判官与3名中央选举管理委员会委员
相关常任委员会	由总统任命的宪法裁判所裁判官与中央选举管理委员会委员、国务委员、放送通信委员会之委员长、国家情报院院长、国税厅厅长、检察总长、警察厅厅长、合同参谋议长、韩国银行总裁、特别监察官、韩国放送公社社长、由大法院院长指定的宪法裁判官与中央选举管理委员会委员的候选人

同时，"根据其他法律提出针对下列各项公职候选人的人事听证时，常任委员会应当召开人事听证会：由总统任命的宪法裁判所裁判官、中央选举管理委员会委员、国务委员、放送通信委员会委员长、国家情报院院长、公正交易委员会委员长、金融委员会委员长、国家人权委员会委员长、高位公职者犯罪侦察处处

长、国税厅厅长、检察总长、警察厅厅长、合同参谋议长、韩国银行总裁、特别监察官或者韩国放送公社社长的候选人；总统当选人指定的国务委员候选人；大法院院长指定的宪法裁判所裁判官、中央选举管理委员会委员的候选人”（《国会法》第 65 条之二第 2 款）。相关常任委员会进行人事听证会后，由相关常任委员会委员长做出报告，然而这一报告只不过是总统任命公职候选人的参考资料。因此，这一点与《宪法》上人事听证会不同，即有别于根据《宪法》，需要获得国会任命同意的公职候选人。

（三）对总统之司法机关构成权的国会控制

总统具有国家元首的地位，因此享有组织其他宪法机关的直接权限。宪法裁判所所长，经国会同意，由总统从宪法裁判官中任命（《宪法》第 111 条第 4 款）。同时，大法院院长以及大法官（需要大法院院长的提请）经过国会同意后，由总统任命（《宪法》第 104 条）。

（四）对总统之行政府构成权的国会控制

1. 国务总理等的任命同意

根据《宪法》，当任命国务总理、监查院院长等时，应当获得国会的同意。《关于引受总统职务的法律》第 5 条第 2 款与《国会法》第 46 条之三第 1 款但书、第 65 条之二第 2 款第 2 项之中规定了当选为总统的人员可以提出对国务总理候选人实施人事听证会的要求。这是为了鼓励总统在其上任的同时，使其能够组织政府。

2. 国务总理、国务委员解任建议

（1）意义。

《宪法》第 63 条第 1 款规定了“国会可以向总统建议解任国务总理或国务委员”。

（2）解任建议权的意义：议院内阁制的根基。

就议会对政府的控制手段而言，在英国议会制的发展过程中，改变过去以追究个别内阁成员刑事责任的方式问责政府，采纳了“相对软性而又实际的手段”，即基于议会对政府的不信任同意，使得政府集体辞职负担政治责任。以政治、集体责任代替了刑事责任。

（3）现行宪法上解任“建议”权。

非总统制的要素。这一制度的本质或者渊源来自议院内阁制。解任建议权是议院内阁制下国会追究政府政治责任的手段。美国式总统制中无法找到解任建议制度的例子。国务总理或者国务委员仅存在于议院内阁制和二元政府制（半总统制）。因此，解任建议权的行使需要遵循二元政府制（半总统制）、议院内阁制的一般解释和惯例。

解任建议制度的宪法价值。解任建议制度具有如下的宪法价值，首先，通过宪法制度提供了实现国民代表机关，即国会面前的责任政治之路；其次，国会能够介入政府的构成（国务总理任命同意权），虽然不是直接的解任议决权，但在实际上却是介入政府存续的制度性装置。

解任建议的事由。解任建议的事由，不仅包括执行职务上违宪、违法的情况，而且也包括在制定政策或执行政策中发生的重大错误或者身为国务会议之组成人员却由于能力不足而背负政治责任等。可以将对国务总理的解任建议，视为是国会对政府的政治责任追究制度。通过政府的集体、连带责任，可以形成由国务总理引领的政府之政治共同体，即由国务总理引领的政府，以政治连带意识为手段，能动地处理、讨论所有部门之重大事项。

解任建议的效果。当有国会在籍议员三分之一以上的提议和在籍议员过半数的赞成时，解任建议便发生其效力。对于由国会提出解任建议的国务总理、国务委员而言，总统在没有特别事由时，应当予以解任。国务总理解任建议应当自动与全体国务委员的辞职联系起来。因此没必要规定对全体国务委员的个别解任建议。

三、弹劾追诉

（一）弹劾追诉机关

韩国《宪法》第 65 条第 1 款规定，“国会可以议决弹劾之诉”。韩国宪法上国会是唯一的弹劾追诉机关。

（二）弹劾追诉的对象

根据《宪法》，弹劾追诉的对象包括：总统、国务总理、国务委员、行政各部长官、宪法裁判所裁判官、法官、中央选举管理委员会委员、监查院院长、监查委员及其他法律规定的公务员（《宪法》第 65 条第 1 款）。《宪法》规定中，关于“由其他法律规定的公务员”之中的“其他法律”还没有被制定成单一的法律。对于应当由法律规定的弹劾追诉对象而言，按照职位可以包括检察总长、各军参谋总长、各处处长、政府委员（包括次官）等，除此之外，还可以包括高位外交官、政务职或者别定职的高级公务员。就具体实例而言，由法律规定的弹劾追诉对象有如下实例予以列举。即《检察厅法》之中规定了“检察官除了被弹劾或被宣告禁锢以上之刑罚以外，不得罢免；除非依照惩戒处分或适格审查以外，不受解任、免职、停职、减薪、谴责、退职的处分”（《检察厅法》第 37 条），又如《警察法》也规定了“警察厅厅长在履行职务过程中，若违背宪法或法律，国会可以议决弹劾追诉”（《警察法》第 11 条第 6 款）。再者，放送通信委员会委员长与各级选举管理委员会的委员也可以成为弹劾追诉的对象（《关于设置以及运行放送通信委员会的法律》第 6 条第 5 款，《选举管理委员会法》第 9 条第 2 项）。

（三）弹劾追诉的事由

弹劾追诉的事由是“在执行职务过程中，违背宪法或法律”。

1. 违背“宪法与法律”

宪法不仅包括宪法典，还包括习惯宪法。法律不仅包括形式意义上的法律，还包括实质意义上的法律。

2.“在执行职务过程中”

这里的“职务”是指属于法律制度上所管职务的固有业务以及在通常的观念上与其职务相关的业务。“职务上的行为”包括依照法令、条例或者行政习惯、惯例，在其职位的性质上所必要的或者伴随的所有行为或活动。不问其是前任还是现任，只要是与执行职务相关的行为，都属于“在执行职务过程中”。但是，如果是在上任之前实施的行为，即如果是与执行职务无关的行为，那么该行为便不是弹劾追诉的事由。

3. 违法行为

违法行为包括，故意、过失、不知法律。对于不违法并且纯属于政治失策或者政治无能的行为，并非弹劾追诉事由，属于解任建议的事由。

（四）弹劾追诉的程序（提议与议决）

针对总统的弹劾追诉而言，须有国会在籍议员过半数的提议和在籍议员三分之二以上的赞成。对于其他弹劾对象而言，须有国会在籍议员三分之一以上的提议，该决议须有国会在籍议员过半数赞成（《宪法》第 65 条第 2 款）。

（五）弹劾追诉的效果

受到弹劾追诉之议决的人员自追诉议决书送达宪法裁判所时起至完成弹劾审判的期间，停止行使其职权（《宪法》第65条第3款，《国会法》第134条第2款，《宪法裁判所法》第 50 条）。在此期间的职务行为属于无效行为。当追诉议决书完成送达时，被追诉人停止行使职权，任命权者不得接受被追诉人的辞职或者解任被追诉人（《国会法》第 134 条第 2 款）。

四、国政监查权以及国政调查权

（一）意义

国会通过每年定期实施的国政监查，概括性地指出国政的问题点以及提出将来国政运行的方向。针对存在疑惑的特定案件，实施国政调查。

（二）国政监查、调查的制度基础

1. 意义

国会作为国民之代表机关，调查国家权力是否得到正当行使，搜集有关国政的资料与情报，追究与国会权限相应的责任。特别是为了保障国民的知情权，国会积极揭开有关国政的真实，并提供信息，从而促成与国民的共鸣，对政治统合做出贡献。

2. 韩国国政监查、调查权的制度化

“国会可以监查国政或调查特定的国政案件，并可以根据需要，要求提供书面材料或要求证人出席并陈述证言或意见。有关国政监查及调查的程序以及其他必要事项由法律规定”（《宪法》第 61 条）。

3. 国政监查与国政调查

国政监查权和国政调查权，在本质、主体、方法与程序、界限、效果等方面大体上类似，就其时期、期间、对象有所不同。国政调查是对特定案件的不定期调查，国政监查是以国政为对象的定期监查。

（三）国政监查、调查权的主体与对象机关

国会为其主体。国会即意味着国会正式会议、常任委员会、特别委员会具有国政监查、调查权（《宪法》第 61 条，《国会法》第 127 条 ~ 第 129 条，《有关国政监查以及调查的法律》）。就国政监查的对象机关而言，在《有关国政监查以及调查的法律》中有较为具体的规定。

（四）国政监查、调查权的范围与界限

1. 意义

国政监查、调查的“绝对界限事项”是指在理论（性质）上绝对不可能成为监查、调查之对象的事项。纯粹的私生活或者根据权力分立，专属于司法府或行政府的权限事项，即裁判作用或行政作为，其本身不可以成为国政监查、调查的对象。“相对界限事项”是指虽然在理论上可以成为监查、调查的对象，但通过比较衡量，监查、调查所追求的目的利益与对事项或证人进行监查、调查而带来的不利，认为制止监查、调查权的行使会更加妥当的事项。

2. 权力分立上的界限

（1）监查、调查的目的界限。

国政监查、调查权应当限定于有效行使国会的立法、审议预算、监督行政、自律权的事项以及国会功能的实现。

（2）为了保障司法权之独立的界限。

为了能够使得法官基于良心独立进行裁判，国政监查、调查“不能以干涉裁判过程为目的，而行使之”（《有关国政监查以及调查的法律》第8条）。

（3）为了公正行使检察权的界限。

检察权的行使属于行政作用，因此也可以成为国政监查、调查的对象。但是，为了确保作为准司法机关的检察院公正行使其权限，“不能以干涉正在处于侦查中的追诉为目的，而行使之”（《有关国政监查以及调查的法律》第8条）。除此之外，作为宪法机关的监查院基于准司法功能作出补偿责任之判定或惩戒处分和问责等准司法性判断时，应当将此种判断排除在国政监查、调查的对象之外。

（4）为了保障地方自治的界限。

应当排除对地方固有事务的国政监查、调查，然而区分固有事务与委任事务不是一件简单的事情。国会应当尽可能地克制对地方自治团体的国政监查、调查，即使是进行国政监查、调查，也应当限定于国家层面上的疑惑事项。

3. 为了保障基本权的界限

首先，《有关国政监查以及调查的法律》规定，“国政的监查或调查不能侵害个人的私生活”（《有关国政监查以及调查的法律》第8条）。其次，根据“不得强制要求国民作出刑事上对自己不利的陈述”（《有关国政监查以及调查的法律》第12条第2款），应当保障所有国民的刑事上对自己不利的陈述拒绝权。

4. 为了保障国家利益的界限

对于国家机密以及像国家机密一样关系到国家利益的重要事项而言，应当克制对其发起国政监查、调查权（《有关在国会中进行证言以及监查等的法律》第4条）。

（五）国政监查、调查权的行使

国政监查以国会相关常任委员会为单位进行，于每年定期会议的集会日前，在国政监查开始日至30日以内的期间实施监查。但，经正式会议的议决，可以在定期会议期间实施监查（《有关国政监查以及调查的法律》第2条第1款）。当四分之一以上的国会在籍议员要求进行国政调查时，由特别委员会或常任委员会，对该特定国政事项进行调查（《有关国政监查以及调查的法律》第3条）。

（六）小结：国政监查制度的过渡时期性质

当和平的政权交替变得日常化并且以此能够充分体现责任政治时，国政监查制度就有可能弱化甚至消失，即国政监查制度是韩国民主主义生根发芽前的过渡时期制度。

五、针对政府与总统履行国政的控制权

（一）针对总统发布国家紧急权的控制权

当总统宣布戒严时，应当及时向国会通报。国会可以通过在籍议员过半数的赞成，要求解除戒严。当有国会之解除要求时，总统应当解除戒严（《宪法》第77条）。总统发布紧急命令、紧急财政经济命令或处分时，应及时向国会报告并获得承认。国会以在籍议员过半数出席与出席议员过半数的赞成而对其予以承认（《宪法》第76条）。

（二）针对政府之财政作用的控制权

其一，国会可以议决、确定预算案，并具有结算审查权。甚至可以议决预备费，并对其支出予以承认。为了补充不可预测的预算外支出或超过预算的支出，可以设置预备费项目，这一支出需要得到下届国会的承认（《宪法》第55条第2款）。其二，国会具有国债同意权（起债同意权）。政府为了补充国家税入的不足，而发行流动国债或固定国债时，应当预先取得国会的同意（《宪法》第58条前段）。其三，国会具有对订立预算外国家负担条约的同意权。当订立外债支付保证合同、外国人雇佣合同、赁借合同等合同时，应当预先取得国会的同意（《宪法》第58条后段）。其四，国会具有对于缔结、批准带来财政负担之条约的同意权。在缔结、批准给国家或国民带来重大财政负担的条约时，应当取得国会的同意（《宪法》第60条第1款）。其五，国会具有对紧急财政经济命令以及紧急财政经济处分的承认权。总统在发布财政经济上的紧急权后，应当获得国会之事后承认。

（三）针对国务总理以及国务委员的要求出席权、质问权

“国会或其委员会要求时，国务总理、国务委员或政府委员应出席并予以答辩；国务总理或国务委员被要求出席时，可以委派国务委员或政府委员出席并予以答辩”（《宪法》第62条第2款）。

（四）针对履行外交、国防政策的同意权

国会具有对重要条约的批准同意权（《宪法》第60条第1款）。同时，国会对宣战、国军之国外派遣、外国军队的驻留享有同意权。

（五）针对一般赦免的同意权

身为国家元首的总统在行使赦免权时，针对一般赦免应当征得国会的同意（《宪法》第 79 条第 2 款）。

六、特别检察制度

（一）意义

特别检察制度在美国比较盛行，是指在处理高位公职人员的非法行为或者国政中具有疑惑的案件时，为了确保政治中立性，不由《检察厅法》之检察官来处理，而是由独立的检察机关来处理，从而消除疑惑的制度。自 1999 年以来，经历 12 次制定了有关个别案件的处分性法律。

（二）特别检察制度的内容

就特别检察制度的导入及其实施而言，由于要对每一个别案件制定个别法律，因此其内容很难以一类意思来定义。就特别检察官的任命而言，在引进特别检察制度的初期是当国会议长向总统要求任命特别检察官时，总统会委托大韩律师协会推荐特别检察官的候选人，总统在大韩律师协会推荐的 2 名候选人之中选其一人，任命为特别检察官。然而，这一制度发展到后期，不再由大韩律师协会来推荐任命特别检察官的候选人，而是由大法院院长向总统推荐 2 名特别检察官候选人，总统则在其中选出 1 名，任命为特别检察官。因此有学者批判这一做法有违权力分立原则。

（三）特别检察制度的问题点

其一，特别检察制度成了执政党与在野党之间，政治叫卖的对象。因此，有碍于法律的一贯性和准确性。其二，由于过度限定了检察对象以及检察期间，从而没能在实体上澄清事实。其三，从权力分立的视野看，虽然属于准司法权，但特别检察官的产生源自国会的要求，因此还有可能受到立法府，即国会的摆布。特别是当频繁的采取特别检察制度时，有可能歪曲由宪法与法律赋予检察机关，即检察院的起诉独占主义。

第四项　对国会内部事项的自律权限

一、有关国会规则的制定、进行议事、维持秩序的权限

国会可以在不抵触法律的范围内，自主制定关于议事和内部规律的规则

(《宪法》第 64 条第 1 款)。国会规则是《国会法》的下位规范。除此之外,国会还可以独立行使内部警察权以及独立进行议事。

二、有关国会议员身份的权限

(一)议员的资格审查权

国会可以审查议员的资格(《宪法》第 64 条第 2 款)。议员的资格是指为满足由《宪法》规定之议员的地位,而必须具备的资格。进行议员的资格审查时,应当先经过伦理特别委员会的预审,然后在正式会议中,由在籍议员三分之二以上的赞成而做出议决。对于其结果而言,不得向法院提起诉讼(《宪法》第 64 条第 4 款)。

(二)对议员的惩戒权

国会可以惩戒议员(《宪法》第 64 条第 2 款)。惩戒议员是指当议员扰乱了院内秩序或者损害了国会之品位与威信时,国会以维持秩序为目的,而对该议员进行的制裁。根据《国会法》,就惩戒的种类而言,①在公开会议中,进行警告;②在公开会议中,使其进行道歉;③ 30 日内的停止出席;④除名(《国会法》第 163 条)。根据《宪法》,若想处以国会议员除名处分,须有在籍议员三分之二以上的赞成(《宪法》第 64 条第 3 款)。不得就除名处分,向法院提起诉讼(《宪法》第 64 条第 4 款)。

三、国会自律权的界限与司法审查

国会自律权以宪法与法律羁束为界限,当脱离这一界限时,其自律权应当视为是宪法裁判所等的司法审查对象。

第三章　政府

韩国《宪法》第 4 章（政府）由第 1 节（总统），第 2 节（行政府）[第 1 款（国务总理与国务委员）、第 2 款（国务会议）、第 3 款（行政各部）、第 4 款（监查院）] 构成。政府是指代包括总统与行政府的广义之政府。行政府是指排除总统之后的政府，外观上看韩国二元化了行政权。然而，在第 2 节（行政府）中，第 2 款规定国务会议的议长为总统，第 4 款规定监查院是总统的直属机关，因此行政府是意味着全体执行府的一元化性质的行政府。

"行政权属于以总统为首的政府"（《宪法》第 66 条第 4 款）。然而，总统在组织政府过程中，"国务总理经国会同意由总统任命"（《宪法》第 86 条第 1 款），"国务委员经国务总理的提请，由总统任命"（《宪法》第 87 条第 1 款），因此政府的成立，没有国会的同意是不可能的。同时，"国会可以向总统建议，国务总理或者国务委员的解任"（《宪法》第 63 条第 1 款），因此政府之存续也有国会的介入。基于《宪法》第 8 章（地方自治）和第 7 章（选举管理）的内容具有执行府的性质，为了便于展开讨论将于本章中一并论述。

第一节　总统

第一项　总统的宪法上地位

一、意义

（一）政府形态与总统的宪法上地位

在"总统"之称谓当中已经包含了国家元首的观念。作为国家元首的总统之地位与权限，因宪法上之政府形态而异。总统制国家的总统，既是国家元首，又是执行府的首长。二元政府制（半总统制）国家的总统也具有国民正当性，因此与以首相为中心的政府共有执行权。相反，在议院内阁制的情况下，存在君主制度的国家由君主（王）担任国家元首，在没有君主的国家则由总统担任国家元首，然而这些国家的元首只是停留在名义上、礼仪性、象征性的地位，却不具有有关国政的实质性权限。

（二）韩国宪法上总统之地位的变迁

除了第二共和国时期的议院内阁制总统以外，其他时期的总统既是国家元首，又具有政府首长的地位。然而，自制宪宪法以来，就存在着议院内阁制的要素，因此韩国总统之地位与折中型政府形态的总统地位多有相似之处。

二、作为国民正当性砥柱之一的总统

总统由国民直接选举产生（《宪法》第 67 条），故而国会和总统共享国民正当性。然而，在维新宪法时期，间接选举的总统享有比国会更强的地位与权限，这种现象有违宪法之正当性原理。

总统是行政权的首班（《宪法》第 66 条第 4 款）。然而，政府（《宪法》第 4 章）是由总统（《宪法》第 4 章第 1 节）与行政府（《宪法》第 4 章第 2 节）相结合的二元制体制。国务总理经国会的事前同意，由总统任命（《宪法》第 86 条第 1 款）。同时，国会通过国务总理、国务委员解任建议制度（《宪法》第 63 条）对政府实施政治控制。

三、作为国家元首的总统

（一）国家和宪法的守护者

“总统负有维护国家独立、领土完整、国家存续和宪法的义务”（《宪法》第 66 条第 2 款）。同时，总统在就任之际，宣誓“遵守宪法，保卫国家”，为“增进国民的自由和福利、繁荣民族文化而努力”（《宪法》第 69 条）。违宪政党解散提诉权（《宪法》第 8 条第 4 款）、国家紧急权（《宪法》第 76 条之紧急命令以及紧急财政经济命令、处分权，第 77 条之戒严宣布权）等是为了守护国家与宪法赋予总统的宪法上特权。总统主持国家安全保障会议（《宪法》第 91 条）。

（二）对外之国家代表者

作为国家元首，“对外代表国家”（《宪法》第 66 条第 1 款）。总统“缔结条约，信任、接受或派遣外交使节，宣布战争和媾和”（《宪法》第 73 条）。

（三）对内之国政的最高负责人

作为国家元首的总统是国政的最高负责人。①具有组织宪法机关的权限。宪法裁判所所长以及宪法裁判官任命权，大法院院长以及大法官任命权，中央选举管理委员会委员（3 人）的任命权。②作为国家元首具有荣誉称号授予权、赦免权、法律公布权。③为了民族之夙愿“对祖国的和平统一负有忠实的义务”（《宪法》第 66 条第 3 款）。总统宣誓“为祖国的和平统一”（《宪法》第 69 条）而努力，在必要时，可以将统一政策附议于国民投票（《宪法》第 72 条），使得主权之介入成为可能。

四、作为行政权之首班的总统

“行政权属于以总统为首的政府”（《宪法》第 66 条第 4 款）。总统作为行政权的首班，具有行政府组织权。在行政权的具体内容之中，与国家元首之地位有着直接联系的权限，有军队统帅权，行政政策的决定以及执行，行政立法等权限。居于行政权之首位的总统是国家最高政策审议机关即国务会议的议长（《宪法》第 88 条）。总统行使行政权时，应当遵循宪法和法律规定的程序，如国务会议的审议（《宪法》第 89 条明确列举了必须审议的事项）、国务总理以及相关国务委员的副署、咨询机关的咨询等。

第二项　总统的身份上地位

一、意义

总统既是国家元首，又居于行政权之首位。基于总统的特殊身份，韩国宪法较为详细地规定了总统选举、总统有故、权限代行、继任者选举、身份上特权与义务、退任后的礼遇等事项。

二、总统选举

（一）政府形态与总统选举制度

根据政府形态的不同，各国采纳了不同的总统选举方式。美国虽然是形式上的间接选举，但实质上是直接选举。法国采纳两回制、多数代表制的直接选举方式。相反，议院内阁制国家中的总统选举采纳了间接选举方式。

（二）韩国宪法上总统选举制度

1. 总统中心制的宪治现实

第一共和国时期虽然以间接选举方式选出了第一任李承晚总统，但在 1952 年基于“拔萃改宪”，采纳了直接选举方法。第二共和国时期通过采纳纯粹议院内阁制，由国会之两院联合会议选举总统。第三共和国时期的总统选举采纳直接选举制，第四共和国时期（维新宪法）和第五共和国时期（1980 年宪法）则采纳了间接选举制。基于 1987 年的 6 月抗争，第六共和国宪法采纳了总统直接选举制。然而，“总统候选人为一人时，其得票数未超过选民总数三分之一的，不得当选”（《宪法》第 67 条第 3 款）。

2. 公职选举法上之总统选举

（参照第一篇第四章第三节第二款第三项之民主选举制度）

3. 总统选举制度的问题

其一，由于现行总统选举制度采纳相对多数代表制，因此有学者主张导入决选投票制（1987 年的总统选举中，总统当选人卢泰愚仅获得了有效投票的 36.6%）。就决选投票制（Runoff Voting）而言，虽然具有合理性，但需要克服实施两次选举的难题。其二，总统任期为 5 年，不得连任（《宪法》第 70 条）。从终结总统长期执政的弊端问题上来看，5 年单任制具有过渡时期的制度意义。然而，现行 5 年单任制未能形成与国会议员 4 年任期制之间的和谐，因此有必要考虑 4 年连任制的总统模式。其三，“总统缺位或因故不能履行职务时，依国务总理、法律规定的国务委员的顺序代行其权限”（《宪法》第 71 条）。然而，就总统有故时的继任者选举与任期届满时的继任者选举而言，因选举日的不同，存在时间上的差异。即“总统任期即将届满时，于任期届满 70 日至 40 日前选举继任者”（《宪法》第 68 条第 1 款）。“总统缺位、总统当选人死亡或因判决及其他事由丧失其资格的，于 60 日内选举继任者”（《宪法》第 68 条第 2 款）。其四，“总统选举中最高得票者为二人以上时，以国会在籍议员过半数出席的公开会议中获得多数票者为当选人”（《宪法》第 67 条第 2 款）（见表 11）。

表 11　总统和地方自治团体之首长的选举和权限比较

比较事项	总统	地方自治团体之首长
最高得票者为2人时	经国会在籍议员过半数出席的公开会议上取得多数票者当选为总统	年长者当选为首长
只有一位候选人时的当选要件	需要获得选举权人总数的三分之一以上选票	无需投票而当选

续表

比较事项	总统	地方自治团体之首长
具有何种行政立法权	总统令制定权限	规则制定权限
提出再议要求的期限	完成移送之日起15日内	完成移送之日起20日内
能够提出再议要求的事由	无明文规定	应当存在越权、违反法令、显著违背公益的事由
具有何种紧急权	紧急命令，紧急财政经济命令、处分权，戒严权	先决处分权
任期	5年、单任制	4年、可以连续任职三届
候选人提交的寄托金金额	3亿韩元	市、道知事为5000万韩元，基层团体之首长为1000万韩元

三、总统的就职与任期的开始

（一）总统当选人的地位与权限

没有发生总统有故等特殊情况下，现任总统“任期届满前 70 日以后，第一个星期三”实施总统选举以后至总统就任前一天为止，新任总统当选人享有作为总统当选人的地位和权限。《有关总统职务接收的法律》规定了总统当选人的地位、权限、礼遇等事项，新设了要求对国务总理以及国务委员候选人实施人事听证会的法律根据。同时，该法规定了总统职务接收委员会的设置及活动等，缩小了在政权交替期间出现的行政空白，规范了圆满实现总统职务交接的程序。

（二）总统的就任与就任宣誓

“我庄严地向国民宣誓，忠实履行总统的职责，遵守宪法，保卫国家，为祖国的和平统一、增进国民的自由和福利、繁荣民族文化而努力”（《宪法》第 69 条）。

（三）总统任期的开始

根据《有关总统职务接收的法律》的规定，在前任总统任期届满之日的次日零点，新总统开始其任期。但，当发生前任总统任期届满后实施选举或者因缺位实施选举时，自当选决定日起开始总统任期（《公职选举法》第 14 条第 1 款）（《有关总统职务接收的法律》之附则第 3 条）。

（四）限制连任的宪法修改限制

“延长总统任期或变更连任规定的宪法修改，对该提案出台当时的总统不发生效力”（《宪法》第 128 条第 2 款）。这是为了防止一人长期执政、保证和平政权交替的宪法制度装置。

四、总统的有故、权限代行、继任者选举

（一）总统的有故

1. 意义

“总统缺位、总统当选人死亡或因判决及其他事由丧失其资格的，于60日内选举继任者”（《宪法》第68条第2款）。“总统缺位或因有故而不能履行职务时，依国务总理、法律规定的国务委员的顺序代行其权限”（《宪法》第71条）。

缺位的情况有如下：①由于总统就任以后死亡或者辞职，总统职位发生空缺的情况；②由于宪法裁判所的弹劾决定，被罢免的情况；③总统就任后，丧失当选资格以及因判决等其他事由丧失其资格的情况。然而，在第68条第2款中还包括了就任之前“总统当选人死亡或者因判决及其他事由丧失其资格”的情况。

有故的情形包括：总统在任期间因身体疾病、海外旅行等不能履行职务的情形；国会提出弹劾追诉议决之日起至宪法裁判所作出弹劾决定之前停止行使总统权限的情形。就总统之有故而言，可以列举如下：1960年的四一九革命运动后，李承晚总统于4月27日向国会提交总统辞职书，5月2日由许政担任过渡政府首长。1961年五一六政变后，尹潽善辞去总统职务。1979年10月26日朴正熙总统遇刺后，由崔圭夏国务总理代行总统权限。1980年崔圭夏辞去总统职务，由朴忠勋代行总统权限。2004年的卢武铉总统和2016年的朴槿惠总统因国会提起弹劾追诉被迫停止行使总统权限。

2. 问题

（1）“总统当选人由于死亡或者由于判决等其他事由而丧失资格时”。

“总统当选人由于死亡或者由于判决等其他事由而丧失资格时”，由于总统之缺位确实是即将发生，因此应当实施继任者选举。

（2）“总统由于有故不能履行职务时”。

由于弹劾追诉，而不能履行职务的情况；以及由于总统一时的海外旅行等，而不可能履行职务的情况下，不会有特别的问题存在。但是因疾病等，总统不能正常履行职务的情况下，职务代行的决定、范围、期间等便会成为问题。当总统身患重病时，应当迅速确定其权限代行并着手新总统的选举。相反，当总统的疾病为可恢复疾病时，虽然可以采取一时的权限代行体制，但是就能够容许的恢复期间范围而言，仍会成为问题。总之，有故当中，总统的健康问题成了主要的争论焦点（例如，1999年俄国总统叶利钦的辞职，1974年法国总统蓬皮杜的死

亡）。对于这一问题，虽然没有明文规定最终判断权者，但是可以肯定应当通过作为国家最高政策审议机关的国务会议来决定。

（二）总统权限代行

1. 意义

总统有故时，重新就任总统职务的方式大致有两种。首先，美国模式，当总统有故时（缺位），直接由继任者就任总统职务。由于新就任的总统的任期是前总统剩余任期内的存续，因此可以说这一总统职务只是单纯的继承（美国宪法修正案第 25 条第 1 款）。其次，法国模式，当总统有故时，先按照法定顺序代行总统权限，随后依照宪法程序选举新总统。新总统的任期从就任之日起重新计算。韩国亦是如此。

2. 总统权限代行的时期与顺序

当发生总统的缺位或有故时，自总统职务的有故被确认和被决定的那一刻起代行总统权限的人员正式就任。“总统缺位或因有故而不能履行职务时，依国务总理、法律规定的国务委员的顺序代行其权限”（《宪法》第 71 条）。国务总理是总统权限的第一顺序代行人员。当国务总理一并缺位时，根据《政府组织法》第 22 条第 1 款规定的顺序，由国务委员代行总统权限（《政府组织法》第 12 条）（见表 12）。

表 12　权限代行以及职务代行的顺序

国家机关	第一顺位	第二顺位	第三顺位
总统	国务总理	法律规定的国务委员	
国务总理	副总理（企划财政部长官）、副总理（教育部长官）	总统指命的国务委员	在没有指命的情况下，依政府组织法规定的顺序
国会议长	议长指命的副议长（议长、副议长一并缺位时，选举临时议长）		
大法院院长	先任命的大法官		
宪法裁判所所长	一时性有故时：宪法裁判官中按任命日期顺序进行权限代行（相同时期任命的，依年长者顺序）； 缺位或有故一个月以上时：在宪法裁判官7人以上出席的宪法裁判官会议中，以过半数赞成选出的宪法裁判官		
中央选举管理委员会委员长	常任委员或者副委员长	委员中互选的临时委员长	
监查院院长	监查委员之中，在职最长时间的监查委员（2人以上时，依年长者顺序）		

3. 总统权限代行的期间

《宪法》第 68 条第 2 款规定之中“60 日内选举继任者”的文义是指总统权限代行人员的任期不可以超过 60 日。

4. 总统权限代行的职务范围

虽然赋予总统权限代行人员以与正式总统相同的权限与责任是不恰当的，但却没有限制代行之权限的宪法根据。

（三）继任者选举

1. 意义

《宪法》第 68 条第 2 款规定“总统缺位或总统当选人死亡或因判决及其他事由丧失其资格的，于 60 日内选举继任者”。如果单从第 68 条第 2 款之规定来看待继任者，很有可能认为继任者是继承前任总统之剩余任期。然而，第 68 条第 1 款却规定了“总统任期即将届满时，于任期届满 70 日至 40 日前选举继任者”，即在这里也同样的使用了“继任者”的用语，因此应当把“继任者”理解为是法国《宪法》第 7 条的“新总统”之意。亦即，通过继任者选举而当选的人员是从就任之日起重新开始为期五年任期的下一届总统。

2. 公职选举法的继任者选举

《公职选举法》为了保证选举过程中政治日程的透明性，将总统选举日明确于总统任期届满前 70 日以后的第一个星期三（《公职选举法》第 34 条第 1 款）。但是“因总统缺位进行选举或再选举时，应当于选举实施事由确定之日起 60 日内实施，选举日的公布应当最晚于选举日之 50 日前由总统或者总统权限代行者公告”（《公职选举法》第 35 条第 1 款）。

3. 任期届满时的继任者选举与有故时的继任者选举的差异问题

根据《宪法》第 68 条第 1 款，常规的任期届满时，总统继任者选举是在任期届满 70 日至 40 日前，而根据第 68 条第 2 款，总统有故时的继任者选举则是在 60 日内。从而可以看出差异的存在，而这有可能导致两者选举日程上的不协调问题。因此，在今后的修宪中，有必要统一两者的选举日程。

五、总统的身份上特权与义务

（一）刑法上特权

“总统除犯有内乱或外患罪外，在职期间免受刑事追诉”（《宪法》第 84 条）。然而，对于在职期间所犯的刑事犯罪，可以在退职后追究刑事责任，在职期间《刑事诉讼法》上的公诉时效停止。

（二）禁止弹劾决定以外事由的罢免

总统不以弹劾以外的事由而被罢免。弹劾追诉的性质与刑事上特权不同，因此在职期间是可以被弹劾追诉的。

（三）总统的义务

《宪法》第 69 条之就任宣誓便体现了总统的义务。同时，“总统不得兼任国务总理、国务委员、行政各部长官及其他法律规定的公私职务”（《宪法》第 83 条）。

六、总统退任后的礼遇

“前任总统的身份和礼遇由法律规定”（《宪法》第 85 条）。刚退任的总统担任国家元老咨询会议的议长，此外的前任总统担任委员。《关于前任总统礼遇的法律》中规定了年金、警卫等礼遇事项。然而，当存在以下事由时，不享有礼遇：①在职期间，由于弹劾决定而退任的情况；②被确认是负有禁锢以上刑罚的情况；③以规避刑事处分为目的，向外国政府提出庇护要求的情况；④丧失大韩民国国籍的情况等事由（《关于前任总统礼遇的法律》第 7 条第 2 款）。

第三项　总统的权限

一、意义

根据《宪法》，总统既是国家元首，又居于行政权之首（《宪法》第 66 条第 4 款）。因此，总统可以在国政所及的所有部分行使其权限。然而，总统在实际权限的行使当中，与以国务总理为中心的狭义上的政府，共有相当部分的权限。

二、有关宪法机关构成的权限

（一）作为国家元首的宪法机关构成权者

总统身为国政的责任人，享有组织政府以外之宪法机关的权限。总统是宪法裁判所所长以及宪法裁判官、大法院院长以及大法官、中央选举管理委员会委员（3 人）之任命权者（《宪法》第 104 条，第 111 条，第 114 条）。宪法裁判所所长、大法院院长需经国会同意后任命。大法官需经大法院院长的提请，再由国会同意后任命。9 名宪法裁判官之中 3 名由国会选出、3 名由大法院院长指命。总之，总统只得独立任命 3 名宪法裁判官与 3 名中央选举管理委员会委员。有关由其任命的事项，属于总统裁量权。

（二）作为行政权之首的行政机关构成权者

总统享有任命国务总理、国务委员、监查院院长、行政各部之长官以及重要公职人员的任命权。国务总理经过国会的事前同意，而任命之（《宪法》第 86 条第 1 款）。国务委员以及行政各部长官则由国务总理的提请，而任命之（《宪法》第 87 条第 1 款，第 94 条）。监查院院长经过国会的同意，而任命之（《宪法》第 98 条第 2 款）。监查委员由监查院院长的提请，而任命之（《宪法》第 98 条第 3 款）。国会可以在同意任命国务总理与监查院院长之前，实施人事听证会（《国会法》第 65 条之二）。

三、国民投票附议权

（一）意义

国民投票制度是行政权对抗议会或者政党的手段。然而，国民投票制度有可能被滥用为独裁者实现个人权力的工具。

（二）国民投票的类型

1. 广义的国民投票

（1）国民否决。国民否决是指对于由议会制定的法律，为了全部或者部分废止该法律或反对该法律的施行，由一定数量的国民通过签名来请愿国民投票的制度。

（2）国民召回（Recall）。国民召回是指通过国民的请愿，就选举产生的在职公职人员，为了结束其个人或者集体的任期，而附议于国民投票的制度。

（3）国民提案（Initiative）。国民提案是指国民对宪法、法律的制定或修改，提出请愿而附议于国民投票的制度。

（4）最普遍意义上的国民投票（Referendum）。通常针对重要政策或者针对特定法案询问国民是否赞成时，可以进行国民投票。

2. 狭义的国民投票（Referendum）

（1）选择性国民投票与必要性国民投票。

通常情况下，是否实施国民投票的问题属于选择性事项。然而，就宪法修改而言，有些国家采取了必要性国民投票制度（硬性宪法）。

（2）Referendum 与 Plebiscite。

例如，针对特定案件实施国民投票（Referendum）过程中，统治权人将其信任问题附加于该特定案件时，很有可能淡化针对特定案件本身的议论，转而将重点置于针对统治权人的信任问题，导致无法理性解决特定案件。因此，当进行国民投票过程中一并提出针对总统或者政府的信任案时，如果该国民投票的实质仅仅是针对总统或者政府的信任案，那么此类国民投票可以称之为国民信任投票，即 Plebiscite。

（三）韩国宪法上国民投票

1. 意义

《宪法》第 72 条规定，“总统认为必要时，可以就外交、国防、统一及其他有关国家安全的重要政策进行国民投票”。根据《宪法》第 130 条的宪法修改程序，修宪需要经国会议决后，再通过国民投票予以确认。因此，限于宪法修改，韩国采纳了必要性国民投票制度（硬性宪法）。

2. 在韩国宪法史上的国民投票

在第二次宪法修改（1954 年宪法）之中，首次导入国民投票条款以来，共进行了六次国民投票，其中除了 1975 年 2 月 12 日实施的国民投票以外，其他所有国民投票都是为了修改宪法而进行的。1975 年由朴正熙总统附议的国民投票是对维新宪法的信任案，即同时具有宪法修改与信任投票的性质。

3. 宪法第 72 条中针对重要政策的国民投票

（1）Referendum 与 Plebiscite。

《宪法》第 72 条中规定国民投票的对象是“外交、国防、统一及其他有关国家安全的重要政策”。基于“其他有关国家安全的重要政策”这一规定，付诸国民投票的对象应当视为是宪法上预示的规定。《宪法》第 72 条使用了“重要政策”，因此仅判断总统自身信任问题的 Plebiscite 很难视为是“重要政策”。然而，当总统欲向国民提出自身信任问题时，可以采纳对重要政策的 Referendum 中结合 Plebiscite 的做法，即向国民附议是否同意国民投票条款中明示的“重要政策”时，一并提出信任问题。

（2）针对重要政策的国民投票与法律国民投票。

法治国家中，重要政策通过法律得以具体化，因此，没有必要将法律排除在重要政策的概念之外。即使排除法律，终究可以将作为法律核心内容的重要政策先行附议于国民投票，然后再将获得国民投票赞成的重要政策以法律案的形式提交于国会，国会则难以否决此类法律案。

（3）为了修改宪法的国民投票。

韩国宪法之修改需要经国会的议决，再由国民投票予以确定。因此，韩国采纳了最为硬性的修宪程序。宪法之修改应当遵循《宪法》上规定的正常宪法修改程序（《宪法》第 10 章宪法修改）。因此，当基于《宪法》第 72 条的国民投票实施修宪时，显然是违背了宪法上明文规定的宪法修改程序。

四、关于立法的权限

（一）有关国会的权限

总统经国务会议的审议（《宪法》第 89 条第 7 项），通过“明示会期和提议召集的理由”（《宪法》第 47 条第 3 款），可以要求国会召集临时会议（《宪法》第 47 条第 1 款）。“总统可以出席国会进行发言，也可以用书函发表意见”（《宪法》第 81 条）。

（二）有关立法的权限

1. 有关宪法修改的权限

总统可以提出宪法修正草案（《宪法》第 128 条第 1 款）。提出宪法修正草案后，总统应当将其公告 20 日以上（《宪法》第 129 条）。当宪法修正草案通过国民投票后得以确定时，总统应当立即予以公布（《宪法》第 130 条）。

2. 有关法律制定的权限

（1）法律案的提出权。

总统经过国务会议的审议，可以向国会提出法律案（《宪法》第 52 条、第 89 条第 3 款）。

（2）法律案的否决权。

“国会通过的法律案，移送到政府 15 日内，由总统公布”（《宪法》第 53 条第 1 款）。“对法律案有异议时，总统可以在第一款规定的期限内附上异议书退还国会，要求重新审议。国会闭会期间亦同”（《宪法》第 53 条第 2 款）。

①意义。法律案否决权是指总统对国会通过并移送至政府的法律案，提出异议，要求国会重新审议的权限。这是总统对作为国会固有权限的法律制定权实施的直接而实质性的介入权。

②制度性价值。总统之法律案否决权可以牵制国会在制定法律上的垄断权。特别是像韩国国会一样的一院制国会，法律案否决权可以成为控制轻率行使国会立法的手段。

③法律性质。总统之法律案否决权，可以视为在国会做出重新审议之前，停止该法律生效的消极停止性否决权。

④类型。否决的类型有退还否决和保留否决。退还否决是指通过国会的法律案移送至政府后 15 日内，总统可以附上异议书退还国会，要求重新审议（《宪法》第 53 条第 2 款）。除非发生议员任期结束的情形，即使是在国会闭会期间，

也可以行使退还否决。(《宪法》第 53 条第 2 款)。但是"总统不得要求重新审议法律案的一部分，或自行修改法律案后要求重新审议"(《宪法》第 53 条第 3 款)。保留否决是指由于国会的长期休会或闭会等原因，总统无法于指定的期间内退还时，该法律案自动废弃的制度。在国会任期结束的情况下，可以认可保留否决。

⑤行使要求。第一，实质性要件。行使否决权需要有正当的事由和必要性。例如，无法执行的法律案；违反国家利益的法律案；内容中包含附加对政府不当政治压力的法律案；违宪的法律案等。第二，程序性要件。通过国会议决的法律案移送至政府后 15 日内，总统可以附上异议书退还国会，要求重新审议。

⑥控制。"要求重新审议时，国会应重新审议，若在籍议员的过半数出席、出席议员的三分之二以上赞成相同决议，该法律案即确定为法律"(《宪法》第 53 条第 4 款)。就重新审议后被确定的法律案而言，"确定的法律移送政府之后 5 日内总统不予公布的，由国会议长公布"(《宪法》第 53 条第 6 款)。

(3)法律案公布权。

"国会通过的法律案，移送到政府后 15 日内，由总统公布"(《宪法》第 53 条第 1 款)。在此期间内，总统未公布或者未提出重新审议要求，自 15 日后法律案确定为法律。当该法律案在国会中进行重新审议后，仍然通过，该法律案随即确定为法律(《宪法》第 53 条第 4 款、第 5 款)。总统应当立即公布确定之法律(《宪法》第 53 条第 6 款)。

法律案虽已确定，但总统不予公布时，首先，总统收到移送法律案后经过 15 日，自该法律案确定为法律之日起经过 5 日，可以由国会议长公布；其次，当国会重新审议后，被确定为法律的，移送至政府之日起经过 5 日，也可以由国会议长公布(第 53 条第 6 款)。当法律中没有特别规定时，自公布之日起 20 日后发生效力(《宪法》第 53 条第 7 款)。

(三)有关行政立法的权限

1. 意义

行政立法是指行政机关订立的一般、抽象性法规范。基于法规范的层级结构或者法治主义原则，立法权属于国会(《宪法》第 40 条)，特别是有关国民权利、义务的法规事项应当由法律规定(《宪法》第 37 条第 2 款)。"总统可以就法律具体确定范围授权的，以及执行法律所需的事项发布总统令"(《宪法》第 75 条)。

2. 种类

行政立法，根据其性质与效力，可以区分为法规命令与行政命令（行政规则）。法规命令，根据发布命令的主体可分为总统令（《宪法》第 75 条）、总理令（《宪法》第 95 条）、部令（《宪法》第 95 条），根据其性格可分为委任命令与执行命令。

（1）法规命令与行政命令。

法规命令。法规命令是指根据宪法，就有关国民的权利、义务的事项（法规事项），由行政机关发出的一般命令。法规命令有总统令（《宪法》第 75 条）、总理令（《宪法》第 95 条）、部令（《宪法》第 95 条）与国会规则（《宪法》第 64 条）、大法院规则（《宪法》第 108 条）、宪法裁判所规则（《宪法》第 113 条）、中央选举管理委员会规则（《宪法》第 114 条）等。

行政命令。行政命令（行政规则）是指行政机关根据其固有权限，就与法规事项没有关联的事项，即为了规范行政府内部的组织、活动等，发布的命令。行政命令，根据内容可分为组织规则、工作规则、营造物规则等，根据其形式可分为告示、训令、通牒、例规、指示、日常命令等。有关行政命令的发布形式和程序，虽无一般规定，但实务中基于行政惯例履行公布程序。

法规命令与行政命令的比较。法规命令与行政命令都是由行政机关订立的，然而就法规命令与行政命令的区别而言，法规命令具有一般的、对外的约束力。

（2）委任命令与执行命令。

委任命令。第一，意义。委任命令是指根据宪法，有法律具体明确委任范围的情况下，由行政机关发布的命令。由于委任命令在实质上补充了由法律委任的事项，因此又称为补充命令。总统可以“就法律具体确定范围授权的事项，发布总统令”（《宪法》第 75 条）。第二，形式。委任的形式不应当是一般性、概括性委任，而应当是特定的、具体的委任。当国会制定的法律中包含一般性、概括性委任时，将导致国会立法权的形骸化，因此，应当禁止概括性的白纸委任。第三，性质。委任命令以法律为母法，以法律的委任作为前提，因此是从属于法律的法规命令。母法归于消失时，委任命令也随之消失，并且不能违反母法的规定。第四，委任的范围与界限。《宪法》明示应当由国会制定的法律事项，例如取得国籍的要件（《宪法》第 2 条第 1 款），税收的种类与税率（《宪法》第 59 条），地方自治团体的种类（《宪法》第 117 条第 2 款）等，不得再次委任于命令。

执行命令。第一，意义。执行命令是指根据宪法，由行政机关制定执行法律所需细则的命令。“总统……就执行法律所需的事项，可以发布总统令”（《宪法》第 75 条)。第二，性质。执行命令和委任命令同属于法律从属性法规命令。第三，界限。执行命令以法律为母法，根据法律所委任的事项或在法律规定的范围内，仅规定执行法律中必要的具体详细的事项，因此在没有法律之委任的情况下，不可以变更、补充由法律规定的有关个人之权利、义务的内容，并且不可以规定法律之中没有规定的新内容。

3. 对行政立法的控制

(1)由国会的控制。

直接控制。国会可以同意、承认对行政立法的成立、生效，或者为了使合法成立的行政立法之效力归于失效，可以通过制定或者修改法律的形式，使得行政立法失效。

间接控制。国会可以对政府发起国政控制权，从而控制行政立法。国政控制权的重要手段有国政监查、国政调查、对政府质问、弹劾追诉、国务总理以及国务委员解任建议权等。

(2)由法院的控制。

法院可以通过违宪、违法命令审查制度控制行政立法(《宪法》第 107 条第 2 款)。根据《行政诉讼法》，当命令、规则之违宪、违法通过大法院之判决而被确定时，行政安全部长官应当公告该判决(《行政诉讼法》第 6 条)。

(3)由宪法裁判所的控制。

除了法院之裁判以外，宪法裁判所对所有事项具有宪法诉愿审判权(《宪法》第 111 条第 1 款第 5 项，《宪法裁判所法》第 68 条第 1 款)。然而，宪法裁判所对法规命令到底有无司法审查权的问题，一直存在着争议，但是宪法裁判所对此做出了积极的回应。

(4)由国民的控制。

根据《行政程序法》上的规定，为了在行政立法中体现民主的舆论收集过程，韩国采纳了立法预告、听证、公众听证会制度。

(5)行政府内部的控制。

上级行政机关可以对下级行政机关的行政立法行使指挥监督权；法制处一类的专业机关，对行政立法进行审查，从而提高法体系上的统一性、衡平性、合理性；然而，由于行政府内部的自我控制具有一定的界限，因此为了在制度上实现合法程序，特别在《行政程序法》中提供了立法预告、听证、公众听证会制度等。

五、关于司法的权限

宪法上针对司法的总统权限包括组织宪法裁判所以及大法院的构成权、违宪政党解散提诉权、赦免权。

（一）违宪政党解散提诉权

“政党的目的或活动违背民主的基本秩序的，政府可以向宪法裁判所提起解散申请之诉”（《宪法》第 8 条第 4 款）。“解散政党的提诉”是国务会议的必须审议事项（《宪法》第 89 条第 14 项）。

（二）赦免权

1. 意义

通过赦免制度可以缓解刑事司法制度的僵硬，从而使得执行刑罚时，考虑人道的、政治性因素。《宪法》第 79 条规定了总统的赦免权：“总统根据法律规定，可以发布赦免、减刑或恢复权利的命令。发布一般赦免命令，应征得国会同意。有关赦免、减刑及恢复权利的事项由法律规定”。总统的赦免、减刑以及恢复权利是国务会议的必须审议事项（《宪法》第 89 条第 9 项）。虽然在《宪法》中使用了“赦免、减刑及恢复权利”，但是赦免的概念中已经包含了“赦免、减刑及恢复权利”。

2. 赦免的种类

（1）狭义的赦免。

所谓赦免是指不依照刑事司法程序的总统之特权，即宣告刑罚之效力丧失、公诉权的消灭（《赦免法》第 5 条第 1 项，一般赦免）、刑罚执行的消灭（《赦免法》第 5 条第 2 项，特别赦免）。狭义的赦免之中包括一般赦免与特别赦免。

一般赦免（大赦）是指通过指定所犯罪行的种类（《赦免法》第 8 条第 2 款），对满足该类罪行的所有犯人，宣告其刑罚之效力消灭，对没有宣告刑罚的人来说，消灭其公诉权（赦免法第 5 条第 1 项）。一般赦免在依照《宪法》，通过国务会议的审议后，经国会的同意，根据总统令行使（《赦免法》第 8 条第 1 款）。

特别赦免（特赦）是指对于被判处刑罚的特定人，免除其刑罚的执行（《赦免法》第 5 条第 2 项）。特别赦免是通过赦免审查委员会的审查，由法务部长官报审总统（《赦免法》第 10 条），再由总统行使赦免（《赦免法》第 9 条）。有关赦免被判处的刑罚之全部还是赦免其部分的决定，专属于赦免权者的裁量事项。

（2）减刑。

减刑是指总统对被判处刑罚的人，变更其刑罚或减轻其刑罚之执行的行为

（《赦免法》第5条第3项、第4项）。一般减刑是在确定了罪或刑罚的种类之后，经过国务会议的审议，根据总统令来行使。特别减刑是针对特定人，经赦免审查委员会的审查后，由法务部长官提交总统，总统经国务会议之审议后，命令的赦免。

（3）复权。

“复权是指由于犯罪而被判处刑罚的人，在被宣告刑罚的同时，作为附随性的效力，根据其他法令丧失或者停止某种资格的情况下，以恢复该被丧失或者停止的资格为目的”的行为（《赦免法》第5条第5项）。“对没有执行完刑罚的人或者没有被免于执行的人，不得行使复权”（《赦免法》第6条）。一般复权是在确定了罪或刑罚的种类之后，经过国务会议的审议，根据总统令来行使。特别复权是针对特定人，经赦免审查委员会的审查后，由法务部长官提交总统，总统通过国务会议之审议后，命令的特别复权。

3. 赦免的效果

赦免、减刑、复权不得变更因刑罚的宣告而形成的既成效果（《赦免法》第5条第5项）。赦免的效果只具有将来效果，而不具有溯及效果。

4. 赦免的界限与控制

（1）赦免的界限。

理论上应当认可宪法内在的界限：①根据宪法上权力分立的原理，赦免权不可以侵害司法权的本质内容。②赦免权的行使应当是为了国家利益或者国民之和谐。③当提出弹劾追诉等问题时，不可以消灭弹劾追诉权。④国会在同意一般赦免时，不得追加总统尚未提案的其他罪的种类。⑤一般赦免的行使不应当源于赦免权者的恣意，应当立足于普遍妥当的平等原理。然而，除了在宪法上规定的程序性控制制度以外，无法对总统之赦免权行使进行任何事前的控制。上述对赦免权行使的限制仅停留于宪法理论中。

（2）对于赦免权行使的司法审查。

总统经合法地履行宪法上的事前程序而行使赦免权时，很难就赦免权行使实施司法审查。但是，在肯定赦免权之界限的情形下，当总统之赦免权行使侵害了法院之司法权时，法院在理论上可以向宪法裁判所提出权限争议审判。

六、关于行政的权限

（一）行政权的意义

总统作为行政府的首班（《宪法》第66条第4款），是有关行政的最高决策者和最高执行权者。行政在本质上意味着在法律下执行法律，因此，《宪法》赋予了总统以命令制定权（《宪法》第75条）。

（二）国军统帅权

1. 意义

“总统根据宪法和法律规定统帅国军”（《宪法》第74条第1款）。“国军的组织和编制由法律规定”（《宪法》第74条第2款）。

2. 国军统帅权的内容

（1）根据军政、军令之一元主义的最高统帅权者。

军政是指作为组织、编制军队和取得、管理兵力的作用，国家依统治权，命令、强制国民，并课以负担的作用。军令是指为了国防目的，实在地指挥、命令和统帅军队的作用。军政、军令之二元主义是指分离军政机关与军令机关，军政由一般行政机关承担，军令以隶属于国家元首的个别特殊机关来承担的制度。军政、军令之一元主义是指军政与军令都由一般行政机关承担，从而实现文官控制的制度。根据《宪法》，对军队适用了文官控制原则，因此采取了军政、军令之一元主义。

（2）其他有关军事的权限。

总统身为国军统帅权者，具有宣战与媾和的权力，国军的海外派遣权，外国军队之国内驻留许可权，戒严宣布权等。

3. 对国军统帅权的控制

其一，根据法治行政的原则，作为国军统帅者的总统“根据宪法和法律规定统帅国军”（《宪法》第74条第1款）。同时，“国军的组织和编制由法律规定”（《宪法》第74条第2款）。其二，根据国际和平主义，“大韩民国致力于维持国际和平，否认侵略战争”（《宪法》第5条第1款），因此总统只具有自卫战争宣布权，而不可以为了发动侵略性战争，动员军队。其三，根据军队的政治中立性原则，“国军以履行国家的安全保障和国土防卫的神圣义务为使命，遵守政治中立性”（《宪法》第5条第2款），因此总统不得以政治目的利用军队。其四，韩国宪法设计了针对总统行使国军统帅权的行政府内部控制制度。当总统行使诸如国军统帅权等国法上权限时，应当由国务总理和有关国务委员予以副署。韩国《宪法》明确规定了“军事方面亦同”（《宪法》第82条）。同时，对于宣战、媾和以及其他重要对外政策，宣布戒严及其解除，有关军事的重要事项，合同参谋议长、各军参谋总长的任命等，必须由国务会议审议（《宪法》第89条第2项、第5项、第6项、第16项）。树立有关军事政策时，应经国家安全保障会议的咨询后，再由国务会议审议（《宪法》第 91 条第 1 款）。其五，总统行使重要的国军统帅权时，受国会的控制。对于安全保障相关的媾和条约、宣战、国军的海外派遣、外国军队在大韩民国领域内的驻留，需要取得国会的同意（《宪法》第 60 条）。

（三）公务员任免权

1. 任免权

“总统根据宪法和法律规定任免公务员”（《宪法》第 78 条）。任免是包含了任命、罢免、休职、转职、惩戒处分的广义之概念。所属于行政机关的 5 级以上公务员和高位公务员团的一般职公务员，根据所属长官的提请，经与人事革新处长的协商，再经由国务总理，由总统任命。其他 6 级以下公务员，由所属长官予以任用（《国家公务员法》第 32 条第 1 款、第 2 款）。

2. 任免权的制约

其一，选举职公务员（即，需要选举的公务员职务）不是总统任命的对象。其二，存在具体任命资格的公务员，应当在满足一定资格要件的人员中任命。其三，对于一些高位公务员的任命，应当经国务会议进行必要审议。亦即对检察总长、合同参谋议长、各军参谋总长、国立大学校长、大使及其他法律规定的公务员、国营企业管理者的任命（《宪法》第 89 条第 16 项）。其四，对重要宪法机关组成人员的任命，应当经国会的人事听证会后，获得国会的同意。亦即大法院院长、大法官、宪法裁判所所长、国务总理、监查院院长的任命。其五，就任命公务员而言，当需要有一定机关的提请为要件时，只有在满足该提请要件的情况下，总统才可以任命。例如，大法官、国务委员、行政各部之长官、监查委员。其六，除此之外，在任命由《国会法》等规定的重要公职人员时，应当召集国会的人事听证会。

3. 对于免职的制约

其一，就罢免一般职公务员或罢免被保障身份的别定职公务员而言，根据法定程序，在没有法定免职事由（弹劾、刑罚、惩戒等）存在时，不得予以罢免。其二，当国会提出对国务总理或国务委员的解任建议时，在没有特别事由的情况下，应当予以解任。其三，对于受到宪法裁判所之弹劾决定的公务员而言，总统不得通过赦免予以复职。

4. 职业公务员制度的保障

“公务员的身份和政治中立性依照法律规定受到保障”（《宪法》第 7 条第 2 款）。因此，总统之公务员任命权不得违背作为基本原则的职业公务员制度。

（四）关于财政的权限

总统应在每个会计年度编制预算案，并于会计年度开始90日前提交国会（《宪法》第54条第2款）。此外，还具有追加更正预算案提出权（《宪法》第56条），对于继续费（《宪法》第55条第1款）、预备费（《宪法》第55条第2款）、国债以及预算外由国家负担的合同（《宪法》第58条）等而言，应当得到国会的同意或承认。为了克服财政、经济上的危机，总统具有作为国家紧急权之一的紧急财政、经济命令以及处分权（《宪法》第76条第1款）。

（五）荣誉称号授予权

“总统根据法律规定授予勋章及其他荣誉称号”（《宪法》第80条）。为此，韩国制定了《赏勋法》。授予荣誉称号的事宜应当由国务会议审议（《宪法》第89条第8项），荣誉称号不具有任何特权（《宪法》第11条第3款）。

（六）各种会议的主持权

根据《宪法》，总统是国务会议（《宪法》第88条第3款）以及国家安全保障会议（《宪法》第91条第2款）的议长，并主持会议。

七、国家紧急权

（一）意义

为了及时应对类似国家非常事态一样的国家之危机，《宪法》赋予总统以国家紧急权，作为宪法保障手段。总统具有紧急命令权、紧急财政经济命令权、紧急财政经济处分权（《宪法》第76条）和戒严宣布权（《宪法》第77条）。除了在宪法上明示的总统之国家紧急权以外，不允许有其他国家紧急权。

（二）紧急命令权

1. 意义

紧急命令“限于有关国家安危的重大交战状态，为保卫国家有必要采取紧急措施而无法召集国会的情形”，总统可以发布“具有法律效力的命令”（《宪法》第76条第2款）。

2. 性质

紧急命令是指在不能通过正常立法程序制定法律时，为了克服非常状态，由总统做出的具有法律效力的紧急立法。这是对国会立法权的例外，也是重大挑战。

3. 发布要件

其一，应当存在“有关国家安危的重大交战状态”。重大交战状态是指即使没有宣战，但是存在着与外国之间的战争或者内乱、事变等。重大交战状态应当与国家的安危具有直接的关系。其二，应当“为保卫国家有必要采取紧急措施”。紧急措施应当是为了防卫，而不是为了发动侵略战争的措施。同时，紧急措施还应当是具有法律效力的措施，并通过这一措施而能够达到目的。其三，应当是“无法召集国会”。其四，必须经国务会议之必要审议（《宪法》第 89 条第 5 项）。必要的情况下，还应当经国家安全保障会议的咨询（《宪法》第 91 条）。

4. 国会的承认与其效果

总统在发布紧急命令时，“应及时向国会报告并获得其承认”（《宪法》第 76 条第 3 款）。国会于临时会议中（《宪法》第 47 条第 1 款）承认紧急命令时，该紧急命令的效力得以确定。亦即，就总统发布的紧急命令而言，国会的承认赋予该紧急命令以正当性和作为法律的效力。“未能获得国会承认时……该命令即告失效。此时，因该命令而修订或废止的法律自该命令未获承认时起自动恢复效力”（《宪法》第 76 条第 4 款）。

5. 效力

虽然紧急命令的制定主体是总统，但其法律效力与一般法律相同。

6. 总统的公布

总统应当“及时公布”（《宪法》第 76 条第 5 款）国会的承认或不予承认的事由。

7. 界限

宪法虽然无明文规定，但是根据紧急命令的本质或发动之要件，可以看出紧急命令只能是为了保卫国家而消极地发动，而不可以为了增进公共福利而积极地行使。同时，紧急命令只具有法律效力，因此不可以变更宪法事项。亦即，宪法虽无明文规定，但根据立宪主义原理，不可以通过紧急命令修改宪法，解散国会，对国会、宪法裁判所、法院的权限规定特别措施，实施军政等。

8. 控制

对于总统之紧急命令的事前控制，只有行政府内部的控制，即国务会议的审议与有关咨询机关的咨询。就事后控制而言，国会的控制最为重要。如国会的承认权，以及使得紧急命令归于无力的法律修改权。还有基于法院的违宪审查提请权与宪法裁判所的违宪审判权（违宪法律审查权或者宪法诉愿审判权）的控制。

（三）紧急财政经济命令权

1. 意义

紧急财政经济命令是指“限于内忧、外患、天灾、地变或重大的财政、经济危机，为保障国家安全或维持公共安定秩序，有必要采取紧急措施而无暇等待召集国会的情形下，总统可以在最低限度内作出的财政、经济上……具有法律效力的命令”（《宪法》第 76 条第 1 款）。

2. 性质

紧急财政经济命令是在不能通过正常立法程序制定法律时，为了克服非常状态，由总统做出的紧急立法。这是对国会立法权以及财政议会主义的例外，也是重大挑战。

3. 发布要件

首先，“紧急财政经济命令应当是在不可能正常运行财政、经济的情况下，实际发生着重大财政、经济上的危机”时，发布。所以不能因发生危机的忧虑，就去事前、预防性地发布紧急财政命令。其次，为了国家的安全保障或者维护公共安定秩序，而有必要采取紧急措施。再次，“由于国会之闭会等原因，实际上不能召集国会，并且如果等待国会之召开，即将不可能达到预期目的时……行使之”。最后，必须经过国务会议之必要审议（《宪法》第 89 条第 5 项）。必要的情况下，还应当经过国家安全保障会议的咨询（《宪法》第 91 条）。

4. 国会的承认与其效果

当发布紧急财政经济命令时，“应及时向国会报告并获得其承认”（《宪法》第 76 条第 3 款）。根据上述规定召集国会，如果该命令在国会临时会议中（《宪法》第 47 条第 1 款）得到承认，那么该紧急财政经济命令的效力得以确定。“未能获得国会承认时……该命令即告失效。此时，因该命令而修订或废止的法律自该命令未获承认时起自动恢复效力”（《宪法》第 76 条第 4 款）。

5. 效力

虽然紧急财政经济命令的制定主体是总统，但其法律效力与一般法律相同。

6. 总统的公布

总统应当“及时公布”（《宪法》第 76 条第 5 款）国会的承认或不予承认的事由。

7. 界限

根据紧急财政经济命令的本质或发动之要件，可以看出紧急财政经济命令只能是为了保卫国家而消极地发动，而不可以为了增进公共福利而积极地行使。同时，紧急财政经济命令只具有法律效力，因此不可以变更宪法事项。特别是紧急财政经济命令发布只能以财政与经济事项为内容，因此具有内容上的界限。

8. 控制

对于总统之紧急财政经济命令的事前控制，只有行政府内部的控制，即国务会议的审议。就事后控制而言，国会的控制最为重要。如国会的承认权，以及使得紧急财政经济命令归于无力的法律修改权。还有基于法院的违宪审查提请权与宪法裁判所的违宪审判权的控制。

（四）紧急财政经济处分权

1. 意义

紧急财政经济处分是指“限于内忧、外患、天灾、地变或重大的财政、经济危机，为保障国家安全或维持公共安定秩序，有必要采取紧急措施而无暇等待召集国会的情形，总统可以在最低限度内作出必要的财政、经济处分”（《宪法》第76条第1款）。

2. 性质

紧急财政经济处分作为广义的处分是行政作用。行政作用是政府的权限，因此原则上行使该行政作用是不需要有国会之同意或承认的。然而，由于韩国《宪法》在财政方面，采取了财政议会主义，因此国会具有财政立法权（《宪法》第59条），预算案审议、确定权（《宪法》第54条第1款），国债同意权、预算外由国家负担的合同签署同意权（《宪法》第58条），对具有财政负担的条约之缔结同意权（《宪法》第60条第1款），预备费支出承认权（《宪法》第55条第2款），结算审查权等。但是总统可以在国会的事前介入之前，发布紧急财政经济处分。因此，紧急财政经济处分是对财政议会主义的重大例外事项。

3. 发布要件与国会承认及其效果、总统的公布、界限

紧急财政经济处分的发布要件与国会承认的必要性、承认或者拒绝承认的效果、总统的公布、界限等与上述紧急财政经济命令之内容相同。

4. 效力

紧急财政经济处分是广义的处分，因此具有行政作用之效力，即相当于适用在行政行为等各个处分的行政作用。

5. 控制

紧急财政经济处分的发布应当经过国务会议的事前审议。就事后控制而言，有国会的承认、行政诉讼、宪法诉愿等控制手段。

（五）戒严宣布权

1. 意义

“遇战时、事变或类似的国家非常事态，有必要使用兵力应对军事上的需要

或维持公共安定秩序时，总统可以根据法律规定宣布戒严”（《宪法》第 77 条第 1 款）。

戒严是最具强制力的国家紧急权之一，在发生国家之非常事态时，事实上可以通过使用兵力实施统治，同时，可以排除宪法上一些条款的适用。

2. 戒严的种类

根据《宪法》和《戒严法》，戒严的种类有警备戒严（《戒严法》第 2 条第 3 款）和非常戒严（《戒严法》第 2 条第 2 款）。不论是非常戒严还是警备戒严，都应当满足《宪法》第 77 条第 1 款之要件。根据《戒严法》，非常戒严是当行政以及司法功能之履行，处于显著困难的情况下，予以宣布（《戒严法》第 2 条第 2 款），警备戒严是在仅凭一般行政机关，无法确保治安的情况下，予以宣布（《戒严法》第 2 条第 3 款）。

3. 戒严的发布要件

不论是非常戒严还是警备戒严都应当满足《宪法》规定之要件（《宪法》第 77 条第 1 款）。其一，应当存在“战时、事变或类似的国家非常事态”。国家非常事态之中不仅包括宪法上预示的战争、事变，还包括相当于上述事态的武装暴动或叛乱等极度搅乱社会秩序的状态。为了解决国家之非常事态，对于是否发布戒严而言，由发布权者即总统来判断该戒严的必要性。其二，应当具有动员兵力的必要性。即“有必要使用兵力应对军事上的需要或维持公共安定秩序”。其三，当发令权者即总统认为已经满足了宣布戒严的实质性要件时，经国务会议的审议（《宪法》第 89 条第 5 项）后，可以“根据法律规定宣布戒严”（《宪法》第 77 条第 1 款）。其四，“宣布戒严，总统应及时通报国会”（《宪法》第 77 条第 4 款）。当国会处于闭会期间时，应当要求召集国会（《戒严法》第 4 条第 2 款）。

4. 戒严的内容与效力

（1）非常戒严。

第一，有关行政事务与司法事务的特别措施。“非常戒严是在战时、事变或相当于此的国家非常事态中，由于与敌人交战或者社会秩序被极度搅乱，从而使得行政以及司法功能之履行，处于显著困难时，总统为了应付军事上的必要或维持公共安定秩序而予以宣布的戒严”（《戒严法》第 2 条第 2 款）。“宣布非常戒严时，可以根据法律规定……对政府或法院的权限作出特别措施”（《宪法》第 77 条第 3 款）。然而，不可以对国会的权限作出特别措施。

“在宣布非常戒严的时刻起，由戒严司令官管理戒严地域内的所有行政事务与司法事务”（《戒严法》第 7 条第 1 款）。司法事务是指在原则上除了法院之裁判以外的司法警察、检察、刑罚之执行等事务。然而，就《戒严法》中列举的13项犯罪类型而言，则由军事法院进行裁判（《戒严法》第10条）。“非常戒严下的军事裁判，在军人、军务员之犯罪或关于军事的间谍罪及有关哨兵、哨所、提供有毒饮食物、俘虏的犯罪中，限于法律规定的情形，可以实行一审终审。但宣告死刑的除外”（《宪法》第110条第4款）。“戒严地域内的行政机关以及司法机关，应当不迟延地接受戒严司令官的指挥与监督”（《戒严法》第8条第1款）。

第二，有关国民的自由与权利的特别措施。“宣布非常戒严时，可以根据法律规定对令状制度和言论、出版、集会、结社自由……作出特别措施”（《宪法》第77条第3款）。

（2）警备戒严。

“警备戒严是在战时、事变或相当于此的国家非常事态中，由于社会秩序被搅乱，仅凭一般行政机关，无法确保治安的情况下，总统为了维持公共安定秩序而予以宣布的戒严”（《戒严法》第2条第3款）。警备戒严的主要目的是通过动员兵力，消极地确保治安。与非常戒严相比，警备戒严是极其缓和的戒严形态。只有关于军事的行政事务与司法事务才是戒严措施的对象（《戒严法》第7条第2款）。

5. 戒严的解除

国家非常事态“恢复到平时状态或者当国会要求解除戒严时，总统应当不迟延地解除戒严，并予以公告之”（《宪法》第77条第4款，《戒严法》第11条）。当政府不予解除戒严的情况下，“国会以在籍议员过半数赞成要求解除戒严时，总统应予以解除”（《宪法》第77条第5款）。

6. 对戒严的控制

机关内的控制装置，即国务会议的审议、相关者的副署或建议等，这些控制装置是防止总统独断行事的最小限度之牵制装置，也是为了明确国政相关者之责任的装置。国会、法院以及宪法裁判所的控制，只不过是事后的控制。当总统不回应国会之戒严解除要求时，国会可以通过启动弹劾追诉与其他对政府牵制权，控制戒严。宣布戒严的行为本身属于统治行为，因此不可能对其进行司法审查。

（六）国家紧急权发布的慎重性考虑

就总统之国家紧急权的滥用而言，自1993年以后，得到了克制，这是值得万幸的。现在为了守护宪法史上第一次步入稳定期的立宪秩序，总统在发布紧急权时应当慎之又慎。

（七）总统发布紧急权的界限与控制

1. 发布国家紧急权的界限

国家紧急权是为了排除非立宪主义状态，而设定的制度性装置，因此紧急权的发布应当在可恢复立宪主义的范围之内。国家紧急权的发布目的应当限定在为了确保国家的存立与安全，从而恢复正常宪法秩序。国家紧急权的发布期间应当限定在一时、临时的范围内。国家紧急权的发布要件应当符合宪法规定的要件。国家紧急权的发布范围应当是在基本权侵害的最小化范围之内。

2. 事前控制的不足

根据现行宪法，国务会议的审议是唯一的事前性控制装置。从宪法政策的角度分析，有必要设置事前控制程序。

3. 强化事后控制的必要性

首先，通过国会的承认、解除要求或者弹劾追诉、法律修改等，最终可以使总统之国家紧急权的发布趋于无力。其次，宪法裁判所以及法院的控制。根据《宪法》的明示规定，对国家紧急权之发布要件进行审查，亦即对国家紧急权的发布是否具有合宪性进行审查，以及伴随着国家紧急权的发布，对其命令和处分之内容的控制。

4. 作为主权者的国民之抵抗权行使

总统的紧急权行使，在没能确保国民的自由与权利的情况下，国民可以行使抵抗权，作为最后的武器（有关抵抗权的详细内容，参照第一篇第二章第二节第二项之宪法保障）。

八、权限行使方法与控制

总统行使权限时，不仅应当与宪法和法律规定的程序及方法相合致，而且应具有政治正当性。

（一）权限行使的方法

1. 文书主义与副署

“总统以文书的形式作出国法行为，由国务总理和相关国务委员副署该文书。军事方面亦同”（《宪法》第 82 条）。采取文书主义是为了通过明确总统在国法上的行为，保留作出该行为的确实证据，从而使总统在行使宪法与法令赋予其自身的权限时，能够慎重之。与文书主义一道，国务总理和相关国务委员的副署制度是为了防止总统的专制和明确辅弼责任，从而明确责任之所在（权力控制与辅弼责任），并可以作为物证。当没有进行宪法上所规定的副署时，总统之国法上的行为由于欠缺宪法上的要件，归于当然无效。

2. 国务会议的审议

《宪法》第 89 条中明确规定了必须由国务会议审议的重要国政事项。

3. 咨询机关的咨询

根据《宪法》，总统可以向国家元老咨询会议（《宪法》第 90 条）、民主和平统一咨询会议（《宪法》第 92 条）、国民经济咨询会议（《宪法》第 93 条）、国家安全保障会议（《宪法》第 91 条）等进行咨询。其中，在宪法上必需的咨询机关只有国家安全保障会议，其他咨询机关是总统的任意性咨询机关。

（二）控制

1. 政府内的控制

政府内控制有：①国务会议的审议；②国务总理、国务委员的副署；③国务总理的国务委员任命提请以及解任建议；④咨询机关的咨询等。

2. 政府外的控制

（1）由国会的控制。

总统在作出国法上行为以前，通过国会事前同意进行控制是最具实质性的控制手段。例如，国会行使的事前同意事项包括：重要条约的缔结、批准（《宪法》第 60 条），宣战、国军之海外派遣、外国军队之国内驻留，一般赦免，对国务总理、监查院院长、大法院院长、大法官、宪法裁判所所长的任命等。总统在作出国法上行为之后，国会可以采取的事后控制手段包括：有对预备费支出、紧急命令、紧急财政经济命令、紧急财政经济处分的承认权，戒严解除要求权。此外，国会可以通过国政监查、调查，国务总理、国务委员解任建议权，对政府质问等手段，加强对总统的控制。

（2）由法院的控制。

就总统作出的命令、规则或处分而言，“当命令、规则或处分是否违反宪法或法律成为裁判的前提时，大法院有权对其进行最终审查”（《宪法》第 107 条第 2 款）。

（3）由宪法裁判所的控制。

宪法裁判所通过弹劾审判、违宪法律审判（紧急命令等）、宪法诉愿审判、权限争议审判等，对总统之国法上行为进行控制。

（4）由国民的控制。

根据《宪法》，对于总统之国法上行为而言，由国民直接进行控制的可能性是微乎其微的。然而，当总统附议于国民投票时，对重要政策的控制是可能的。

此外，国民可以把行使抵抗权视为最后的手段。基于信息社会的进程，国民可以通过舆论对总统之国法上行为的前因后果进行控制。

第二节　行政府

第一项　国务总理

一、意义

国务总理制度是韩国宪法史上独特的制度，就政府形态论而言，除了第二共和国时期的议院内阁制以外，一直采用总统制或者说是总统中心制（然而从1954年第二次修宪以后到1960年，国务总理制度曾一度消失）。美国式的总统制当中虽然存在副总统，但是无国务总理。那么韩国宪法上之国务总理，应当从议院内阁制或者二元政府制的国务总理当中寻觅其制度之起源。

二、国务总理的宪法上地位

（一）基于总统与国会的双重信任地位

根据《宪法》，国务总理经国会同意，由总统任命（《宪法》第86条第1款）。因此，国务总理是基于总统与国会的双重信任而选任的。同时，当国务总理在任时，国会可以行使国务总理解任建议权，从而“约束”国务总理。

（二）作为总统权限的代行者地位

根据《宪法》，当总统缺位或因故不能履行职务时，国务总理是代行总统权限的第一顺序代行者（《宪法》第71条）。总统权限代行是代行作为国家元首的总统之职务权限。

（三）作为执行权的第2位阶而辅助总统的地位

1. 作为执行权之第2位阶的地位

国务总理在执行府中，享有仅次于总统的第2位阶之地位。根据《宪法》，国务总理是作为最高政策审议机关的国务会议之副议长（《宪法》第88条第3款），根据总统命令统辖行政各部（《宪法》第86条第2款），享有对国务委员和行政各部之长官的任命提请权（《宪法》第87条第1款、第94条），享有国务委员的解任建议权（《宪法》第 87 条）。同时，对于总统在国法上的所有行为，进行副署（《宪法》第 82 条）。然而，在国会议员总选举后，单一在野党获得国会绝对过半数席位时，可以设计出不同于现在的新国务总理之位阶。

2. 不受国务总理统辖的行政机关设置

用法律来设置脱离国务总理之统辖，并直属于总统的行政机关，这种做法不符合宪法上国务总理的地位和权限范围。例如，旧中央人事委员会（现已经废止）虽然是一般行政机关，但却设置为总统的直属机关，此举不仅脱离了国务总理之管辖，而且有违《宪法》第 82 条之规定，即对于总统在国法上的行为，由国务总理和相关国务委员副署。

（四）作为中央行政机关的地位

国务总理在行政方面根据总统的命令统辖行政各部（《宪法》第 86 条第 2 款），具有掌管、处理行政各部之统辖性行政事务的中央行政机关地位。同时，国务总理可以在其管辖事务范围内，根据法律或者总统令之委任或者依职权，发布总理令（《宪法》第 95 条）。

国务总理作为独任制行政机关，处理其管辖事务之职务，计划、调整行政各部之事务，处理不属于特定部门的事务。根据《政府组织法》，在国务总理之下，设置了担当一定事务的部门（法制处、国家保勋处、公正交易委员会、金融委员会、国民权益委员会等）。

（五）国务总理的身份上地位：任免以及文官原则和国会议员兼职

军人未退出现役的，不得被任命为国务总理（《宪法》第 86 条第 3 款）。这是立足于文官政府原则的规定。国务总理还可以由国会议员兼任（《国会法》第 29 条,《国家公务员法》第 3 条）。

（六）国务总理署理

国务总理候选人得到国会的同意后，正式就任为国务总理。然而，依照惯例被指定为国务总理的人员，在得到国会的任命同意之前，就已经在事实上行使了国务总理之职务。这就是国务总理署理。

根据合宪论，这是不符合总统制的国务总理制度本身具有的矛盾，因此在制宪宪法以后，曾有几次习惯性的任命了国务总理署理。《政府组织法》第 19 条中规定的“有故”之概念中不能包括缺位的情形，而在该法律中没有规定国务总理缺位时的情形，因此为了补充法律缺陷，任命国务总理署理。从而把国务总理署理任命行为放在了合理的解释范围之内。与此相反，有违宪论或者例外的合宪论提法。

总之，国务总理制度本属于议院内阁制以及二元政府制的典型制度，因此应当根据此种政府形态理论来展开推论。由于国务总理是通过国会的事前同意才得以被任命，因此国务总理署理制度与宪法之明文规定相违背，故而违宪论在原则上较为妥当。但是当总统为了任命国务总理而采取了合法程序，而国会却没有对此做出合法处理时，在迫不得已的情况下，也有可能任命国务总理署理。

三、国务总理的权限

（一）总统的权限代行权

国务总理在执行府之中享有第 2 位阶的地位，当总统有故时，代行其权限（《宪法》第 71 条）。虽然在法律的层面上，没有限制总统权限代行者的职务范围，但是就权限代行之本质而言，应当仅限于日常的现状维持工作，同时作为善良的管理者，应竭尽注意义务。故而，应当制止试行诸如新政策等的积极工作。

（二）执行府构成的干涉权

国务总理享有任命国务委员和行政各部长官的提请权（《宪法》第 87 条第 1 款、第 94 条），国务委员的解任建议权（《宪法》第 87 条第 3 款）。

1. 国务委员任命提请权的性质和提请程序缺失的效果

于总统任命国务委员或者行政各部长官之前，设置国务总理的任命提请权是为了防止总统人事权的专断，并明确总统在国法上行为的责任所在。在缺少国务总理之任命提请的情况下，总统行使的任命行为是违反宪法规范的行为，因此应当视为违宪、无效。

此外，就总统是否应当受到国务总理之任命提请的约束问题，存在着争议。宪法中没有相关规定。因此，总统有权拒绝由国务总理提请任命的人员。

2. 国务委员解任建议的性质与效果

对于国务总理的国务委员解任建议，在法律上总统不受任何约束。这与国会的国务总理或者国务委员之解任建议不同。

3. 国务总理的辞职以及罢免的性质与效果

国务总理在任时提出辞职，或者由于总统的解任等原因而卸任时，曾由其提请任命的国务委员以及行政各部长官，是否也要一同卸任。就此问题虽有卸任不要说，但是应当予以卸任（详细的说明参见国务委员）。

（三）副署权和副署程序缺失的效力

总统之国法上的行为以文书作出，该文书由国务总理和相关国务委员副署（《宪法》第 82 条）。

1. 副署的法律性质

副署制度原本是指在君主国家中，大臣在国王的亲书中签名的制度，这是为了防止君主的专横，并且明确大臣的实质责任。关于《宪法》上副署的法律性质而言，国务会议是审议机关，虽然国务总理（国务委员）不对国会承担责任，但是国会仍然可以向总统建议罢免国务总理或者国务委员，因此副署可以看做是明确国务总理与相关国务委员责任之所在的制度（责任所在说）。

2. 副署的拒绝

由于副署明确责任之所在，因此不可以强迫副署。然而，对于享有任命权的总统之国法上行为，拒绝予以副署，很可能导致国务总理（国务委员）之被迫辞职，因此就是否行使副署的拒绝，应当从政治责任的视角去理解。

3. 副署程序缺失的法律效力

无论是出于何种缘由，就没能副署的总统之国法上行为而言，对于其效力存在着有效说与无效说。然而，依照《宪法》没有满足要件的国法行为应当视为无效。

（四）在国务会议中的审议权

国务总理在作为最高政策审议机关的国务会议中担任副议长，因此对于国家的重要政策具有审议权（《宪法》第 88 条，第 89 条）。

（五）行政各部的统辖权

国务总理在行政方面根据总统命令统辖行政各部（《宪法》第 86 条第 2 款）。国务总理处于行政府的第 2 位阶统辖行政各部。然而，《宪法》上国务总理的行政各部统辖权需要“根据总统命令”进行，因此，与议院内阁制的国务总理之行政各部统辖权存在区别。

（六）总理令的发布权

基于法律或总统令的委任或依职权，国务总理可以就其管辖事务发布总理令（《宪法》第 95 条）。

1. 委任命令

委任命令是依照法律或者总统令之委任，而发布的法规命令。委任命令只能在被委任的范围内，规定有关国民权利、义务的事项。

2. 职权命令

职权命令是国务总理依照职权发布的（执行）命令。在《宪法》中所指的总理之职权命令，区别于仅指行政机关内部之意思表示的行政命令，职权命令是法规命令的一种。

3. 总理令与部令的效力关系

依照《宪法》规范，应视总理令与部令之间不具有优劣之分。然而，在实质上很难制定违反总理令的部令。

（七）国会出席、发言权

国务总理可以出席国会或其委员会，报告国政处理状况或陈述意见、答复质询（《宪法》第 62 条第 1 款）。而且，当国会或其委员会提出要求时，国务总理应出席、答辩，国务总理可令国务委员代理出席、答辩（《宪法》第 62 条第 2 款）。如果说第 1 款规定的是权限，那么第 2 款规定的则是义务事项。

四、国务总理的义务与责任

国务总理处于执行府的第 2 位阶，因此对总统和国会负有法律、政治上的义务与责任。这种责任与义务具有相互性关系。特别是国务总理负有对总统与国会的双重责任，即国务总理的存在以双重信任为基础。

首先，国务总理对总统负有法律、政治上的义务与责任。其次，当国会或其委员会提出要求时，国务总理应出席、答辩，国务总理可以委派国务委员代理出席、答辩（《宪法》第 62 条第 2 款）。国会在籍议员三分之一以上提议及国会在籍议员过半数的赞成，可以向总统建议国务总理的罢免（《宪法》第 63 条）。总统在没有特别的理由时，应当接受解任建议（关于解任建议的详细说明参照国会对政府的控制权）。国务总理在执行职务时，若有违法行为，国会在籍议员三分之一以上提议以及国会在籍议员过半数的赞成，可以议决弹劾追诉。

五、副总理

副总理制度，在过去曾以下属于国务总理的副总理兼任经济计划院长官的形态存在。然而，由于没有宪法的明文规定，遭到了批判。因此，直属于国务总理的副总理制度被废止，而由在主要部门中担任长官的国务委员来兼任副总理，并处理由国务总理特别委任的事务。

自 2008 年开始执政的李明博政府为了建设效率和实用的政府，大量缩减政府组织的同时，废止了副总理制度。然而，自 2013 年开始执政的朴槿惠政府设置了总揽、调整经济领域政策的经济副总理。2014 年通过修改《政府组织法》又设置了协调教育、社会、文化领域政策的副总理职务，由教育部长官兼任。文在寅政府也保留了副总理制度。

第二项　国务委员

一、意义

国务委员是指国务会议的组成人员。国务委员不仅是国家最高审议机关的组成人员，而且是在特定行政部门之中管理行政工作的行政各部之长官，因而具有双重的地位。即国务委员位于政治与行政的中心轴上。

二、国务委员的地位

（一）国务会议的组成人员

国务委员作为国务会议的组成人员，国务委员相互之间具有同等地位。根据《国务会议规定》，“国务会议以组成人员过半数的出席，以及出席人员三分之二以上的赞成作出议决”（《国务会议规定》第 6 条），从而明确了国务会议的会议体性质。但是“国务会议由总统、国务总理和十五人以上三十人以下的国务委员组成”（《宪法》第 88 条第 2 款）。因此，根据《宪法》，国务会议的组成人员可以分为两个层次，即由总统、国务总理分别担任议长、副议长（《宪法》第 88 条第 3 款）的国务会议组成人员与（一般）国务委员。而且，国务委员在国政方面“辅助总统”（《宪法》第 87 条第 2 款），从而很难认为国务委员与总统、国务总理具有同等地位。

行政各部长官经国务总理在国务委员中提名，由总统任命（《宪法》第 94 条）。因此，行政各部长官具有国务委员和行政各部长官的双重身份。《宪法》上虽然表述为“行政各部之首长”，但在《政府组织法》中却称为“长官”。

（二）国务委员的身份（任免）

国务委员经国务总理提名，由总统任命（《宪法》第 87 条第 1 款）。国务委员的任命程序与长官的任命程序相同（《宪法》第 94 条）。“军人未退出现役的，不得被任命为国务委员”（《宪法》第 87 条第 4 款）。不仅是国务总理（《宪法》第 86 条第 3 款），国务委员也要立足于文官主义原则。

《宪法》第 43 条中仅规定“国会议员不得兼任法律规定的职务”，且将具体范围之规定委任给了《国会法》。根据《国会法》第 29 条第 1 款之规定，议员“除以下各项职务外，可以兼职其他职务”，然而其禁止兼职对象之中，却没有包括国务总理、国务委员。并且“兼任国务总理、国务委员的议员，可以辞去常任委员之职”（《国会法》第 39 条第 4 款），因此可以说这一规定是以议员可以兼任国务委员为前提的。

国务委员结束其职务的事由有：①任命权者的交替，以及作为任命提请权者的国务总理之交替。②追究政治责任性质的总统之解任、国务总理之解任建议（《宪法》第87条第3款）、国会之国务委员解任建议（《宪法》第63条第1款）。

三、国务委员的权限

（一）国务会议的召集要求、审议、议决权

国务委员可以要求召集国务会议（《政府组织法》第12条第3款），通过议长提出议案，具有参加审议、决议的权利和义务。

（二）总统权限代行

总统缺位或因故不能履行职务时，依国务总理、法律规定的国务委员的顺序代行总统权限（《宪法》第71条）。就国务会议议长的权限代行而言，当议长和副议长均有故时，依照兼任企划财政部长官的副总理、兼任教育部长官的副总理、根据《政府组织法》第26条第1款规定的顺序代行其职务（《政府组织法》第12条第2款）。就国务总理之职务的代行而言，当没有总统的事前指定时，根据《政府组织法》第26条第1款规定的顺序，由国务委员代行其职务（《政府组织法》第22条）。

（三）国务委员的副署权

总统以文书的形式作出国法行为，由国务总理和相关国务委员副署该文书（《宪法》第82条）。

（四）国务委员的国会出席、发言权

国务委员（国务总理、政务委员）具有出席国会或其委员会，报告国政处理状况或陈述意见、答复质询的权限（《宪法》第62条第1款）。国会或其委员会可以要求国务委员的出席、答辩，国务委员应当出席、答辩。然而，可以委派政府委员出席并予以答辩（《宪法》第62条）。

（五）作为长官的国务委员

如果说国务委员是典型的政治职务的话，那么长官则是行政的负责人。国务委员与长官的双重地位，即是处于行政与政治之融合点上的地位。在政治时代，国务委员的身份和权限将得到强化，而在行政时代，作为行政各部之长官的身份和权限将得到全面提升。

四、国务委员的责任

国务委员的责任分为法律责任和政治责任。法律责任包括副署、国会出席答辩、弹劾追诉等。政治责任是指左右国务委员的政治地位和存立的责任。国务委员的政治责任体现在宪法中国会之国务委员解任建议制度（《宪法》第 63 条第 1 款）。然而，有关向总统负责的事项，虽然没有明文规定，但国务委员当然要对总统负担政治责任（《宪法》第 87 条第 3 款）。根据《宪法》，国务总理行使国务委员的任命提请权和解任建议权，因此丧失国务总理之政治信任的国务委员，很难继续任职下去。

第三项 国务会议

一、意义

在美国式总统制之中，国务会议并非宪法机关。在议院内阁制之中，虽然由国家元首主持国务会议，但在实际上由首相主持的内阁会议才是实质性的国务会议。在二元政府制之中，至少在不是同居政府的情况下，由总统主持的国务会议是名实相符的最高政策审议机构。在韩国宪法中，其国务会议制度与二元政府制的国务会议制度最为相近。

二、国务会议的宪法上地位与权限

（一）宪法上的必要机关

国务会议是《宪法》上的必要机关。特别是在第 89 条之中明确规定了必须由国务会议审议的事项。

（二）政府的最高政策审议机关

“国务会议审议政府权限内的重要政策”（《宪法》第 88 条第 1 款）。国务会议是《宪法》上审议相关国政的最高审议机关。由于是审议机关，总统不受国务会议之审议的约束。因此，“议案在国务会议中审议，并得到议决”的惯用表述，仅指议案提交到国务会议后，该议案被认可或者通过。

《宪法》第 89 条中列举了必须得到审议的事项：①国政的基本计划和政府的一般政策；②宣战、媾和及其他重要的对外政策；③宪法修正草案、国民投票案、条约案、法律案及总统令案；④预算案、决算、国有财产处分的基本计划、需国家承担的合同以及其他重要财政事项；⑤总统的紧急命令、紧急财政经济处分及命令或戒严及其解除；⑥关于军事的重要事项；⑦召开国会临时会议的要求；⑧授予荣誉称号；⑨赦免、减刑以及恢复权利；⑩行政各部之间权限的划定；⑪委任或分配政府内权限的基本计划；⑫国政处理状况的评价、分析；⑬行政各部重要政策的制定和调整；⑭解散政党的提诉；⑮对向政府提出的或移交的有关政府政策请愿的审查；⑯对检察总长、合同参谋议长、各军参谋总长、国立大学校长、大使及其他法律规定的公务员、国营企业管理者的任命。特别在第17项中规定了“其他由总统、国务总理或国务委员提出的事项”，因此有关国政的重要案件便是国务会议的审议事项。

当总统在未经国务会议之审议的情况下，而就《宪法》第89条中列举的事项，行使了国法上行为时，由于其缺少有效要件，应当视为无效。但是，由于国务会议不是议决机关，而是审议机关，因此总统不必受国务会议之审议结果的拘束。

（三）独立的合议制机关

国务会议是宪法上独立的机关，同时也是合议制机关。国务会议是通过国务委员相互之间的合议，并采取会议的方式来运行的合议机关。由于是合议制机关，因此“国务会议以组成人员过半数的出席，以及出席人员三分之二以上的赞成作出议决”(《国务会议规定》第6条）。

三、国务会议的构成与运行

（一）现行法上国务会议的构成与运行

“国务会议由总统、国务总理和十五人以上三十人以下的国务委员组成”(《宪法》第88条第2款)。“总统担任国务会议议长，国务总理担任副议长”(《宪法》第88条第3款）。当议长因故不能行使职务时，由副议长即国务总理代行其职务。当议长和副议长均有故不能行使职务时，依照兼任企划财政部长官的副总理、兼任教育部长官的副总理、根据《政府组织法》第26条第1款规定的顺序由国务委员代行其职务（《政府组织法》第12条第2款)(见表13）。

表13　各种会议的议事定足数和议决定足数

各种会议	相应会议所需的定足数
国务会议	组成人员过半数的出席，以及出席人员三分之二以上的赞成作出议决
监查委员会议	以在籍监查委员过半数的赞成作出议决

续表

	相应会议所需的定足数
各级选举管理委员会会议	以委员过半数的出席而开议，以出席人员过半数的赞成作出议决（委员长享有表决权和可否同数时的决定权）
大法官会议	大法官全员三分之二以上的出席，以及出席人员过半数的赞成作出议决（大法院院长享有表决权和可否同数时的决定权）
宪法裁判官会议	宪法裁判官7人以上的出席，以及出席人员过半数的赞成作出议决（宪法裁判所所长仅享有表决权）

（二）国务会议的构成与运行的问题

首先，为了活跃国务委员在国务会议之中的讨论，有必要将国务委员的人数调整在 20 人以内。其次，就国务会议的运行而言，应当由总统直接主持国务会议。如果国务会议不由总统主持，而是由副议长即总理来主持，那么就有违宪法机关之民主运行原理。

第四项　行政各部

一、意义

行政各部是以总统为首的行政府之构成单位，因此是在总统和国务总理的指挥、统辖下，承担法定管理事务的中央行政机关。然而，行政各部不单是总统或国务总理的辅佐机关，而且是能够独自处理行政工作的中央行政机关。

二、行政各部的长官

（一）行政各部长官的双重地位

“行政各部长官经国务总理在国务委员中提名，由总统任命”（《宪法》第 94 条）。因此，行政各部长官同时也是国务委员，有着双重地位。

（二）行政各部长官的权限

首先，行政各部长官享有依法决定管辖事务，并执行的权限。在必要的情况下，可以将其部分权限委任于下级机关。其次，“经法律或总统令的委任或根据职权，国务总理或行政各部长官可以就其管辖事务发布总理令或部令”（《宪法》第 95 条）。最后，除此之外，行政各部长官就其管辖事务，向国务会议提出有关法律案、总统令案的制定、修订案，统辖其所属事务，指挥、监督所属公务员。

三、行政各部的组织、设置和职务范围

“行政各部的设置、组织以及职务范围由法律规定”（《宪法》第 96 条）。这一规定意味着韩国采取政府组织法定主义。政府组织法定主义是为了防止政府的过度膨胀，必须依照国会制定的法律才可以设置、组织行政各部。然而，法国为了提高组织政府的弹性并具体化责任政治，采纳了政府组织非法定主义。此时，法国基于总统令组织新政府。

总统及其所属机关：总统秘书室、国家安保室、政策室、总统警护处、监查院、国家情报院、国家安全保障会议、民主和平统一咨询会议、国民经济咨询会议、国家科学技术咨询会议、放送通信委员会。

第三独立机关：国家人权委员会、高位公职者犯罪侦查处。

国务总理及其所属机关：国务调整室、国务总理秘书室、国家报勋处、人事革新处、法制处、食品医药品安全处、公正交易委员会、金融委员会、国民权益委员会、原子力安全委员会。

行政各部及其所属派出机关：企划财政部（国税厅、关税厅、调达厅、统计厅）、教育部、科学技术信息通信部、外交部、统一部、法务部（检察厅）、国防部（兵务厅、防卫事业厅）、行政安全部（警察厅、消防厅）、文化体育观光部（文化财厅）、农林畜产食品部（农村振兴厅、山林厅）、产业通商资源部（特许厅）、保健福祉部、环境部（气象厅）、雇佣劳动部、女性家族部、国土交通部（行政中心复合都市建设厅、新万金开发厅）、海洋水产部（海洋警察厅）、中小初创企业部。

第五项　公务员制度

一、意义

（一）宪法与公务员制度

《宪法》第 7 条中规定了公务员的宪法上地位以及职业公务员的保障，第 33 条第 2 款规定了有关公务员劳动三权的限制，第 29 条第 1 款规定了公务员的非法行为责任和国家赔偿责任，第 65 条第 1 款以及第 111 条第 1 款第 2 项规定了高位公务员的弹劾规定，第 24 条规定了公务员选举权，第 25 条规定了公务担任权，第 78 条规定了总统的公务员任免权等。上述规定中使用的公务员概念，存

在些许差异。此外，外国人和保留双重国籍的人也可以担任国家安保以及保安、机密等相关领域外的公职（《国家公务员法》第 26 条之三）。

（二）公务员的意义和范围

公务员是指由国民直接、间接选出，担当国家或者公共团体之公务的人员。公务员分为国家公务员与地方公务员，《国家公务员法》将公务员区分为经历职公务员与特殊经历职公务员。经历职公务员通过其业绩和资格来任用，保障其身份和政治中立性，分为一般职、特定职（《国家公务员法》第 2 条第 2 款）。特殊经历职公务员是指经历职公务员以外的公务员，分为政务职、别定职（《国家公务员法》第 2 条第 3 款）。

二、对国民全体的服务者

根据国民主权主义原理，公务员应当为主权者，即全体国民的利益而服务。这里的公务员指所有的公务员。

三、对国民的责任

（一）责任的性质

公务员应当对国民责任。这里的责任不仅包括政治性、道德伦理性责任，基于公务员关系的特性还可以包括对身为主权者的国民的法律责任。

（二）责任的类型

责任的类型包括：①作为政治责任有选举职公务员在下届选举中的审判，对国务总理、国务委员的解任建议（《宪法》第 63 条），针对不法行为公务员的处分请愿（《宪法》第 26 条）等。②作为法律责任有针对总统、国务总理、国务委员等高位公务员的弹劾追诉以及弹劾审判（《宪法》第 65 条、第 111 条），国家赔偿责任（《宪法》第 29 条），对公务员的其他惩戒责任、公务补偿责任、刑事责任追究以及任用权者的解任等。

四、职业公务员制度

（一）意义

根据《宪法》第 7 条第 2 款“公务员的身份和政治中立性依照法律规定受到保障”，从而规定了职业公务员制度。这是相对于政党分赃制（Spoils System）的制度，为了确立职业公务员制度，应当先行确保科学的层级制、成绩主义、人事公正、公务员的身份保障以及政治中立性。

（二）职业公务员的范围

公务员体系中虽然包括经历职与特殊经历职，然而，能够取得政治中立性保障的职业公务员仅指狭义的公务员，即经历职公务员，其包括一般职、特定职。

（三）身份保障

公务员是国民的服务者，因而其身份应当得到保障。《国家公务员法》第 3 条、第 68 条、第 78 条等规定了公务员的不当停职、降职、免职、其他惩戒处分的禁止。《国家公务员法》第 79 条规定了惩戒的种类，即“罢免、解任、降级、停职、减俸、谴责”。然而，政务职公务员和别定职公务员无法获得作为职业公务员才能享有的身份保障。

（四）政治中立性

排除政党对公务员的干涉，禁止公务员加入政党以及其他政党活动。虽然是要保障一般职公务员的政治中立性，但是不能以此为理由而限制政治表现自由。为了禁止军队介入政治，《宪法》第 5 条第 2 款特别规定了其政治中立性。这是第六共和国宪法第一次引入的条款。

五、公务员的任免和权利义务

（一）任免

《宪法》第 78 条规定，“总统根据宪法和法律任免公务员”，任免之中包括补职、转职、休职、惩戒处分以及罢免。总统行使公务员任免权时，受到来自国会的同意、有关机关的提请、国务会议的审议、解任建议等宪法及法律上的限制。

（二）权利义务

公务员具有基于公法上劳动关系而产生的一般性权利、义务。就权利而言，由于职务而具有的各种权限，工资、年金等财产权，行政诉讼提出权等。就义务而言，由于职务而产生的专注工作义务，法令遵守义务，命令服从义务，秘密保守义务，品位维持义务等。

（三）公务员的基本权限制

1. 政治活动的限制

根据《国家公务员法》第 65 条的规定，禁止公务员从事一定政治活动。根据《政党法》第 22 条第 1 款但书中的规定，除政务职公务员以外，《国家公务员法》第 2 条及《地方公务员法》第 2 条规定的公务员不可以成为政党发起人或党员。《公职选举法》第 85 条、第 86 条禁止了公务员实施影响选举的行为。

2. 劳动三权的限制

根据《宪法》第 33 条第 2 款以及《国家公务员法》第 66 条的规定，身为公务员的劳动者，限于法律规定者，而享有劳动三权。《国家公务员法》第 66 条第 1 款，事实上将享有劳动三权的公务员范围限定在了从事劳务的公务员。

3. 根据特殊身份关系的限制

公务员与国家等机关具有公法上的特殊身份关系。因此，为了维持国家等机关的秩序以及达成特殊身份关系的目的，应当在必要、合理的范围内受到与一般国民不同的特别限制。然而，根据法治主义原则，上述限制也应当有宪法和法律的根据。

4. 限制的界限

公务员也是国民，因此，有必要在可调和的范围内，限定性地限制公务员作为国民或者劳动者应当享有的基本权。

第六项　监查院

一、意义

从《宪法》的编制来看，第 4 章（政府）第 2 节（行政府）中第 4 款规定了监查院（《宪法》第 97 条～第 100 条）。监查院负责对国家预算执行的会计监查以及公务员的职务监察，是总统的直属机关。

二、监查院的宪法地位

（一）宪法上总统所属机关

监查院是宪法机关，是“总统所属下”（《宪法》第 97 条）的中央行政机关。即监查院在《宪法》编制上，属于行政府之下属机关，因此监查院应视为是行政府之首，即总统的所属机关。

（二）独立机关

虽然监查院是总统所属机关，但在职务上是独立的机关。即“监查院下属于总统，但就职务而言，具有独立的地位”（《监查院法》第 2 条第 1 款）。就监查院的本质而言，当监查院受到谁人的指示或监督时，便不能独立、公正地履行其职能。韩国基于宪法和法律，从身份保障和机关独立性保障出发，在制度上确保了监查院的独立性。例如，有关身份保障，韩国宪法和法律规定了任命监查院院长的国会同意（《宪法》第 98 条第 2 款），禁止监查委员的政治活动（《监查院法》第 10 条）、限制兼职（《监查院法》第 9 条）等。有关机关独立性保障，韩国法律明示了监查院的人事、组织、预算上独立性，即“就监查院所属公务员的任命、组织及预算的编制方面而言，应当最大限度地尊重监查院的独立性”（《监查院法》第 2 条第 2 款，第 18 条）。“监查院应当检查年度税入、税出之结算，并向总统和下一年度国会报告该结果”（《宪法》第 99 条）。

（三）合议制议决机关

根据《监查院法》的规定，“监查委员会议由在籍监查委员过半数的赞成作出议决”（《监查院法》第 11 条第 2 款）。基于上述规定可知，韩国的监查院为合议制议决机关。在监查委员会议中，监查院院长与监查委员在法律上具有同等地位。比起处理工作的效率性、迅速性，更加注重处理工作的公正性、客观性。

三、监查院的构成

（一）监查院的构成

根据《宪法》，“监查院由包括院长在内的 5 人以上 11 人以下的监查委员组成”（《宪法》第 98 条第 1 款）。根据《监查院法》，“监查院由包含监查院院长在内的 7 人监查委员组成”（《监查院法》第 3 条）。

（二）监查院院长与监查委员的任命

监查院院长经国会同意，由总统任命（《宪法》第 98 条第 2 款）。监查委员经院长提名由总统任命（《宪法》第 98 条第 3 款）。

（三）监查院院长与监查委员的任期和身份保障

监查院院长和监查委员的任期为 4 年，限于 1 次可以连任（《宪法》第 98 条第 2 款、第 3 款）。监查院院长和监查委员的任期规定不同与总统任期规定，这一现象可理解为意在提高宪法机关之独立性。通过禁止政治活动（《监查院法》第 10 条）、限制兼职（《监查院法》第 9 条）等手段，可以保障监查委员的身份。结合宪法上限制连任的规定和纠正因长期在职而导致的弊病，韩国通过《监查院法》明确了监查院院长的退休年龄为 70 岁，监查委员的退休年龄为 65 岁（《监查院法》第 6 条第 2 款）。

四、监查院的权限

（一）税入、税出的结算检查、报告权以及会计检查权

监查院负责“国家的税入、税出结算，国家及法律规定之团体的会计检查”

（《宪法》第 97 条第 1 款）。“监查院应当检查年度税入、税出之结算，并向总统和下一年度国会报告该结果”（《宪法》第 99 条）。监查院仅具有决算相关权限，不具有任何预算上的宪法权限。“国会依照其决议，可以要求监查院检查指定的事项，该事项应当是根据监查院法属于监查院职务范围内的事项。在此种情况下，监查院应当在收到检查要求之日起 3 个月内，向国会报告其检查结果”（《国会法》第 127 条之二第 1 款）。

（二）职务监察权

监查院负责“对行政机关以及国务院之职务的监察”。监察权的范围不仅包括公务员之违法监察，还包括行政监察。然而，在此情况下的公务员，不包括国会、法院、宪法裁判所的所属公务员。这是因为监查院是总统的属下机关。

（三）监查院规则制定权

根据《监查院法》第 52 条，监查院可以制定关于监查的程序、监查院内部纪律和有关监查事务处理的规则。当无宪法依据时，不得制定法规命令。故而，就监查院规则的法律性质，应当视为是行政命令。

第三节　地方自治制度

一、意义

（一）地方自治的意义

地方自治制度是以一定的地域为单位，由一定地域之居民就该地方居民的福利事务、财产管理事务、其他法令规定的事务（《宪法》第 117 条第 1 款），在该地居民之责任下，通过其选出的机关直接予以处理的制度。这种制度能够提高地方自治行政的民主性和效率，并在促使各地方之均衡发展的情况下，最终谋求国家民主的发展。地方自治以所谓的草根民主主义（Grass-roots Democracy）为其理念，即当使得地方居民自行治理该地方时，该地方的民主将自然地生根发芽。

（二）中央集权与地方分权

地方自治的兴起将导致联邦制国家和单一制国家之间的界限越发模糊。这一现象呈现于意大利。意大利作为单一制国家展现了完美的地方自治形态，使得单一制国家形态无限接近于联邦制国家形态。

二、地方自治选举法制

（参照第一篇第四章第三节第二款第三项之民主选举制度）。

三、宪法与地方自治

（一）韩国宪法史上的地方自治

韩国自制宪宪法以来，就有关于地方自治的规定。然而，除了在第一共和国与第二共和国时期的昙花一现以外，地方自治没能得到实施。直到第六共和国宪法上的如下规定，即地方自治团体处理关于居民福利的事务，管理财产，在法令的范围内制定关于自治的规定（《宪法》第 117 条第 1 款）。地方自治团体的种类由法律规定（《宪法》第 117 条第 2 款）。地方自治团体设立议会（《宪法》第 118 条第 1 款）。地方议会的组织、权限、地方议员选举和地方自治团体之首长的选任方法及其他关于地方自治团体组织和运行事项，由法律规定（《宪法》第 118 条第 2 款）。

（二）地方自治的本质

1. 地方自治的类型：居民自治与团体自治

从沿革层面来看，地方自治的类型可以分为居民自治与团体自治。居民自治是指依据该地方居民的意思来进行政治与行政的地方自治。团体自治是指在国内，以一定地域为基础，由具有独立法人格和自律权的团体，行使的地方自治。由于居民自治是由地方居民组成的名誉职务之公务员来处理公共事务，因此可以称其为政治意义上的地方自治。与此相反，由于团体自治是由具有法律能力的地方自治团体处理公共事务，因此，可以称之为法律意义上的地方自治（见表 14）。

表 14　居民自治和团体自治的特征

事项	居民自治	团体自治
起源	英国，美国	德国，法国
基本原理	民主主义的自我统治	地方分权
自治权的性质	作为自然权利的居民权利（固有权）	作为实定权利的团体权利（传来权）
自治机关的属性	国家的地方行政厅	作为独立机关的自治机关
自治的重点	关注居民的参与	关注团体独立于国家
地方政府形态	采纳机关融合（单一）主义，既是议决机关，又是执行机关	采纳机关对立主义，主张执行机关和议决机关的分离

续表

事项	居民自治	团体自治
国家针对自治机关的监督形式	以立法、司法的监督为中心	以行政监督为中心
赋予自治机关法定权限的形式	个别授权主义	概括性授权主义
地方税制度	独立税主义	附加税主义

地方自治制度还可以分为以直接民主制为基础的居民总会型和以代表（间接）民主制为基础的议院内阁制型与首长制型。居民总会型是由该地域居民组成地方议会，同时负有执行的责任（瑞士）。议院内阁制型，只有地方议会的议员由居民直接选出，自治团体的首长则由地方议会来选出。首长制型（总统制型），地方议会议员与地方自治团体之首长的人选都由居民直接选出。

2. 地方自治的制度保障

韩国《宪法》中有关地方自治的基本保障（制度保障）规定于《宪法》第117条第1款，因此，不得通过立法歪曲地方自治团体之自治权的本质内容。

就地方自治的具体内容，根据《宪法》第117条第1款、第117条第2款、第118条第2款的规定，做出了法律保留。

四、地方自治法制

（一）地方自治团体

地方自治团体是指在国内以一定的地域为基础，以该地域的居民为组成人员，担当由国家赋予的地方行政事务之团体。

其一，人的构成要素是居民。其二，空间要素是地域。即以一定地域为基础的地域团体。但是从属于国家主权。地方自治团体是具有独立法人格的法人。由于在一定的地域享有支配权，因此区别于其他公法人。其三，权能要素是自治权。享有自治立法权、自治组织权、自治行政权、自治财政权。其四，功能要素是固有事务之履行。即在某种程度上独立履行地方事务。由地方自治团体来履行的事务包括，自治事务、团体委任事务、机关委任事务。其中自治事务是固有事务，团体委任事务是依据法律由地方自治团体处理的事务，机关委任事务是作为国家或者上级地方自治团体的下级机关，属于地方自治团体之首长的事务。

（二）地方自治团体的种类

地方自治团体的种类由法律规定（《宪法》第117条第2款）。在《地方自治法》，特别市、广域市、道、特别自治道，市、郡、自治区是一般地方自治团体（《地方自治法》第 2 条第 1 款）。除此之外，基于特殊目的，可以设置特别地方自治团体，就特别地方自治团体的设置、运行所必需的事项由总统令规定（《地方自治法》第 2 条第 2 款、第 3 款）。

（三）地方自治团体的机关与权限

1. 地方自治团体的机关

地方自治团体中包含作为议决机关的地方议会和作为执行机关的地方自治团体之首长。

（1）地方议会。

作为地方自治团体之议决机关的地方议会，其组织由法律规定（《宪法》第 118 条第 2 款）。在《地方自治法》上，地方议会由地方议会议员组成，地方议会之议员的选举由法律规定（《宪法》第 118 条第 2 款，《地方自治法》第 36 条）。

（2）团体之首长。

根据《宪法》，地方自治团体之首长的选任方法由法律规定（《宪法》第 118 条第 2 款），根据《地方自治法》的规定，其首长应当通过普通、平等、直接、秘密选举的方式选出（《地方自治法》第 107 条）。首长的任期为 4 年，可以连续选任 3 届（《地方自治法》第 108 条）。然而，当地方自治团体之首长被宣告禁锢以上的刑罚时，由副首长代行其权限的规定曾经被宣布为违宪。

（3）地方教育自治。

就地方教育自治的基本原理，可以列举如下几条：①居民参与原理；②地方分权原理；③独立于一般行政；④专职官吏原则等。根据《有关地方教育自治的法律》，为了在广域自治团体范围内施行教育自治，在市、道内设置了作为执行机关的教育监（《有关地方教育自治的法律》第 18 条）。

2. 地方自治团体的权限

地方自治团体可以“处理关于居民福利的事务，管理财产，并在法令的范围内制定关于自治的规定”（《宪法》第 117 条第 1 款，《地方自治法》第 1 章第 3 节）。

（1）固有事务处理权：关于居民福利的事务处理权。

为了居民福利的实现，地方自治团体享有地方行政权。关于居民福利的事务称之为固有事务。

（2）自治立法权：条例与规则。

“地方自治团体，在法令的范围内制定关于自治的规定”（《宪法》第 117 条第 1 款）。自治立法权是地方自治团体在法令的范围内，就其有关事务制定条例的权限和地方自治团体之首长在法令或者条例的范围内，就其有关所属权限的事务制定规则的权限（《地方自治法》第 3 章）。除此之外，《有关地方教育自治的法律》还认可教育规则制定权（《有关地方教育自治的法律》第 25 条）。

根据《宪法》第 117 条第 1 款，地方自治团体享有自主立法权，因此可以制定条例。即《宪法》第 117 条第 1 款的“在法令的范围内”，赋予了地方自治团体条例制定权，因此即使没有各个法律的特别规定，也可以制定条例。对于《宪法》第 117 条之条例制定权当中是否包含以罚则为内容的条例制定权，则可以依据《地方自治法》第 28 条之但书“然而，制定关于限制居民权利或者负以义务的事项、罚则时，应当有法律之委任”。因此，间接地认可了条例之罚则制定权。

地方自治团体之首长可以在法令或者条例委任的范围内，就有关其所属权限的事务制定规则（《地方自治法》第 29 条）。市、郡、自治区的规则不得违反市、道的条例或规则（《地方自治法》第 30 条）。教育监可以在法令或者条例的范围内，就有关其所属权限的事务，制定教育规则（《有关地方教育自治的法律》第 25 条第 1 款）。

（3）居民决定与居民参与。

地方自治团体之首长就自治团体之主要决定事项，即对居民产生重大影响或者给予居民以过度的负担之事项，可以进行居民投票以表决（《地方自治法》第 18 条）。同时，为了强化居民参与，在《地方自治法》里规定了如下制度，即请求制定和改废不违反法令之条例（《地方自治法》第 19 条），居民监查请求制度（《地方自治法》第 21 条），居民诉讼制度（《地方自治法》第 22 条）和居民召回制度（《地方自治法》第 25 条）。

（四）国家对地方自治团体的指导、监督

1. 支援、监督、监查

中央行政机关之长官或者市、道知事可以就有关地方自治团体之事务，进行咨询、劝告、指导。

2. 对于违法、不当之命令、处分的纠正

就地方自治团体之事务，当其首长的命令或者处分，违反法令或者认为显著不当地有害于公益时，市、道的主管部门长官或者市、郡、自治区的市、道知事，可以限期书面发布纠正命令，如果没有履行上述命令，则可以进行撤销、停止。如果地方自治团体之首长有异议，可以在接到撤销、停止处分之日起 15 日内，向大法院提起诉讼（《地方自治法》第 188 条）。

3. 对地方自治团体之首长的职务履行命令

就国家委任事务以及市、道委任事务而言，当认为地方自治团体之首长明显怠慢依法属于其义务的管理和执行时，主管部门长官或者市、道知事可以发布职务履行命令。但是对履行命令存在异议时，该地方自治团体之首长可以在15内向大法院提起诉讼（《地方自治法》第189条）。此时，地方自治团体之首长可以申请停止执行履行命令的执行停止裁定。

4. 地方议会之议决的再议与提诉

当地方议会的议决，违反法令或者认为严重侵害公益时，市、道的主管部门长官或者市、郡、自治区的市、道知事可以要求再议，接到再议要求的地方自治团体之首长，应当在收到被移送的议决事项之日起20日内，向地方议会要求再议，并附加其理由。议会根据要求进行再议，如果该再议结果是由在籍议员过半数的出席，并得到了出席议员三分之二以上赞成时，视为该议决是确定的。然而，当地方自治团体之首长认为再议决事项仍违反法律时，可以在结束再议之日起20日内向大法院提起诉讼。在此种情况下，当认为必要时，可以对其议决申请执行停止裁定（《地方自治法》第192条）。

（五）地方自治法制与制度的问题

1. 中央政府对地方自治团体的过度控制

中央政府通过如下方式强化对地方自治团体的控制，即针对地方自治团体，由监督机关行使的自治事务监查权（《地方自治法》第190条）；对地方自治团体之首长发布的命令、处分，行使的纠正命令与撤销权（《地方自治法》第188条）；对地方议会议决事项的再议要求指示权（《地方自治法》第192条第1款）；就地方议会之再议决事项，监督机关作出的提诉指示和直接诉讼权（《地方自治法》第192条第5款）；职务执行命令与代执行权（《地方自治法》第189条）等。权限纷争事项本属于宪法裁判所之权限事项（《宪法》第111条第1款第4项，《宪法裁判所法》第61条），然而不顾上述规定而扩大大法院机关诉讼管辖权，此举从地方自治的本质来看，不仅欠缺妥当性，而且不无强化中央政府之控制权的疑惑。此外，应当纠正由国会的国政监查与地方议会的事务监查等重复监查而引起的国政效率低下问题，同时应当保证地方议会以其本然的姿态行使职权。

2. 支付地方议会议员的议政活动费

为了保障议政资料的收集、研究，以及其辅助活动中所需的费用等，每月向地方议会议员支付议政活动费（《地方自治法》第40条）。但是那些从名誉职务转换成接受月给付之带薪职务的行为应当予以批判。

3. 地方自治与居民参与的扩大

通过居民的积极参与，分担地方自治团体的责任和苦处，从而提高居民对地方自治的关心度，同时使得地方自治区域成为培训居民地方自治的实验田。《地方自治法》明示了如下权利与制度，即条例的制定和改废请求权（《地方自治法》第 19 条），居民的监查请求权（《地方自治法》第 21 条），居民诉讼制度（《地方自治法》第 22 条），居民召回制度（《地方自治法》第 25 条）等。

4. 地方议会选举的政党参与

虽然排斥政党推荐制度，但是当候选人公然表明政党时，却毫无防备措施。为了强化韩国政党之脆弱的下层结构，应当在选举基层议会的议员时，引进政党推荐制度。同样在宪法裁判所，曾就禁止在基层议员选举之中公然表明其政党的规定，判决为违宪。

5. 地方自治团体的破产宣告制度之撤回与财政诊断制度的强化

韩国政府曾经想过要引进破产宣告制度，即当地方自治团体在财政赤字的情况下，实在不堪负债时，可以宣告破产的制度。但是由于不符合韩国现实而被撤回。由此只得强化财政诊断制度。财政诊断制度是指当地方自治团体之首长，依照总统令的规定，将财政报告书提交到行政安全部长官，由行政安全部长官进行财政分析，根据分析结果对于那些财政健全性和效率性等显著低下的地方自治团体，依照总统令的规定，实施财政诊断的制度（《地方财政法》第 54 条、第 55 条）。

第四节　选举管理委员会

一、意义

选举管理委员会是独立的宪法机关。“为公正地管理选举和国民投票并处理政党相关事务，设立选举管理委员会”（《宪法》第 114 条第 1 款）。

二、选举管理委员会的宪法地位

选举管理委员会是“为公正地管理选举和国民投票并处理政党相关事务”而设立的宪法上必要机关。选举管理委员会并非独任制行政机关，而是采纳委员会形式的合议制机关。选举管理委员会是宪法上独立机关。为了保障机关的独立性，宪法明示了选举管理委员会的构成。选举管理委员会是中立机关。为了确保选举管理委员会的政治中立，宪法将其规定为独立机关。然而，常有学者质疑选举管理委员会的政治中立性。

三、选举管理委员会的组织与构成

（一）选举管理委员会的种类

中央选举管理委员会下设：首尔特别市、广域市、道的选举管理委员会；市、郡的选举管理委员会；邑、面、洞的选举管理委员会。

（二）中央选举管理委员会

“中央选举管理委员会由总统任命的3人、国会选出的3人以及大法院院长指定的3人组成”（《宪法》第114条第2款）。委员经国会的人事听证会后，才得以被任命、选出或者指定（《选举管理委员会法》第4条第1款）。为了摆脱政治的影响，中央选举管理委员会之委员长“在委员中互选产生”（《宪法》第114条第2款）。

然而，由大法院院长指定3人为中央选举管理委员会之委员的做法，在其制度上存在着正当性之疑问。特别是按照惯例，大法院院长会指定1名大法官和2名法院院长为中央选举管理委员会委员，其中作为大法官的委员一般会被选为委员长。对此种做法可以做如下表述，即让原本为独立宪法机关的组成人员，成为其他宪法机关之首长，因而很可能使得独立机关之性质处于自我矛盾之中。甚至还有可能导致如下情况的发生，即作为中央选举管理委员的法官，裁判由中央选举管理委员会申请裁定的案件。因此，为了明确中央选举管理委员会作为宪法机关的独立性，有必要采纳常务委员长制度。

“委员任期为六年”（《宪法》第114条第3款）。“委员不得加入政党或参与政治”（《宪法》第114条第4款）。“非因弹劾或被判处禁锢以上刑罚，委员不被罢免”（《宪法》第114条第5款）。

四、选举管理委员会的权限

（一）选举与国民投票的管理

首先，选举管理委员会“管理选举和国民投票”（《宪法》第114条第1款）。“各级选举管理委员会可以就制作选民名册等选举事务和国民投票事务，向相关行政机关作出必要的指示”（《宪法》第115条第1款）。“收到第一款规定指示的行政机关应予以执行”（《宪法》第115条第2款）。其次，选举管理委员会管理选举活动。“选举活动应在各级选举管理委员会的管理下，在法律规定的范围内进行，并保障机会均等”（《宪法》第116条第1款）。

（二）政党事务管理以及政治资金分配

首先，选举管理委员会“处理政党相关事务”（《宪法》第114条第1款，《政党法》第8条、第11条、第15条、第36条~第38条）。其次，选举管理委员会管理政治资金的寄托，向各个政党分配被寄托的政治资金以及国库补助金（《政治资金法》第22条、第23条、第25条、第27条）。

（三）选举公营制的实施

“除法律规定的情形外，不得使政党或候选人承担选举经费”（《宪法》第116条第2款）。

（四）规则制定权

“中央选举管理委员会可以在法令规定的范围内制定有关选举管理、国民投票管理或政党事务的规则，并在不与法律相抵触的范围内制定有关内部纪律的规则”（《宪法》第114条第6款）。此即为法规命令制定权。

第四章　法院

《宪法》第 5 章（法院）（第 101 条～第 110 条）是传统意义上司法府的规定。《宪法》第 101 条第 1 款规定，“司法权属于由法官组成的法院”。此规定与《宪法》第 3 章（国会）第 40 条“立法权属于国会”、第 4 章（政府）第 66 条第 4 款“行政权属于以总统为首的政府”相对应。然而，《宪法》第 5 章（法院）中存在着一些未能妥善处理与《宪法》第 6 章（宪法裁判所）之间关系的规定。《宪法》第 6 章（宪法裁判所）是第六共和国宪法中新设的规定。那些未能考虑周全的规定，很有可能引发法院和宪法裁判所之间的紧张关系。

第一节　法院的地位与组织

“法院由作为最高法院的大法院和各级法院组成”（《宪法》第 101 条第 2 款）。韩国《宪法》规定，法院由以大法院为顶点的各级法院组成，然而，并未明示各级法院的具体内容。“大法院和各级法院的组织由法律规定”（《宪法》第 102 条第 3 款）。

第一项　大法院的地位与组织

一、大法院的宪法地位

（一）意义

正如《宪法》所明示的那样“法院由作为最高法院的大法院”，大法院是韩国宪法上唯一的最高法院。

（二）外国的最高法院制度

就大法院的比较法地位而言，可以通过如下标准予以区分，首先，根据是否设立独立的行政法院，区分司法制度国家和行政制度国家。其次，根据是否设置独立的宪法裁判制度做出的区分。具体而言：

（1）美国的联邦最高法院具有违宪法律审查机关、基本权保障机关、上诉审裁判机关、第一审裁判机关（管辖案件）的地位。

（2）日本的最高裁判所具有违宪法律审查机关、基本权保障机关、上诉审裁判机关、司法行政机关的地位。

（3）德国的联邦宪法法院是宪法保障机关、违宪法律审查机关，同时也是最高上诉审裁判机关。

（4）法国的宪法委员会具有违宪法律审查权，因此，也可以称为宪法法院。民事、刑事案件的最高法院是最高上诉法院（又称破弃院），在破弃院下又设有高等法院（上诉法院）和基层法院。行政案件的最高法院是最高行政法院（Conseil d'Etat）。最高行政法院下设上诉行政法院和基层行政法院。

（5）在英国有很长一段时间是由上议院之 12 名上议院议员构成的上诉委员会履行最高法院之职能。该上议院议员称作"法律贵族"（Law Lords）。然而，根据宪治改革法于 2009 年 10 月 1 日设立了独立的最高法院。

（三）宪法史上大法院的地位

韩国宪法史上，大法院一直保留了最高法院的地位。就宪法裁判（违宪法律审查）而言，除第三共和国以外的其他时期都是由宪法委员会或宪法裁判所承担宪法裁判案件。然而，随着第六共和国时期宪法裁判所的日趋活跃，逐渐显露出了大法院和宪法裁判所之间的矛盾。

二、现行宪法上大法院的地位

其一，大法院是最高法院（《宪法》第 101 条第 2 款）。其二，大法院是基本权保障机关。其三，大法院是宪法保障机关。其四，大法院是最高司法行政机关。"大法院院长和大法官之外的法官，经大法官会议同意，由大法院院长任命"（《宪法》第 104 条第 3 款）。同时，"大法院可以在不与法律相抵触的范围内，制定诉讼相关程序、法院内部纪律和有关事务处理的规则"（《宪法》第 108 条）。

三、大法院的构成

"大法院可以设部"（《宪法》第 102 条第 1 款）。"大法院设大法官。但，根据法律规定可以设大法官之外的法官"（《宪法》第 102 条第 2 款）。"大法院和各级法院的组织由法律规定"（《宪法》第 102 条第 3 款）。

（一）大法院院长

1. 大法院院长的宪法地位

首先，大法院院长是大法院的首长。大法院院长代表大法院（《宪法》第104条第1款、第2款），并且具有法院构成权和司法行政权（《法院组织法》第13条）。其次，大法院院长是大法官会议之议长（《法院组织法》第16条第1款）。大法官会议是大法院之最高议事决定机构，由大法官构成。最后，大法院院长是大法官全员合议体之裁判长（《法院组织法》第7条第1款）。大法官全员合议体是由全体大法官三分之二以上构成的裁判部。

2. 大法院院长的身份地位

大法院院长需要具备法官、检察官、律师的资格，并且有20年以上法曹经历，同时是45岁以上的人（《法院组织法》第42条第1款），经国会的同意，由总统任命（《宪法》第104条第1款）。"大法院院长任期六年，不得连任"（《宪法》第105条第1款）。大法院院长的退休年龄为70岁（《法院组织法》第45条第4款）。

3. 大法院院长的权限

第一，大法院院长具有任命大法官的提请权（《宪法》第104条第2款）。然而，在由大法院院长提请任命后，需经过国会的同意，再由总统任命，因此，大法院院长的任命提请权、国会的任命同意权、总统的任命权之间需要形成如同三角轴一样的协调。

第二，大法院院长具有指定宪法裁判所中3名宪法裁判官的指定权（《宪法》第111条第3款）。然而，大法院与宪法裁判所都是具有独立司法权的宪法机关，从这一角度出发，再审视大法院院长的宪法裁判官指定权，不无批判的空间。

第三，大法院院长具有指定中央选举管理委员会中3名委员的指定权（《宪法》第114条第2款）。然而，赋予没有直接取得国民正当性的大法院院长以指定中央选举管理委员会之委员的指定权这一做法，存在不妥当之处。更甚，习惯性地将大法院院长从大法官中指定的委员任命为中央选举管理委员会之委员长的做法，其实就是使得宪法机关的组成人员担任另一宪法机关之首长的行为。从逻辑上来看，这一做法更加不具有妥当性。

第四，大法院院长经大法官会议的同意，可以任命大法官以外的法官（《宪法》第104条第3款）。虽然各级法官的升职与补职，需要经法官人事委员会的审议，但由于法院的结构与体制的原因，大法院院长几乎具有绝对的权限。

第五，大法院院长任命法官以外的法院公务员，管理司法行政事务，指挥、监督大法院所属公务员（《法院组织法》第 9 条，第 53 条）。

第六，大法院院长认为有必要制定或者修改，关于法院的组织、人事、运行、裁判程序、登记、户籍和其他有关法院事务的法律时，可以将其意见书面提请国会（《法院组织法》第 9 条第 3 款）。

（二）大法官

大法官作为最高法院即大法院的组成人员，是大法官会议以及大法官全员合议体的组成人员。大法官是在具有与大法院院长相同法曹资格的人选中，经大法院院长提名和国会同意后，由总统任命（《宪法》第 104 条第 2 款，《法院组织法》第 41 条第 2 款）。“大法官任期为六年，依照法律规定可以连任”（《宪法》第 105 条第 2 款）。大法官在大法院之裁判部具有审判权，在大法官会议中具有审议、议决权。

四、大法院的组织

（一）大法官全员合议体与部

在理想的状态下，作为最高法院的大法院之裁判应当由全员合议体进行。然而，由于过多的业务负担，除特殊情况外，一般是以部为中心进行裁判。“大法院可以设部”（《宪法》第 102 条第 1 款）。大法官全员合议体是由三分之二以上之大法官组成的合议体，其裁判长由大法院院长担任，在宪法、法律无其他特别规定的情况下，实行过半数通过原则。

大法院的部由 3 名以上的大法官构成（《法院组织法》第 7 条第 1 款），为了提高裁判事务的专门性与效率，可以设置关于行政、税收、劳动、军事、专利等之专任特别部（《法院组织法》第 7 条第 2 款）。就大法院之审判权而言，先由部审理案件后，如果意见一致，除了少许特殊情况外，一般由其部来裁判之（《法院组织法》第 7 条第 1 款）。

（二）大法官会议

大法官会议是由全体大法官构成的会议体，其议长是大法院院长。目前由 14 位大法官构成（《法院组织法》第 4 条第 2 款）。大法官会议需有三分之二以上的大法官出席，并通过出席人员过半数同意来处理议决事项，当表决相等时，由大法院院长做出最终决定（《法院组织法》第 16 条）。

五、大法院的权限

（一）大法院的审判权

大法院之审判权，由三分之二以上之大法官组成的合议体行使。由大法院院长担任裁判长，在宪法、法律无其他特别规定的情况下，实行过半数通过原则。《法院组织法》第 7 条第 1 款规定了大法官全员合议体之审判事项：①认为命令或者规则违反宪法；②认为命令或者规则违反法律；③认为有必要变更曾经由大法院做出的如下意见，亦即关于解释适用宪法、法律、命令、规则的意见；④认为不应由部来做出判决的情况。除了上述案件以外，一般由部来进行审判。大法院的部由 3 名以上之大法官构成。

大法院具有管辖以下案件的权限，亦即命令或者规则是否违宪、违法的最终审查权（《宪法》第 107 条第 2 款），违宪法律审判提请权（《宪法》第 107 条第 1 款），选举诉讼，上告审或再抗告审，其他依法属于大法院权限的案件（《法院组织法》第 14 条）。

（二）大法院之规则制定权

“大法院可以在不与法律相抵触的范围内，制定诉讼相关程序、法院内部纪律和有关事务处理的规则”（《宪法》第 108 条）。大法院的规则制定权是法规命令制定权。

（三）大法院之司法行政权

司法行政权是为了运用、管理司法裁判权之行使或者裁判制度，而所需的一切行政作用。大法官会议审议和议决以下事项：①对于法官之任命及其连任的同意事项；②关于大法院规则的制定与修改事项；③关于判例之收集、出版的事项；④关于预算的需求、预备金之支出与结算的事项；⑤根据其他法令之规定，属于大法官会议之权限的事项；⑥认为是特别重要的事项，并由大法院院长附议之事项（《法院组织法》第 17 条）。法官人事委员会是为了树立关于法官人事的基本计划以及人事安排，而设置的大法院院长之咨询机关。

第二项　各级法院的地位与组织

一、意义

“各级法院的组织由法律规定”（《宪法》第 102 条第 3 款）。关于各级法院之组织的内容由《法院组织法》详细规定。

二、高等法院

高等法院之所在地分布在首尔、釜山、大邱、光州、大田、水源。在济州岛设置光州高等法院济州部。高等法院设立部，不再保留过去的部长法官，废除了过去的部长法官制度（《法院组织法》第 27 条）。高等法院之审判权由 3 名法官构成的合议部行使（《法院组织法》第 7 条第 3 款）。

三、特许法院（即专利法院）

韩国就有关专利争议（又称特许争议），采纳了特别诉讼制度。专利争议首先经设置于特许厅（即专利行政部门）的专利复议院（又称特许审判院），再经过专利法院的判决，最终到达大法院。专利法院受理如下案件，即《特许法》第 186 条第 1 款、《实用新型法》第 33 条、《设计保护法》第 166 条以及《商标法》第 162 条第 1 款所规定的第一审案件和其他依法属于专利法院权限之案件（《法院组织法》第 28 条之四）。

四、地方法院

地方法院之审判权区分为合议部之审判权，抗诉部之审判权，独任法官之审判权，市、郡法院之审判权。

五、家庭法院

家庭法院审判家事相关的诉讼、非讼案件、调停以及少年保护案件。家庭法院由作为法官的家庭法院院长和法官构成。家庭法院设立于首尔、釜山、大邱、光州、大田、仁川、水源、昌原。大邱家庭法院、光州家庭法院、大田家庭法院、仁川家庭法院、水源家庭法院、昌原家庭法院的辖区内设立家庭法院支院。家庭法院支院可以设置抗诉部。

六、行政法院

行政法院受理由《行政诉讼法》所规定的行政案件，以及依据其他法律规定属于行政法院权限之第一审案件（《法院组织法》第 40 条之四）。

七、破产法院

破产法院（又称回生法院）是为公正、有效地承担清算程序的专门处理破产案件的专门法院。破产法院设立于首尔，根据《债务者回生以及破产法》的规定，负责回生案件、简易回生案件、破产案件或者个人破产案件（《法院组织法》第6章）。

八、军事法院

“为管辖军事裁判，可以设立作为特别法院的军事法院”（《宪法》第110条第1款）。军事法院的上诉审案件由大法院管辖（《宪法》第110条第2款）。军事法院分为，作为第一审管辖法院之普通军事法院和作为第二审管辖法院之高等军事法院（《军事法院法》第10条，第11条）。普通军事法院由1名或者3名裁判官构成，高等军事法院由3名或者5名裁判官构成（《军事法院法》第22条，第26条，第27条）。

九、一般法院与特别法院

（一）是否认可特别法院

1. 特别法院的概念

例外法院说认为特别法院是由不具有法官资格的人进行审判的法院，或者由无须独立裁判之身份保障的人进行审判的法院，再或者不准予上诉至最高法院的法院。当采纳例外法院说时，下列法院都可以视为是特别法院（例外法院），即虽然准予上诉至大法院，但是该审判是由不具有法官资格的人进行的法院；虽然该审判是由具有法官资格的人进行，然而对于该裁判不准予上诉至大法院的法院。

2. 军事法院以外之特别法院的容许可能性

将特别法院理解为例外法院时，除了军事法院以外，不可以认可其他特别法院。基于《宪法》上法院由“作为最高法院的大法院和各级法院组成”（《宪法》第101条第2款），“法官资格由法律规定”（《宪法》第101条第3款），因此，设立未与作为最高法院的大法院联系在一起的例外法院时，将构成违宪。

（二）作为特别法院（例外法院）的军事法院

1. 军事法院的地位与性质

管辖军事裁判的军事法院是现行《宪法》明文认可的唯一“特别法院”，因此在理论上属于例外法院（《宪法》第110条第1款）。军事法院之上诉审案件，原则上由大法院管辖，因此，军事法院是大法院的下级审判机关。然而，“在非常戒严时的军事裁判中，就军人、军务员的犯罪或军事相关的间谍罪以及有关哨兵、哨所、提供有毒食物、俘虏的犯罪，限于法律规定的情形可以进行一审终审”（《宪法》第110条第4款，《军事法院法》第534条）。

同时，《宪法》第27条第2款规定，“非军人或军务员的国民，在大韩民国境内，除犯有有关军事机密、哨兵、哨所、提供有毒食物、俘虏、军用物品的重大罪行中法律规定的情形以及宣布非常戒严的情形外，不受军事法院的裁判”。此规定具有如下两重意义，首先，此规定是“由宪法与法律规定的法官进行裁判”的例外情况；其次，此规定同时限制、缩小了其例外情况。

2. 军事法院的宪法问题

当宣布非常戒严时（《宪法》第110条第4款），对于特定犯罪的审判，不由宪法和法律规定的法官进行，同时采取不与大法院相联系的一审终审制，其实其在事实上封锁了国民之接受裁判的权利，因此，对于此类《宪法》规定，应当最大限度地限定、缩小解释之。

3. 现行法上的军事法院

就军事法院的种类来说，有高等军事法院与普通军事法院（《军事法院法》第5条）。高等军事法院设置在国防部下。高等军事法院审理，对于普通军事法院之裁判的抗诉案件、抗告案件及依法属于高等军事法院的案件（《军事法院法》第10条）。普通军事法院，作为第一审法院，审理对于军事法院所在部队之首长的直属部下，及受直接监督者之被告案件（《军事法院法》第11条）。

军事法院设有管辖官。高等军事法院之管辖官是国防部长官，普通军事法院之管辖官由设置该军事法院的部队与地区的司令官、首长或者责任指挥官担任。然而，国防部所属普通军事法院的管辖官由高等军事法院之管辖官兼任（《军事法院法》第7条）。

（三）特殊法院

特殊法院是指具有法官资格的人负责裁判，虽然可以上诉至最高法院，但其管辖范围受限、管辖对象特殊的法院。在韩国，特殊法院的设置可以根据宪法，由法律予以规定。根据《宪法》第102条“大法院可以设部”（《宪法》第102条第1款），“大法院和各级法院的组织由法律规定”（《宪法》第102条第3款）。因此，虽然没有规定特殊法院，但是可以在大法院下设置审理特殊案件的部。

第二节　司法程序与运行

一、裁判的审级制度

宪法上没有关于审级制度的明文规定。除了在第 101 条第 2 款规定“法院由作为最高法院的大法院和各级法院组成”以外，无其他明文规定，因此可以设想为间接地说明了法院的审级制度。而在《法院组织法》上，为了慎重地行使诉讼程序和保障裁判的公正，采取了三审制。

（一）三审制的原则

民事裁判、刑事裁判、行政裁判以及军事法院的裁判，以三审制为原则。然而，由于《国税基本法》上之国税复议（国税审判院），《特许法》（即专利法）上之专利复议（特许审判院），《关于海洋事故之调查及审判法》上之海洋安全复议（地方海洋安全审判院，中央海洋安全审判院）属于特别行政复议，因此需要采取行政复议前置主义原则。

（二）三审制的例外

1. 专利诉讼之两审制

基于设立专利法院（又称特许法院），专利诉讼采纳了特别的诉讼制度，即首先经设立于特许厅的专利复议院（又称特许审判院），再经专利法院后，最终可以诉至大法院。

2. 海洋安全诉讼的两审制

根据《关于海洋事故之调查及审判法》，对于不服地方海洋安全审判院之裁决的人可以上诉至中央海洋安全审判院。然而，根据“对于中央审判院之裁决的诉讼，专属于中央审判院所在地高等法院管辖”（《关于海洋事故之调查及审判法》第 74 条第 1 款），因此，韩国就海洋安全诉讼采纳了两审终审制。

3. 选举诉讼的一审终审制、两审制

总统、国会议员之选举诉讼由大法院专属管辖（《公职选举法》第 222 条 ~223 条）。这是出于防止选举诉讼的拖延，迅速确定选举结果的考量。然而，除了地方选举中的比例代表、市或者道的议员选举、市或者道的知事选举以外的选举诉讼由所属高等法院管辖。

4. 非常戒严下军事审判的一审终审制

“在非常戒严时的军事裁判中，就军人、军务员的犯罪或军事相关的间谍罪以及有关哨兵、哨所、提供有毒食物、俘虏的犯罪，限于法律规定的情形可以进行一审终审。但宣告死刑的除外”（《宪法》第 110 条第 4 款）。

二、裁判的公开

（一）意义

《宪法》第 109 条中明确规定了这一原则。即“裁判的审理和判决予以公开。但，妨害国家安全保障、安宁秩序或善良风俗的，法院可以决定不予公开”，又如《宪法》第 27 条第 3 款的规定，“除有相当理由外，刑事被告人享有及时接受公开裁判的权利”。

（二）裁判公开的内容

裁判之审理与判决，原则上应当公开。审理是指原告与被告之审问和辩论。判决是法院对于案件之实体的判断。裁判是民事、刑事、行政、专利、选举诉讼之裁判。

（三）裁判公开的例外

根据《宪法》第 109 条但书之规定，审理可以在不公开的情况下进行。裁判的不公开是法院的羁束裁量事项，即法院限于存在客观而明白的事由之情况下，可以决定不予公开。然而，判决的宣告必须予以公开。

第三节　法院的权限

一、意义

法院除了具有民事、刑事、行政案件以及其他诉讼案件的裁判权外，还具有非讼案件管辖权，命令、规则、处分审查权，违宪法律审判提请权，大法院规则制定权，司法行政权，法庭秩序维持权等权限。大法院院长具有指定宪法裁判所中的 3 名宪法裁判官指定权，及中央选举管理委员会中的 3 名委员指定权等权限。

二、诉讼裁判权

诉讼裁判权是指法院裁判关于民事诉讼、刑事诉讼、行政诉讼、选举诉讼等法律争讼的民事裁判权、刑事裁判权、行政裁判权、专利裁判权、选举诉讼裁判权。

三、违宪法律审判提请权（参照宪法裁判所之违宪法律审查权）

（一）意义

违宪法律审判提请权是指当法律是否违反宪法成为裁判的前提时，各级法院依职权或者根据当事人之申请，决定将法律是否违宪之审判，提请宪法裁判所的权限（《宪法》第107条第1款）。

（二）违宪法律审判提请的主体

负责审理该案件的法院。这里的法院是指大法院与各级法院，也包括军事法院。

（三）违宪法律审判提请的要件

法院若想提请违宪法律审判，应当满足“法律的违宪与否成为裁判的前提”。

（四）违宪法律审判提请的对象

《宪法》第107条第1款中的“法律”，不仅包括形式意义上的法律，还包括实质意义上的法律。

（五）违宪法律审判提请的程序

由负责审理该案件的法院依职权或者依当事人之提请申请。

（六）违宪法律审判提请权的行使与合宪判断

应当认可法院的违宪法律审判提请权之中包含有法律合宪决定权以及合宪判断权。但是，宪法裁判所对此持否定的态度（参照第五章宪法裁判所，第二节违宪法律审判）。

（七）违宪法律审判提请权行使的界限

法院不可以回避宪法之判断。法院只能判断是否予以提请，而不可以进行限定合宪解释以及适用违宪的判断。

（八）违宪法律审判提请之效果

违宪法律审判提请一旦被受理，法院应当停止对该诉讼案件之裁判，直到宪法裁判所作出违宪与否之判断。然而，在紧急情况下，可以进行除了终局裁判以外之诉讼程序（《宪法裁判所法》第42条第1款）。

四、命令、规则审查权

（一）意义

“当命令、规则或处分是否违反宪法或法律成为裁判的前提时，大法院有权对其进行最终审查”（《宪法》第 107 条第 2 款）。命令、规则审查权是指在裁判存续期间，审查适用于具体案件中的命令、规则之效力，当认定为无效时，法院拒绝在其案件之中的适用，或者由大法院拒绝或宣布无效的权限。

（二）内容

1. 审查主体

审查主体是各级法院及军事法院。大法院享有最终审查权（《宪法》第 107 条第 2 款）。宪法裁判所也享有对命令、规则的审查权。当法院作出决定认为命令、规则违反宪法、法律时，法院只能在该案件中拒绝适用该命令、规则（个别效力）。但是，宪法裁判所可以在普遍意义上，宣布该命令、规则之无效（普遍效力）。

2. 审查对象

审查对象为命令与规则。命令是指总统令、总理令、部令等所有行政机关发布的法规命令。规则是指由国家机关规定，并冠以规则之名的法规范。在宪法上，与法规命令具有相同效力的规则有：国会规则、大法院规则、宪法裁判所规则、中央选举管理委员会规则。又如由地方自治团体制定的规则。就条约而言，虽然《宪法》第 60 条第 1 款中列举的条约属于违宪法律审查之对象，但是其他条约则属于命令、规则审查之对象。虽然在宪法上没有明确规定，但是由地方自治团体制定的条例当然也属于命令、规则之审查对象。

3. 审查基准

审查基准是作为上位法的宪法与法律，当然除了形式意义上的宪法与法律以外，还包括实质意义上之宪法与法律。

4. 审查要件

由于在《宪法》上采取了具体的规范控制，因此对于命令、规则之违宪、违法与否的审查，应当成为裁判之前提（《宪法》第 107 条第 2 款）。成为裁判之前提是指在裁判具体案件时，适用于该案件当中的命令、规则具有违宪、违法的问题。

5. 审查的范围

当法院审查命令、规则是否违宪、违法时，不仅享有形式审查权，而且具有实质审查权。形式审查权是指有无形式上的瑕疵，亦即审查其是否是根据法律的正当程序而成立的权力。不论宪法是否具有明文规定，法院都具有形式审查权。实质审查权是指有无实质性瑕疵，亦即在内容上，审查其是否违反上位规定之权限。

（三）审查的方法及程序

对于违宪或者违法与否之决定，由大法院全员合议体审理，并由过半数决定（《法院组织法》第 7 条第 1 款）。但是，就合宪、合法之决定，则由 3 名以上之大法官构成的部来审判。

（四）违宪、违法之命令、规则的效力

法院在原则上，只是拒绝适用违宪、违法之命令与规则。由于法院受到法规适用之权限限制，因此不可以宣布其无效。然而，大法院可以宣布无效。

五、行政处分审查权

（一）意义

行政处分审查权是指法院可以审查行政处分是否与宪法或者法律合致的权限，亦即行政裁判权。当行政处分违宪、违法时，法院享有撤销、变更的权限。

（二）类型

就行政处分审查制度而言，有单独设立行政法院来管辖行政裁判的行政制度国家型（法国，德国等）和一般法院管辖行政裁判的司法制度国家型（美国，日本等）。

（三）现行行政处分审查制度

“当命令、规则或处分是否违反宪法或法律成为裁判的前提时，大法院有权对其进行最终审查”（《宪法》第 107 条第 2 款）。基于韩国现行《宪法》并未设立专门负责行政裁判的最高行政法院，因此，韩国属于司法制度国家型的行政处分审查制度国家。但是《宪法》第 107 条第 3 款“作为裁判的前审程序，可进行行政复议。行政复议程序由法律规定，应准用司法程序”之规定，却为行政复议提供了宪法依据。

六、法庭秩序维持权

（一）意义

法庭秩序维持权是为了维持法庭之中的秩序，并排除、制止妨害审判之行为，由法院享有的权力性作用，又称法庭警察权。

（二）主体

法庭秩序维持权之主体是法院。其实，该权力由代表法庭的裁判长行使。

（三）内容

裁判长可以发布禁止入庭、退庭命令和其他必要之命令。必要时，裁判长可以要求该辖区之警察署长派遣警察（《法院组织法》第58条、第60条）。对于违反法庭秩序维持命令的人，裁判长可以负以司法拘留、罚款等一定的制裁措施（《法院组织法》第61条）。

（四）界限

法庭秩序维持权只能在如下情况行使：在时间上，只允许在庭审中或者与开庭先后紧密相连的时间段上行使；在地点上，限于法庭和法官执行公务之场所；就对象而言，只能对诉讼相关人和法庭内的人行使该权力。

第四节　司法权的范围与界限

一、意义

“司法权属于由法官组成的法院”（《宪法》第101条第1款）。司法的概念是论述关于法院之地位、组织等的出发点。根据司法之本质属性，应当重视法院之地位与权限。司法与政治权力保持一定距离，同时司法是判断“什么是法”的考虑之场所，因此司法表现出对独立性的强烈要求。

二、司法权之概念

在《宪法》第101条第1款中所表述的“司法权”之概念，主要有形式说和实质说之分。司法权的概念还同《宪法》规定中的行政权、立法权的概念有着直接联系。形式说认为，司法权是指国家机关中除立法机关或者行政机关的权限外，由作为司法机关的法院行使的权限（韩国的多数说）。实质说认为，司法权是指发生具体法律纠纷时，基于当事人提起的争讼，由具有独立地位的机关以第三人的立场判断、宣布何为法律的，维持法秩序的作用。如果将“司法权属于法院”的意思等同于“法院享有司法权”，那么可以将司法权理解为是形式意义上的法院权限。此外，法院之正常运行所需的司法行政权和司法立法权仅为附随性作用。

三、司法之功能

（一）个人之权利保护功能

司法是保障国民之自由与权利的最后堡垒。司法不仅就国家权力之侵害而保护个人的权利，而且是个人相互之间权利纷争的最终裁决者，由此体现法治主义。

（二）法秩序维持功能

司法是依权力分立之邀请，审查在立法府制定的法律下，行政府之法执行以及个人之法行为是否具有合法性。因此司法具有维持客观法秩序之功能。

（三）消除社会紧张关系的功能

司法是最终解决，在国民生活中引起的法律纷争之场所。同时，司法通过法律途径解决社会矛盾与紧张关系，因此司法具有最终维持法律和平的功能。

（四）司法的消极属性

司法只能对以具体案件为前提而提起的争议，由具有宪法与法律所规定的资格和独立身份之法官，宣言什么是法的作用。因此，司法在本质上是消极的、被动的国家作用。

（五）法官之法创造功能

法官在适用法律的过程中（裁判过程），通过法解释起到补充法律缺陷的功能，因此抛开司法作用之消极的、被动的属性，其实司法还具有创造法律的功能。

四、司法权的范围

（一）民事裁判权

民事裁判权是指民事诉讼管辖权。民事诉讼是指针对私人之间发生的有关生活关系的纷争或者利害冲突，国家通过行使裁判权，依法强制解决和调整的程序。

（二）刑事裁判权

刑事裁判权是指刑事诉讼管辖权。刑事诉讼是指认定犯罪并课以刑罚的程序。

（三）行政裁判权

行政裁判权是指行政诉讼管辖权。行政诉讼是指针对行政作用的纷争，审理、判断行政法规之适用的程序。

（四）宪法裁判权

宪法裁判权是指宪法诉讼管辖权。就宪法诉讼而言，狭义上是指违宪法律审判；广义上则另包括了权限争议审判、弹劾审判、宪法诉愿审判、违宪政党解散审判、选举诉讼裁判。现行宪法仅赋予法院以选举诉讼裁判权与命令、规则审查权，以及违宪法律审判提请权。

五、司法权的界限

（一）实体法上的界限

实体法上的界限主要是指宪法上规定由其他机关行使的权限或者排除在法院司法审查对象之外的事项。违宪法律审判、弹劾审判、违宪政党解散审判、权限争议审判、宪法诉愿审判属于宪法裁判所之权限事项（《宪法》第111条第1款）。禁止向法院提起关于国会议员的资格审查、惩戒、除名的诉讼（《宪法》第64条第4款）。非常戒严情况下的军事裁判，可以由军事法院进行一审终审。

（二）国际法上的界限

首先，治外法权者，即根据国际习惯法，对于享有特权的外国元首、外交使节等不适用滞留国之法律，而适用本国法的人。其次，条约也可以成为司法审查的对象。由于在《宪法》第60条第1款所列举的重要条约同法律具有同等效力，因此对其违宪与否之审查属于宪法裁判所的审判事项。然而，除上述重要条约之外的条约同命令、规则具有同等效力，因此其违宪、违法与否之判断属于法院的范畴（《宪法》第107条第2条）。

（三）司法本质的界限

为了行使司法作用之本质的司法权，应当是关于具体案件的（案件性），以当事人提起诉讼为前提（当事人适格、诉的利益），而且该案件应具有作为案件的成熟性（案件的成熟性）。

（四）政策、现实的界限

其一，训示规定或者方针规定，不能以诉讼请求的方式实现。其二，在坚持权力分立的情况下，法院不是行政机关，因此虽然法院可以撤销或者作出无效确认，但是不可以直接行使行政处分或者作出履行判决。然而，在行政诉讼法修正案里，却导入了义务履行诉讼。其三，根据行政机关能否进行裁量，行政行为乃至行政处分可以分为羁束行为与裁量行为。羁束行为是受到严格法律羁束的行为，而裁量行为则是赋予了行政机关以裁量的行为。在羁束行为的情况下，如果作出了违反法律规定的处分等行为，法院当然可以宣布其为无效或者撤销。在裁量行为的情况下，由于裁量权的显著脱离、滥用而导致违法时，其处分等是可以无效、撤销的，然而就单纯的不当处分而言，则不可以对其宣布无效或者撤销。在此，存在着司法权的界限。其四,一直以来，根据公法上的特别权力关系理论，对有关公法上之特别权力关系的事项，可否进行司法审查，持有否定态度。然而，在当今却把此种特别权力关系理解成了特殊身份关系。就对于特殊身份关系的处分而言，应当认可对其进行司法审查。但是，根据其身份关系的特殊性，可以认可变通适用裁判基准。

（五）统治行为

1. 统治行为理论的历史、经验特性

对于要求高度政治性判断的事项，如果由司法府进行积极的判断，那么有可能不符合国家活动之有效进行的要求。虽然可以将统治行为看作是关于法治主义的重大例外。然而，就如何界定其范围而言，根据各国特有的历史、政治情况，呈现出了不同的理论和判例。

2. 各国统治行为理论的发展

统治行为理论根据各国特殊的宪治史和宪治实际；对于权力分立主义的基本认识；基于司法制度的特殊性而衍生出的司法审查制度的特性等，形成了各自的用语、逻辑基础、范围等事项。在英国称为国王大权，在美国称为政治问题，而法国与德国则称为统治行为。

3. 韩国的统治行为理论

有权力分立说，司法之内在界限说、自由裁量说、司法克制说等。虽然认可统治行为的存在，然而对于特定行为是否具有统治行为性，则要根据具体案件而判断。

第五节　司法权的独立

一、意义

现行韩国《宪法》中与司法权独立有着直接关联的条款包括，第 101 条“司法权属于由法官组成的法院”、第 103 条规定了法官在职务上的独立、第 106 条规定了法官的身份保障等。

二、法院的独立

（一）相对于立法府的独立

1. 法院与国会的相互独立

法院与国会在各自的组织、构成、运行、功能方面，应当相互独立。但是法院不是直接从国民那里得到国民正当性的机关，亦即不是通过国民投票而产生。因此，国会通过大法官任命同意权介入作为最高法院的大法院之构成，此种介入并不阻碍法院之独立，恰恰相反地为法院之构成弥补了间接民主正当性。

2. 法院与国会的相互牵制和均衡

国会通过如下方式牵制法院：国政监查、调查权；法院预算审议确定权与结算审查权；大法院院长、大法官任命同意权；对法官的弹劾追诉权。但是国会的国政监查、调查权是有限制的权限，即不能涉及法院之裁判。法院通过违宪法律审判提请权牵制国会（《宪法》第 107 条第 1 款）。然而，法院的司法权不涉及国会之内部行为（《宪法》第 64 条第 4 款）。

（二）相对于执行府的独立

相对于执行府的独立是司法权的本质要素。正是在此种意义上，法院与政府都由各自独立的机关构成。执行府可以通过以下方式牵制法院：对大法院院长、大法官的任命权；法院预算编制权；总统之赦免权等。

总统享有对大法院院长与大法官的任命权，从而直接介入司法府之构成，虽然这种介入有碍司法府之独立性，但是从另一个侧面考虑的话，总统作为国家元首承担了构成司法府的部分责任。与此同时，由于总统也具有直接的国民正当性，因此总统与国会一同介入最高法院之构成，从而排除了大法院不具有直接民主正当性之疑问。对于一般法官而言，一旦最高法院，即大法院组成，其人事权全权由大法院行使。

就政府的法院预算编制权而言，虽然有意见认为应当给予法院以独自的预算编制权，然而这在国家预算体系上无法实现。总之，政府在编制法院的预算时，应当尊重司法府的独立性与自律性（《法院组织法》第 82 条第 2 款）。就总统的赦免权而言，有些学者提出了如下忧虑。亦即，此种权力的滥用可能使得司法府的裁判趋于无力，阻碍法治主义。因此，总统应当慎重行使赦免权。法院可以通过行使违宪、违法之命令、规则、处分审查权来牵制政府。通过法院的审查权，最终可以体现法治行政。

（三）法院的自律性

为了使法院在宪法和法律规定的范围内独立制定关于其内部事务处理以及内部纪律的事项，赋予了大法院规则制定权（《宪法》第108条）。

三、法官之身份上的独立

（一）身份上的独立

裁判功能，作为司法权的本质内容，由法官担当。因此，如果法官之身份的独立没有得到很好保障，就无法保证裁判的公正性与独立性。

（二）法官人事的独立

通过确保法官人事方面的公正性，可以保障法官之身份上的独立。法官人事分为两种。首先，大法院院长、大法官是由得到国民正当性的两大轴心，即通过国会的任命同意由总统任命。然而，大法官的任命提请权由大法院院长行使。其次，最高法院组成后，一般法官的任命、补职当然由司法府内部决定。一般法官的任命是通过大法官会议的同意，由大法院院长任命（《法院组织法》第17条第1项，第44条）。为了确保法官人事的客观性与透明性，设置了法官人事委员会。

（三）法官资格的法律主义

为了保障法官之身份上的独立，法官资格由法律规定（《宪法》第101条第3款，《法院组织法》第42条）。大法院院长、大法官的人选限于45岁以上人员，并且具有20年以上的法曹经历。但是，与日本不同，公认之法科大学的助教授以上人员不被赋予律师资格，因此切断了教授成为宪法裁判官和大法官的机会。

（四）法官的任期和退休年龄

为了防止司法的保守化，《宪法》和《法院组织法》引进了法官任期制度。同时，为了防止司法的老化而引进了法官退休制度（《宪法》第105条，《法院组织法》第45条第4款）。“大法院院长任期六年，不得连任”（《宪法》第105条第1款）。限制大法院院长的连任，具有警界特定人对司法府的过度调度之意思。这种做法与限制总统的连任是一脉相承的。“大法官任期为六年，依照法律规定可以连任”（《宪法》第105条第2款）。“大法院院长和大法官之外的法官任期十年，依照法律规定可以连任”（《宪法》第105条第3款）。“法官的退休年龄由法律规定”（《宪法》第105条第4款）。大法院院长和大法官的退休年龄为70岁，一般法官的退休年龄为65岁。

（五）法官的身份保障

为了法官的独立，宪法直接规定了法官的个人身份保障，即韩国宪法上规定了法官之罢免事由的限制、惩戒处分的效力限制、辞退事由的限制。其一，“非因弹劾或被判处禁锢以上刑罚，法官不被罢免”（《宪法》第 106 条第 1 款）。其二，“非因惩戒处分，法官不受停职、减薪以及其他不利处分”（《宪法》第 106 条第 1 款）。非因大法院之法官惩戒委员会作出的惩戒处分，法官“不受停职、减薪及其他不利的处分”（《法院组织法》第 46 条第 1 款，《法官惩戒法》第 4 条）。其三，“法官因重大身心障碍无法履行职务的，可以依照法律规定使其退休”（《宪法》第 106 条第 2 款）。

（六）法官的派遣和兼任

派遣法官的做法和使得法官兼任其他职务的做法成了韩国学界批判的对象。目前，法院将法官派遣于国会的做法有些不够妥当。法官的派遣应当严格限定于派遣至广义之司法府的宪法裁判所。目前，韩国《法院组织法》禁止法官退职后就职于总统秘书室、禁止法院派遣法官至总统秘书室、禁止法官兼任总统秘书室职务。

韩国法官除了在作为宪法机关的中央选举管理委员会兼职外，还在其他各级机关兼职工作。针对上述兼职机关作出的裁决，当有人提起法律诉讼时，最终还是会由法官进行裁判。出于此种原因，有必要最小化法官的兼职行为。特别是在规模甚小的法院中，当法官作为选举管理委员长告发违反选举法的行为时，就会发生自行行使裁判权的问题。

四、法官之职务上的独立

（一）意义

如果说保障法官之身份本身就是法官之身份上独立（人的独立），那么法官在履行职务时的独立，便是裁判上的独立或者职务上的独立、物的独立。“法官根据宪法、法律及其良心，独立进行审判”（《宪法》第 103 条）。

（二）根据宪法和法律的审判

“法官根据宪法和法律……独立进行审判”（《宪法》第 103 条）。立足于法治主义原理，在《宪法》中明确规定了进行裁判时，受宪法与法律的约束。

（三）根据法官之良心的审判

“法官根据其良心……独立进行审判”（《宪法》第 103 条）。关于《宪法》第 103 条中的良心之意思，应当理解为作为客观的法官之良心，亦即作为法曹人应具备的客观、逻辑性良心。在韩国大法院设置有饱受争议的量刑委员会。量刑委员会是为了制定或者变更量刑基准，审议与其相关的量刑政策，而在大法院设立的独立行使权限的机构（《法院组织法》第 81 条之二）。虽然量刑基准不具有法律拘束力，但是当法院作出了脱离量刑基准之范围的判决时，应当在判决书中记载其量刑理由（《法院组织法》第 81 条之七）。

（四）独立于内、外部作用的审判

1. 独立于其他国家机关的审判

就法官之裁判权行使而言，不受国会、政府、宪法裁判所等任何国家机关的指挥、监督或者干涉。

2. 诉讼当事人

法官行使裁判权时，应当独立于诉讼当事人。为了应对法官与诉讼当事人之间存在特殊关系设置了除斥、忌避、回避制度。

3. 独立于社会势力的审判

法官行使裁判权时，应当独立于政党、社会团体、言论机关。但是应当积极接受对裁判的正当批判。

4. 独立于法院内部

法院的组织采取以大法院为最高法院的审级制度。然而，就行使裁判权而言，不受上级法院的指挥、监督或者其他干涉，因而审级制度不得影响裁判之独立。但是“由上级法院在裁判中作出的判断，限于该案件而羁束下级法院”（《法院组织法》第 8 条）的规定并不与宪法上之裁判的独立相悖。

第六节　对司法权的控制

一、意义

针对司法权的控制可以区分为外部控制和程序控制。

二、外部控制

（一）国会的控制

国会通过如下方式控制司法府：关于司法事项的立法权行使；大法院院长、大法官的任命同意权；法院预算之审议确定权、结算审查权；对法官行使的弹劾追诉权；一般赦免同意权等。

（二）政府的控制

政府通过如下方式控制司法府：大法院院长、大法官任命权；法院预算编制权；关于赦免、减刑、复权的权限。

（三）宪法裁判所的控制

宪法裁判所通过如下方式控制司法府：法官弹劾审判权；宪法诉愿审判权；权限争议审判权等。

（四）国民的控制

通过陪审制、参审制等，由国民参与司法的制度，使得国民之控制趋于可能。目前，对于一定的刑事案件，正在适用国民参与裁判制度。

三、程序的控制

在《法院组织法》等各种关于司法的诉讼法中提供了最小化司法程序上之过错的方案。重要的是审级制度与裁判的公开制度。

第五章　宪法裁判所

第一节　宪法裁判的一般理论

一、意义

宪法裁判作为宪法保障制度，具有担保宪法规范之实效性的价值。即通过宪法裁判，使宪法的规范力得以实质化，最终以规范的形式实现立宪主义。汉斯·凯尔森（H.Kelsen）作为现代法实证主义的创始人，由其提出的宪法裁判区别于法院的一般裁判作用，其认为为了实现宪法裁判应当确立特别宪法裁判所制度，从而期待宪法裁判的实质化与保持宪法裁判的特殊性。

二、宪法裁判的本质

（一）意义

宪法裁判是为了在现实中或者在事后，担保近代立宪主义宪法中所包含的国民主权、基本权保障、权力分立原理的制度性装置。同时近代宪法以成文宪法、硬性宪法的形式存在，从而为保障宪法的最高规范性，提供了制度性条件。

（二）宪法裁判的法律性质

宪法裁判的本质也是“裁判”，因此是广义的司法作用。然而宪法裁判是为了解决宪法问题的裁判，由此区别于解决具体案件之争议为目的的一般司法作用。因此，就宪法裁判的法律性质而言，则有司法作用说、政治作用说、立法作用说、第四种国家作用说。

总之，现行《宪法》在“第5章法院”中规定，“司法权属于由法官组成的法院”（《宪法》第101条第1款），“法院由作为最高法院的大法院和各级法院组成”（《宪法》第101条第2款）。但是在“第6章宪法裁判所”中，另行设定了有关宪法裁判的规定。这是一种表征，说明一般意义上的司法区别于宪法裁判。忽视宪法裁判的特殊性，仅根据司法作用的尺度去衡量宪法裁判，将导致无法达到反映宪法规范之特殊性的宪法裁判目的。因此，就宪法裁判的本质而言，其无论如何都是司法作用，但由于其是“宪法”裁判的缘故，还应当立足于宪法所具有的特性，理解为是包含了一系列政治作用、立法作用以至权力控制作用的司法作用。

（三）司法积极主义与司法消极主义

1. 司法积极主义

司法积极主义（Judicial Activism）是基于具有进步倾向的宪法哲学之理论，认为司法府不应当满足于单纯受先例所羁束的消极裁判作用，而应当根据历史与社会的变化，能动地解释宪法规范，从而去判断议会与政府之作用的理论。

2. 司法消极主义

司法消极主义（Judicial Passivism），作为基于保守宪法哲学的理论，认为司法府不应当积极介入基于民主正当性的议会或政府之国家作用，而应当作出基于既存先例与法律感情的判断，在这一判断标准不明显冲突的情况下，应当克制司法介入的理论。

3. 小结

对司法积极主义的过度执着，有可能导致由缺乏国民正当性的“法官统治”局面，从而破坏代表民主主义的基本秩序。相反，在安于司法消极主义的情况下，有可能无法充分实现司法府居于国民自由与权利之最后堡垒的作用，最终导致丧失司法府存在的意义。因此应当洞察由身为主权者的国民所制定的宪法，深思熟虑什么才是宪法所要求的命令，从而充分实现符合时代精神的、作为宪法秩序之守护者的功能。

（四）宪法裁判的界限

宪法裁判机关回避或克制对特定案件的宪法性判断，这是不适当的行为。然而从宪法规范所具有的政治特性来看，若将所有宪法议题都通过宪法裁判机关来裁断的话，参照权力分立原理或权力之正当性原理，可知并非妥当。

三、宪法裁判的类型

（一）负责宪法裁判的机关

以负责宪法裁判的机关为中心，可以将宪法裁判类型大体分为下列两种。其一，如同德国、奥地利、意大利、西班牙、土耳其等，设立独立的负责机关，称为欧洲大陆式宪法裁判所类型。其二，如同美国或日本，由一般法院一并负责宪法裁判的类型。就法国的宪法委员会而言，曾认为其既不属于一般法院型，又不属宪法裁判所型，而属于第三特殊机关型。然而随着当今违宪法律审判的活跃，通常被分类为宪法裁判所的类型之一。

（二）宪法裁判的对象

宪法裁判的典型对象是违宪法律审判。以违宪法律审查的起始点与内容为标准，可以分为如下两种制度。其一，如同法国，在法律通过议会后，至公布之前，进行违宪法律审查的情形，称为“事前、预防性”违宪法律审查制度。其二，大部分其他国家普遍采用，在法律实施之后，进行违宪法律审查的情形，称为“事后、矫正性”违宪法律审查制度。

以规范控制制度为中心，分析宪法裁判之对象时，可分为以下两种情形。其一，当法律的违宪与否成为裁判之前提的情况下，依诉讼当事人的申请或依法院的职权，提请违宪审查，从而进行违宪审查的情形，称为“具体性规范控制制度”。其二，就法律是否违宪而引发争论的情况下，不论法律是否是裁判的前提，依照一定的国家机关之申请，由宪法裁判机关进行违宪审查的情形，称为“抽象性规范控制制度”。

四、现行宪法上宪法裁判制度

（一）韩国宪法史上宪法裁判制度

1948 年制宪宪法时期的宪法委员会，1960 年第二共和国宪法时期的宪法裁判所，1962 年第三共和国宪法时期的大法院，1972 年维新宪法时期与 1980 年第五共和国宪法时期的宪法委员会，1987 年第六共和国宪法时期中设置了宪法裁判所。

（二）宪法裁判所的地位与权限

1. 宪法裁判所的地位与权限

宪法裁判所根据宪法上所保障的权限，具有宪法保障机关、宪法守护机关、基本权保障机关、权力控制机关的地位。宪法裁判所掌管违宪法律审判、弹劾审判、政党解散审判、权限争议审判、宪法诉愿审判。

2. 宪法裁判所与大法院的关系

（1）问题的所在。

就法院与宪法裁判所的共同点而言，两者都具有作为司法机关的功能。但宪法裁判所的权限，仅限于宪法中列举的事项，而概括性的司法权，则赋予了法院（《法院组织法》第 2 条第 1 款）。尤其是法院中的大法院，由于其被赋予了最高法院的地位（《宪法》第 101 条第 2 款），因此在设定大法院与宪法裁判所之关系的情况下，时而会引发微妙的冲突。

（2）宪法裁判所与大法院的关系。

在宪法上，大法院与宪法裁判所都是国家最高司法机关，处于对等的地位，同时其组织与构成也是相互独立的。

（3）法院对提请违宪法律审判的案件，进行合宪决定的情况。

若法院不行使“违宪法律审判提请权”，宪法裁判所则无法行使违宪法律审判权。当然，在这种情况下，依当事人的申请，可以提起《宪法裁判所法》第 68 条第 2 款中的宪法诉愿。相反，当法院驳回当事人提起的“违宪法律审判提请申请”的情况下，应当认可法院的合宪判断权。

（4）有关“变形决定”的羁束力问题。

当宪法裁判所作出限定合宪、限定违宪等的变形决定之时，若法院甚至大法院不接受这种变形决定之明意，那么很有可能引起相互间的冲突。

（5）命令、规则之审查权的所在。

宪法裁判所对法律是否违宪，具有审判权。相反，大法院对命令、规则、处分，具有违宪审判权（《宪法》第 107 条第 2 款）。虽然很难想象大法院对法律行使违宪审判权的情形，却很容易预想到宪法裁判所针对命令、规则、处分，而行使违宪审判权的情形。即使某一法律本身不具有违宪的倾向，但是与该法律有关的下位规范，即命令或规则违反宪法，最终侵害宪法中保障的基本权时，就应当对该命令、规则、处分进行违宪审判。此时，宪法裁判所将行使宪法上规定的本应由大法院行使的对命令、规则、处分的违宪审判权。

（6）可否针对法院裁判，提起宪法诉愿。

宪法上的大法院与宪法裁判所处于相互独立的状态，且保持着水平关系。《宪法裁判所法》以明文形式，在宪法诉愿的对象中排除了“法院的裁判”。若将“法院裁判”视为宪法诉愿的对象，那么必然会拉升引发纠纷的可能性。如果认可针对“法院裁判”的宪法诉愿，就会像德国一样，宪法裁判所在事实上拥有最高法院的地位（关于这一论点的详细分析，可参照第三节）。

（7）针对（原）行政处罚的宪法诉愿。

如果认可对（原）行政处罚的宪法诉愿，将最终导致认可对法院裁判的宪法诉愿，因此原则上不得认可对原行政处罚的宪法诉愿。然而在例外情况下则不同。如“为了迅速而有效地救济国民的基本权，可以对作为原行政处罚的法院裁判，提起宪法诉愿”。

（8）大法院院长对法官进行不利的人事处分时，针对该行为的宪法诉愿。

就针对法官的不利人事处分而言，①通过行政诉讼寻求救济的情况下，由于享有人事权的大法院院长组织该诉讼的最终法院，因此很难期待下级审判之法官的公正判决。②在大法院进行审判的情况下，将实质性地违背下列法律原则。即任何人都不得担任对自身行为的审判者。③因为权利救济之实效性的淡化，应当认可当事人提起宪法诉愿。

（9）对法官进行的弹劾追诉议决。

国会对法官进行弹劾追诉议决后，由宪法裁判所进行弹劾审判的过程中，也有可能引发冲突。

（10）有关法令的解释、适用问题。

当宪法裁判所为了判断法律是否违宪，作为前提性问题，不可避免地先于法院的最终法律解释，已经解释了法令或判断了法令的适用范围时，法院是否受宪法裁判所之判断的约束问题，尤其是大法院是否受宪法裁判所作出的有关法令解释与适用的判断？这将成为棘手的问题。由此可能形成上述两个机关之间的冲突关系。

3. 宪法裁判所与国会的关系

（1）意义。

通过宪法裁判对国会制定的法律进行控制的行为，已经不再是争议焦点。然而宪法裁判所在进行违宪法律审判的情况下，应当尽最大的可能去尊重国会立法权。否则有可能加剧国会与宪法裁判所的冲突。

（2）对构成宪法裁判所的国会干预。

就宪法上任命宪法裁判所所长而言，应当获得国会的同意。由国会选出 3 名宪法裁判官（《宪法》第 111 条）。

（3）对国会立法权给予最大的尊重。

宪法裁判所应当在可能的范围内，尊重作为国民代表机关的国会，并且要慎重对待违宪法律审判。因此宪法裁判所常通过变形决定来尊重国会立法权。

4. 宪法裁判所与政府的关系

（1）意义。

宪法裁判所针对政府公权力行使的合宪性控制，具有诸多冲突因子。宪法裁判所的违宪法律审判、宪法诉愿审判、权限争议审判、弹劾审判都与政府具有直接关系。

（2）对构成宪法裁判所的政府干预。

就宪法裁判所的构成而言，总统不仅直接任命 3 名宪法裁判官，还任命宪法裁判所之所长（《宪法》第 111 条）。

（3）对行政府行使公权力的控制。

其一，就具有统治行为性质的公权力而言，宪法裁判所至少对宪法法规所明示的事项，可以行使适宪性控制。其二，不仅是行政立法，针对具体行政处罚、检察官的不起诉决定等，也可以由宪法裁判所进行控制。其三，在进行权限争议审判的情况下，若行政机关成为权限争议审判的当事人，那么就有可能形成政府与宪法裁判所之间的紧张关系。其四，针对主要公职人员的弹劾审判，最终有可能导致敏感的政治问题。这一问题在如下案件中得以显现。即在总统弹劾案件中，由宪法裁判所对总统是否违反实定法、是否进行弹劾的问题，所作出的决定文，曾一度成了敏感的政治问题。

（三）宪法裁判所的地位与构成、组织

1. 宪法裁判所的地位

（1）保障自由与控制权力。

如同大法院，宪法裁判所是宪法上最高司法机关之一，是保障国民自由与权利的机关，同时具有控制政治性权力的功能。宪法裁判所通过违宪法律审判、宪法诉愿审判等，担任着保障国民自由与权利的最后堡垒之角色与作用。同时宪法裁判所作为权力控制机关，不仅对国会制定的法律进行违宪审判，还担任着宪法诉愿审判、弹劾审判、权限争议审判、违宪政党解散审判。

（2）宪法裁判所的构成与民主正当性。

宪法裁判所由具有法官资格的 9 名裁判官组成，裁判官由总统任命（《宪法》第 111 条第 2 款）。裁判官中的 3 人由国会选出，3 人由大法院院长指定（《宪法》第 111 条第 3 款）。宪法裁判所所长，经国会同意，由总统在裁判官中任命（《宪法》第 111 条第 4 款）。

宪法规定使得具备直接民主正当性的总统与国会，任命或者选出宪法裁判官。同时，鉴于宪法裁判也属于裁判的特性，赋予了大法院院长以宪法裁判官指定权。然而，就大法院院长的宪法裁判官指定权而言，既缺乏实体正当性，又缺乏程序正当性，因此在制度层面上上述人事指定权有些欠妥。加之，对由大法院院长指定的宪法裁判官而言，宪法上没有规定任何限制性规定。

由于将宪法裁判官的资格，限定于具有法官资格的人员，因此宪法裁判所的构成正处于以司法官为中心的封闭结构。为了让宪法裁判所接纳社会各层的声音，故而不能将资格仅限于司法官，应当将该资格开放于学者、外交官、国会议员等具有多种经历的人士。

2. 宪法裁判所的组织

（1）宪法裁判所的所长。

宪法裁判所所长，经国会同意，由总统在裁判官中任命（《宪法》第 111 条第 4 款）。新修订的《国会法》规定，由宪法裁判所的裁判官候选人兼任所长的情况下，仅需要对所长候选人实施“人事听证特别委员会”的审查即可（《国会法》第 65 条之二第 5 款）。

《宪法》中虽然明示总统的任期为 5 年、国会议员的任期为 4 年、大法院院长的任期为 6 年、大法官的任期为 6 年、宪法裁判官的任期为 6 年，却没有提及宪法裁判所所长的任期。首先，《宪法》上明示了大法院院长的任期，其次，在《宪法裁判所法》等相关法律中明示了宪法裁判所所长的礼遇与大法院院长之礼遇相等的内容，因此应当在《宪法》中明示宪法裁判所所长的任期为 6 年的内容。

宪法裁判所所长代表宪法裁判所，统一管理宪法裁判所事务，指挥监督所属公务员（《宪法裁判所法》第 12 条第 3 款）。宪法裁判所所长认为有必要制定、修改与宪法裁判所组织、人事、运行、审判程序等事项相关的法律时，可以向国会书面提出其建议（《宪法裁判所法》第 10 条之二）。宪法裁判所所长缺位或因故不能履行职务时，其他裁判官依照宪法裁判所规则所规定顺序代行其权限（《宪法裁判所法》第 12 条第 4 款）。宪法裁判所所长的待遇与报酬，依照大法院院长之例（《宪法裁判所法》第 15 条）。宪法裁判所所长的退休年龄为 70 岁（《宪法裁判所法》第 7 条第 2 款）。

（2）宪法裁判官。

宪法裁判所的裁判官，包括宪法裁判所所长，由 9 名组成（《宪法》第 111 条第 2 款）。宪法裁判官的待遇与报酬，依照大法官之例（《宪法裁判所法》第 15 条）。宪法裁判官应当具备《宪法》上法官的资格（《宪法》第 111 条第 2 款）。依照《宪法裁判所法》的规定，在具有 15 年以上律师资格、40 岁以上的人士中，予以任命。宪法裁判所裁判官的任期为 6 年，可以依照法律规定连任（《宪法》第 112 条第 1 款）。宪法裁判官的退休年龄为 70 岁（《宪法裁判所法》第 7 条第 2 款）。

（3）裁判官会议。

裁判官会议由全体裁判官构成，宪法裁判所所长为议长。裁判官会议，需要 7 名以上的裁判官出席，并由出席裁判官过半数的赞成而议决事项。就议决而言，议长也具有表决权。

下列各事项应当经过裁判官会议的议决：①有关宪法裁判所规则的制定、修改，以及立法建议的提出等的事项；②要求预算、预备金支出与决算的事项；③事务处长、事务次长任免的提起，以及宪法研究官与三级以上公务员的任免事项；④认为是特别重要事项的，由宪法裁判所所长附议的事项等（《宪法裁判所法》第 16 条）。

（四）宪法裁判所的审判程序

宪法裁判所的审判程序有一般审判程序与特别审判程序。特别审判程序有违宪法律审判程序、弹劾审判程序、政党解散审判程序、权限争议审判程序、宪法诉愿审判程序。下面是以一般审判程序为中心的说明。

1. 裁判部

除《宪法裁判所法》有特别规定外，宪法裁判所的审判，由裁判官全员组成的裁判部管辖。全员裁判部的裁判长由宪法裁判所所长担任（《宪法裁判所法》第 22 条）。但是宪法裁判所所长可以在宪法裁判所设立由裁判官 3 人组成的指定裁判部，使其担任宪法诉愿审判的事前审查（《宪法裁判所法》第 72 条第 1 款）。当裁判官满足宪法裁判所法规定的除斥、忌避、回避事由时，其职务的执行将被排除（《宪法裁判所法》第 24 条）。

2. 当事人与诉讼代理人

在各种审判程序中，当政府是当事人（包括参加人）时，则由法务部长官作为代表参与该诉讼，当国家机关或者地方自治团体是当事人时，则可以选任律师或具有律师资格的所属职员作为代理人参与审判（《宪法裁判所法》第 25 条第 1 款、第 2 款）。

3. 请求审判

（1）请求审判的方式。

请求审判时，应当按照审判事项，向宪法裁判所提交指定的请求书。然而，就违宪法律审判而言，以法院的提请书代替上述请求书。就弹劾审判而言，以国会的追诉议决书原本代替上述请求书（《宪法裁判所法》第 26 条第 1 款）。

（2）请求书的送达。

宪法裁判所受理请求书之时，应当毫不迟疑地将该副本送达被请求机关或被请求人（《宪法裁判所法》第 27 条第 1 款）。

（3）请求的补正。

裁判长认为虽然审判请求不合法但能够补正的，应当要求在相当的期间内进行补正（《宪法裁判所法》第 28 条第 1 款）。

4. 审理

（1）审判定足数（即审判法定人数）。

裁判部以裁判官 7 人以上出席而审理案件（《宪法裁判所法》第 23 条第 1 款）。

（2）审理的方式。

弹劾审判、政党解散审判、权限争议审判，以口头辩论方式进行，然而违宪法律审判、宪法诉愿审判，则以书面审理的方式为原则（《宪法裁判所法》第 30 条）。

（3）审判的公开。

审判的辩论与决定的宣告，应当公开。但是不公开书面审理与评议。如果认为审判的辩论，有害国家的安全保障或者安宁秩序或善良风俗之时，可以决定的形式不予公开（《宪法裁判所法》第 34 条，《法院组织法》第 57 条第 1 款之但书）。

（4）一事不再理。

对已经审判的同一案件，不得再审判（《宪法裁判所法》第 39 条）。

（5）调查证据与提出材料的要求。

裁判部认为对审理案件有必要时，可以根据当事人的申请或者职权，调查证据（《宪法裁判所法》第 31 条）。

（6）假处分。

宪法裁判中的假处分是指为了确保本案之最终决定的实效性，在作出本案决定之前，对有争议的法律关系，预先设立暂定、临时地位的假救济制度。《宪法裁判所法》仅对政党解散审判与权限争议审判设定了有关假处分的规定（《宪法裁判所法》第 57 条、第 65 条），却没有明文规定其他宪法裁判程序中是否也可以适用假处分的问题。在进行违宪法律审判性质的“规范控制”时，在违宪法律审判的情况下，有可能援用假处分；在违宪法律审查型宪法诉愿的情况下，就很难援用假处分。但是权利救济型宪法诉愿的情况下，却有可能援用假处分；在弹劾审判的情况下，被援用假处分的可能性非常稀薄。

（7）审判费用。

宪法裁判所的审判费用，原则上由国家负担（《宪法裁判所法》第 37 条）。

（8）审判的指挥与法庭警察权。

裁判长负责审判庭的秩序与辩论的指挥及评议的整理（《宪法裁判所法》第 35 条）。

（9）审判期间。

宪法裁判所自受理审判案件之日起 180 日以内，应当宣告终局决定（《宪法裁判所法》第 38 条）。

（10）援用。

就宪法裁判所之审判程序而言，除《宪法裁判所法》有特别规定外，在不违反宪法裁判性质的范围内，援用有关民事诉讼的法令。此时，弹劾审判一并援用有关刑事诉讼的法令，权限争议审判与宪法诉愿审判一并援用《行政诉讼法》，当刑事诉讼的法令或《行政诉讼法》与有关民事诉讼的法令相抵触时，不援用有关民事诉讼的法令（《宪法裁判所法》第 40 条）。

（11）阅览、复制审判记录。

为了保障国民针对宪法裁判的知情权、提高针对宪法裁判的信赖，任何人出于权利救济、学术研究、公共利益可以向宪法裁判所申请阅览或者复制宪法裁判所的生效审判案件记录（《宪法裁判所法》第 39 条之二）。

（五）终局决定

裁判部结束审理后作出终局决定（《宪法裁判所法》第 36 条第 1 款）。参与审判之裁判官应当明示其意见（《宪法裁判所法》第 36 条第 3 款）。

1. 决定定足数

裁判部以参与终局审理的裁判官之过半数赞成，为该案件作出决定。但是当宪法裁判所作出法律违宪决定、弹劾决定、政党解散决定或宪法诉愿认容决定时（《宪法》第 113 条第 1 款），以及变更宪法裁判所之前已作出的有关宪法或法律的适用解释意见时，应有 6 人以上裁判官的赞成（《宪法裁判所法》第 23 条第 2 款）。

2. 决定类型

宪法裁判所在原则上，会作出却下决定（当审判的请求不适当的情况下）、弃却决定（虽然审判请求合法，但理由不充分的情况下）、认容决定（审判请求合法，且理由充分的情况下）。然而就违宪法律审判而言，可以在却下决定或者合宪决定、违宪决定、变形决定中，选择其一（详细内容参见违宪法律审判的决定类型与效力）。

根据宪法裁判所的审判类型，可以将案件符号分为如下几种：

宪甲（Hun-Ka）：违宪法律审判。

宪乙（Hun-Na）：弹劾审判案件。

宪丙（Hun-Da）：政党解散审判案件。

宪丁（Hun–Ra）：权限争议审判案件。

宪戊（Hun–Ma）：根据《宪法裁判所法》第 68 条第 1 款的宪法诉愿审判案件（权利救济型宪法诉愿案件）。

宪己（Hun–Ba）：根据《宪法裁判所法》第 68 条第 2 款的宪法诉愿审判案件（违宪审查型宪法诉愿案件）。

宪庚（Hun–Sa）：各种申请案件（国选代理人选任申请、假处分申请、忌避申请等）。

宪辛（Hun–A）：各种特别案件（再审等）。

3. 决定的效力

（1）确定力。

根据《宪法裁判所法》第 39 条的规定，宪法裁判所对已经审判的同一案件，不得再次审判（确定力）。因此，宪法裁判所不能撤回、变更已经作出的决定（不可变力），当事人则不能不服该决定（不可争力），对形式上已经被确定的宪法裁判所之决定而言，当事人不能对同一事项，重新请求审判，同时宪法裁判所也受自己决定之约束，并且不得作出与自身决定相矛盾的决定（既判力）。

（2）法规的效力。

法规的效力是指宪法裁判所对法律规范所作出的违宪决定，不仅约束诉讼当事人与所有国家机关和地方自治团体，该效力还对一般私人产生一般性约束力。“被决定为违宪的法律或者法律条款，自作出该决定之日起失效。对有关刑罚的法律或法律条款的失效而言，则具有溯及力。然而，对该法律或者法律条款的失效而言，先前有过合宪决定之案件发生的情况下，则溯及至作出该决定之日的次日”（《宪法裁判所法》第 47 条第 2 款、第 3 款）。

（3）羁束力。

宪法裁判所对法律作出的违宪决定，羁束法院和其他国家机关以及地方自治团体（《宪法裁判所法》第 47 条第 1 款），权限争议审判与宪法诉愿之认容决定，羁束一切国家机关和地方自治团体（《宪法裁判所法》第 67 条第 1 款、第 75 条第 1 款）。因此宪法裁判所也不能任意改变已经作出的决定。原则上，既判力的效力仅涉及当事人之间。相反，羁束力则拘束一切国家机关与地方自治团体，因此可以说宪法裁判的羁束力是宪法诉讼的特征。

（六）再审

再审是指当被确定的终局决定中，存在着符合再审事由的重大瑕疵时，申请取消该决定，或申请再审判已经终结案件的非常态不服申请方法。为了调和法律稳定性与具体正义，这一对相反的要求，故而制定了再审制度。在宪法裁判中，是否允许再审的问题，则需要根据审判程序的种类而进行个别的判断。其中，限于权利救济型宪法诉愿，可以认可再审的提请。

五、发展方向

其一，就宪法裁判所的构成而言，应当充分考虑"宪法"裁判所具有的特殊内涵，从而确保裁判官的多元性。应当放宽必须要有法官资格的宪法裁判官资格要件，并使得裁判官的年龄、性别结构保持多极化。其二，宪法裁判所与大法院的作用与关系，还有待重新整合。其三，宪法裁判所作为保障基本权的最后堡垒，为了密切联系群众，提高国民向宪法裁判所的接近权，还应当重新考虑律师强制主义。其四，宪法裁判所并非单纯审判具体案件的机关，而是作出有关形成国法秩序之基本框架的决定机关。因此，宪法裁判所有必要积极开发理论，表达均衡的宪法意识。

宪法裁判所自 1988 年 9 月开院以来至 2020 年 5 月 31 日，共接收案件 39857 件，处理了 90% 以上的案件。其中，违宪 647 件、宪法不合致 255 件、限定违宪 70 件、限定合宪 28 件。

第二节 违宪法律审判

一、意义

宪法裁判所是区别于一般法院的独立的宪法裁判机关，现行《宪法》规定由宪法裁判所负担具体、事后矫正性规范控制责任。即"当法律违宪与否成为裁判的前提时，法院提请宪法裁判所就其违宪与否进行审判，并根据该审判结果进行裁判"（《宪法》第 107 条第 1 款）。宪法裁判所管辖"由法院提请的法律违宪与否的审判"（《宪法》第 111 条第 1 款第 1 项）。"宪法裁判所作出法律违宪决定时，应由六人以上裁判官赞成决定"（《宪法》第 113 条第 1 款）。

二、法院的违宪法律审判提请

（一）意义

由于《宪法》规定，"当法律违宪与否成为裁判的前提时，法院提请宪法裁判所就其违宪与否进行审判，并根据该审判结果进行裁判”（《宪法》第107条第1款），因此，当法院怀疑某一法律是否违宪的情况下，应当提请违宪法律审判。

（二）违宪法律审判提请的程序

首先，应当由担任该案件的法院，依照职权或者依照当事人的提请申请，决定是否提请违宪法律审判（《宪法裁判所法》第41条第1款）。其次，提请违宪法律审判之时，法院应当向宪法裁判所提交记载了如下事项的提请书，即提请法院的名称、案件及当事人、解释为违宪的法律或法律条款、解释为违宪的理由（《宪法裁判所法》第43条）。

（三）违宪法律审判提请权的主体

违宪法律审判提请权人是大法院与各级法院。但是，当大法院以外的法院作出提请时，须经由大法院（《宪法裁判所法》第41条第5款）。这里所说的经由大法院，仅是形式性程序，大法院对下级法院的提请不享有实质性审查权。

（四）违宪法律审判提请权的性质：是否认可法院的合宪决定权

现行《宪法》删除了旧《宪法》中规定的“当认为法律违反宪法时”，由此有学者主张否定说。然而，就司法的本质而言，法院对具体案件所应适用的法规，享有独立的解释权，这是法院的固有权限。一般法院可以驳回当事人根据实定法的“提请”申请，从而作出合宪决定。法律要求法院在违宪审判提请书中，记载被解释为违宪的理由。法律是由作为国民代表机关的国会制定的，因此根据合宪性推定原理，应当向着推定该法律的合宪性方向去解释法律。综上可知，肯定说更为妥当。

（五）提请违宪法律审判的对象

就提请违宪法律审判的对象而言，除了形式意义上的法律以外，还包括实质意义上的法律，即紧急命令、紧急财政经济命令与经国会同意而批准的条约。

（六）违宪法律审判提请的要件：裁判的前提性

1. 意义

如果法院要想提请违宪法律审判，那么法律的违宪与否就应当成为裁判的前提（《宪法》第107条第1款）。因此如果想合法地进行违宪法律审判提请或者依照《宪法裁判所法》第68条第2款的宪法诉愿审判请求，首先应当满足裁判的前提性要求，即被认为有问题的法律，应当成为裁判的前提。这一点说明违宪法律审判的本质是具体的规范控制制度。当然根据司法的本质，还需要满足案件性（具体案件性、当事人适格性、诉的利益）。

2. 裁判

不论是判决、决定、命令等何种形式，也不论是终局裁判还是中间裁判，都属于“裁判”的范畴。因此是否采纳为证据的决定、令状签发等也包括在“裁判”的范畴。

3. 前提性

裁判的前提性是指，①具体的案件应当系属于法院；②认为存在违宪与否之问题的法律与法律条款，应当适用于该案件；③根据是否违宪，该法院会作出不同的裁判。

4. 判断是否具备前提性

由提请法院，首次享有判断裁判是否具备前提性。

5. 要求具备前提性的时期

原则上，不仅是在法律的违宪与否审判提请时，在审判时也应当满足裁判的前提性。然而在例外的情况下，即使在诉讼终了后，为了守护、维持客观宪法秩序，认为有审判的必要性时，也可以认可其具备了前提性。

（七）违宪法律审判提请决定

法院依职权或者依当事人的申请，以决定的形式向宪法裁判所提请违宪与否的审判（《宪法裁判所法》第 41 条第 1 款）。当法律的违宪与否审判的提请申请被弃却时，提请该申请的当事人，可以向宪法裁判所提出宪法诉愿审判请求（《宪法裁判所法》第 68 条第 2 款）。

（八）违宪法律审判提请的效果：裁判的停止

当法院向宪法裁判所提请法律违宪与否的审判时，该诉讼案件的裁判停止至宪法裁判所作出违宪与否的决定为止。但法院认为紧急时，可以进行终局裁判以外的诉讼程序（《宪法裁判所法》第 42 条第 1 款）。

（九）行使违宪法律审判提请权的界限

法院不得回避宪法判断。在裁判的过程中，逻辑上首先会进行宪法判断，违宪审判提请是法院的权限与义务，因此法院应当积极进行宪法判断。法院仅具有违宪法律审判提请权，因此不能进行限定合宪解释与适用违宪的判断。

三、宪法裁判所的违宪法律审判

（一）意义

违宪法律审判是指法律是否违反宪法成为裁判的前提时，依照法院的提请，由宪法裁判所审判该法律是否违宪，从而使得丧失效力或拒绝适用的制度（《宪法》第 107 条第 1 款、第 111 条第 1 款第 1 项）。虽然现行违宪法律审判制度采用事后矫正性违宪审查与具体的规范控制制度，但是被决定为违宪的法律或法律条款，通常会丧失效力（《宪法裁判所法》第 47 条第 2 款）。

（二）违宪法律审判的对象

1. 法律

（1）现行法律。

作为违宪法律审判对象的法律，应当是由国会制定的形式意义上的法律，并且是目前具有效力的法律。

（2）已经废止的法律与修订前的法律条款。

即使法律已经废止或被修订，但是为了保护被侵害的国民之法益，认为有必要判断该法律是否违宪时，也可以成为审判的对象。

（3）事前、预防的违宪审查。

原则上，法律是指由国会通过，经总统公布而施行的法律。然而，当预感到法律有可能直接侵害基本权的情况下，可以在公布以后至施行之前的期间，依照宪法诉愿提起违宪审查。

（4）法律的解释。

过去宪法裁判所认为，原则上不能允许针对法律解释的违宪法律审判请求。然而，最近宪法裁判所通过变更过去的判例，认为可以针对法律的解释提出违宪法律审判请求，因此申请“限定违宪决定”的“限定违宪请求”，原则上合法。

2. 紧急命令、紧急财政经济命令

由于紧急命令、紧急财政经济命令一旦获得国会的承认，就享有与法律相同的效力，因此也是违宪法律审判的对象（宪裁 1996.2.29. 93Hun–Ma186）。

3. 立法的不作为

立法不作为分为真正立法不作为与不真正立法不作为，前者的情况下，当事人可以把立法不作为的行为看作对象，提起要求违宪确认的宪法诉愿。但违宪法律审判的对象，应当是法律，因此“真正立法不作为”不能成为违宪法律审判的对象。不真正立法不作为的情况下，不管是否可以把不完整的法规本身视为对象，不能将该立法不作为行为看作是宪法诉愿的对象。

4. 条约

《宪法》明确规定，条约与国内法具有同等的效力（《宪法》第 6 条第 1 款），同时在法规范体系上，条约处于宪法之下，因此也是违宪判断的对象。

5. 宪法规范

由于在宪法理论上是可以区分为宪法核与宪法律的，因此针对违反宪法核的宪法律，进行违宪审查的“违宪性理论”，很有可能得到充分论证。然而，参照《宪法》与《宪法裁判所法》的规定，不能将“宪法规范”视为违宪法律审判的对象（宪裁 1996.6.13. 94Hun–Ma20）。但是不能完全排除宪法规范成为权利救济型宪法诉愿之对象的可能性。这是将来要考虑的课题之一。

6. 立法事实

宪法裁判所表示“立法事实”也是宪法裁判的对象。

（三）违宪法律审判的要件

作为一般性的违宪法律审判的要件，就形式要件而言，需要有法院的违宪法律审判提请。就实质要件而言，则要求具备裁判的前提性。此外，还有主张审判必要性或者法律违宪性的见解。

（四）违宪法律审判的基准

1. 宪法

违宪法律审判是审判“法律是否违反‘宪法’”，因此审判的基准是宪法。这里的宪法，原则上是指形式意义上的宪法典，即指宪法序言、宪法正文、宪法附则。宪法惯例称得上是实质意义上的宪法，宪法裁判所曾经以宪法惯例进行过违宪法律审判。

2. 自然法与正义

宪法所指向的基本理念或基本原理是遵从自然法的原理与正义的原理。因此不允许有违反上述原理的立法。能够补充宪法典中规范性空白的唯一基准就是自然法与正义。

（五）违宪法律审判的观点

判断“法律的合宪性与否”是违宪法律审判的对象，不仅要判断该法律的形式合宪性，还应当判断该法律的实质合宪性。

（六）违宪法律审判的决定

违宪法律审判是根据法院的“违宪法律审判提请”而进行，“宪法裁判所只对被提请的法律或法律条款的违宪与否作出决定。但认为对法律条款的违宪决定将导致该法律全部不能实施时，可以对其全部作出违宪决定”（《宪法裁判所法》第 45 条）。违宪决定需要获得 6 人以上裁判官的赞成。

（七）违宪法律审判的决定类型与效力

1. 意义

“宪法裁判所只对被提请的法律或法律条款的违宪与否作出决定。但认为对法律条款的违宪决定将导致该法律全部不能实施时，可以对其全部作出违宪决定”（《宪法裁判所法》第 45 条）。有争议的部分是：①除了合宪、违宪决定之外，是否可以认可“变形决定”；②如何规范主文的形式。在宪法裁判所判例集中，分类为违宪审判提请却下决定、合宪决定、违宪不宣言决定、变形决定、违宪决定、部分违宪决定。“变形决定”的类型，可以分为宪法不合致决定、限定合宪决定、立法催促决定、限定违宪决定等。

2. 主文与合议制的方式

主文方式的选择。最终主文方式的选择是宪法裁判官的裁量。

合议制的方式。宪法裁判所在作出决定之时，采用的合议方式，并非是按照各争论点的合议制，而是主文合议制。

3. 违宪审判提请之却下决定

就提请违宪法律审判的案件而言，宪法裁判所能够以未满足提请要件为理由，在主文中写出“却下本案件的（违宪）审判提请”，从而宣布违宪审判提请却下决定。这类案件具体是：①不能成为违宪法律审判的对象案件；②没有裁判前提性的案件；③没有提请利益的案件（是指针对被废止的旧法或者对已经宣布违宪的法律条款，提请的案件）。

4. 合宪决定

（1）单纯合宪决定。

宪法裁判所对成为审判对象的法律或法律条款进行违宪法律审查的结果，当认为不存在违反宪法事实时，以“不违反宪法”的主文形式，作出合宪决定。

（2）违宪不宣言决定。

根据《宪法》规定，法律的违宪决定需要有裁判官 6 人以上的赞成（《宪法》第 113 条第 1 款）。因此，当有过半数以上的裁判官提出违宪意见却达不到违宪决定之法定人数时，宪法裁判所可以作出“违宪不宣言决定”。即违宪不宣言决定是 5 名裁判官提出违宪意见，4 名裁判官提出合宪意见时，作出的决定形式。在违宪不宣言决定的情况下，采用“不能宣布违反宪法”的主文形式。由于违宪不宣言决定与单纯合宪决定不存在任何法律意义上的区别，因此属于广义上的合宪决定之一。

虽然实质上的法律效果相同，但有必要刻画单纯合宪决定与违宪不宣言决定之间的差异。虽说根据宪法裁判的特性，为了宪法秩序的稳定，并立足于合宪性法律解释的原则，由 6 名以上裁判官赞成时，才能作出违宪决定，但是有过半数的宪法裁判官提出违宪意见的这一事实，应当逐渐成为立法者能够充分参考的事实。然而宪法裁判所却在决定类型中，逐渐排斥违宪不宣言决定。

5. 违宪决定

（1）主文形式。

宪法裁判所对成为违宪法律审判对象的法律，作出违宪决定时，应有 9 名裁判官中 6 名以上裁判官的赞成（《宪法》第 113 条第 1 款，《宪法裁判所法》第 23 条）。单纯违宪决定采用“法律违反宪法”的主文形式。

（2）违宪决定的范围。

宪法裁判所只对被提请的法律或法律条款的违宪与否作出决定。但认为对法律条款的违宪决定将导致该法律全部不能实施时，可以对其全部作出违宪决定（《宪法裁判所法》第 45 条）。未被提请的法律条款与被提请的法律条款形成一体的情况下，宪法裁判所曾对未被提请的法律条款作出过违宪决定。

（3）违宪决定的效力。

确定力。宪法裁判所不能撤销、变更由自己所作出的决定（不可变力），当事人不能不服该决定（不可争力），宪法裁判所不得作出与自身决定相矛盾的决定（既判力）。

一般的效力与法规的效力。“被决定为违宪的法律或法律条款”，自作出该决定之日起，“丧失效力”（《宪法裁判所法》第 47 条第 2 款）。原则上具体规范控制，是指仅在某一案件中拒绝适用构成问题的法规（个别效力），然而现行法在采用具体规范控制的同时，还适用了一般效力原则（客观的规范控制）。

羁束力。法律的违宪决定，羁束法院、其他国家机关以及地方自治团体（《宪法裁判所法》第 47 条第 1 款）。国会与宪法裁判所本身也应当受该决定之羁束。

违宪决定的效力发生时期：将来效力与溯及效力。被决定为违宪的法律或者法律条款，“自作出该决定之日起失效。对有关刑罚的法律或法律条款的失效而言，则具有溯及力。然而，对该法律或者法律条款的失效而言，先前有过合宪决定之案件发生的情况下，则溯及至作出该决定之日的次日”（《宪法裁判所法》第 47 条第 2 款、第 3 款）。

6. 变形决定

（1）意义。

《宪法裁判所法》第45条规定，“宪法裁判所‘仅’对被提请的法律或法律条款的违宪与否作出决定。”。宪法裁判所虽然在原则上作出单纯合宪或单纯违宪决定，然而为了尊重国会立法权、稳定法律生活、克服复杂多样的宪法状况与法律空白及法律混乱状态，认为有必要作出柔软而又有伸缩性的判断时，可以作出变形决定。变形决定有宪法不合致决定、立法催促决定、限定合宪决定、限定违宪决定、部分违宪决定、适用违宪决定等。

（2）是否允许。

根据宪法裁判的特性，虽然认为变形决定是不可避免的，然而此时也要尽可能保持在不可避免的最小限度内。

（3）宪法不合致决定。

①意义。宪法不合致决定是指即使认定法律具有违宪性，然而为了尊重国会的立宪权维护法律的稳定性，防止违宪决定发生时产生的法律空白，在一定期间内保持该法律之效力（继续效力）的决定形式。宪法不合致决定的主文形式是“不合致于宪法”，且“保持效力至立法者修订法律为为止”。

②不合致决定的必要性。当认为单纯违宪决定有可能导致法律空白与混乱状态，认为有必要保证法律稳定性的情况下，为解决违宪状态，有多种方式存在时，应当将该选择托付于立法者的立法形成权。

③不合致决定的范围。不仅针对整部法律，对于部分法律条款，也可以作出宪法不合致决定。

④不合致决定的效力。如同违宪决定，宪法不合致决定也具有确定力与法规的效力。第一，暂时性效力持续与立法改善义务。作出宪法不合致决定之后，法律会在一段时间内保持形式上的存续。立法者则负有立法改善义务。第二，法律的适用终止和程序的停止。原则上应当终止该法律的适用，同时应当停止在作出决定当时还在法院以及行政厅审理的所有类似案件的程序。在不合致决定的情况下（不属于下达暂时适用命令的情况下），对涉及溯及效力的案件来说，应当等待立法者的决定（改法或废止法律等），从而作出制裁。第三，例外的暂时适用。仅以“不合致决定”与“适用终止”不能克制法律空白状态之发生时，可以例外地作出暂时适用。

（4）立法催促决定。

作出决定当时虽然合宪，但有可能构成违宪时，催促立法者进行法律修订或补充等的决定形式。目前为止，宪法裁判所还未曾作出过“将纯粹意义上的立法催促”直接在主文中明示的先例。

（5）限定合宪决定。

①限定合宪决定的意义。限定合宪决定是指某一法律可能包含部分疑似违宪的条款，违宪与否取决于如何解释该法律，因此作出限定性的解释，使得该法律的意思合致于宪法精神，从而回避违宪结果之发生的决定形式，也称为“宪法合致的法律解释”。主文采用“在解释为……时（这样解释的情况下），则不违反宪法”的形态。

②允许法律合宪性解释的界限。法律或法律条款，原则上应当尽可能解释为合宪。然而该解释应当受到法律文义与目的的限制。

③限定合宪决定的本质。宪法裁判所认为“限定合宪意见属是本质上的部分违宪”。

④限定合宪决定的决定形式。宪法裁判所认为，不能仅仅将“限定合宪的意向”明示于“判断理由”中，应当明示于“主文”之中。

（6）限定违宪决定。

对“成为审判对象的法律条款”，进行缩小解释，即作出合宪性法律解释的结果，即为限定合宪解释。虽然在这点上，限定违宪决定与限定合宪解释有些类似，但是通过限定缩小解释，超越一定合宪性意思的扩大解释，则属于违宪而不能予以采纳，因此限定违宪决定是排斥法律适用的决定类型。主文采用“在解释为……时，违反宪法”的形态。

（7）部分违宪决定。

在违宪决定中，不都是对“法律或法律条款的全部”作出违宪决定，有时也对“部分”作出违宪宣言。部分无效的对象，有可能是独立法律条款的全部，也有可能是法律条款中的特定款项，也有可能是一定的文段或文段的部分内容。部分违宪的违宪宣言中，包括产生删除部分法律条款之效果的“量的部分违宪决定”与在保持法律条款的状态下，仅对法律条款的适用作出违宪宣言的“质的部分违宪决定”。

（8）变形决定是否具有羁束力。

《宪法裁判所法》第 47 条第 1 款仅规定，“法律的违宪决定，羁束法院、其他国家机关以及地方自治团体”。然而根据宪法裁判的特殊性，不得不认可变形决定。认可变形决定是指应当认可与其相当的效力的意思。因此大法院将限定违宪决定视为单纯的宪法裁判所之见解，从而无视该决定，再作出独自判断的行为，应当予以纠正。

第三节　宪法诉愿审判

一、意义

（一）意义

宪法第 111 条第 1 款第 5 项规定了宪法裁判所的权限中包括“法律规定的宪法诉愿审判”。

（二）法律性质：宪法诉愿的双重性

宪法诉愿在本质上具有个人主观的基本权保障功能与控制违宪之公权力行使的客观宪法秩序保障功能。前者具有主观争讼性质，需要满足侵害基本权之要件和具备权利保护利益（具有诉的利益）。随着进入审判阶段，宪法诉愿程序表现为规范控制程序，由此，后者又具有客观诉讼的性质。

（三）类型

《宪法裁判所法》第 68 条规定了权利救济型宪法诉愿（第 1 款）与违宪审查型宪法诉愿（第 2 款）。《宪法裁判所法》第 68 条第 1 款规定，“因公权力的行使或不行使，宪法上保障的基本权受到侵害的人，除法院裁判外，可以向宪法裁判所提出宪法诉愿审判请求。但是在其他法律中已经包含救济程序时，须经其程序后才能提出请求。”第 68 条第 2 款规定，“根据第四十一条第一款的规定，法律违宪与否审判的提请申请被弃却时，提请该申请的当事人，可以向宪法裁判所提出宪法诉愿审判请求。此时，该当事人在该案件的诉讼程序上，不得以同一事由为理由重新提请违宪与否审判的申请。”

二、宪法诉愿审判的请求权人

“因公权力的行使或不行使，宪法上保障的基本权受到侵害的人，除法院裁判外，可以向宪法裁判所提出宪法诉愿审判请求”（《宪法裁判所法》第 68 条第 1 款）。基本权受到侵害的人，如同基本权的主体一样，是指所有国民。这一国民的范畴不仅包括自然人，还包括法人。

三、宪法诉愿审判的对象

违宪审查型宪法诉愿的对象是法律。权利救济型宪法诉愿的对象是“公权力的行使或不行使”。

（一）针对立法的宪法诉愿

1. 法律

并非所有法律都能成为宪法诉愿的对象，限于某一法律无须其他具体执行行为，直接、现在正在侵害宪法上保障的基本权时，相应法律方可成为宪法诉愿的对象。

2. 宪法规范

不属于宪法核的根本规范，当具有宪法律之价值的规范，违反宪法核的情况下，有可能提请宪法诉愿审判。

3. 紧急命令、紧急财政经济命令

当紧急命令、紧急财政经济命令获得国会承认时，将享有与法律相同的效力，因此，属于宪法诉愿审判的对象（宪裁 1996.2.29. 93Hun–Ma186）。

4. 立法的不作为

在宪法中明文规定要求作出一定立法的情况，以及在宪法解释上应当作出一定立法的情况下，国会将负担立法义务，因此违反该义务的“立法不作为”将构成违宪。在这种情况下，当事人可以提起违宪确认的诉讼，宪法裁判所则可以作出作为变形决定的立法催促决定。即，宪法裁判所认可针对“真正立法不作为”的宪法诉愿。

5. 已废止的法律和修订前的法律条款

构成违宪诉愿之对象的法律，在原则上应当是现行法律。但是已废止或被修订的法律，如果侵害了国民权利，那么也将成为审判的对象。

6. 条约

经获得国会的批准同意，而缔结的条约，属于宪法诉愿的对象（参考第二节违宪法律审判）。

7. 对命令、规则的宪法诉愿

当命令、规则不以具体的执行程序为媒介，由于该命令、规则本身，直接、现在正在侵害国民基本权的情况下，则构成宪法诉愿的对象。

8. 自治立法（条例）

由地方自治团体制定的条例，属于对不特定多数人具有约束力的法规，因此制定条例的行为也属于立法作用，构成宪法诉愿的对象。

9. 其他国会的议决等

对于国会多种多样的议决而言，在不侵害国会自律权的范围内，可以成为宪法诉愿的对象。例如国会立法程序上的瑕疵也可以成为宪法诉愿的对象。

（二）针对行政的宪法诉愿

行政厅之公权力的行使或不行使占据宪法诉愿对象中最大比例。

1. 统治行为

即使是统治行为，当与侵害国民基本权有着直接关联的情况下，应当进行对本案的判断。但是司法审查将不可避免地受到一定限制（参考第四章第四节统治行为）。

2. 行政立法不作为

首先，行政厅应当负有制定（修订）施行命令的法律义务；其次，经过相当的期间；最后，仍未行使命令制定（修订）权。

3. 行政规则

由于行政规则是行政厅内部的意思表示，因此原则上不构成宪法诉愿的对象。然而事实上有许多行政规则在拘束一般国民，因此当行政规则最终导致侵害国民基本权的情况下，将构成宪法诉愿的对象。

4. 行政处分

就行政处分而言，应当根据《宪法》第107条第2款的规定，提起行政诉讼，因此依照补充性原则，原则上不能认可对行政处分的宪法诉愿。虽然在现行法中不认可对法院裁判的宪法诉愿，但是在经历行政诉讼之后，不是对法院裁判，而是对原行政处分的宪法诉愿，是可以得到例外认可的。

5. 行政不作为

由于大法院将“行政不作为”排除在了行政诉讼的对象之外，因此宪法裁判所认可对该行政不作为的宪法诉愿，但前提是存在作为义务。

6. 不起诉决定等

由于检察功能也属于行政作用，因此检察官的不起诉决定是典型的不行使公权力、不作为的行为。但是由于《刑事诉讼法》的修订，随着全面允许申请对“不起诉决定”的裁定，认为原则上不能允许对“检察官之不起诉决定”的宪法诉愿审判。

7. 权力的事实行为、行政计划案

宪法裁判所认为权力的事实行为与行政计划案（事实上的准备行为、事前宣传）也属于宪法诉愿的对象。

8. 行政厅的私法上行为

不仅是行政厅的权力作用、管理作用，国库作用也是宪法诉愿的对象。

9. 行政诉讼法上的处分或者不作为

行政权的公权力行使或不行使，大部分是行政诉讼的对象。行政诉讼分为抗告诉讼、当事人诉讼、民众诉讼、机关诉讼，尤其是宪法诉愿审判的对象与抗告诉讼的对象（《行政诉讼法》第 2 条第 1 款）之间的关系，存在易于混淆的问题。

（三）针对司法的宪法诉愿

1. 意义

《宪法裁判所法》第 68 条第 1 款明确排除了对法院裁判的宪法诉愿。宪法裁判所的决定也不能成为宪法诉愿的对象，这是宪法裁判所一贯的立场。

2. 对法院裁判的宪法诉愿

（1）原则上否认对法院裁判的宪法诉愿。

《宪法》中规定宪法裁判所的管辖范围包括，“法律规定的宪法诉愿审判”（《宪法》第 111 条第 1 款第 5 项）。然而，《宪法裁判所法》却规定，“因公权力的行使或不行使，宪法上保障的基本权受到侵害的人，除法院裁判外，可以向宪法裁判所提出宪法诉愿审判请求。但是在其他法律中已经包含救济程序时，须经其程序后才能提出请求”（《宪法裁判所法》第 68 条第 1 款）。

（2）例外认可对法院裁判的宪法诉愿。

宪法裁判所为了担保宪法裁判所决定的羁束力，例外性地认可对法院裁判的宪法诉愿（宪裁 1997.12.24. 96Hun-Ma172 等）。

3. 决定的效力

（1）意义：单纯违宪决定的确定力、一般的效力、羁束力。

宪法裁判的效力通常具有确定力、一般的效力、羁束力。尤其是“违宪决定的效力羁束法院和其他国家机关以及地方自治团体”（《宪法裁判所法》第 47 条第 1 款）。同时，“宪法诉愿之认容决定羁束一切国家机关和地方自治团体”（《宪法裁判所法》第 75 条第 1 款）。

（2）如同限定违宪决定的变形决定之羁束力。

宪法裁判所认为变形决定也具有当然的羁束力。但是大法院认为，对单纯违宪、单纯合宪等宪法裁判所的典型决定而言，虽然不存在羁束力的问题，然而就宪法裁判所的变形决定而言，认为大法院不受该变形决定之羁束。

（3）总结。

参照宪法裁判的特殊性而广泛认可变形决定的现象，是在设有宪法裁判制度的各国，共同存在的现象。由大法院所强调的法律解释、适用权限，也不能完全视为是法院的专属权限，不能忽视“宪法上对法律违宪与否的违宪审判权属于宪法裁判所”的真谛。

4. 宪法裁判所作出撤消法院判决之决定的效力

（1）大法院判决的撤消与否。

《宪法裁判所法》第 75 条（认容决定）第 2 款规定，“认容依第 68 条第 1 款规定的宪法诉愿时，应在认容决定书的主文中明示被侵害的基本权和成为侵害原因的公权力的行使或不行使。”同法同条第 3 款规定，“在第 2 款的情况下，宪法裁判所有权撤销成为侵害基本权原因的公权力的行使或确认该公权力的不行使为违宪。”因此宪法裁判所在例外性地认可对裁判的宪法诉愿后，对存在问题的大法院判决，作出撤销决定也是符合逻辑的结果。

（2）行政处分的撤消与否。

《宪法》第 107 条第 2 款规定，“当命令、规则或处分是否违反宪法或法律成为裁判的前提时，大法院有权对其进行最终审查”，因此原则上大法院具有对行政处分的最终审查权。然而就某一案件而言，至少为了担保宪法裁判所决定的实效性，可以对原行政处分作出撤销决定（宪裁 1999.10.21. 96Hun–Ma61 等）。

5. 其他司法不作为

针对公权力的不行使，而进行的宪法诉愿是指公权力的主体具有如下特别具体的作为义务，即从宪法中直接推论出的作为义务或法律上的作为义务，对此基本权的主体可以请求该公权力的行使，然而公权力的主体却懈怠该义务的情况下，可以进行宪法诉愿。对不具有作为义务的公权力之不行使进行的宪法诉愿不具有合法性。在这种情况下，司法不作为也是一样的。

四、宪法上保障的基本权之侵害

（一）宪法上保障的基本权

宪法上保障的基本权，即宪法上赋予国民的主观公权，应当是宪法明文规定的基本权与宪法解释上可以推导出的基本权。

（二）自我关联性

原则上公权力的行使或不行使的直接对象才满足自我关联性。当第三人与公权力的作用，仅仅存在间接的、事实的、经济上的利害关系时，则认为不具有自我关联性。但是当第三人的基本权受到直接、法律上的侵害时，则认为具有自我关联性。

（三）直接性

直接性，在涉及法令的诉愿中尤其构成问题。其要求不依具体执行行为，而依照法令本身就能产生对自由的限制、义务的负担、权利或法律地位的剥夺。

（四）现实性

即使存在侵害权利的顾虑，当该顾虑仅是单纯潜在的、或许有可能发生的情形时，应当认为不存在侵害权利的现实性。但是，当确信对基本权的侵害会在不久的将来发生，并且若等待该侵害的发生，将很难得到救济，同时救济该法益本身具有重大意义的情况下，应当认可现实性的存在。

（五）保护权利的利益

宪法诉愿制度不仅具有救济主观权利的功能，还具有保障客观宪法秩序的功能。因此，虽然对“救济请求人的主观权利”不具有帮助，但是对“紧急需要宪法解释的事项”而言，由于认可该事项具有审判请求的利益，可以宣布对“已经终了的侵害行为”违宪。不仅是在提起宪法诉愿时，而且在宪法裁判所宣布决定时也要具备保护权利的利益。

五、补充性的原则与例外

（一）原则

《宪法裁判所法》第 68 条第 1 款但书规定，“但在其他法律中已经包含救济程序时，须经其程序后才能提出请求”，由此揭示了补充性原则。

（二）例外

就宪法诉愿审判而言，当审前程序不对该请求人产生任何不利影响的情况下，宪法诉愿的请求人，由于具有正当理由的差错，而未能履行审前程序时，或者权利通过审前程序几乎不能得到救济，或者由于在客观上无法确定是否允许权利救济程序的展开，因而无法期待审前程序的履行时，可以认可补充性原则的例外。由于不存在救济程序，或者即使存在救济程序，也不存在权利救济的期待可能性，虽然实施了救济程序，也只不过是要求“基本权受到侵害的请求人”进行不必要的迂回程序等，认为该法律确实具有前提关联性时，该法律可以成为宪法诉愿的直接对象。

六、宪法诉愿审判的程序

（一）请求期间

宪法诉愿审判，应自知道有其事由之日起 90 日以内、自有其事由之日起 1 年以内，提出请求（《宪法裁判所法》第 69 条第 1 款）。

（二）律师强制主义

欲提起宪法诉愿的当事人为私人时，若未选任律师为代理人，不得提出审判请求，并不能进行审判（《宪法裁判所法》第 25 条第 3 款）。如果欲请求宪法诉愿审判的人士，没有资力选任律师为其代理的情况下，可以向宪法裁判所申请选任国选代理人。此时，第 69 条规定的请求期间，则以提出选任国选代理人之日为基准而定（《宪法裁判所法》第 70 条）。

七、宪法诉愿审判的审理

（一）书面审理的原则

宪法诉愿的审判，以书面审理方式进行，但裁判部认为有必要的情况下，可以进行辩论，听取当事人、利害关系人及其他参考人的陈述（《宪法裁判所法》第 30 条第 1 款）。

（二）指定裁判部的事前审查

宪法诉愿的滥诉，有可能导致宪法裁判业务的过重，因此导入了由指定裁判部担任的事前审查制度（《宪法裁判所法》第 72 条）。

八、宪法诉愿审判的决定

随着区分违宪审查型宪法诉愿与权利救济型宪法诉愿，宪法诉愿审判具有不同的决定类型。违宪审查型宪法诉愿的决定类型，与违宪法律审判的决定类型相同。下面主要分析权利救济型宪法诉愿的决定类型。

（一）审判程序终了宣言决定

当请求人死亡或不存在继承该审判的当事人时，依照《民事诉讼法》第 233 条，终了审判程序的情况，或者请求人撤销宪法诉愿的情况下，所宣布的决定形式。

（二）审判请求却下决定

由于不能成为宪法诉愿审判之对象或未能满足请求要件，导致请求不合法的情况下，宣布却下决定。

（三）审判上呈决定

当指定裁判部未能对却下决定达成全员一致意见的情况下，应当通过决定的形式，将该宪法诉愿上呈至裁判部。

（四）请求弃却决定

作为本案决定的弃却决定是在该请求理由不充分的情况下所下的决定。

（五）认容决定

认容决定是指经审理案件认为请求理由充分时，接受该请求的决定。当作出认容决定时，应有 6 人以上裁判官的赞成（《宪法》第 113 条第 1 款）。

（六）法律的违宪与否决定

在权利救济型宪法诉愿的情况下，即宪法裁判所认为公权力的行使或不行使是基于违宪的法律或法律条款时，可以在认容决定中宣告该法律或法律条款违宪（《宪法裁判所法》第 75 条第 2 款、第 5 款）。

九、认容决定的效力

（一）羁束力

宪法诉愿的认容决定，羁束一切国家机关和地方自治团体（《宪法裁判所法》第 75 条第 1 款）。

（二）再处分义务

当宪法裁判所对公权力不行使的宪法诉愿作出认容决定时，被请求人应依照决定意图作出新的处分（《宪法裁判所法》第 75 条第 4 款）。

（三）对裁判的再审请求

依照《宪法裁判所法》第 68 条第 2 款，宪法诉愿得到认容的情况下，当与宪法诉愿相关联的诉讼案件，已经确定时，当事人可以请求再审。

第四节　权限争议审判

一、意义

（一）意义

“国家机关之间、国家机关和地方自治团体之间以及地方自治团体之间权限争议的审判”（《宪法》第 111 条第 1 款第 4 项）是宪法裁判所的管辖事项。就权限争议审判的目的而言，当机关相互之间“是否存在权限划分或者对界限存在分歧时”，通过明确权限与界限，从而使得各机关能够顺利履行各自事务，并且使得牵制与均衡原理得以实现。

（二）种类

①国家机关之间的权限争议审判。国家机关包括立法机关、行政机关、司法机关、中央选举管理委员会（《宪法裁判所法》第 62 条第 1 款第 1 项）。②在国家机关与地方自治团体之间的权限争议审判中，包括政府与特别市、广域市、道之间的权限争议审判，以及政府与市、郡、自治区之间的权限争议审判（《宪法裁判所法》第 62 条第 1 款第 2 项）。③在地方自治团体之间的权限争议中，包括特别市、广域市、道之间的权限争议审判；市、郡或自治区之间的权限争议审判；特别市、广域市、道与市、郡、自治区之间的权限争议审判（《宪法裁判所法》第 62 条第 1 款第 3 项）。

行政各部间的权限确定，虽然属于国务会议之审议事项，但是当不服前述审议时，有见解认为可以向宪法裁判所提起诉讼。然而，从宪法裁判所的决定来看，对是否可以就此提请诉讼而言，还存在疑问。

（三）宪法裁判所的权限争议审判权与法院的行政裁判权

1. 宪法上权限争议审判制度的特征

其一，不仅认可国家机关相互之间的权限争议，还认可作为相异法律主体的国家机关与地方自治团体之间，以及地方自治团体相互间的权限争议。其二，由一般法院管辖的机关诉讼事项中，排除了由宪法裁判所管辖的诉讼事项，因此就有关权限争议的事项而言，宪法裁判所原则上应当具有概括性的管辖权。其三，成为权限争议对象的法律争讼，不仅包括宪法上的争讼，还包括法律上的争讼（《宪法裁判所法》第 61 条第 2 款）。有可能与一般法院的行政诉讼管辖权相重叠。

2. 权限争议审判权与行政诉讼法上的机关诉讼之管辖权

依照《宪法》或《宪法裁判所法》，国家机关之间的权限争议属于宪法裁判所的管辖范围，由于在法院的机关诉讼中，排除了由宪法裁判所管辖的事项，因此依照《行政诉讼法》第 3 条第 4 款的机关诉讼，仅适用于公共团体的机关之间发生的权限争议。

3. 权限争议审判与地方自治法上的诉讼

（1）地方自治法第 169 条的诉讼问题。

对国家机关或上级地方自治团体之首长的纠正命令等，有异议的情况下，地方自治团体的首长可以向大法院提起诉讼。但是由于这一规定，侵害了依《宪法》第 111 条第 1 款第 4 项的宪法裁判所之权限争议审判权，因此属于违宪。

（2）《地方自治法》第 170 条的诉讼。

依照《地方自治法》第 170 条（对地方自治团体之首长的职务履行命令）的诉讼是作为下级行政机关的地方自治团体之首长向上级国家机关或上级地方自治团体提起的诉讼，因此具有机关诉讼的性质。

4. 权限争议审判与抗告诉讼

就公法上的争讼而言，宪法裁判所的权限争议审判权与法院的行政裁判权，有可能发生冲突。

二、权限争议审判的请求

（一）请求权人

能够请求权限争议审判的机关是国家机关或地方自治团体。国家机关包括立法机关、行政机关、司法机关、中央选举管理委员会（《宪法裁判所法》第 62 条第 1 款第 1 项）。就作为具体请求权人的国会而言，不仅是作为整体机关的国会，作为部分机关的国会议长与副议长、国会议员、国会的委员会、院内交涉团体等也具有独立的当事人资格（宪裁 1997.7.16. 96Hun-Ra2）。在权限争议审判中，权利关系主体之外的第三人，有可能援用具有当事人资格的第三人诉讼担当法理（宪裁 1998.7.14. 98Hun-Ra1）。

（二）请求期间

权限争议审判，应自知道有其事由之日起 60 日以内、自有其事由之日起 180 日以内，提出请求（《宪法裁判所法》第 63 条）。

（三）请求事由

审判请求，限于被请求人的处分或不作为侵犯宪法或法律赋予请求人的权限或有侵害的显著危险时才能提起（《宪法裁判所法》第 61 条第 2 款）。

三、权限争议审判的程序

宪法裁判所受理权限争议审判的请求时，依职权或者依请求人的申请，可以通过决定，停止成为审判对象的被请求人之处分的效力，直至宣告终局决定（《宪法裁判所法》第 65 条）。

四、权限争议审判的决定

（一）决定之法定人数：一般法定人数

权限争议的决定，需有 7 名以上裁判官的出席，同时需要出席裁判官过半数的赞成。即不适用特别法定人数。

（二）决定的内容

宪法裁判所对成为审判对象的国家机关或地方自治团体的权限有无或范围作出决定。此时，可以撤销成为侵权原因的被请求人之处分或确认该处分的无效，对不作为的审判请求作出认容决定时，被请求人应按照该决定宗旨作出处分（《宪法裁判所法》第 66 条）。

（三）决定的效力

权限争议审判的决定，羁束一切国家机关和地方自治团体。撤销国家机关或地方自治团体处分的决定，不影响其处分对相对人已发生的效力（将来效力）（《宪法裁判所法》第 67 条）。

第五节　弹劾审判

一、意义

弹劾制度是指针对高位公职人员的职务上重大违法行为，通过有别于一般司法程序的特别程序作出处罚或者罢免的制度。弹劾制度具有维持政治上和平的功能。

二、国会的弹劾追诉权

《宪法》规定“国会可以通过提起弹劾之诉的决定”（《宪法》第 65 条第 1 款），因此，国会是弹劾追诉机关。这一规定赋予了国会代替国民追究责任的权能［就弹劾追诉机关、对象、事由、程序（提议与议决）、效果而言，参考第二篇第二章国会］。

三、宪法裁判所的弹劾审判

（一）弹劾审判的请求

追诉委员向宪法裁判所提出追诉议决书原本而请求弹劾审判。国会法制司法委员会的委员长担任追诉委员（《宪法裁判所法》第 49 条）。送达追诉议决书后，任命权人不得受理被追诉人的辞职或不得辞退（《国会法》第134条第2款）。这是为了防止通过辞职或辞退来免除弹劾。

（二）弹劾审判的对象

宪法裁判所不能将未记录于弹劾追诉议决书的追诉事由，视为判断的对象。弹劾追诉议决书中应当明示支持该追诉事由的法律规定，然而对该“法律规定的判断”而言，宪法裁判所不受弹劾追诉议决书的拘束。宪法裁判所可以根据“请求人主张的法律规定”以外的其他相关法律规定，判断构成弹劾原因的事实关系。

（三）弹劾决定

1. 弹劾决定的法定人数

弹劾决定的作出应由6人以上裁判官赞成决定（《宪法》第113条第1款）。“参与审判的裁判官应在决定书中明示其意见”（《宪法裁判所法》第36条第3款）。

2. 认容决定

就“当弹劾审判请求有理由时”的含义而言，不能把单纯“违法”的情况，视为是有理由的弹劾审判请求。就总统而言，从守护宪法的观点出发，只有发生重大违法事项的情况下，才可以提出请求（宪裁2004.5.14. 2004Hun-Na1）。当弹劾审判请求有理由时，宪法裁判所宣告罢免被请求人之公职的决定（《宪法裁判所法》第53条第1款）。

3. 弃却决定

当认为上述理由不成立时，弃却该弹劾审判请求。如被请求人在宣告决定之前已被罢免该公职时，宪法裁判所也应当弃却审判请求（《宪法裁判所法》第53条）。

4. 弹劾决定的效果

弹劾决定的效果范围仅限于从公职到罢免。然而，不因弹劾决定而免除民事或刑事责任。即由于弹劾具有惩戒性质，该结果止于从公职中罢免，因此在弹劾审判与民、刑事裁判之间不适用用一事不再理原则（《宪法裁判所法》第54条第1款）。《宪法裁判所法》第54条第2款规定，“因弹劾决定而被罢免者，自决定宣告之日起5年内，不得担任公务员”，从而明示了公职就任限制。这一规定并不侵害宪法上的公务担任权，从保障弹劾制度的实效性与公职社会的净化层面上看，应当视为合宪。虽然对被弹劾人没有明文的禁止规定（《美国宪法》），但是从制度的宗旨来看，不能被予以赦免。

第六节　违宪政党解散审判

一、意义

“政党的目的或活动违背民主的基本秩序的，政府可以向宪法裁判所提起解散申请之诉，政党的解散依宪法裁判所的审判”（《宪法》第 8 条第 4 款）。

二、违宪政党解散审判的请求

违宪政党解散审判的请求主体是政府。基于政府的政治判断决定是否起诉、起诉时期等。韩国政府曾于 2013 年首次针对统合进步党提起了违宪政党解散审判。

三、违宪政党解散决定

（一）政党解散的事由

政党解散的事由是政党的目的或活动违背民主基本秩序的情况。就民主的基本秩序而言，一种见解认为仅指自由民主的基本秩序，另一种见解认为还应当包括社会福祉国家原理的基本秩序。从韩国宪法的整体理念构架来看，应当认为“民主的基本秩序”中包括了现代的社会福祉国家原理。当然，不能是立足于一般论之价值观的民主基本秩序，而应当理解为是考虑“韩国宪法的基本秩序与韩国的特殊情况”的民主基本秩序。

（二）决定之法定人数

宪法裁判所作出政党解散决定时，应有 6 人以上裁判官的赞成（《宪法》第 113 条第 1 款）。

四、违宪政党解散决定的效力

（一）创设性效力

宪法裁判所的政党解散决定具有一种创设性效力。

（二）政党特权的丧失

就被解散之政党的剩余财产而言，应当归属于国库。禁止设立代替性政党。禁止使用类似的名称。被解散之政党的党员资格也会丧失。所属于被解散之政党的国会议员资格，就是否丧失该资格而言，法律没有明文规定。宪法裁判所认为隶属于被解散政党的国会议员应当丧失该议员资格。

就是否丧失隶属被解散政党的地方议会之议员资格的问题而言，宪法裁判所未在统合进步党解散案中明示立场。然而，将《公职选举法》第192条第4款解释为限于“自愿解散”比例代表国会议员保留其议员资格时，至少可以推定宪法裁判所的立场应该是隶属违宪政党的比例代表地方议会议员当然丧失议员资格。由于缺乏明文规定，不得不保留隶属于被解散政党的地方议会地区议员资格。这类现象的产生是因为立法的欠缺，因此有必要补充相应明文规定。最为不妥当之处是基于违宪政党解散决定，国会议员将丧失其资格，然而，地方议会议员却能保留该资格。从立法政策的角度来看，应当解除该议员资格。

第三编

宪法与基本权

第一章　基本权的一般理论

第一节　基本权的概念

一、意义

（一）基本权论是权力与自由的调和之轴

宪法学既包含权力学问的性质，又包含自由学问的性质，因此，应当将宪法学理解为是权力与自由的调和技术。基本权论是有关自由的技术。然而，不能忽视该自由是在被组织化的权力正在有序运行的社会秩序中行使的自由。当今国民的自由和权利保障促成宪法上基本权保障的体系化和组织化。

（二）近代宪法中的基本权保障

就英国的民主主义而言，通过《大宪章》（Magna Carta，1215 年）奠定了保障自由的基石；在《权利请愿》（1628 年）中，保障了人身的自由以及禁止了未经议会承认的课税；在《人身保护法》（1679 年）中，通过人身保护令状制度保障了程序性权利；在《权利法案》（1689 年）中，通过强化请愿权、言论自由、刑事程序确立了保障人的自由和权利的制度装置。然而，就局限性而言，在英国确立的权利保障相关程序法律制度，并非基于天赋人权，而是从国王身上获取贵族权利的过程中确立的制度。

在制度化人的自由与权利的进程中，基于近代自然法论、社会契约论、启蒙主义思想的美国独立战争和法国大革命于 18 世纪末爆发，此类战争和革命成了上述进程的光辉篇章。革命之后确立的近代立宪主义中，为保障人的自由与权利，而在法律上、制度上付出的努力，体现在了一系列的人权宣言和成文宪法之中。

美国于 1776 年建立了新的独立国家。在《弗吉尼亚人权宣言》中阐明了主权国家之市民的自由与权利，同时为了保障这一果实，在《美国宪法》中导入了作为制度装置的权力分立原理。1776 年的《独立宣言》基于自由主义国家观，宣告了天赋人权，确认了幸福追求权和抵抗权。于 1787 年制定并至今仍然有效的《美国宪法》，通过 1791 年的宪法修正案，增加了第一修正案至第十修正案（宗教自由，言论、出版、集会的自由，人身自由，正当程序，私有财产的保障等）的权利典章，从此在宪法中直接保障了基本权。南北战争以后，废除了奴隶制度（1865—1870 年），第十九修正案（1920 年）保障了女性参政权。

法国大革命是对绝对君主支配的抵抗，实属市民革命。1789 年采纳了《人权和公民权宣言》，并基于此诞生了一系列革命宪法。曾为法国大革命口号的自由、平等、博爱，作为保障人与市民之自由与权利的基本原理，至今以国是（《法国宪法》第 2 条第 5 款）的形式明示在了《法国宪法》。依照 1958 年第五共和国宪法序言，当今法国人权宣言已被确立为具有宪法价值的规范。

在形成近代立宪国家的进程中，德国则有些滞后，因此迟些才在宪法中确立了人权保障之内容。可以评价说 1919 年的魏玛共和国宪法是保障现代人权的最初宪法。尤其是在经历了魏玛共和国的悲剧性覆灭，以及对纳粹抹杀人格尊严的反省后，1949 年制定的《德国基本法》将人的尊严接纳为了宪法上最高价值准则。

自 19 世纪末，自由与权利的观念在韩国开始得到迅速普及，然而由于日本的侵略曾一度丧失国权。在 1919 年的上海临时政府宪法中，曾规定平等权、自由权、选举权和义务等内容。在 1948 年制定的制宪宪法，才正式接纳了在西方确立的基本权。

（三）现代宪法中的基本权保障

其一，“人的自由与权利”的最为古典的主题就是人的肉体上、身体上的安全以及精神上的安全与自由。在经历了两个世纪的今天，这种观点仍然是极为妥当的说法。此为保障“人的自由与权利”之“尊严和价值”的原理，这一原理是自然属性的、不可让渡的、神圣不可侵的原理。其二，在 18 世纪的背景下，没能预见工业社会的到来，随着进入工业社会，逐渐有学者提及社会主义性质的基本权论，由此，过去未提及的社会权（生存权）逐渐占据了作为新基本权的地位。近来，随着进入信息社会，私生活的秘密与自由、知情权等新兴权利，逐渐获得了宪法性价值。其三，由于基本权的实质性保障问题，无法仅仅停留在国内问题这一层面，因此，可以期待通过国际层面上的保障，进一步促进保障的实效性。其四，根据 UNESCO 的第三代人权论，强调了依存权（Right to Solidarity）的地位。即通过阐述第一代人权（市民的、政治的权利）、第二代人权（经济的、社会的、文化的权利），指出了第三代人权的重要性。其具体内容包括，开发权、和平权、交流权、健康权、环境权、能够获得人道救助的权利等。

二、人权与基本权

（一）人的权利与市民的权利

在论及人的自由与权利的保障上，存在混用“人权”“自由与权利”“基本权”等用语的现象，因此，有必要区分上述用语的表述。

（二）人权

在自然法论和社会契约论中，可以找到人权概念的历史性、哲学性基础。根据自然法论的观点，认为就因为作为人本身的这一理由，人在本质上享有天赋之权利。近代国家的宪法和人权宣言中都体现了天赋人权思想。

（三）基本权

在德国的 1919 年《魏玛宪法》和 1949 年 5 月 23 日制定的《德国基本法》第 1 条和第 19 条中，使用了“基本权”这一表述。韩国《宪法》中并未直接使用“基本权”这一表述。但是在诸如《宪法裁判所法》第 68 条第 1 款等法律中，使用了“基本权”这一用语。

（四）人权与基本权的区别和融合

由于人权是人的自然权利，因此，不仅在法学领域，在哲学、社会学的领域中也有论及。相反，基本权则可以认为是基于自然法思想的天赋人权论，并由宪法予以保障的一系列有关自由与权利的规范性理解体系。

三、大韩民国宪法上的基本权保障

（一）大韩民国宪法史上的基本权保障

1. 1948 年制宪宪法

将基本权视为实定法上的权利，由此在各基本权中设置了个别的法律留保条款。特别规定了对生活无能力者的保护和劳动者的利益分配均占权。

2. 1960 年第二共和国宪法

强调了基本权的自然权属性、天赋人权属性。删除了个别法律留保条款，设置了一般法律留保条款，同时规定了“禁止侵害基本权的本质内容”。另外，禁止了针对表达自由的事前许可和审查制度。

3. 1962 年第三共和国宪法

新设了人的尊严与价值、享受正常人生活的权利（又称像人一样活着的权利）、禁止拷问（又称刑讯逼供）、限制自白（又称供述）之证据能力的规定，删除了利益分配均占权。

4. 1972 年第四共和国宪法

恢复个别法律留保条款，从而实施基本权的实定法化，导致了基本权保障的倒退。尤其是废止了拘禁合法性审查制度（又称拘束适否审查制），删除了限制自白之证据能力的规定，限制了劳动者的团体行动权，删除了禁止侵害基本权之本质内容的条款。

5. 1980 年第五共和国宪法

删除了个别法律留保条款，设置了一般法律留保条款，通过规定“禁止侵害基本权的本质内容”，认可了基本权的自然权化。尤其是规定了基本人权的不可侵害性以及幸福追求权、刑事被告人的无罪推定、连坐制的禁止、拘禁合法性审查制的部分恢复。同时，新设了环境权、私生活的秘密与自由、保障劳动者的适当工资、有关终身教育的权利。

6. 1987 年第六共和国宪法

强调基本权的自然权属性，并整备了基本权体系。其一，作为新设的基本权，规定了刑事嫌疑人的刑事补偿请求权；犯罪被害人的国家救助请求权；老人、女子、青少年的福祉权；舒适的住居生活权。其二，强化了身体的自由。引进了对处罚、逮捕、拘禁等的正当程序原则；规定了逮捕、拘禁时，享有被告知该理由的权利和寻求律师帮助的权利；扩大了对逮捕、拘禁之合法性审查的请求范围。其三，通过强化表达自由，禁止了对言论、出版的许可、审查，禁止对集会的许可制，规定了依法规定针对广播、通信之设施标准的制度等。其四，通过强化社会权，规定了劳动者的最低工资制、女性劳动者的保护、国家的灾害预防义务等。同时，删除了对团体行动权的法律留保条款。此外，规定了刑事被害人的出庭陈述权、大学的自律性、保护科学技术人士的权利等。

（二）宪法上的“自由与权利”“自由”或者“基本的人权”

韩国《宪法》既没有像法国人权宣言那样区分“人的权利与市民的权利”，也没有像《德国基本法》那样使用“基本权”一词。在韩国《宪法》序言中，使用了“自由与权利”“安全与自由和幸福”的词句，并在《宪法》正文第二章“‘国民的权利’与义务”标题下，通过第 10 条至第 37 条，规定了国民的自由与权利。在第 69 条总统就职宣誓文中，规定了“国民的自由与福利”；在第 119 条中规定了“经济上的自由”。然而，在第 10 条第二句却使用了“基本的人权”这一表述。尤其在第 10 条第二句中，没有使用“由‘国民’享有的不可侵害之基本的人权”这种表述，而是使用了“由‘个人’享有的不可侵害之基本的人权”这一表述，因此，有必要区分在第11条以后的条文中使用的“所有国民……”这一表述和“个人”的不同。基于这一观点，可以认为第10条第二句中保障“个人”之“基本的人权”表述，就是指代“人权”，就是为了强调人的自由与权利的表述。

在韩国《宪法》文本中，并未使用“基本权”一词。然而，在《宪法》以外的法律中，却使用了宪法学理论上统称的“基本权”这一表述。尤其在《宪法裁判所法》第68条第1款规定，“因公权力的行使或不行使，‘宪法上保障的基本权’受到侵害的人，除法院的裁判外，可以向宪法裁判所请求宪法诉愿审判”，使用了“宪法上保障的‘基本权’”这一表述。由此，可能诱发如下争议：既然《宪法》中没有“基本权”这一表述，那么，在实定法中使用“宪法上保障的基本权”，这里的“基本权”到底是指什么？无论如何，现实中最为妥当的解释论是将“宪法上保障的基本权”理解为是在《宪法》上保障的“国民的自由与权利”。

第二节 基本权的范围

一、宪法中“列举的”基本权

《宪法》第二章国民的权利与义务中列举了如下基本权。

人的尊严与价值、幸福追求权（《宪法》第10条），平等权（《宪法》第11条），身体的自由（《宪法》第12条），罪刑法定主义（《宪法》第13条），居住、迁徙的自由（《宪法》第14条），职业（选择）的自由（《宪法》第15条），住居的自由（《宪法》第16条），私生活的秘密与自由（《宪法》第17条），通信的自由（《宪法》第18条），良心的自由（《宪法》第19条），宗教的自由（《宪法》第20条），言论、出版、集会、结社的自由（《宪法》第21条），学问和艺术的自由（《宪法》第22条），财产权保障以及损失补偿（《宪法》第23条），选举权（《宪法》第24条），公务担任权（《宪法》第25条），请愿权（《宪法》第26条），裁判请求权（《宪法》第27条），刑事补偿请求权（《宪法》第28条），国家赔偿请求权（《宪法》第29条），犯罪被害人救助请求权（《宪法》第30条），受教育的权利（《宪法》第31条），劳动的权利（《宪法》第32条），劳动者的团结权、团体交涉权、团体行动权（《宪法》第 33 条），享受正常人生活的权利以及社会保障受给权（《宪法》第 34 条），环境权（《宪法》第 35 条），有关婚姻和家族以及保健的权利（《宪法》第 36 条）。

即使是《宪法》上已经列举的基本权，基于针对各别基本权的不同理解，确定该基本权的内容和范围的事情，并非易事。此外，根据《宪法》上列举的个别基本权之内容和范围的具体内容，其权利救济范围也不尽相同。

二、宪法中“未列举的”基本权

（一）宪法根据：宪法第 10 条和第 37 条第 1 款

在《宪法》中未列举的“国民的自由与权利”，也可以具有“宪法上保障的基本权”之价值。这种可能性是根据《宪法》第 10 条第二句，“国家有义务确认和保障个人拥有的不可侵犯的基本人权”和第 37 条第 1 款，“国民的自由和权利并不因未列举在宪法中而被忽视”的规定得出的结论。

（二）宪法中未列举的基本权之具体化

就《宪法》中未列举的基本权而言，包括构成“人的尊严与价值、幸福追求权”之内容的一系列自由与权利，具体而言有生命权、自己决定权（人格的自律权）、一般人格权（姓名权、名誉权、肖像权）、一般行动自由权、个性的自由发现权、知情权、和平的生存权等。

第三节　基本权的法律性质

一、意义

就基本权的法律性质而言，其核心论点包括：第一，基本权是超国家的自然权，还是国家内在的实定权？第二，基本权是具体权利，还是抽象权利？第三，基本权仅具有主观的公权属性，还是同时具备客观的法律秩序属性？

二、自然权性

（一）法实证主义的实定权说

汉斯·凯尔森（Hans Kelsen）等立足于法实证主义的实定权说，主张如下：第一，基本权必然也属于权利，那么该权利不能脱离实定法而存在。第二，基本权丧失了对抗国家权力的属性。第三，基本权在宪法中以权利典章的形式存在，自然法的原理体现于宪法的框架之内。此外，耶利内克（G. Jellinek）认为基本权仅仅是法律上的权利。

（二）统合论的价值上共识说（价值秩序说）

德国思曼德（R. Smend）、海伯勒（P. Häberle）、黑塞（K. Hesse）等统合论者主张如下：第一，国家是统合的过程，宪法是统合过程的生活形式甚至是法律秩序，基本权是“构成统合过程的生活形式乃至法律秩序之基础的”价值体系甚至是文化体系。第二，流动于社会底边的价值共识，以基本权的形式集约于宪法。第三，基本权能够得到尊重和保护是为了同化、统合社会不可或缺的前提条件。根据统合理论，基本权不是从国家抛离的自由或者对抗国家的自由，而是“为了国家的自由”，即理解为是为了参与国家统合过程的自由，从而强调基本权的国家创设性功能。亦即，比起基本权的主观公权属性，更加强调了作为共同体之客观法律秩序的属性。因此，通过基本权，促成了国家的统治结构。

（三）近代自然法论的自然权说

近代自然法论的基本权理论认为：第一，基本权是根据人之本性，作为人所具有的权利。第二，作为基本权之本质内容的人权，具有超国家的、前国家的属性。第三，人权乃至基本权的历史属性、对抗属性，在这一时代也具有妥当性。

（四）私见

基本权的历史属性体现于从专制的国家权力中争取“人的权利与市民权利”的过程。在近代市民革命过程中采纳的人权宣言，强调了基本权是人生来就有的权利，即强调了作为基本权之本质属性的天赋人权性。随着国民主权国家的确立和自由民主主义的稳固，此类人权宣言的内容，被确立在了宪法典的框架内。

就实定权说而言，由于其逻辑基础是“只有在成文宪法中规定了的权利才属于基本权”，因此，未在宪法中规定的事项，很可能无法成为基本权。同时，这一主张忽略了基本权对国家权力的对抗属性至今仍具有妥当性的正论。

统合说认为基本权是统合的生活形式。因此，弱化了基本权作为权利的属性。虽然不能否认基本权对形成民主主义国家的作用，但不能因此而否定基本权的权利性（公权性、自然权性）。

因此，就如何理解基本权而言，应当在近代市民革命过程中确立的近代自然法论中寻找突破口。基本权意味着超国家之自然权的实定权化。应当从基于近代自然法论的“人的自由与权利”出发，依照法的实存主义，论述展现在国法秩序下的“国民的自由与权利”。

（五）大韩民国宪法上基本权的解释

首先，在《宪法》第 10 条中保障了作为自然法原理的“人的尊严与价值”，特别规定“国家有义务确认和保障个人拥有的不可侵犯的基本人权”。这意味着在宪法典的框架之内，明确了作为自然法权利的基本权。其次，第 37 条第 1 款规定“国民的自由和权利并不因未列举在宪法中而被忽视”。这是在明确，可以创设新的基本权。最后，第 37 条第 2 款规定不得侵害国民之自由与权利的“本质内容”，这里的“本质内容”只有基于自然权属性才可以被理解。

三、主观的公权

（一）主观的权利

基本权作为主观的公权，是个人可以为自身需要向国家要求作为或者不作为的权利。基本权，特别是当自由权受到侵害时，个人可以请求排除该侵害。此种请求权来源于作为基本权主体的个人所享有的权利，由此不得不认可基本权的权利性。然而，凯尔森认为基本权，尤其是自由权，国家并未附加依强制秩序的义务，因此，基本权来源于“施惠性的”或者“强制秩序之克制”的反射性利益。由此，基本权无法通过诉讼获得救济。

（二）具体的权利

虽然普遍认可基本权的权利性，但是，针对基本权中的社会权而言，存在社会权属于具体权利还是抽象权利的争议（第三篇第六章第一节社会权一般理论）。目前存在抽象权利说甚至政策性规定说，认为社会权不同于其他基本权，只有存在依宪法的具体立法时，才能将其视为具体化了的权利。由此，基于难以认可社会权的具体权利性，认为社会权是抽象权利或者政策性规定。

然而，参照当今的社会福祉国家原理可知，虽然社会权的具体化程度仍有不足且不完整，但基于个人可以为保障自身社会权直接请求权利救济的现实，不得不认可社会权的具体权利性。从这种观点来看，宪法上的基本权都属于直接约束立法、行政、司法等一般国家权力的主观性公权。

四、基本权的双重性

除了基本权的主观公权属性，是否还同时具有客观的法律秩序属性？

（一）肯定说

基本权是主观的公权，同时又是作为国家价值秩序的基本法律秩序之构成要素，从而直接限制国家权力，并使得国家负担相应义务。即基本权作为客观的价值秩序，约束所有国家权力，并且是实定法秩序之正当性的源泉。

如果认可基本权的双重性，第一，可以较为容易地认可基本权的对私人效力和国家的基本权保障义务。第二，宪法诉愿中，通过认可客观的权利保护利益，可以扩大审判请求利益。第三，可以明确认知不能放弃基本权。第四，基本权有可能成为促使形成共同体秩序的基本原则。

宪法裁判所根据《宪法》第 10 条第二句（国家有义务确认和保障个人拥有的不可侵犯的基本人权）采纳了肯定说。就具体判例而言，存在有关广播的自由［宪裁 2003.12.18. 2002Hun–Ba49，《广播法》第 74 条违宪诉愿（合宪）］，关于加入政党、选举活动的政治基本权［宪裁 2004.3.25. 2001Hun–Ma710，《政党法》第 6 条第 1 款等违宪确认（弃却）］，职业自由［宪裁 1996.8.29. 94Hun–Ma113，《公示地价以及土地等的评价法施行令》第 30 条等违宪确认（弃却）］等。

（二）否定说

认为基本权，其本身不具有作为客观秩序的属性，而是由于具有自然权性的基本权被规定于宪法后，此类基本权才得以成为宪法规范，从而形成了拘束国家权力的客观秩序。如果将基本权认知为同时具备主观公权和客观秩序的基本权，那么，将弱化基本权的主观公权属性，导致虚化基本权和制度保障之间的界限。

（三）私见

就基本权的法律性质而言，其本身终归是自然权，因此是主观的公权。然而，在韩国《宪法》中，规定了约束国家权力的客观秩序，因此基本权在结果上具有了作为客观秩序的性质。

第四节　基本权和制度保障

一、制度保障的意义

制度保障是指基于历史和传统而确立的既存的客观制度，将其作为宪法的客观法律规范，保护该制度本身的本质内容，确保不被立法所废止或损毁该本质的理论。即制度保障是为了维持相应制度的本质内容，将客观制度规定于宪法的理论。制宪权人将其认为有必要通过宪法予以保障的、特别重要且具有价值的国家制度规定于宪法中，意图事先规范将来法律发展和法律形成的方针和范畴［宪裁 1997.4.24. 95Hun–Ba48，旧《地方公务员法》第 2 条第 3 款第 2 项第 2 目等违宪诉愿（合宪）]。制度保障时而与基本权相结合，时而以独立的制度运作。

二、制度保障理论的展开

（一）奥里乌的制度理论与其影响

奥里乌（Maurice Hauriou）的制度理论可以概括为：第一，在社会集体中，认为存在需要由法律来实现和维持的事务，制度理论首先需要认可存在此类由法律处理事务的理念；第二，为了实现和维持这一理念，应当存在提供服务的有组织的统治权力；第三，就实现和维持这一理念，能够在社会集体中，得出同意的表示。

（二）现代德国基本权理论中的展开

就德国的基本权理论而言，根据博肯福德（Böckenförde）教授的公式，通常分为如下五种：第一，自由主义的基本权理论；第二，制度性的基本权理论；第三，基本权的价值理论；第四，民主、功能的价值理论；第五，社会国家的基本理论。其中，卡尔·施米特（Carl Schmitt）的“自由主义的基本权理论”认为“自由不能是制度”，由此严格区分了自由和制度。相反，Böckenförde 教授的“制度性的基本权理论”认为“所有自由只能是制度”，由此不仅强调了基本权之个体性侧面，还强调了客观、制度性侧面。这种相互对立的见解，最终取决于如何理解“制度”。

三、制度保障的法律性质

（一）客观的法律规范

制度保障是依照国法秩序，在国家之内予以认可的客观的法律规范。

（二）最少限度的保障

制度保障是将有必要通过宪法予以保障的制度，规定于宪法中，从而维持该制度之本质的存续。因此，与要求给予最大限度之保障的基本权相反，就制度保障而言，适用最少保障原则。

（三）裁判规范性

制度保障是直接约束立法、行政、司法的法律规范。因此，制度保障具有作为裁判规范的属性，并非政策性规定。由于制度保障不是保障权利的规范，因此不能仅仅依照制度保障本身，而提起诉讼（诉权性否认）。例如，在没有主张基本权受到侵害的情况下，仅根据制度保障受到侵害为理由，不能提起宪法诉愿。

（四）制度保障和基本权的关系

不是所有制度保障都必然与基本权有关联。例如，职业公务员制度的保障或者地方自治制度的保障，与基本权并无直接关联性。但是制度保障与基本权有可能具有一定的关联性（见表 15）。

表 15 基本权和制度保障的比较

比较事项	基本权	制度保障
法律性质	主观的公权	客观的法律规范
保障的对象	作为自然权的天赋人权	各国国内形成的制度
保障的程度	最大限度的保障	最小限度（制度的本质）的保障
裁判规范性	认可	认可
诉权性	认可（可以提起宪法诉愿）	否认（不可提起宪法诉愿等诉讼）
法律效力	羁束所有国家权力以及修宪权	羁束所有国家权力，不羁束修宪权

首先，将制度保障作为手段，从而确保特定基本权（制度保障的基本权伴随性）。例如，以民主的选举制度为手段，从而确保政治性基本权。其次，同时存在制度保障和基本权保障的情形（两者的保障并存型）。例如，私有财产制的保障和财产权保障的并存。最后，由于在宪法上保障了特定制度，从而使得特定的基本权被附随、间接地保障（基本权的制度从属型）。例如，由于在宪法上保障了复数政党制，从而使得政党的设立、加入、脱离的自由得到了保障。

四、韩国宪法上的制度保障

（一）学说和判例

《宪法》上，有关职业公务员制度的保障（《宪法》第 7 条第 2 款），复数政党制度的保障（《宪法》第 8 条第 1 款），私有财产制的保障（《宪法》第 23 条第 1 款），教育的自主性、专门性、政治中立性以及大学的自律性保障（《宪法》第 31 条第 4 款），婚姻与家族制度的保障以及对母性和国民保健的保护（《宪法》第 36 条），地方自治制度的保障（《宪法》第 117 条第 1 款）等，多数学者认为这些属于制度保障。此外，虽然在《宪法》上没有类似“宪法上保障、保护”的明确表述，但从性质上看可以认为是制度保障的情况，包括自主的劳动工会制度等劳动三权的保障（《宪法》第 33 条）、民主的选举制度之保障（《宪法》第 41 条第 1 款、第 67 条第 1 款）。

（二）私见

可以认为制度保障的宗旨是通过制度保障，在宪法上保障制度的本质内容。基于此，针对那些可以囊括于制度保障之框架内的事项，理应广义地视为是制度保障。基于这种广义的认识，可以将新闻的功能保障（《宪法》第 21 条第 3 款）[宪裁 1991.9.16. 89Hun–Ma165，《关于定期刊物的注册等的法律》第 19 条第 3 款违宪与否的宪法诉愿（合宪）：认可反对言论权的根据在于宪法保障了作为客观秩序的言论制度]，农、渔民和中小企业之自助组织的保障（第 123 条第 5 款）[宪裁 1996.12.26. 96Hun–Ka18，《酒税法》第 38 条之七等违宪提请（违宪）] 视为是制度保障。此外，针对自 1980 年宪法中就已经规定的消费者保护运动的保障（《宪法》第 124 条），也可以视为是一种制度保障。从大法院判例中，也可以发现欲将消费者保护运动的保障视为是制度保障的表述（大判 2013.3.14. 2010Do410）。

第五节 基本权的主体

一、意义

基本权的主体是指由宪法所保障的自由与权利（基本权）的享有者。就基本权之享有而言，可以区分为基本权之保有能力和基本权之行为能力。基本权之保有能力是指能够保有以至享有基本权的能力。所有国民都具有基本权之保有能力。

基本权之行为能力是指基本权的主体能够行使特定基本权的能力。就未成年人或者儿童的基本权之行为能力而言，会随着个别不同基本权而有所差异。例如，在行使选举权和被选举权的情形下，即使是具有基本权之保有能力的人，也应当达到一定的年龄才视为具有基本权之行为能力。然而，对于人的尊严与价值、幸福追求权、身体的自由等而言，其基本权之保有能力和基本权之行为能力实属一致（基本权之保有能力≥基本权之行为能力）（见表 16）。

表 16　各类基本权主体列表

<table>
<tr><td rowspan="6">人</td><td rowspan="3">自然人</td><td rowspan="2">国民</td><td>一般国民（在外同胞）</td></tr>
<tr><td>处于特殊身份关系的国民（公务员等）</td></tr>
<tr><td>外国人</td><td>限定性认可（人的尊严与价值等）</td></tr>
<tr><td rowspan="3">法人</td><td rowspan="2">国内法人</td><td>私法人（原则上认可）（政党的特殊性）</td></tr>
<tr><td>公法人（原则上否定）</td></tr>
<tr><td>外国法人</td><td>限定性认可（社会、经济的自由权等）</td></tr>
</table>

二、自然人

（一）国民

《宪法》上担任基本权之起始条款的第 10 条规定，保障“所有国民”的基本权。然而，“成为大韩民国国民的要件由法律规定”（《宪法》第 2 条）。

1. 一般国民

大韩民国国民中的一般国民不分性别、年龄、社会身份，都可以成为基本权的主体。就胎儿或者亡者而言，原则上不能成为基本权的主体，仅在例外的情形下才可以成为基本权的主体。虽说未成年人也是基本权的主体，但在其行使基本权时，不得不受到一定的限制。

2. 处于特殊身份关系的国民

处于特殊身份关系的人，由于其身份的特殊性，该基本权会受到宪法和法律的不同程度的限制。例如，《宪法》上公务员的政治活动权（《宪法》第 7 条第 2 款），军人、军务员等的裁判请求权（《宪法》第 27 条第 2 款）和国家赔偿请求权（《宪法》第 29 条第 2 款），公务员等的劳动三权（《宪法》第 3 条第 2 款）等会受到不同程度的限制。就受刑者而言，依照《有关刑罚的执行以及收容者之待遇的法律》，其通信自由等会受到限制｛宪裁 1995.7.21. 92Hun–Ma144，书信检查等违宪确认［认容（违宪确认）、限定违宪、弃却、却下］｝（参照第 8 节基本权的限制）。

3. 在外同胞

“在外同胞”可分为在外国民和外国国籍同胞。在外国民是指“身为大韩民国之国民，取得国外永住权的人或者以永住为目的在国外居住的人”（《有关在外同胞的出入国和法律地位的法律》第 2 条第 1 项）。在外国民享有与一般国民同等的待遇。

（二）外国人

《宪法》规定“第 2 章国民的权利与义务”，从文本上看，基本权的主体貌似仅限于“国民”。然而，《宪法》第 6 条规定“外国人的地位依照国际法和条约的规定受到保障”。这一规定为认可外国人的基本权主体性提供了空间。外国人中包含无国籍人士，但具有复数国籍的人视为是大韩民国国民［宪裁 2004.8.26. 2002Hun–Ba13《国籍法》第 12 条第 1 款但书的违宪诉愿（合宪）］。从理论上来看，对于具有天赋人权属性或者自然权属性的基本权而言，应当认可外国人的主体性。然而，对于社会权（生存权）和参政权而言，此类基本权属于国家内的基本权，有必要限定性地认可外国人的主体性。近来，随着外国人的国内就业、偷渡等现象的增加，针对外国人的人权保障问题，成了现实性的焦点问题。

为了能动地应对国际化时代的到来，《国家公务员法》和《地方公务员法》为外国人开辟了被任用为公务员的道路（《国家公务员法》第 26 条之三，《地方公务员法》第 25 条之二）。在选举地方自治团体之议会议员或者首长的情形下，《公职选举法》对满足一定要件的外国人赋予了选举权（《公职选举法》第 15 条第 2 款）。《住民投票法》也对于满足一定要件的外国人赋予了投票权（《住民投票法》第 5 条第 2 款）。

三、法人

（一）认可与否

因基本权本来就具有人的权利和市民权利的特性，起初认为只有自然人才具有基本权主体性。然而，随着当今法人理论的不断发展，认为法人的意思和行动虽是通过自然人做出的，但是法人不同于自然人，应当认可法人为独立的超越个人的组织体。这种法人之基本权主体性肯定说是通说、判例的立场（见表 17）。

表 17　不同宪法观下针对外国人和法人的基本权主体性认识

各类主体	法实证主义	决断主义	统合论的宪法观
外国人	否定	肯定	否定
法人	否定公法人，肯定私法人	否定公法人和私法人	肯定公法人和私法人

（二）认可范围

1. 基于不同法人类型的基本权主体性

法人主要是指国内的私法人。就外国法人而言，如同作为自然人的外国人，可以限定性地认可外国法人的基本权主体性，且需要遵循相互主义原则。公法人是基本权的“守规人”（又称受范者），而不是作为基本权之主体的“持有人”，更甚还负有保护乃至实现国民之基本权的“责任”和“义务”。

2. 基于不同基本权性质的基本权主体性

较为广泛地适用于法人的基本权包括平等权，职业选择的自由，居住、迁徙的自由，住居的自由，通信的自由，言论、出版、集会、结社的自由，财产权，裁判请求权，国家赔偿请求权等。然而，对于下列基本权而言，很难认可法人的基本权主体性。即，人的尊严与价值，幸福追求权，身体的自由，精神的自由，政治的基本权，社会权等。

3. 政党的基本权主体性

就政党的宪法上地位而言，政党既不是国家机关，也不是纯粹私法上的结社，而是中间机关，即中介性质的机关。就政党的法律性质而言，具有比《宪法》第 21 条中提及的一般结社体更强的法律地位，被认为是特殊形态的政治结社体。

第六节　基本权的效力

一、意义

基本权的效力是研究基本权的力量波及哪里的问题。根据基本权的力量所波及的范围是否仅限于国家权力，还是波及私人相互之间为基准，可以将基本权的效力区分为针对国家的效力（简称“对国家效力”）和针对私人的效力（简称“对私人效力”）。

二、基本权的对国家效力

（一）意义

历史上的基本权被确立为是对国家的抗议、防御性权利，同时基本权是各个国民所享有的主观性公权，因此，国民可以向国家请求积极的作为或者不作为。

由此可知，基本权当然具有对国家效力。《宪法》第 10 条第二句也规定“国家有义务确认和保障个人拥有的不可侵犯的基本人权”。

（二）基本权的对国家之直接效力性

1. 意义

韩国《宪法》没有对“基本权的对国家之直接效力性”作出明文规定。

2. 立法方针规定说

立法方针规定说认为，有关基本权的宪法规定是单纯宣言性规定，甚至是提出政策方向的政策性规定。因此认为《宪法》第 10 条第二句的规定不能视为是直接效力规定。

3. 直接的效力规定说

基本权之规定是约束国家权力的直接效力规定。然而，就直接效力的根据而言，分为来源于《宪法》第 10 条第二句的见解和来源于《宪法》个别规定的见解。例如，当以《宪法》个别规定为根据时，《宪法》第 37 条第 2 款（基本权的限制）以及第 111 条（违宪法律审判和宪法诉愿审判）的规定是对立法的约束力根据;《宪法》第 37 条第 2 款以及第 107 条第 2 款（命令、规则、处分的违宪、违法审查）的规定是对行政的约束力根据;《宪法》第 27 条（裁判请求权）以及第 103 条（法官的独立）的规定是对司法的约束力根据。

4. 讨论

将《宪法》第 10 条第二句的规定，“国家有义务确认和保障个人拥有的不可侵犯的基本人权”，视为是基本权之直接效力规定，也无妨。

（三）基于不同国家作用的基本权之对国家效力

原则上基本权可以约束所有国家作用，然而，根据不同国家作用的性质或者内容，约束力上会存在一些差异。

1. 立法权

就基本权对立法作用的约束力而言，可以参照《宪法》第 10 条（人的尊严与价值以及幸福追求权）、第 37 条第 2 款（基本权的限制）以及第 111 条（违宪法律审判以及宪法诉愿审判）。针对国会的立法权，适用法律的合宪性推定原则和宪法合致的法律解释原理。但，即使是由国会制定的法律也不能侵害《宪法》第 37 条第 2 款规定的基本权之本质内容，同时不能违背比例原则（过剩禁止的原则）。

2. 执行权

基本权的效力波及国家的所有执行作用。即基本权的效力及于权力作用和非权力作用（管理作用、国库作用）。因此，执行权的作用受基本权的约束，根据法治主义原理，不依照法律，则不能限制国民的基本权。就基本权对执行权的约束力而言，可以参照《宪法》第107条第2款（命令、规则、处分的违宪、违法审查）的规定。但，基于身份关系的特殊性等，可以限制基本权。

3. 司法权

就基本权对司法的约束力根据而言，可以参照《宪法》第27条（裁判请求权）以及第103条（法官的独立）。就法院的司法作用而言，裁判程序以及裁判内容也要受"基本权尊重原则"的约束。然而，《宪法裁判所法》第68条第1款却禁止了针对法院裁判的宪法诉愿。

4. 宪法修改权力（制度化的制宪权）

根据宪法修改界限之肯定论（通说），宪法修改权力也要受到基本权的约束。因此，宪法修改应当朝着扩张、保护基本权的方向进行。

三、基本权的对私人效力

（一）意义

如果基本权的效力不及于私人之间的关系，那么随着资本主义社会的深入，巨型社会势力与个人之间很可能会因为力量的差异，产生基本权保障的死角地带。诸如大型企业、政党、新闻媒体等的巨型组织或者团体完全可以对未被组织的个人，行使相当于公权力的影响力。这种巨型组织或者团体可以称为"私政府"（Private Government）。由此可知，有必要将基本权的效力及于个人和巨型组织或者团体之间的关系中。然而，基本权对私人之间的效力，不能无限制地扩张。就私法领域的交易而言，只有当两者之间的力量显著不均衡，很可能导致"契约自由"名存实亡的情形下，才可以认可基本权对私人之间的效力。

就有关基本权对私人效力的问题点而言，有民营企业的结婚辞职制度或者男女工资差别待遇的问题、由于新闻机关的报道而引发的侵害人格权（名誉权）问题、对新闻机关的接近权问题、私立学校的宗教教育问题、公害问题等。

（二）基本权的对私人效力之具体化方法

首先，直接于宪法中明示的方法，是保障"对私人效力"的最为实在的方法。韩国《宪法》中仅规定了关于表达自由之社会责任的第21条第4款。其次，依靠立法的方法是指通过立法，明示对私人之效力的方法。例如，规定男女平等和禁止强制劳役的《劳动基准法》《有关男女雇佣平等与支援工作、家庭两立的法律》；规定了纠正报道请求权以及反论报道请求权的《有关言论仲裁以及损害救济等的法律》等。最后，依靠宪法解释的方法是指当宪法或者法律中无明文规定或者不明确时，通过宪法解释确定基本权的对私人效力之方法。

（三）外国的理论

1. 美国的判例理论

美国联邦最高法院认为，不论私人的行为具有何种歧视性或者不得当，只要不是美国宪法第十四条修正案的适用对象，即只要不是“国家行为（State Action）”，就不能成为宪法的适用对象。由此，禁止种族歧视的《1875 年民权法》未能发挥效力。然而，随着巨型有组织的私人团体侵害弱势个人之权利的可能性增加，联邦最高法院开始认识到有必要认可基本权对私人之间的效力。20 世纪 40 年代以后，联邦最高法院开始采纳将私人的行为转换为“国家行为”（State Action）的“类似国家说”（Looks-like Government Theory）或者“国家行为拟制说”（State Action Doctrine），认为可以归属于国家行为的适当的“私人行为”也可以成为宪法的适用对象。此类扩张理论有如下几种。

（1）国有财产理论（State Property Theory）。

租赁国有财产的私人，在该设施中做出的侵害基本权的行为，应当视为国家行为的理论［Turner v. City of Memphis，369U.S.350（1962）］。[1]

（2）统治功能理论（Governmental Function Theory）。

诸如政党或者私立学校等行使的私人之侵害人权行为，在实质上属于统治功能时，应当将该私人之侵害人权行为视为国家行为的理论［Smith v. Allwright，321U.S.649（1944）］。

（3）国家援助理论（State Assistance Theory）。

接受由国家提供的财政援助或者免除土地收容权、税收等其他援助的私人做出的私法上行为，应当视为国家行为，适用《宪法》［Norwood v. Harrison，413U.S.455（1973）］。

（4）赋予特权的理论（Governmental Regulation Theory）。

被国家赋予特权并与国家保持紧密关系的私法团体，将该私法团体做出的行为视为国家行为的理论［Public Utilities Commission of District of Columbia v. Pollak，343U.S.451（1952）］。

[1] 译者注：Turner v. City of Memphis，369U.S.350（1962），此条美国判例，“Turner v. City of Memphis”是指案件当事人，“369U.S.350”是指判例号，可以于 Westlaw 法律在线数据库或者 Lexis Advance 数据库等处查询原判例，“1962”是指案件判决日期。

（5）司法的执行理论（Judicial Enforcement Theory）。

当私人之间的基本权侵害行为，构成诉讼问题后，经过法院的判决，以司法执行得以实现的情况下，该执行有可能构成违宪之国家行为的理论［Shelley v. Kraemer，334U.S.1（1948）］。

就美国的判例理论而言，从现代国家的功能处于不断扩大的角度来分析时，有学者提出了如下批判性观点，即认为基本权效力的过度扩张，有可能损害私法自治的理念。

2. 德国的理论

初期的德国，效力否定说占据了支配地位。然而，在当今，认可基本权之对私人效力的肯定说占据了通说地位。就认可对私人效力的方法而言，存在着直接适用说和间接适用说的对立。

直接适用说认为，由于宪法是最高规范，即使是属于私法关系的法律关系，也应当认可基本权的直接适用效力。然而，有学者认为，采纳这一理论有可能对传统公、私法的二元法律秩序或者价值秩序体系带来紊乱。

为了克服上述顾虑，学界提出了“有限的直接适用说”。这一学说认为，对于在宪法上直接明示对私人效力的基本权，或者基于基本权的性质可以直接适用于私人之间的基本权而言，可以限定性地认可这类基本权享有对私人效力。

如今，“间接适用说”得到了多数学者的支持。该学说认为，一方面，应当维持公、私法的二元化体系，另一方面，基本权的效力通过诸如公序良俗、诚实守信原则等私法上一般条款间接适用于私法法律关系。然而，也有学者认为，在采纳间接适用说的情形下，针对是否适用的问题，将赋予法官过度的裁量，这有可能导致侵害法律的稳定性。

（四）韩国基本权的对私人效力

1. 原则上的间接适用

有关基本权的对私人效力之韩国理论而言，大体上与德国基本权的对私人效力理论类似。这与下列逻辑具有一脉相承之处，即韩国的实定法体系同德国类似，都保持着大陆法系的公、私法二元体系。因此，根据基本权的不同性质，针对能够适用于私人之间法律关系的基本权，可以通过私法的一般条款（《民法》第 2 条、第 103 条、第 750 条、第 751 条），立足于间接适用说（又称公序良俗说），认可基本权的对私人效力［大判（全员合议）2010.4.22. 2008Da38288］。虽然在原则上立足于间接适用说，但是根据不同的宪法规定或者宪法解释，还存在否定基本权之对私人效力的基本权和可以直接适用对私人效力的基本权。

2. 直接适用对私人效力的基本权

韩国宪法上存在着直接明示可以适用于私法关系的基本权，或者即使未明示规定，但根据该基本权的性质应当视为可以直接适用于私人之间关系的基本权。例如，《宪法》上直接明示可以适用于私法关系的基本权有劳动三权。劳动三权在本质上是以劳资关系，这一私人之间关系为前提的基本权。此外，还有言论出版的自由、狭义上人的尊严与价值以及幸福追求权等，都属于可以直接适用的基本权。

3. 否认对私人效力的基本权

从基本权的性质来看，应当否认对私人效力的基本权包括，请求权性质的基本权、司法程序性质的基本权、参政权、溯及立法导致的参政权限制、禁止剥夺财产权（《宪法》第 13 条第 2 款）等。

第七节　基本权的竞合和冲突

一、意义

基本权的竞合是有关单一基本权主体的问题，是指“单一的基本权主体，可以向国家同时主张适用多个基本权的情况”。然而，基本权的冲突是以不同基本权主体为前提的概念形式，是指“复数的基本权主体，为了实现相互冲突的权益，向国家主张适用相互对立的基本权”。

二、基本权竞合的解决

（一）基本权竞合的意义

对同一基本权主体的一个行为，涉及适用多个基本权时，称为基本权的竞合。例如，当国家干涉宗教团体发行报纸时，发行人可以同时主张《宪法》第 20 条的宗教自由和第 21 条的言论自由。

基本权的竞合可以区分为基本权的真正竞合和基本权的类似竞合（又称基本权的不真正竞合）。在同一案件中，虽然涉及多个基本权，但只有处于特别地位的基本权构成问题时，此种情形不属于基本权的竞合，应当视为是不真正竞合。这种情形主要发生在特别法地位和一般法地位并存的场合。

宪法裁判所通过使用特别法性质的规定、特别基本权、特别关系、补充性基本权等表述，区分了基本权的竞合和不真正竞合。例如，当幸福追求权和其他基本权看似竞合时，通过宣告幸福追求权为补充性基本权，不予另行探讨幸福追求权。又例如，公职的情形下，公务担任权属于职业选择自由的特别基本权，因此，不予探讨职业选择自由［宪裁 2000.12.14. 99Hun–Ma112 等，《教育公务员法》第 47 条第 1 款违宪确认（弃却）］。

（二）基本权竞合的解决理论

1. 意义

基本权的竞合是最终回答“优先保护哪个基本权”的问题。

2. 最弱效力说

最弱效力说是指优先保护宪法上，受到限制的可能性和程度最大的基本权，即优先保护效力最弱之基本权的理论。

3. 最强效力说

最强效力说是指优先保护在宪法上，受到限制的可能性和程度最小的基本权，即优先保护效力最强之基本权的理论。

4. 小结

当适用最弱效力说时，很可能导致与具体案件保持最为密切关系的核心基本权，得不到优先考虑。因此，应当援用最强效力说，即将与特定案件保持最为直接关系的基本权视为中心权利的最强效力说。

三、基本权冲突的解决

（一）基本权冲突的意义

相互不同的基本权主体，为了实现相互冲突的权益，向国家要求适用相互对立之基本权的主张，此种情形为基本权的冲突。例如，在人工终止妊娠的情况下，会发生母亲的幸福追求权和胎儿生命权之间的冲突。

（二）概念区分

与基本权的对私人效力之间的区分，由于基本权的冲突涉及私法领域中的利害关系冲突解决，因此与基本权的对私人效力有着密切关系。但是基本权的对私人效力是私人之间主张基本权的问题，而基本权的冲突是双方当事人向国家主张基本权的问题，因此，应当区分两者。

与其他法益冲突的区分，对于不属于基本权之间的冲突，而属于基本权与宪法上保护的其他法益（国家安全保障、维持秩序、公共福利等）之间冲突时，不能将其视为基本权的冲突。基本权与其他法益的冲突属于限制基本权的问题。

除了存在真正的冲突之外，还存在着外观上看似冲突，但在实际上不能视为是基本权之冲突的类似冲突（不真正冲突）。例如，当杀人犯主张自己的幸福追求权时，表面上看似与亡者的生命权相互冲突，但在实际上杀人行为并不属于幸福追求权的保护领域。

（三）基本权冲突的解决

1. 一般理论：立足于利益衡量原则的规范调和性质的解释

宪法裁判所在教师之授业权和学生之学习权的冲突问题上，立足于利益衡量原则作出了决定［宪裁 1991.7.22. 89Hun–Ka106，《私立学校法》第 55 条等违宪审判（合宪）］；在新闻报道机关之言论自由和受害者之反论权的冲突问题上，援用了立足于规范调和解释的过剩禁止原则［宪裁 1991.9.16. 89Hun–Ma165，《定期刊行物的注册等法律》第 16 条第 3 款等，违宪与否的宪法诉愿（合宪）］；基于集会自由的行使，引发针对一般大众的不便或者针对法益构成的危险问题上，认为在能够调和的保护法益范围内，国家和第三人应当做出忍让，并立足于过剩禁止原则作出了判断［宪裁 2003.10.30. 2000Hun–Ba 等，《集会以及示威法》第 11 条第 1 项中，驻国内的外国外交机关部分的违宪诉愿（违宪）］。

2. 言论自由和人格权、私生活之间冲突关系的具体化

就言论自由和个人之人格权、私生活的秘密与自由之间相互冲突而言，存在着权利抛弃理论、公益理论、公众人物理论等特殊理论。

3. 基本权的排序可能性

虽说基本权相互之间很难确定优劣，但是宪法裁判所和大法院曾一度指出过基本权的排序可能性。

（四）私见

为了解决基本权的冲突，当根据利益衡量原则确定基本权相互之间的优劣时，可以提出生命权、人格权、自由权优先的原则。然而，当无法确定基本权之间的优劣时，可以依衡平性原则，援用公平限制的原则、发现对策的原则，或者依照规范调和的解释原则，援用过剩禁止的原则、对策解决方法、最后手段抑制方法等。总之，最好是作出立足于过剩禁止原则或者比例原则等的规范调和解释。

当立法本身构成问题时，基本权的冲突问题就会转化为立法的合宪性问题，即限制基本权的问题。但是对于不存在规范某一行为的立法，或者仅根据该立法不能充分规范该行为的情况下，导致诸如行政厅的处分等非立法的国家作用成为问题时，可以援用比例原则予以解决。这是因为，比例原则可以适用于除了立法

作用之外的所有国家作用。基于这一观点，基本权冲突问题的重要性显得不是太过严峻。

第八节　基本权的限制

一、意义

应当最大限度保障基本权。但是基本权并非绝对权利，并非在任何情况下都不能加以限制的权利。因此，满足宪法上要求的要件时，可以限制基本权。然而，该限制应当保持在最小限度，且不得侵害基本权的本质内容。

二、限制基本权的类型

（一）宪法的直接限制（依照宪法留保的限制）

宪法的直接限制是指在宪法中直接明示有关限制基本权的规定，一方面指出对立法者之立法裁量权的界限，另一方面意图防止基本权的滥用。宪法的直接限制可以分为依照一般宪法留保的限制和依照个别宪法留保的限制。

依照一般宪法留保的限制是指在宪法中直接明示，一般性基本权受特定宪法秩序或者宪法原理之制约的规定。韩国宪法中无如同德国宪法那样，有关一般宪法留保的限制规定。

依照个别宪法留保的限制是指在宪法中直接明示，对个别基本权受宪法秩序或者特定宪法原理之制约的规定。例如，关于表达自由的《宪法》第 21 条第 4 款；第 23 条第 2 款中，财产权的行使应当符合公共福利的规定；第 29 条第 2 款中，针对军人等限制双重赔偿的规定，都是依照个别宪法留保的限制。

（二）宪法的间接限制（依照法律留保的限制）

法律留保是指在宪法中明示，由宪法赋予立法者通过法律限制基本权的规定。根据限制的对象是一般性基本权还是个别基本权，可以将宪法的间接限制区分为一般法律留保和个别法律留保。根据法律留保的内容，可以将宪法的间接限制区分为限制基本权的法律留保和形成基本权的法律留保。

一般法律留保是指在宪法中明示，可以通过法律对一般性基本权作出限制的规定。《宪法》第 37 条第 2 款即属于此种情况。个别法律留保是指在个别基本权中规定法律留保条款，从而使得通过法律限制特定基本权的规定。例如，《宪法》

第23条第3款（财产权）、第12条（身体的自由）、第13条（罪刑法定主义）等。

限制基本权的法律留保可以理解为是一种原则。《宪法》第37条第2款“国民的所有自由和权利……可以由法律进行限制”的规定就属于上述情形。形成基本权的法律留保是指通过法律具体化宪法上基本权后，才得以明确该基本权的行使程序和内容的规定。有关财产权的《宪法》第23条第1款就是典型的规定，“财产权的内容和界限，由法律规定”。这是为了使得作为国民之代表机关的国会，在国家生活中实现和保障国民之基本权的法律留保。

（三）宪法内在的界限（基本权的内在界限）

认为诸如良心自由中的内心、宗教自由中的信仰等无法依照法律加以限制的绝对基本权，也可以通过基本权的内在界限予以限制。此种基本权的内在界限包括，诸如他人的权利、宪法秩序、道德律的三界限论，或者为了国家存续的国家共同体留保论等。

三、限制基本权的一般原则

（一）意义

《宪法》第37条第2款规定，“就国民的所有自由和权利而言，为了保障国家安全、维持秩序或者公共福利，限于必要的情况下，可以依照法律进行限制，即使在作出限制的情况下，也不得侵犯自由与权利的本质内容”。这一规定是限制基本权的一般法律留保条款，是宪法上限制基本权的一般原则和限制基本权的界限。宪法上个别法律留保条款与本条款之间的关系，属于特别法与一般法的关系。

（二）限制基本权的形式：“依照法律”

1.“依照法律”的意义

法律是指由国会制定的形式意义上的法律。由于可以依照法律加以限制，因此是“法律留保”；由于是关于一般性基本权的留保，因此是“一般”法律留保。与法律具有同等效力的紧急命令、紧急财政经济命令以及国际条约（实质意义上法律），作为限制基本权之一般原则的例外，也可以限制基本权。

2. 法律的一般性原则和是否认可个别性法律（处分性法律）的问题

限制基本权的法律，应当是广泛适用于一般国民的法律（一般性）。因此在原则上，规范个别人或者案件的法律，不能用于限制基本权。由此可知，不应过于广泛地认可限制基本权的处分性法律（参考第二篇第二章第八节第一项国会立法权）。

3. 法律的明确性、具体性的原则

限制基本权的法律应当是明确的法律［由于不明确（茫然）而无效的原则］。明确性的原则是有关限制基本权的宪法上原则，作为法治国家原理的一种表现形式，法律应当清晰地规定该规制内容，使得适用对象事先知悉，并使得该法律成为其将来的行动方针。

就如何判断法律是否遵守明确性、具体性原则而言，可以通过健全的常识和通常的法律感情作出判断。在具体案件中，可以通过法官的合理解释作出判断。尤其是在判断法律条款是否具备明确性时，应当考虑该法律的“立法目的和其他条款之间的连贯性、合理解释的可能性、立法技术上的界限等”作出判断［宪裁 2005.6.30. 2002Hun–Ba83，《劳动工会以及劳动关系调整法》第 91 条第 1 项等违宪确认（合宪）］。

4. 溯及立法的禁止以及信赖保护的原则

限制基本权的立法，还应当遵守禁止溯及立法的原则以及信赖保护的原则（具体参考第一篇第四章第三节第二款第五项法治主义）。

5. 遵守立法程序的原则

国会的立法程序，不能违反作为宪法上一般原则的正当法律程序原则。这里的正当法律程序还包括程序内容的合法。

6. 依委任立法的基本权限制及其界限（概括性委任立法的禁止原则）

考虑到当今社会中的国家功能，虽然不得不采用委任立法，但也不能做出有关限制基本权的概括性委任立法（参照第二篇第三章第一节第三项）。受法律具体委任的委任命令可以限制基本权。然而，作为法律之执行规范的执行命令，不得追加新的权利或者义务。

条例限于法律的委任，得以限制基本权。由于行政规则属于行政厅内部的意思表示，因此，不能规定有关国民权利或者义务的事项。然而，当行政规则与上位法令相结合具备对外约束力时，作为“法律补充性行政规则”可以限制基本权。

（三）限制基本权的目的：国家安全保障、维持秩序、公共福利

1. 意义

为了达成“国家安全保障、维持秩序、公共福利”的目的，可以依照法律限制基本权。然而，即使是为了国家安全保障、维持秩序、公共福利不得不限制基本权的情况下，该限制也应当保持在最小的限度内。

2. 国家安全保障

国家安全保障是包含维持国家的存续、宪法基本秩序等的概念，可以理解为保障国家的独立、保全领土、保障宪法和法律功能、维持依宪法设立之国家机关等的意思。

3. 维持秩序

维持秩序是平时维持国家正常运转所需之秩序的意思。维持秩序是指维持社会公共之安宁秩序的意思。在广义上的维持秩序是指除了保障国家安全以外的秩序之维持。

4. 公共福利

公共福利的概念具有多意性、不确定性，在将公共福利适用于限制基本权时，相较国家安全保障、维持秩序来看，应当慎重、限定性地理解适用公共福利。根据不同的理念或者价值观的差异，公共福利的概念也会有所差异。若过度强调个人主义或者过度强调全体主义，都将导致否定主权者个人的人格和利益的结局。因此，当今的公共福利是指为了积极体现现代社会福祉国家之宪法理念的有利于全体社会成员的公共利益。

然而，《宪法》第 23 条第 3 款规定了基于“公共需要”的财产权限制和对该限制进行损失补偿的制度。基于公共需要的财产权限制是履行国家政策等的过程中引起的特殊形态牺牲。此类特殊形态的牺牲构成补偿损失的要件，因此，“公共需要”的概念比起“公共福利”的概念更为狭义。

5. 相互重叠性

为保障国家安全和维持秩序，而制定的限制基本权的法律之间，有可能相互重叠；为维持秩序和公共福利，而制定的限制基本权的法律之间，也有可能相互重叠。

（四）限制基本权的对象：所有自由与权利

《宪法》规定了“所有自由与权利”。“所有”自由与权利，并非限于特定种类或者内容的基本权，而应当视为是所有的基本权。

（五）限制基本权的必要：过剩禁止的原则（比例原则）

1.“限于必要的情况下”

“必要的情况下”是指为了国家安全保障、维持秩序、公共福利的需要，不可避免地限制基本权的情况下（补充性的原则），该限制应当止于最小的限度（最小侵害的原则），该限制应当适合实现所要保护的法益（适合性的原则），所要保护的法益与所要限制的基本权之间，应当具有相当的比例关系（比例的原则）。这一点正符合《宪法》第 10 条第二句中规定的“国家有义务确认和保障基本人权”。

2. 比例原则（过剩禁止的原则）

（1）意义。

“必要情况”，意味着基本权的限制应当符合限制的目的，且保持均衡。通常在限制基本权的情况下，“必要情况”称为比例原则。如今，比例原则被理解为是法律的一般原则，成了广泛应用于公法和私法的原则。比例原则源自法治国家原理和《宪法》第 37 条第 2 款规定。宪法裁判所将此称为过剩禁止的原则，已经在违宪审查领域成了确定的判断原则。

适用比例原则时，针对身体的安全和自由以及精神的安全和自由适用严格的审查标准；针对社会经济的安全和自由适用缓解的审查标准。即“针对规制经济活动的经济社会性立法事项适用比例原则时，适用较为缓解的审查标准”[宪裁 2005.2.24. 2001Hun–Ba71,《住宅建设促进法》第 3 条第 8 项等的违宪诉愿（合宪）]。

（2）比例原则（过剩禁止原则）的内容。

比例原则的内容包括目的的正当性、方法（手段）的适当性、侵害的最小性、法益的均衡性，这是对法律违宪性判断的标准[宪裁 1992.12.24. 92Hun–Ka8,《刑事诉讼法》第 331 条但书规定的违宪审判（违宪）]。

目的的正当性。限制基本权的立法，应当具有为国家安全保障、维持秩序、公共福利的正当目的。然而，立法目的的正当性要件与《宪法》第 37 条第 2 款中“限制基本权之立法的目的正当性”要件，存在相互重叠的一面。但，就“限制基本权之立法”而言，不仅要求立法目的的正当，还要求限制基本权之限制本身目的的正当。宪法裁判所曾作出决定，认为即使立法目的正当，有时也有必要强调限制的基本权与限制基本权之立法目的相互间的均衡关系[宪裁 1999.12.23. 99Hun–Ma135,《警察法》第 11 条第 4 款等的违宪确认（违宪）]。

方法的适当性。国家在行使立法、行政等国家作用的过程中，其所选择的手段应当是为达成目的所必要且有效的手段，限于针对相对人构成最小侵害时，视该国家作用具备正当性。

侵害的最小性。立法者应当选择对基本权侵害最小的手段。立法者首先应当对行使基本权的“方法”进行规制，查看是否能够实现公益，当认为这种方法很难达成公益的情况下，才可以进入下一阶段，即选择关于“是否”规制基本权的行使。

法益的均衡性（利益衡量的原则）。比较衡量“通过立法所要保护的公益”与“被侵害的私益”时，受保护的公益应当大于私益。

（3）比例原则的遵守和国民的忍受义务。

立法作用也应当遵守比例原则，其正当性才得以被认可。由此，产生国民对该立法的忍受义务。

3. 其他有关限制基本权的理论

诸如，双重标准理论认为相较经济性自由，精神自由更具有优越地位，因此，有必要谨慎处理针对精神自由的限制。相较个人的基本权，基于社会关联关系的基本权更容易受到限制。此外，还有针对表达自由的特别保护理论和关于限制职业自由的阶段理论等。

四、限制基本权的界限：禁止侵害基本权的本质内容

（一）基本权之本质内容的意思

立足于限制基本权的一般原则，即使对基本权作出限制，“也不得侵犯自由与权利的本质内容”（《宪法》第37条第2款）。就基本权的本质内容而言，存在如下三种学说。绝对说，认为在基本权的内容中本质内容是任何理由也不能侵害的核心领域，应当予以绝对保护。相对说，认为应当针对个别基本权，通过衡量利益和价值，具体确定本质内容，且可以根据需要作出限制。折中说，首先肯定对基本权之核心的绝对保护，但是认为为了共同体的存续，为了保护必要的法益，可以允许例外性地侵害个人的基本权。

总之，“本质内容的禁止侵害”可以囊括于过剩禁止原则的内容之内。即由于“侵害基本权之本质内容”的行为属于过度的限制，因此，违反了比例原则。若在任何情况下都不能限制基本权的本质内容，那么在适用该基本权的现实中会很容易引发不合理的结果。除了死刑制度以外，可以列举正当防卫的情形，此时，基于正当防卫的杀人或者杀伤敌军等，虽然导致了被剥夺生命的结果，使得生命权被形式化，但是出于维持法律秩序或者守护共同体，不得不接受上述行为的发生。此外，就无偿没收财产而言，在诸如战争等的特殊情况下，无偿没收行为属于被允许的行为。由此可知，很难固守绝对说。

（二）保护的对象

通过禁止侵害本质内容，所要保护的对象是什么？就此有如下三种学说。客观说，宪法通过某一基本权，想要保护的“共同体之客观价值秩序”被架空的情况下，认为该本质内容受到了侵害。主观说，“个人之具体的基本权”成

为问题，当向当事人提供保障该基本权的意义消灭时，认为该本质内容受到了侵害。折中说，认为本质内容的保护对象中，既有主观的权利，又有类似一般、抽象性基本权规范的客观秩序。总之，既然认为基本权的主要性质是主观的公权性，那么，对于是否构成基本权的侵害而言，应当以援用该基本权的主体为中心，做出个别性的判断。

（三）与“人的尊严与价值”的关系

就查明个别基本权的本质内容而言，有些观点认为，作为宪法上保障基本权之根本规范的“人的尊严与价值”与基本权的本质内容同一；另有观点认为，比起“基本权的本质内容”应当更为狭义地理解“人的尊严与价值”。然而，“基本权的本质内容”与“人的尊严与价值”应当理解为是相互独立的问题。

五、限制基本权的例外

（一）紧急命令、紧急财政经济命令

由于《宪法》第76条的紧急命令、紧急财政经济命令具有与法律同等的效力，因此，属于《宪法》第37条第2款所指的法律。

（二）非常戒严

当宣布非常戒严时，可以对“令状制度，言论、出版、集会、结社的自由”采取特殊的措施（《宪法》第77条）。然而，《戒严法》第9条却把作为特殊措施对象的基本权扩大到了“居住、迁徙的自由”和“劳动者的团体行动”。同时，可以对平民适用军事裁判（《宪法》第27条、第110条）。

（三）特殊身份关系

1. 意义

公法上特别权力关系属于对应一般权力关系的概念，基于法律规定或者当事人的同意等特别法律原因而成立，是指在能够达成公法上特定目的的必要限度内，由一方当事人概括性地支配相对人，相对人对此表示服从的法律关系。如今公法上的特别权力关系理论的表述受到了批判，因此，改变过往“特别权力关系”的表述，使用了“特殊身份关系”这一表述。

2. 特别权力关系与法治主义

在特别权力关系中，也应当适用法治主义原理和保障基本权的原理。在处于特别权力关系下，行使公权力时，也应当具有法律的个别根据（区别否认说）。

3. 特殊身份关系与基本权的限制

①意义。虽然不能限制“绝对基本权”，但是对于“相对基本权”而言，为

了达成特殊身份关系的目的，在合理的范围内，可以对基本权做出一定限制。

②依宪法的限制。在强制成立特殊身份关系的情形下，应当具有宪法上的根据。例如，《宪法》上限制公务员的劳动三权（《宪法》第 33 条第 2 款）；限制军人、军务员、警察公务员等的国家赔偿请求权（《宪法》第 29 条第 2 款）；军人、军务员的军事裁判原则（《宪法》第 27 条第 2 款、第 110 条第 1 款）等。

③依法律的限制。依法成立特殊身份关系时，应当具有法律上的根据。当依照当事人之间协议，任意成立特殊身份关系时，也应当具有法律上的根据，才得以做出相应限制。例如，针对国立、公立学校的学生，以及住院中的传染病患者等，限制其基本权时，具有《教育基本法》《传染病预防管理法》的根据。

4. 特殊身份关系与司法的救济

不能仅以特殊身份关系为由，原则上彻底排除在司法审查的对象之外。因此，可以提请行政诉讼或者宪法诉愿。然而，纯粹的内部性规范事项或者在被认可的自由裁量领域内做出的处分，并非违法，而属于不当，因此，可以不予认可针对上述事项的司法救济。

（四）条约

由于“经国会同意而批准的条约”和“一般被承认的国际法规”具有与法律同等的效力，因此，可以用于限制基本权。

（五）宪法修改

限制基本权的理论，对宪法修改也具有影响。不能通过修宪，废止基本权或者侵害基本权的本质内容。

六、对脱离基本权限制之原则的控制

当限制行为违背限制基本权之宪法规范以及理论时，可以通过如下控制装置予以救济，即请愿权，行政复议，行政诉讼，针对命令、规则、处分的审查制度，违宪法律审查制度，针对法律和公权力作用等的宪法诉愿等。

第九节　基本权的保护

应当最大限度地保障宪法所保障的国民之自由与权利。《宪法》规定了国家的基本权保障义务（《宪法》第 10 条第二句）。

第一项 国家的基本权保障义务

一、基本权保障义务的意义

国家的基本权保障义务是指国家应当保护受基本权保护的法益，使其免受来自国家或者私人之违法侵害的义务。《宪法》第 10 条第二句规定，“国家有义务确认和保障个人拥有的不可侵犯的基本人权”。因此，国家身为基本权的保护义务人，并非处于国民基本权之侵害者地位，而处于国民的同伴人地位。

二、基本权保障义务的法律性质

从宪法明示规定国家之基本权保障义务的做法来看，不能将国家的基本权保障义务视为是单纯道德、伦理上义务，而应当将其视为是规范性义务。当国家不履行基本权保障义务时，可以追究该违反行为法律责任，或者要求确保履行该义务的法律手段。就规范控制而言，基本权保障义务的履行与否可以成为作出违宪性判断的标准。

三、基本权保障义务的内容

（一）意义

基本权保障义务的受范者是立法、行政、司法等的所有国家机关。立法者的立法作用能够积极地实现基本权保障义务。

（二）禁止侵害基本权的义务

国家不能恣意侵害国民的基本权。例如，以不遵守法律留保原则、违反比例原则、侵害基本权之本质内容等的形态，行使公权力的情况下，这既是对基本权作为消极防御权的侵害，又是对国家之基本权保障义务的违反。

（三）积极实现基本权的义务

国家完善为实现基本权的法令和制度，最大限度地保障基本权。立法府不得冷落最大限度保障基本权的要求，当保护基本权的立法不充分或者缺欠时，立法者将负担立法改善义务或者立法义务。行政机关在执行法令或者制定命令、规则时，应当为最大限度保障基本权而努力。司法机关也应当积极投身于国民权利的救济。

（四）私人之间的基本权侵害防止义务

为了在所有领域实现基本权，国家应当采取措施防止私人做出基本权侵害行为，还应当筹备具有实效性的受害救济手段。

四、宪法裁判所的审查标准：禁止过少保护的原则

宪法裁判所在审查国家是否违背基本权保障义务时，与“基于国家权力导致的基本权侵害行为”不同，还应当充分考虑权力分立原理和民主主义原则，同时有必要将禁止过少保护的原则视为宪法裁判所的审查标准。禁止过少保护的原则是指应当以如下标准进行审查，即国家是否为了保护国民之法益，至少采取了适当、有效率的最小限度之保护措施。根据这一原则，当立法者存在明显违反保护义务的情形时，可以认为立法不作为或者不完善的立法行为构成针对基本权的侵害。例如，因工作上过失或者重大过失引起的交通事故，导致重伤害时，不得提起公诉的规定，属于违反宪法的规定［宪裁 2009.2.26. 2005Hun–Ma764 等，《交通事故处理特例法》第 4 条第 1 款等违宪确认（部分违宪）］。

第二项　基本权的侵害与救济

一、意义

国民的自由与权利，即基本权，应当获得最大限度的保护或者保障。然而，在国家生活过程中，时而发生超出限制基本权之界限，侵害基本权的现象。由此，为了事前防止侵害基本权行为的发生，有必要建立事前预防性措施。当发生侵害基本权的行为时，应当存在排除侵害以及事后的救济程序。只有这样才能确保基本权的实质性保护。

根据侵害基本权的主体不同，可以区分为由立法机关、行政机关、司法机关等国家机关做出的侵害和由私人做出的侵害。针对基本权的侵害，《宪法》上提供的救济手段有，请愿权（《宪法》第 26 条），裁判请求权（《宪法》第 27 条），国家赔偿请求权（《宪法》第 29 条），刑事补偿请求权（《宪法》第 28 条），损失补偿请求权（《宪法》第 23 条第 3 款），犯罪被害人救助请求权（《宪法》第 30 条），违宪法律审查以及违宪、违法之命令、规则、处分的审查（《宪法》第 107 条第 1 款、第 2 款，第 111 条第 1 款第 1 项），行政争讼（《宪法》第 107 条第 2 款、第 3 款，第 27 条第 1 款），宪法诉愿审判（《宪法》第 111 条第 1 款第 1 项）等。就例外性的救济手段而言，则有自救行为和抵抗权（关于侵害基本权的宪法上具体救济手段，参考第三篇第六章请求权性质的基本权）。

二、立法机关的基本权侵害与救济

（一）由于积极地立法而产生的侵害与救济

1. 侵害

基本权约束所有国家权力。由于立法权同样受基本权的羁束，因此不能实施侵害基本权的立法作用（违宪无效）。

2. 救济

（1）通过宪法诉讼的救济。

现行《宪法》采纳了具体的规范控制制度（《宪法》第107条第1款、第111条第1款第1项）。因此，只有在法律成为裁判的前提时，才能提出违宪法律审查。然而，当某一法律，无须执行机关的执行行为，直接促使国民的权利、义务发生变动，导致侵害国民基本权的情况下，可以例外性地通过权利救济型宪法诉愿审判（《宪法》第111条第1款第5项），请求宪法裁判所对该法律本身进行违宪审查。

（2）通过法院之司法审查的救济。

国会立法不能成为行政诉讼或者行政复议的对象。对于能否以国会立法为由，请求国家赔偿的问题，大法院做出了否定的答复。

（3）通过请愿的救济。

可以通过请愿，要求废止、修改侵害基本权的立法（《宪法》第26条）。

（4）通过主观意思之介入的救济。

国民可以通过行使选举权，政治上牵制国会议员。在《关于地方分权以及地方行政体制改编的特别法》中，采纳了诸如住民投票、住民召回、住民诉讼制度。在《地方自治法》中，规定了住民投票制度（《地方自治法》第18条）、请求制定以及修改和废止不符合法令之条例（《地方自治法》第19条）、住民监查请求制度（《地方自治法》第21条）、住民诉讼制度（《地方自治法》第22条）、住民召回制度（《地方自治法》第25条）。此外，还制定了《住民投票法》和《住民召回法》。

（二）由于立法不作为而产生的侵害与救济

1. 意义：真正立法不作为和不真正立法不作为

立法不作为是指立法者在法律上存在制定法律的作为义务，或者通过论证发现立法者已经获得宪法上明确授权制定法律的委任，却不履行法律制定义务的情形。立法不作为是以立法义务之存在为前提的概念。因此，不以立法义务之存在为前提的单纯立法不作为，则属于立法形成的自由问题，不属于侵害基本权的问题。立法不作为包括真正立法不作为和不真正立法不作为。

真正立法不作为是指立法者对其所具有的某一宪法上立法义务，完全不予立法，导致“立法行为欠缺的情况”（即不行使立法权）。不真正立法不作为是指立法者根据宪法上的立法义务，作出了对某一事项的立法，但是该立法的内容、范围、程序等，未能完整、充分或者公正地规范该事项，导致“立法行为存在缺陷的情况”（即行使了有缺陷的立法权）。

2. 基本权的侵害

对于由立法不作为引发的基本权之侵害而言，主要存在于如下情形，即在某些宪法上基本权中，明示要求国家积极介入的“形成基本权的法律留保”和“具体化基本权的法律留保”。主要以社会权（生存权）或者请求权性质的基本权为主。

立法者未依照宪法上的立法义务，完全不予立法（真正不作为）或者未充分立法（不真正不作为）时，有可能侵害国民的基本权。

真正立法不作为导致基本权之侵害的成立要件包括：①存在立法义务，即宪法上存在制定法律的明示宪法委任或者通过宪法解释，立法者具有立法义务；②相当期间懈怠立法义务，即立法者在相当期间内，懈怠履行立法义务；③侵害个人的基本权，即由于不作为，直接导致个人的基本权受到侵害。

不真正立法不作为导致基本权之侵害的情形包括：①受宪法委任的特定内容，一开始就被排除在了该法律之外；②随着法律的修改或者废止，发生不履行立法义务的情形；③虽然在制定法律时没有问题，但随着情况的变化，需要对该法律进行修改，却不履行法律之修改的情形；④未能设置过渡条款的情形；⑤违反立法改善义务的情形。

3. 救济

（1）通过宪法诉讼（宪法诉愿）的救济。

对真正立法不作为的救济。真正立法不作为是由于不行使应当行使的公权力而导致的情形，因此原则上可以提起宪法诉愿。如下两种情况下，能够提起宪法诉愿。第一，为了保障基本权，在宪法中作出了明示性立法委任，立法者却不行使该义务的情形。第二，通过宪法解释，明显发生针对特定人，保障其具体基本权的国家行为义务或者保障义务，立法者却未采取任何立法措施的情形。

对不真正立法不作为的救济。就不真正立法不作为而言，应当以该法规本身为对象，主张该法规违反宪法，从而提起积极的宪法诉愿。即，提起违宪确认诉愿。然而，不能以立法不作为本身为对象，而提起宪法诉愿。

（2）通过法院之司法审查的救济。

由于不真正立法不作为是不充分立法本身对基本权的侵害情形，因此只要具备裁判前提性要件，就能向法院提出违宪法律审判提请申请。当法院驳回该申请时，可以依《宪法裁判所法》第 68 条第 2 款提请违宪审查型宪法诉愿。

（3）通过请愿等的救济。

由于立法不作为，导致国民基本权受侵害时，可以行使《宪法》第 26 条的请愿权以及《请愿法》第 4 条第 3 款的立法请愿。

三、行政机关的基本权侵害与救济

（一）侵害

行政机关侵害基本权的情形包括，由于行政机关执行违宪法律，导致的侵害情形；由于错误地进行法律的解释适用，导致的侵害情形；由于违反法律，侵害基本权的情形。

（二）救济

1. 通过行政机关的救济

由于行政机关的错误，导致国民基本权受到侵害的情况下，有如下权利救济方法。①国民可以通过行使请愿权，请愿相关公务员的解任、惩戒等。②由于《行政程序法》的制定，事前权利救济得到了强化（《行政程序法》第 22 条、第 27 条等）。③可以通过行政复议，寻求权利救济。行政复议制度是指由于行政厅的违法或者不当处分或不作为，权利、利益受到侵害的人对行政机关要求纠正的程序（《行政复议法》第 1 条）（选择性行政复议前置主义）。④根据《宪法》第 28 条，刑事嫌疑人可以行使刑事补偿请求权。⑤可以通过《宪法》第 29 条的国家赔偿请求权，获得权利救济。此外，通过监督厅之职权停止或者撤销，获得救济；可以追究公务员的民事、刑事、惩戒责任。

2. 通过法院的救济

就法院的权利救济制度而言，①行政诉讼制度。例如，对于行政厅的不作为，可以采用不作为违法确认诉讼制度（《行政诉讼法》第 4 条）。②违宪、违法的命令、规则、处分审查制度（《宪法》第 107 条第 2 款）。③通过国家赔偿请求权，获得权利救济（《宪法》第 29 条）。此外，刑事被告人可以行使刑事补偿请求权（《宪法》第 28 条）。

3. 通过宪法裁判所的救济

不能成为行政诉讼对象的行政机关之侵害基本权行为，可以通过宪法诉愿审判（《宪法》第 111 条第 2 款第 5 项）得到权利救济。

四、司法机关的基本权侵害与救济

（一）侵害

司法机关侵害基本权的情形，主要有违宪法律的适用，法律解释、适用的错误，事实认定的错误，裁判的迟延等情形。

（二）救济

保障国民自由与权利的司法权，也有可能犯下错误。为了纠正并补正该错误，设置了上诉、抗告、再审、非常上告等制度。尤其是刑事被告人以及刑事嫌疑人可以行使刑事补偿请求权（《宪法》第 28 条）。

然而，原则上不认可针对法院裁判的宪法诉愿，仅例外地认可该类宪法诉愿（《宪法裁判所法》第 68 条第 1 款）。即在法院的裁判中，适用了宪法裁判所决定为违宪、丧失效力的法律，导致国民基本权受到侵害时，该法院判决可以例外地成为宪法诉愿的对象｛宪裁 1997.12.24. 96Hun–Ma172 等，《宪法裁判所法》第 68 条第 1 款的违宪确认等［限定违宪，认容（撤销）］｝。

五、私人的基本权侵害与救济

私人或者私团体相互间发生侵害基本权的行为时，可以提起基于民事法上不法行为的损害赔偿请求等权利保护请求。再者，可以通过刑事法上地告诉、告发等，请求处罚实施侵害基本权的人。

六、例外的救济

（一）自救行为

原则上不允许自力救济，但是基本权的侵害处于紧迫的情况下，可以例外地认可自力救济。认可《刑法》上的正当防卫（《刑法》第 21 条）、紧急避险（《刑法》第 22 条）、自救行为（《刑法》第 23 条），为保护《民法》上占有权的自力救济（《刑法》第 209 条）。

（二）通过国家人权委员会的救济

作为独立国家机关的国家人权委员会，不受总统的指挥、监督。国家人权委员会由国会选出的 4 人（包括 2 名常任委员），总统指定的 4 人（包括 1 名常任委员），大法院院长指定的 3 人构成。委员中，特定性别的委员不得超出十分之六。委员长由总统于委员中任命，且需经国会人事听证会。国家人权委员会是依法律设置的机关，并非依宪法设置的机关，因此，不能成为权限争议审判的当事人。国家人权委员会的处分属于行政处分，因此，未经行政复议或者行政诉讼（抗告诉讼）等事前救济程序时，因无法满足补充性原则，不得直接提起宪法诉愿［宪裁 2015.3.26. 2013Hun–Ma214 等，陈请案件却下决定撤销等（却下）］。

国家人权委员会具有对有关当事人陈请的情况，进行调查、审理的权限。这是国家人权委员会最为重要的功能之一。调查人权侵害行为，并救济受害行为的制度，能够成为对人权侵害行为最为强烈的牵制装置。然而，国家人权委员会仅能作出改善、劝告纠正、告发、劝告惩戒的决定，却无命令权。其中的劝告，无约束力。

（三）通过国民权益委员会的救济

依照《有关腐败防止以及设置和运行国民权益委员会的法律》，国民权益委员会属于国务总理下设机构，处理国民的信访，并改善信访相关的不合理之行政制度等（《有关腐败防止以及设置和运行国民权益委员会的法律》第 12 条），可以在各地方自治团体设置市民信访委员会（《有关腐败防止以及设置和运行国民权益委员会的法律》第 32 条）。

（四）通过大韩法律救助工团等人权保护机关的救济

国家不仅设立人权保护机关，还直接设立了权利救济机关。依照《法律救助法》，“通过对经济上有困难的人或者由于不懂法而未能充分得到法律之保护的人提供法律救助，为拥护基本人权以及增进法律福祉做出贡献的目的”（《法律救助法》第 1 条），设立法律救助工团，提供针对民、刑事案件以及行政诉讼、宪法诉讼的咨询、诉讼代理、国选辩护。

（五）通过行使抵抗权的救济

对于侵害基本权的国家之公权力行使而言，当无法通过实定法上的救济手段获得救济时，国民可以行使最后的手段，即抵抗权［参照第一篇第二章第二节第二项宪法的保障（抵抗权）］。

第十节　基本权的分类和体系

一、意义

由于各个基本权具有各自的特性，因此对各基本权做出一概性的分类是很难的课题，很有可能导致谬误。特别是在传统基本权和新型基本权混在的当前，又产生了兼具传统性质和新型权利性质的复合型基本权。然而，通过基本权的分类和体系，不仅能够轻松理解个别基本权的特性，还能提供论述与讲学上的方便。

二、基本权的分类

（一）基于不同性质的分类

1. 人的权利（超国家的基本权）和国民的权利（国家内的基本权）

人的权利是超国家的基本权。相反，市民的权利则意味着作为国家组成人员的权利，如选举权、公务担任权、社会权等。

2. 绝对的基本权和相对的基本权

绝对的基本权是指就有关本质内容而言，依照法律也无法限制的基本权。例如，良心自由中的内心的意思、宗教自由中的信仰等。相对的基本权是指在必要的情况下，可以依照法律做出限制的基本权。

3. 真正的基本权和不真正的基本权

真正的基本权，作为主观的公权，是指可以对国家请求作为或者不作为的权利。不真正的基本权是指由于宪法保障有关一定社会、经济、文化秩序的客观秩序，例如教育制度、婚姻制度、家族制度等，从而享有的反射性权利。

（二）基于不同主体的分类：自然人的权利和法人的权利

基本权始于自然人的权利保障。因此，原则上，宪法中的基本权主体是自然人。法人也享有一定的基本权主体性。

（三）基于不同效力的分类

1. 现实性基本权和政策性基本权

原则上基本权是具有现实性效力的权利。社会权（生存权）在过去有见解认为是政策性基本权，然而，当今广泛认可了其具体权利性。

2. 对国家的基本权和对私人的基本权

就基本权的效力而言，原则上是对国家的效力。然而，如今基本权的对私人之效力也得到了认可。

（四）基于不同内容的分类

1. 古典的耶利内克之地位理论

耶利内克以国民对国家的地位，对基本权做出了如下四种区分，即来自消极地位的自由权、来自积极地位的受益权、来自能动地位的参政权、来自受动地位的义务。

2. 整理

为了著述与讲学上的方便，在考虑传统的分类方式，做出了如下分类。

（1）人的尊严与价值、幸福追求权。

（2）平等权。

（3）自由权。身体的安全与自由，精神的安全与自由，私生活的安全与自由，社会、经济的安全与自由。

（4）参政权（政治权）。

（5）社会权（生存权）。

（6）请求权性质的基本权（为保障基本权的基本权）。

3. 补论：欧盟基本权宪章的体系

欧盟曾于 2004 年采纳《基本权宪章》。这一《基本权宪章》由序言和正文共七节（五十四个条文）构成，是庞大的基本权宪章。从禁止人体复制至依存权，几乎对曾经热议的大部分基本权都进行了规定。

第二章　人的尊严与价值以及幸福追求权

第一节　人的尊严与价值

一、意义

《宪法》第10条是保障基本权的一般原则，是宪法上对人的尊严这一伦理、自然法原理的规范化。“所有国民拥有人的尊严和价值，享有追求幸福的权利。国家有义务确认和保障个人拥有的不可侵犯的基本人权”。

二、人的尊严与价值的意义

人的尊严与价值是给予人以人格的待遇，以独立的人格做出评价。即人的尊严与价值是“对作为自主之人格体的人做出的评价”。宪法在人的尊严与价值中，所假设的人之面貌是否定全体主义或者个人主义的“人格主义之自主的人之形象”。

三、人的尊严与价值的法律性质

（一）最高规范性和根本规范性

首先，人的尊严与价值，作为国家的根本秩序，约束所有国家权力。就国家作用而言，人的尊严与价值是目的与价值判断的标准。其次，人的尊严与价值，作为最高规范，是解释法令的内容与效力的最高标准。最后，人的尊严与价值，既是宪法修改的界限，又是限制基本权的界限。

（二）反全体主义的性质

反全体主义的性质是指国家或者共同体为个人而存在，不能将个人当作手段，当国家或者共同体的利益与个人的利益冲突时，应当从个人利益出发寻求解决方案，当实施限制个人基本权的国家作用时，应当限于最小的限度。

（三）基本权性质

一种观点认为，人的尊严与价值既是能够适用于所有基本权条款的一般原则之宣言，又同其他个别基本权一样，是具有独立内容的主观公权。另一种观点认为，人的尊严与价值并非个别、具体的权利，而是宣言，即成为所有基本权之前提的基本原则，是基本权之理念的出发点，或者是基本权的组成原理。

不能否认人的尊严与价值既是“其他基本权之理念的出发点”，同时又是“保障基本权的目标”。然而，人的尊严与价值也具有作为基本权的性质［宪裁1990.9.10. 89Hun–Ma82 有关《刑法》第 241 条违宪与否的宪法诉愿（合宪）］。即，无法通过解释宪法上保障的个别基本权，认定需要给予保障的具体基本权时，人的尊严与价值条款可以成为认定此类基本权的根据条款。因此，从宪法解释学的角度来看，有必要认定人的尊严与价值条款之基本权性。

（四）前国家的自然权性

《宪法》第 10 条的人的尊严与价值是将前国家的自然法原理引入宪法框架内的例子。因此，“国家有义务确认和保障个人拥有的不可侵犯的基本人权”（《宪法》第 10 条第二句）。

四、人的尊严与价值的主体

享有人的尊严与价值的主体是自然人（人）。不仅是本国人，外国人也可以成为该主体。虽然胎儿不能称为是法律上的自然人，但胎儿也可以成为生命权的主体，因此应当认可其“人的尊严与价值”的基本权主体性。随着生命工学的发达，是否可以认可胚胎的基本权主体性问题，还没有定论。然而，对死者而言，不得不限定性地认可该基本权主体性。

五、人的尊严与价值的效力

其一，人的尊严与价值作为国家的根本秩序，约束所有国家权力。因此，行使国家权力的人应当将人的尊严与价值放在心头，并尽可能最大限度地实现人的尊严与价值。所有国家作用只能在基于“人的尊严与价值”的国家秩序范围内行使。其二，人的尊严与价值作为基本权，具有对国家的公权效力。因此，当公权力侵害人的尊严与价值时，可以提出排除侵害等的要求，并且可以提起宪法诉愿，从而争辩公权力的行使是否违宪。其三，人的尊严与价值是客观的法规范，因此，对私人相互之间也具有效力。

六、人的尊严与价值的内容

（一）作为主观公权的人的尊严与价值

作为主观公权的人的尊严与价值，可以理解为是一般性人格权。一般性人格权包括针对人格的消极不受侵害的权利和积极获得保护的权利。一般性人格权的内容包括名誉权、姓名权、肖像权等。

（二）人的尊严与价值的制度化

《宪法》在个别基本权中，特别强调了人的尊严。例如，“由法律规定劳动条件的标准，以保障人的尊严”（《宪法》第 32 条第 3 款）。“婚姻和家庭生活应建立和维持在个人尊严和两性平等的基础上，国家对此提供保障”（《宪法》第 36 条第 1 款）。

七、人的尊严与价值的限制

（一）来自法律的限制（参考后续的生命权）

1. 死刑制度

人的尊严与价值认为生命权是其具体的基本权，对于是否可以依照法律认可死刑制度而言，大法院和宪法裁判所都作出了合宪的决定（参照生命权）。

2. 人工终止妊娠和安乐死以及正当防卫和紧急避难

人工终止妊娠，即堕胎是胎儿的生命权和孕妇的自己决定权之间的冲突问题，因此，在两者基本权能够调和的范围内可以认可该行为。宪法裁判所认为处罚堕胎的行为本身并不构成违宪，然而，胎儿能够独自生存的起始点为妊娠第二十二周，在第二十二周前，孕妇的自己决定权优先于胎儿的生命权［宪裁 2019.4.11. 2017Hun–Ba127,《刑法》第 269 条第 1 款等的违宪诉愿（宪法不合致）］。就安乐死而言，很有必要依照严格的要件认可该行为（参照生命权）。由于正当防卫、紧急避险导致的杀人行为，产生相关法益的冲突时，应当朝着追求更上位的法益去解决问题。

（二）禁止侵害本质内容

根据《宪法》第 37 条第 2 款的规定，不得侵害人的尊严与价值的本质内容。

八、针对人的尊严与价值的侵害和救济

侵害人的尊严与价值的行为包括，奴隶制度、买卖人口、拷问、集体屠杀、人体实验、人体复制、驱逐出境、歧视人种等。对于来自公权力的侵害行为而

言，可以通过请愿权、宪法诉愿审判请求权、国家赔偿请求权等，获得救济。对于来自私人的侵害行为而言，可以行使民事上不法行为的损害赔偿请求权，刑事上以刑事告诉的方式，要求发动国家刑罚权，从而获得救济。

第二节　幸福追求权

一、意义

幸福追求权最初规定在美国的《弗吉尼亚人权宣言》（1776 年）。虽然在《宪法》条文中，将幸福追求权和人的尊严与价值并列规定在了一起，但应当将幸福追求权视为是独立的基本权。

二、幸福追求权的法律性质

暂且不谈在《宪法》中将幸福追求权规定为基本权的做法是否妥当，既然《宪法》第 10 条明确规定了“享有追求幸福的权利”，那么可以说幸福追求权具有独立的基本权性质，同时可以与其他基本权相结合，构成推导出未在宪法中列举的新基本权之根据。作为自然法权利的幸福追求权属于概括性基本权（自由权），具有完善其他基本权的补充性基本权性质。

三、幸福追求权的主体、效力

幸福追求权具有与“人的尊严与价值”密不可分的关系，是人的权利。因此，幸福追求权的主体是自然人，不仅包括本国人，还包括外国人。然而，法人在原则上不能成为幸福追求权的主体。

幸福追求权也与其他基本权一样，直接约束立法、行政、司法等国家权力。同时，根据私法上的一般原则，对私人之间也可以适用幸福追求权（间接适用说）。因此，幸福追求权兼具对国家的效力和对私人的效力。

四、幸福追求权的内容

（一）意义

由于幸福追求权与“人的尊严与价值”处于不可分的关系，因此与“人的尊严与价值”具有并列属性的一系列内容，也适合于幸福追求权。幸福追求权中，不仅包括一般行动自由权、个性的自由发现权、自己决定权、合同的自由、身体不受损毁的权利、和平的生存权，还包括生命权、休息权、睡眠权、日照权、运动权等。宪法裁判所通过变更过去认可和平生存权判决，认为和平的生存权不属于宪法上保障的基本权［宪裁 2009.5.28. 2007Hun–Ma369，2007 年战时增援演习等的违宪确认（却下）］。

（二）一般行动自由权与个性的自由发现权

一般行动自由权是指为了追求幸福，所有国民都可以自由行动的自由权。一般行动自由权中，不仅包括积极的自由行动，还包括消极的不作出行动的不作为自由。个性的自由发现权时而隶属一般行动自由权，时而展现出独立权利性质。

（三）自己决定权

针对自己决定权做出广义的解释时，该权利具有概括性基本权属性，例如该权利可以包括《宪法》第 17 条的“私生活的秘密与自由”等基本权。因此，该权利有可能与其他个别基本权相重叠。基于此，自己决定权作为幸福追求权的一个内容，应当从狭义的视角理解自己决定权。即自己决定权是指对有关自身生活中的重大事项，个人可以做出自由的决定，并依照该决定做出行动的权利。

五、幸福追求权的限制

幸福追求权不能侵害他人的权利或者道德律以及宪法秩序。为了保障国家安全、维持秩序、公共福利，限于必要的情况下，可以限制幸福追求权。例如，系上机动车安全带的义务，不能视为是侵害一般行动自由权的行为。然而，不能侵害幸福追求权的本质内容。

六、幸福追求权的侵害与救济

幸福追求权作为基本人权，国家有义务确认和保障个人拥有的不可侵犯的基本人权（《宪法》第 10 条第二句）。对于幸福追求权的侵害而言，可以通过请愿权、裁判请求权、损害赔偿请求权、宪法诉愿审判请求权等，获得救济。

第三章　平等权

一、意义

平等的原理是宪法上最高的原理。平等的原理在经历与自由之原理的冲突过程中，停留在了形式平等的层面。但是进入20世纪的现代福祉宪法时期后，为体现国民之实质平等的法律与制度，不断被纳入宪法的框架之内。

二、宪法上平等原理的具体化

（一）平等权原理的宪法化

宪法上的平等规范是在确认“平等”是宪法所指向的基本原理。平等权如同人的尊严与价值一样是超实定法的法律原则。平等原理是“有关保障基本权的宪法之最高原理”，“基本权中的基本权”。

1. 一般平等原理的规范化

《宪法》序言中规定，“使得政治、经济、社会、文化所有领域内，各人的机会均等……致力于国民生活的均等提高”，从而揭示了平等的原理。并于《宪法》第11条中设置了有关平等权的基本规定。同法同条第1款中规定了，法律前的平等；禁止以性别、宗教、社会身份为由的歧视；禁止在政治、经济、社会、文化等各生活领域中的歧视。同法同条第2款中规定了，否认社会上的特殊阶级。同法同条第3款规定了，荣典一代的原则。

2. 个别平等原理的规范化

《宪法》并不满足于第11条的平等权规定，还在《宪法》第31条规定了教育的机会均等，第32条规定了禁止歧视女性劳动者，第36条规定了婚姻与家族生活中的两性平等，第119条第2项规定了经济的民主化。

（二）法律前的平等

宪法上法律前的平等，不只是对单纯法律原理的宣言，而是作为主观公权的基本权。“法律”，不仅包括单纯由国会制定的法律，还包括所有法规范。因此，法律、命令、条例、规则等所有形态的法规范，都不能违反作为自然法原理的平等原理。“法律前的”平等，不仅是指法律适用平等（不约束立法者），即仅仅在法律适用乃至法律执行中的平等；还包括法律内容平等（约束立法者），即不仅约束行政、司法，还约束立法。“平等”不是指否定一切差别待遇的绝对平等，而是指相对平等，即不能在立法与法律适用中，做出没有合理根据的差别。就相对平等的标准而言，有合理性原则、禁止恣意的原则、衡平与正义等原则。

（三）违背平等原则的审查标准

平等原则的审查标准，包括合理的审查标准和严格的审查标准。严格的审查标准是指根据比例原则的审查，即以如下标准进行审查，是否具有正当的差别目的、差别对待的适合性、差别对待的不可避免性或者必要性、法益均衡性。合理的审查标准是指根据禁止恣意原则的审查。如下是有关禁止恣意原则的审查要件，即是否存在差别对待、是否存在差别对待的恣意性。

（四）平等权的效力

如今，平等原理不仅适用于国家与个人之间的关系，还广泛适用于个人与个人之间的关系。例如，平等原理不仅应当适用于国家或者公共团体的招聘，还应当适用于私营企业的招聘。然而，在没有特别法律规定的情况下，平等原理常被间接的通过“私法上禁止滥用权利之法理或者信义诚实的原则等”，适用于实践中。这是为了防止将“基于不平等关系、权力关系的公法原理”直接适用于“以当事人自治为基础的私法原理”而产生新的问题。

三、平等权的具体内容

（一）禁止歧视的事由

《宪法》第 11 条中指出了，“性别、宗教或者社会身份”。这些事由只是预示性规定。除此之外，不得以学历、健康、年龄等任何事由，做出不合理的差别。

1. 基于性别的男女平等

为了具体化《宪法》上的男女平等理念，制定了《女性发展基本法》和《有关男女雇佣平等与支援工作、家庭两立的法律》等。尤其是在政治领域中，为了积极实现男女平等，政党在比例代表国会议员选举以及比例代表地方议会议员选举中推荐候选人时，应当在其所推荐的候选人中推荐 50% 以上的女性，并在排列候选人员名单时，应当将单数号赋予女性（《公职选举法》第 47 条第 3 款）。

由于户主制度不符合两性平等的宪法理念与时代变化，从而废止了户主制度，同时根据《有关家族关系的登记等的法律》实施了家族关系登记制度。此外，同姓同本禁婚属于违宪，子随父姓与父本的规定也属于违宪，女性也可以成为宗中的会员。

2. 宗教

《宪法》第20条第2款规定，“国教不被认可，宗教和政治相分离”，从而明确了国教之否定与政教分离的原则。

3. 社会身份

就社会身份的定义而言，后天的身份说比较妥当，即该定义中不仅包括先天的身份，还包括后天取得的身份。社会身份是指人在社会中，并非一时的，而是长期占有的地位。具体而言，包括有前科的人、入国籍的人、雇主、劳动者、教职员、公务员、职业上的地位、富人、贫困的人、农民、渔民、商人、学生等。

4. 其他事由

就其他事由而言，禁止以语言、人种、出身地域等的歧视。属于多民族国家的美国，特别是为了解决黑白人种歧视问题，将“积极的实现平等措施”（Affirmative Action）制定成了国家层面的法律。

（二）禁止歧视的领域

1. 政治

就划分选区而言，若人口偏差在2 ∶ 1以上，则违宪。可以对政党提供各种优待措施。

2. 经济、社会

禁止在经济、社会活动中的歧视。

3. 文化

禁止在教育、文化、信息等领域中的歧视。然而，认可根据能力而产生的差别。例如，根据考试成绩入学等。

（三）禁止特权制度

“不予认可社会的特殊阶级制度、不得以任何形态创设该制度”（《宪法》第11条第2款）。“勋章等荣誉称号仅对受此称号的当事人有效，并无任何相应特权”（《宪法》第11条第3款）。对国家有功者进行的一定优待，属于合宪。

四、平等权的限制

（一）宪法上作为平等权之例外的特权

《宪法》第8条属于宪法上平等权的例外，比起一般结社而言，该条款认可了政党的特权。同时，总统在职期间享有刑事上的特权（《宪法》第 84 条），国会议员享有免责特权（《宪法》第 45 条）与不被逮捕特权（《宪法》第 44 条）。国家有功者、伤残军警、阵亡军警的遗属具有就业优先权（《宪法》第 32 条第 6 款）。

（二）宪法上对公务员的限制

属于公务员的劳动者，限于法律规定范围的人员，具有团结权、团体交涉权以及团体行动权（《宪法》第 33 条第 2 款）。警察公务员以及由其他法律规定的人，不得要求双重赔偿请求（《宪法》第 29 条第 2 款）。同时，军人、军务员由军事法院管辖（《宪法》第 27 条第 2 款），军人除非免除现役，否则不得被任命为国务总理、国务委员（《宪法》第 86 条第 3 款、第 87 条第 4 款）。国会议员和总统不得兼任法律规定的职务（《宪法》第 43 条、第 83 条）。从事法律规定的主要防卫产业的劳动者之团体行动权，可以依照法律规定进行限制（《宪法》第 33 条第 3 款）。

（三）法律上的限制

根据《宪法》第 37 条第 2 款，就国民的自由和权利而言，为了保障国家安全、维持秩序或者公共福利，限于必要的情况下，可以依照法律进行限制。对于公务员等处于特殊身份关系的人而言，例如法律规定，禁止公务员的兼职、禁止加入政党与限制政治性活动、服从的义务、禁止擅离职守等。尤其是军人，可以命令其在军营内执勤。

五、平等权的侵害与救济

对于受侵害的平等权，《宪法》上的救济手段包括，请愿权（《宪法》第 26 条），裁判请求权（《宪法》第 27 条），行政争讼权（《宪法》第 107 条第 2 款、第 3 款，第 27 条），国家赔偿请求权（《宪法》第 29 条），刑事补偿请求权（《宪法》第 28 条），违宪的法律、命令、规则、处分之审查制度（《宪法》第 107 条、第 111 条），宪法诉愿审判请求权（《宪法》第 111 条第 1 款第 5 项）等。

六、积极的实现平等措施

（一）意义和特征

积极的实现平等措施（暂定的优待措施，Affirmative Action）是指针对那些在历史上受到社会歧视的特定群体，为了补偿因歧视诱发的不利益，向该群体的成员直接或者间接地赋予就业、入学等社会性利益的政府政策。这一措施是由美国发展起来的理论。积极的实现平等措施比起机会的平等，更是追求结果平等、实质平等的政策；比起个人，更是对焦于集体的概念；并不是恒久的政策，而是暂定的措施，一旦达成救济目的，即终了。

（二）在韩国的适用

在《国家公务员法》和《地方公务员法》中，对于女性、残疾人士、攻读理工科专业者、低收入群等处于公职内的少数团体，根据总统令等的规定，在聘用、补任、升迁等过程中，为实施具有积极性优待和实质两性平等的政策，提供了法规保障（《国家公务员法》第26条但书，《地方公务员法》第25条但书）。在《政治资金法》中，采纳了公职候选人之推荐女性补助金制度（《政治资金法》第26条）以及残疾人士推荐补助金制度（《政治资金法》第26条之二）；在《公职选举法》（《公职选举法》第47条）中，采纳了对比例代表候选人的50%女性推荐配额制。在《女性发展基本法》中，为促进实质性的男女平等，采纳了积极性措施制度（《女性发展基本法》第6条）。此外，在《有关男女雇佣平等与支援工作、家庭两立的法律》等，也反映了上述倾向。

七、间接歧视

（一）间接歧视的意义

由于间接歧视来自社会的习惯或者固定观念，曾认为间接歧视并非是侵害平等权的歧视行为，而认为是事实问题，结果忽视了此领域的法律救济。然而，如今视间接歧视为侵害行为的认识得到了关注，认为间接歧视是以社会的习惯或者固定观念为媒介的侵害平等权的歧视行为。比起直接歧视的概念而言，不能否认间接歧视的概念还有些不明确，但通常是指虽然对多数的群体适用同样的标准，但由于社会的固定观念、惯行、制度、事实上的差异，在结果上诱发不平等的情况。

（二）韩国是否认可

在《有关男女雇佣平等与支援工作、家庭两立的法律》中规定，“雇主虽然在聘用或者劳动中适用了同样的条件，但是能够满足该条件的男性或者女性，明显少于另一性别，并由此导致了对特定性别的不利结果，同时未能证明该标准为正当的情况下，视为歧视”（《有关男女雇佣平等与支援工作、家庭两立的法律》第2条），这一规定应当视为韩国已经采纳了间接歧视的概念。

（三）间接歧视的审查标准

虽然适用了中立性的条件，但由于社会的固定观念、惯行、认识等的事实上理由，查看是否对部分群体带去了重大的不利结果，从而先判断“有没有间接歧视”后，再通过侵害平等权的审查标准（禁止恣意原则和比例原则），判断是否具有合理的理由。

第四章　自由权

第一节　自由权的一般理论

一、意义：走向自由的历史

自由权是天赋的不可侵犯的基本人权。基于自由主义、个人主义的近代自然法论思想影响，通过美国的《独立宣言》和法国的《人权宣言》，自由权成了宪法上的基本原理。当自由权成为宪法上规定的自由与权利时，作为自然权的自由权就转换成了实定权。

二、自由权的法律性质

（一）自由权是能够限制的相对自然权

自由权是指对于个人的自由领域，不受来自国家权力之侵害的消极权利。即基于自然法的逻辑，意味着自由来自于国家的不干涉。

（二）自由权的消极、防御权属性

自由权并非积极地向国家请求作为的权利，而是消极地排除来自国家权力之侵害的防御权。自由权是对国家的防御权，约束所有国家权力。对私人之间的适用而言，原则上以间接方式适用于私人之间。

（三）自由权的概括性权利属性

依照否定自由权之自然权属性的实定权说，宪法上的自由权，在原则上应当由个别规定来列举，但是由于《宪法》第 37 条第 1 款的规定，可以创设在宪法中没有被列举的自由权。

三、自由权的分类和体系

首先，宪法上的自由权可以分为宪法中列举的自由权和没有列举的自由权。

其次，根据不同自由权的内容，通常将自由权分类如下。最为古典的人身与精神的安全与自由；私生活的安全与自由；社会、经济的安全与自由。社会、经济的安全与自由同现代的社会权（生存权）具有相互依存的关系。主权者所能享有的政治自由是与参政权具有直接联系的权利。最后，根据不同自由权的性质，可以将自由权区分为作为孤立个人的个人自由权和以共同体之生活为前提的集体自由权。

在本书中，根据自由权的性质和内容，做出了如下分类。

（1）人身安全与自由。

（2）精神安全与自由。

（3）私生活安全与自由。

（4）社会、经济安全与自由。

第二节　人身的安全与自由

人身的安全与活动的自由，不仅是《宪法》第 10 条人的尊严与价值、幸福追求权中的内容，还是《宪法》第 12 条等宪法上身体自由的基本内容。对于人身安全与自由的范围而言，有观点认为应当限定在身体活动的自由，然而在本书中，对人身的安全（自由）作了广义的理解，因此将生命权、身体不受损毁的权利也囊括在了本节中一并做出了说明。但是对于《宪法》第 36 条第 3 款的健康权而言，基于其性质，将于社会权部分展开论述。

第一项　生命权

一、意义

韩国宪法没有对生命权做出明文规定，但是可以从《宪法》第 10 条人的尊严性中找到生命权的宪法根据。此外，基于生命是人身安全与自由的本源性基础这一认识，还可以从《宪法》第 12 条规定的人身安全与自由中找到生命权的宪法根据。

二、生命权的法律性质

生命权作为自然法权利，具有可以向国家请求排除侵害的对国家防御权属性。对于私人侵害生命权的行为而言，基于国家的基本权保障义务，具有向国家要求保护的保护请求权属性。同时，具有向国家要求提供生存所需的社会、经济条件的社会权属性。

三、生命权的主体和效力

不论是本国人还是外国人都享有生命权。根据生命权的本质，法人不可以成为该权利的主体，只有自然人才可以成为该权利的主体。尤其是随着生命工学的发达，对于胚胎是否具有生命权主体性的问题，仍无定论。生命权约束所有国家权力，同样对私人相互间也具有效力。

四、生命权的限制和界限

（一）法律判断的可能性

原则上不允许对生命权做出社会的或者法律的评价。然而，在否定他人的生命或者两个以上的生命不能并存的情况下，可以例外地对生命权做出社会的或者法律的评价。

（二）限制生命权的界限－是否侵害生命权的本质内容

剥夺生命是形式化生命权的行为。然而，当出于维持社会或者国家的必要时，并不能认为是违宪。

（三）堕胎

堕胎是胎儿的生命权和孕妇的自己决定权之间冲突问题。以堕胎的形式剥夺生命的行为，会造成无法挽回的后果，因此应当在尽可能小的范围内认可堕胎的自由。

（四）安乐死

1. 安乐死的种类

安乐死是指对于在肉体上、精神上受折磨，且处于不能治愈的患者，为了减轻其痛苦，提前死亡时间的医学措施。间接安乐死是指投入为缓解患者痛苦的药物等措施，这类措施必然带来缩短生命之附随效果。消极安乐死是指为了尽快从痛苦中解放患者，不予适用延长生命之积极手段的措施。例如，不予提供输血、人工呼吸装置、延长生命的注射等。积极的安乐死是指对于因无生还可能性的疾病处于濒临死亡的患者，依照其意思或者在患者没有意识的情况下依监护人的意思，人为缩短生命的行为。

2. 是否允许安乐死

积极的安乐死，相当于依嘱托承诺的杀人罪甚至是故意杀人罪，因此原则上不能认可。在严格的条件下，可以认可不采取人为延长生命措施的消极安乐死。尤其是在医学上，患者没有恢复意识的可能性，无法恢复与性命相关之重要身体功能的丧失，依患者的身体状况，在短期内即将死亡的特征明显，即对于身处“不能恢复的死亡阶段”的患者，中断延长生命的治疗时，应当根据“自己决定权”和“是否存在恢复可能性”的标准，决定是否允许实施消极的安乐死。

（五）死刑制度

1. 宪法裁判所和大法院的合宪论

就死刑制度而言，在《宪法》第 110 条第 4 款的但书中，至少是以间接方式得到了认可，可以由法律制定并适用死刑；如果认为死刑是违反“人的尊严”的残忍且不寻常的刑罚，或者认为死刑是超越达成刑罚目的的过度之刑罚，那么死刑将成为在韩国宪法解释适用上不被允许的违宪之刑罚，但是目前的死刑制度还未达到这一程度；由于可以例外地针对生命权做出法律评价，因此生命权可以成为一般法律留保的对象；可以推断死刑的威慑作用具有犯罪预防效果；对于否定他人生命的犯罪行为而言，将死刑设定为该类犯罪后果之一，是不可或缺的手段等。根据上述理由，可以认为死刑制度并不违宪。然而，宪法裁判所和大法院对死刑范围进行了限制，认为死刑应当根据比例原则，至少是为了保障具有同等价值的其他生命，或者为了保障不亚于生命的公共利益，只有在满足不可避免的例外情形下，才能够适用（大判 1990.4.24. 90Do319）[宪裁 2010.2.25. 2008Hun-Ka23,《刑法》第 41 条等违宪提请（合宪、却下）]。

2. 宪法裁判所反对意见中的违宪论

死刑制度的违宪论认为，①除了作为创造主的神以外不能剥夺生命；②死刑主要是专制君主制国家或者全体主义制国家的君主或独裁者维持权力的手段；③剥夺生命是无法挽回的行为，但一直存在做出错误判决的可能性；④剥夺生命是对生命权本质内容的侵害；⑤可以通过无期徒刑，达到死刑的一般或者特殊预防功能；⑥韩国宪法没有事先预定死刑制度；⑦《宪法》第 110 条第 4 款是违反《宪法》第 10 条的违宪性条款；⑧生命本身是不平凡的存在，因此不能根据在单纯的舆论调查中，表现出国民对法律的一般性见解来断定死刑制度的正当性等。根据上述理由，认为死刑制度违反宪法。

3. 小结：限定、例外地认可

剥夺生命的行为可以视为是对生命权本质内容的侵害，但是在例外情况下，不得不容忍这一行为。"例外情况"是指为了保障其他生命或者为了保障不亚于生命的公共利益，满足不可避免性的情形。由于死刑的一般预防性效果还未得到证明，因此死刑不符合比例原则中的最小侵害原则。在刑事政策的层面上，只有在认可特殊预防效果的情况下，才能例外地认可死刑。

（六）生命权与因战斗或者正当防卫的杀人

军人或者警察等，在战斗或者履行职务过程中，可以实施诸如对敌人的射杀或者对劫持犯的击毙等杀人行为。为了保护国民的自由与权利，在积极地实践公务过程中，引发的不可避免的剥夺生命权之行为，不构成侵害生命权的问题。

五、生命权的侵害与救济

生命权的侵害类型包括，杀人行为、死刑、堕胎、安乐死、帮助自杀行为等。对于生命权的侵害而言，可以向国家行使刑事补偿请求权、损害赔偿请求权等。侵害生命权的私人，将受到刑事处罚，并将负担民事上损害赔偿责任。

第二项　身体不受损毁的权利

一、意义

第二次世界大战期间，曾对人的身体进行了非人的拷问、人体实验、强制去势等行为，出于对该种行为的反省，《德国基本法》第 2 条第 2 款规定了身体不受损毁的权利。但是在韩国宪法中没有对"身体不受损毁的权利"作出明文规定，因此有关该权利的宪法性根据，可以从《宪法》第 10 条人的尊严与价值、第 12 条身体的自由、第 37 条第 1 款未在宪法中列举的自由与权利等中找到根据。

二、法律性质、主体、效力

身体不受损毁的权利是个人的主观公权，是可以对干涉或者侵害行为，进行防御的权利。身体不受损毁的权利具有自然权的属性，因此是人的权利，既包括本国人，也包括外国人。胎儿也具有身体不受损毁的权利。由于死者是丧失生命的身体，因此不能成为身体不受损毁的权利主体。身体不受损毁的权利具有对国家、对私人的效力。

三、限制与界限、侵害与救济

根据《宪法》第 37 条第 2 款的一般原理，可以限制身体不受损毁的权利。但是不能侵害“身体不受损毁的权利”的本质内容。对于侵害“身体不受损毁的权利”的行为，可以根据有关基本权的侵害与救济的一般理论得到救济。

第三项　身体的安全和自由

一、意义

《宪法》第 12 条，第 13 条，第 27 条第 3 款（迅速进行裁判、刑事被告人的公开裁判）、第 4 款（无罪推定的原则）、第 5 款（刑事被害人的陈述权），第 28 条（刑事补偿请求权），第 30 条（犯罪被害人救助请求权）中规定了身体的自由。

就宪法上身体自由的保障而言，可以分为实体性保障和程序性保障。就实体性保障而言规定了：①罪刑法定主义（《宪法》第 12 条第 1 款第 2 句）与其衍生原则，即禁止刑罚法规的溯及效力（《宪法》第 13 条第 1 款）；②禁止依溯及立法限制参政权与剥夺财产权（《宪法》第 13 条第 2 款）；③一事不再理的原则与禁止重复处罚的原则（《宪法》第 13 条第 1 款后段）；④禁止连坐制（《宪法》第 13 条第 3 款）。

就程序性保障而言规定了：①法律主义（《宪法》第 12 条第 1 款）；②正当法律程序原则（《宪法》第 12 条第 3 款）；③令状主义（《宪法》第 12 条第 3 款）；④逮捕、拘禁理由等的告知制度（《宪法》第 12 条第 5 款）；⑤逮捕、拘禁的合法性审查制度（《宪法》第 12 条第 6 款）等。

还可以从“保障刑事嫌疑人和刑事被告人的权利”层面，观察身体的自由。刑事嫌疑人是指因存在犯罪嫌疑，由侦查机关列为侦查对象的人，是处于侦查开始之后至提起公诉前阶段的人。刑事被告人是指由检察官提起公诉的人，是处于提起公诉之后至做出确定判决前阶段的人。刑事嫌疑人具有：①不受非法的逮捕、拘禁、扣押、搜查、审问的权利（《宪法》第 12 条第 1 款）；②不受刑讯逼供的权利和沉默权（《宪法》第 12 条第 2 款）；③在没有令状的情况下，不受逮捕、拘禁、扣押、搜查的权利（《宪法》第 12 条第 3 款）；④获得辩护人帮助的权利（《宪法》第 12 条第 4 款）；⑤逮捕、拘禁的合法性审查请求权（《宪法》

第 12 条第 6 款）；⑥无罪推定的原则（《宪法》第 27 条第 4 款）；⑦刑事补偿请求权（《宪法》第 28 条）；⑧国家赔偿请求权（《宪法》第 29 条）。

刑事被告人除了具有刑事嫌疑人的权利以外还具有：①得到迅速、公正之裁判的权利（《宪法》第 27 条第 3 款）；②未经法律和正当法律程序，不受处罚、保安处分或者强制劳役的权利（《宪法》第 12 条第 1 款后段）。

二、身体安全与自由的实体性保障

（一）罪刑法定主义

1. 意义

《宪法》第 12 条第 1 款后段规定，"任何人……未经法律和正当法律程序，不受处罚、保安处分或强制劳役"，从而明确了罪刑法定主义。其衍生的原则，则有《宪法》第 13 条第 1 款规定的"禁止刑罚法规的溯及效力"和《宪法》第 13 条第 2 款规定的"禁止溯及立法"。

2. 内容

"没有法律就没有犯罪，没有法律就没有刑罚。即没有法律就没有犯罪和刑罚"，这一法谚表达了罪刑法定主义。罪刑法定主义是指如果不依照已经制定的法律，就不受处罚的原则。这一原则是法治国家刑法的基本原理，要求在规定"什么是受处罚的行为"时，应当以国民能够预测的形式，保护个人的法律稳定性，并要求以成文刑罚法规确立实定法秩序，防止国家刑罚权的恣意行为，保障个人的自由与权利。因此，罪刑法定主义的要求事项包括如下两种。首先，应当是国会制定的形式意义上的法律。然而，可以存在最小限度的委任立法。其次，法律的内容应当明确。

3. 衍生原则

就罪刑法定主义的衍生原则而言，有刑罚不溯及的原则（禁止刑罚法规的溯及效力）、禁止习惯刑法、禁止绝对不定期刑、禁止类推解释。刑罚不溯及的原则，要求犯罪的成立与处罚应当以行为时的法律为准，从而禁止以事后法律进行处罚，最终保障国民的法律稳定性。《宪法》第 13 条第 1 款中规定，"所有国民均不因行为时的法律规定不构成犯罪的行为而被追诉"，由此明确了禁止刑罚法规的溯及效力；第 2 款规定，"所有国民均不因溯及立法而被限制参政权或被剥夺财产权"，由此明确了禁止以溯及立法剥夺参政权与财产权。

禁止习惯刑罚的原则是指应当以成文的法律规定犯罪与刑罚的原则，又称为刑罚法规法律主义。禁止绝对不定期刑的原则是指应当在裁判中确定刑罚期间的原则。然而，对于少年犯而言，允许做出相对的不定期刑。禁止类推解释的原则是指在处罚性法规不完备的情况下，不能援用类似案件中适用的法规，做出类推适用的原则。

4. 刑罚和责任的比例原则

刑罚是针对犯罪的制裁，就其本质而言，是针对违反法秩序行为的非难。基于法秩序得出否定性评价结果的情形下，如果该结果的发生并非基于当事人的过错时，不得仅凭否定性结果的发生，适用刑罚于当事人。

（二）一事不再理的原则

《宪法》第 13 条第 1 款后段规定，“所有国民……不因同一犯罪行为而受到重复处罚”，由此明确了一事不再理的原则，甚至明确了禁止反复处罚的原则。在刑事裁判中，实体判决被确定，并产生判决的实体确定力之后，同一案件不受反复审判的原则。一事不再理是关于判决既判力的问题，对于不发生既判力的公诉弃却判决或者管辖违反判决而言，不适用一事不再理原则。对于免诉判决而言，由于将其视为实体关系上形式裁判，因此，对其适用一事不再理原则。

（三）依法律和正当法律程序的保安处分和强制劳役

《宪法》第 12 条第 1 款后段规定了“任何人……未经法律和正当法律程序，不受处罚、保安处分或强制劳役”。虽然在《宪法》上仅规定了“处罚、保安处分或强制劳役”，但是该适用对象并非限定性的列举（限定、限制性列举说），而是列举性的预示（预示说）。

保安处分是指刑罚补充处分和犯罪预防处分。就现行法而言，有《少年法》的保护处分，《有关保护观察等的法律》的保护观察，《保安观察法》的保安观察处分，《治疗监护法》的治疗监护、保护观察等。

强制劳役是指违背本人的意思，被强求劳役的情形。然而，强制劳役是能够进行代役或者用金钱代替的赋役。如今应当尽可能抑制赋役等的发生。作为宪法上义务的兵役，不属于强制劳役。

（四）禁止连坐制

《宪法》第 13 条第 3 款规定，“不因非自己行为的亲属行为而受到不利待遇”，从而明确了禁止连坐制。连坐制违反了作为近代刑法之基本原理的自己责任、个人责任原理。虽然，《宪法》中仅使用了亲属一词，但是对于亲属之外的他人行为而言，国民不因非自己行为的他人行为而受到不利待遇。“不利待遇”是指由国家机关做出的所有不利待遇。

三、身体安全与自由的程序性保障

（一）法律主义

《宪法》第 12 条第 1 款后段规定，“未经法律许可，任何人不受逮捕、拘禁、扣押、搜查或审问；未经法律和正当法律程序，不受处罚、保安处分或强制劳役”，从而禁止了未经法律和正当法律程序的非法逮捕、拘禁等。在法律主义中的法律是指由国会制定的形式意义上法律。还包括与法律具有同等效力的条约、紧急命令、紧急财政经济命令。

逮捕是指用实力拘束身体的自由。拘禁是指限制或者剥夺场所上的移动可能性，从而拘束身体上的自由。搜查是指以发现人或者物品为目的，在人的身体、物品或者一定的场所中，寻找该对象的措施。扣押是指强制取得对目的物的占有。审问是指强求答辩的意思。处罚是指刑罚以及行政罚。

（二）正当法律程序原理

1. 正当法律程序的起初是为了保障身体自由的原理

《宪法》第 12 条第 1 款后段规定了，“任何人……未经法律和正当法律程序，不受处罚、保安处分或强制劳役”，第 3 款规定了“逮捕、拘禁、扣押或搜查应遵守正当法律程序，出示经检察官申请由法官签发的令状”。正当法律程序（Due Process of Law）原理，源于1215年英国的《大宪章》，后来在美国、德国、日本宪法中也进行了规定。起初正当法律程序原理是为了保障身体自由的刑事司法原理。

2. 正当法律程序原理在当今是贯通整个宪法的原理

（1）作为宪法一般原理的正当法律程序。

就正当法律程序的原理而言，首先，其不是单纯限定于身体自由的原理，而是所有公权力作用都应当遵守的基本原理。其次，其不仅仅是为了体现程序正义的原理，而且是成为行使公权力之根据的“正当实体法律（Due Law）”之原理。即正当法律程原理是宪法的一般原理，不仅立法、行政、司法等所有国家作用应当满足程序上的合法性，而且成为行使公权力之根据的法律实体内容也应当具有合理性和正当性。

（2）正当法律程序原理和宪法第 37 条第 2 款的关系。

正当法律程序原则应当被解释为是支配所有国家作用的宪法上独立的基本原理，因此区别于限制立法权的禁止过剩立法原则。然而，事实上也可以在宪法裁判中，一并适用正当法律程序原理和过剩禁止原则。

3. 立足于宪法上正当法律程序原理的刑事司法程序

（1）意义。

《宪法》上刑事司法的正当法律程序，有逮捕、拘禁的令状主义（《宪法》第12条第3款），对住处进行扣押、搜查时的令状主义（《宪法》第16条），拘禁理由等的告知制度（《宪法》第12条第5款），签发令状的正当法律程序（《宪法》第12条第3款）等。《宪法》第12条规定了有关对身体自由的程序保障，即逮捕、拘禁的合法性审查制度（《宪法》第12条第6款）。

（2）令状主义与其例外。

“逮捕、拘禁、扣押或搜查时，应遵守正当法律程序，出示经检察官的申请由法官签发的令状。但现行犯和犯有相当于三年以上长期徒刑的罪行而有逃逸或有毁灭证据嫌疑的，可在事后申请令状”（《宪法》第12条第3款）。《刑事诉讼法》规定，“没有按照正当法律程序搜集的证据，不能成为证据”，从而明确了令状主义与其例外（《刑事诉讼法》第308条之二）。

令状包括逮捕令状与拘禁令状。在《刑事诉讼法》中设立了逮捕令状制度，从而在进行逮捕时，需要义务性地申请令状，对于没有令状而进行的紧急逮捕情况下，需要在事后请求拘禁令状。以逮捕令状实施逮捕后，认为有必要实施拘禁，同时认为有可能逃逸或毁灭证据的情况下，可以请求拘禁令状（《刑事诉讼法》第200条之二、第200条之三、第200条之四、第201条）。就另案逮捕、拘禁（别件逮捕、拘禁）而言，为了侦查重大的原案，运用已经取得证据材料的轻微的另案，实施逮捕、拘禁，从而调查原案，这种侦查方法违反以保障人权为目的的令状主义原则，属于违宪。与此同时，通过对拘禁令状进行实质审查，从而保障嫌疑人的人身自由，在《刑事诉讼法》中引进了嫌疑人审问制度（令状实质审查制度），即在签发拘禁令状时，法官能够对嫌疑人进行审问。

然而，在紧急逮捕（《刑事诉讼法》第200条之四）、现行犯以及准现行犯（《刑事诉讼法》第213条之二、第200条之二第5款）、非常戒严的情况下，认可令状主义的例外。当现行犯被逮捕的情况下，如果检察官认为有必要对其实施拘禁，应当在48小时以内向管辖之地方法院法官请求拘禁令状，当检察官未请求拘禁令状或者法院拒绝签发拘禁令状时，应当即刻释放嫌疑人。

在行政上，实施即时强制时，为了达到行政目的，存在不可避免的情形，且有合理的理由时，可以例外性地排除令状主义。权力性行政调查也被认可是令状主义的例外。

（3）被告知逮捕、拘禁的理由与具有寻求辩护人帮助请求权的权利。

①意义。“任何人在未告知逮捕或拘禁理由以及享有获得辩护人帮助之权利的情况下，不受逮捕或拘禁。应及时向被逮捕或拘禁者的家属等法律规定的人员通知其理由、时间和场所”（《宪法》第 12 条第 5 款）。

被告知获得辩护人帮助之权利与逮捕、拘禁理由的权利是美国联邦最高法院根据美国宪法第五修正案的拒绝自证其罪特权（Privilege Against Self-incrimination），而确立的米兰达原则。这是美国《宪法》明文规定的权利。米兰达原则是指在讯问嫌疑人之前，向嫌疑人告知其具有保持沉默权的事实、嫌疑人的陈述有可能被使用成对其不利之证据的事实、嫌疑人有获得辩护人帮助的事实[Miranda v. Arizona，384U.S.436（1996）]。

②主体。被告知的权利主体是被逮捕、拘禁的刑事嫌疑人，被通知的权利主体是被逮捕、拘禁者的家属等法律（《刑事诉讼法》第 87 条）规定的人。这里的“逮捕、拘禁”不仅包括以令状进行的情形，还包括在紧急逮捕、对现行犯进行的逮捕等情形（《刑事诉讼法》第 200 条之五）。

③时期与方法。就告知的时期与方式而言，虽然没有明文的规定，但是在实施逮捕、拘禁时，以口头或书面进行。

（4）获得辩护人帮助的权利。

①意义。“任何人受到逮捕或拘禁时有立即得到辩护人帮助的权利。但刑事被告人不能自行选任辩护人时，根据法律规定，由国家指定辩护人”（《宪法》第 12 条第 4 款）。这里的“帮助”是指向嫌疑人等提供相当于与侦查机关保持对等地位程度的充分且实质辩护人帮助。

②主体。第一，被逮捕、拘禁的嫌疑人和被告人。《宪法》第 12 条第 4 款的正文中规定，“被逮捕或者拘禁”的情况下，能够获得辩护人的帮助。第二，免于拘禁的嫌疑人和被告人。获得辩护人帮助的权利，不受是否拘禁的限制，该权利是与刑事程序相关联的所有人都需要的基本权，因此处于免于拘禁状态下的嫌疑人和被告人也具有获得辩护人帮助的权利。第三，刑事程序已经终结的受刑人（不认可）。获得辩护人帮助的权利是从侦查开始至作出确定判决期间认可的权利，因此被确定为有罪而被收容于矫正机构的受刑者不具有该权利。

③内容。第一，选任辩护人权。选任辩护人权是获得辩护人帮助的出发点。这是从宪法得出的权利，因此不能援用法律进行限制。第二，获得国选辩护人帮助的权利。“刑事被告人不能自行选任辩护人时，根据法律规定，由国家指定辩护人”（《宪法》第 12 条第 4 款但书）。就国选辩护人的选任权，对于被告人

而言，属于宪法上权利；对于嫌疑人而言，属于法律上权利。嫌疑人的获得国选辩护人帮助的权利，限于令状实质审查和拘禁合法性审查请求。第三，辩护人会见权。辩护人与嫌疑人或者被告人的会见，应当在没有教导官或者侦查人员等相关公务员的参与下，尽可能保证最小化嫌疑人等的心理压力下进行。此外，认可将要成为辩护人的人行使会见权｛宪裁 2019.2.28. 2015Hun–Ma1204，不许辩护人会见的违宪确认等［认容（违宪确认），却下］｝。第四，未决收容者与辩护人的书信秘密保障。在辩护人与未决收容者交换书信时，应当保障该书信的秘密。第五，辩护人提供帮助于被拘禁者的权利。首先，限定性地被认可的宪法上基本权，“辩护人提供帮助于被拘禁者的权利”中的核心部分与“将要获得帮助之被拘禁者的基本权”处于表里关系，因此有关这种核心部分的“辩护人提供帮助的权利”也是《宪法》上应当保护的基本权。其次，辩护人对有关诉讼材料等的阅览、复制权，为了充分获得辩护人的帮助，被告人可以通过其辩护人阅览、复制包括侦查记录的有关诉讼材料等。被告人基于对该材料的分析，准备诉讼上的攻击与防御。上述权利内容，应当视为是获得辩护人帮助的权利内容［宪裁 2010.6.24. 2009Hun–Ma257，撤销拒绝阅览、复制处分（违宪确认）］。第六，侦查机关之嫌疑人讯问程序的辩护人参与要求权。为了反映大法院判决和宪法裁判所决定，在新的《刑事诉讼法》中明文规定了侦查机关的嫌疑人讯问程序中，嫌疑人具有“辩护人参与要求权”。

④限制。获得辩护人帮助的权利也可以通过《宪法》第 37 条第 2 款予以限制。选任辩护人权与辩护人会见权是“获得辩护人帮助之权利”的本质内容，因此不能依照法律加以限制。

（5）不受刑讯逼供的权利与沉默权。

“所有国民不受刑讯逼供，不得被强迫做出刑事上不利于自己的陈述”（《宪法》第 12 条第 2 款）。在国际人权保障层面上，禁止了刑讯逼供制度（即拷问制度）。与此相关的争议性问题，则有使用麻醉分析或者测谎仪器的犯罪侦查。禁止做出对自己不利的陈述。

（6）逮捕、拘禁合法性审查制度。

①意义。“任何人在受到逮捕或拘禁时，享有向法院申请合法性审查的权利”（《宪法》第 12 条第 6 款）。与对逮捕、拘禁的原因关系等进行的最终司法判断程序不同，是当事人可以向法院请求审查对逮捕、拘禁本身是否适当的程序（Collateral Review），这一程序是在宪法层次中保障的规定。

②主体。依照《刑事诉讼法》，请求逮捕、拘禁合法性审查的主体包括被逮

捕或者拘禁的嫌疑人或其辩护人、法定代理人、配偶、直系亲属、兄弟姐妹或者家属、同居人或者雇主（《刑事诉讼法》第 214 条之二第 1 款）。

③法院的审查。收到逮捕、拘禁合法性审查请求的法院，应当在接收请求书之时起 48 小时内，审问被逮捕或拘禁的嫌疑人，调查相关的侦查资料与证据，认为该请求的理由不成立时，驳回请求；认为理由成立时，应当命令释放被逮捕或拘禁的嫌疑人。

（7）无罪推定的原则。

"刑事被告人在有罪判决生效前，被推定为无罪"（《宪法》第 27 条第 4 款）。有罪判决是指宣告实刑的判决，包括免除刑罚、缓期执行判决、宣告缓期判决等。然而，免诉判决，除外。无罪推定是指在有罪判决生效前，像对待无罪的人一样对待嫌疑人或者被告人，在法律、事实层面上，不施加有形或者无形不利益的情形。这里的不利益是指以有罪为前提，对嫌疑人或者被告人施加社会的非难，甚至施加其他报复性歧视待遇等认定为有罪的效果。

（8）自首的证据能力与证明力的限制。

《宪法》第 12 条第 7 款规定，"当确认被告人的自首是出于刑讯逼供、暴行、胁迫、长期的不当拘禁、欺瞒以及其他方法，而非本意陈述的；或在正式审判中，被告人的自首是对其不利的唯一证据时，不得将其作为有罪证据或以此为由进行处罚"，从而否定了对没有自愿性之自首的证明力（《刑事诉讼法》第 309 条），同时对于"作为唯一、不利证据的自首"，需要"有证明力的独立证据"成为补强证据，才能成为有罪的根据（《刑事诉讼法》第 310 条）。

（9）获得迅速公开裁判的权利。

《宪法》第 27 条第 3 款规定，"所有国民享有接受迅速裁判的权利。除有相当理由外，刑事被告人享有及时接受公开裁判的权利"，从而保障了刑事被告人获得迅速公开裁判的权利。裁判的公开是指对审理与判决的公开。"但，审理有妨害国家安全保障和安宁秩序或善良风俗的，法院可以决定不予公开"（《宪法》第 109 条但书）。

（10）刑事补偿请求权。

《宪法》第 28 条，"刑事犯罪嫌疑人或刑事被告人曾被拘禁并受到法律规定的不起诉处分或无罪判决的，可依法向国家请求正当补偿"，从而规定了刑事补偿请求权。具有特点的地方是宪法上将刑事补偿请求权主体扩大适用到了刑事嫌疑人。

（11）其他刑事诉讼法上的权利。

除了宪法上的程序性保护外，在《刑事诉讼法》上还作出了如下规定。即在签发拘禁令状之前，由法官直接审问嫌疑人的“拘禁令状实质审查制”（《刑事诉讼法》第201条之二第1款）；即使是在被拘禁的情况下，当认为拘禁事由消失的情况发生时，可以释放被告人的“被告人保释制度”（《刑事诉讼法》第94条~第100条）。尤其是在检察官起诉前的阶段，也可以对嫌疑人适用保释制度。即法院以交付“保证嫌疑人能够出庭”的相应保证金为条件，对被拘禁的嫌疑人，作出命令释放的决定（以交付保证金为条件的嫌疑人释放制度，《刑事诉讼法》第214条之二第4款）。同时，刑事嫌疑人或刑事被告人对与自己相关的被告事实与公开审判程序等，具有知情权，因此有要求提供阅览、复制“刑事诉讼记录”与“处于诉讼继续中的证据材料”的权利（《刑事诉讼法》第55条、第266条之三）。

四、身体自由的限制与界限

（一）一般原则

在通过逮捕、拘禁方式限制身体自由时，应当有逮捕、拘禁令状，发生类似紧急逮捕或逮捕现行犯的情况下，应当在48小时以内，向法院请求拘禁令状。此时，收到拘禁令状请求的法官，原则上应当审问所有嫌疑人（《刑事诉讼法》第201条之二第1款）。

（二）收容者的基本权限制与界限

1. 限制收容者基本权的意义：特殊身份关系

收容者是指受刑者、未决收容者、死刑犯，此外根据法律与正当程序，被收容于监狱、看守所及其分所的人（《有关刑罚的执行及收容者待遇的法律》第2条第4项）。

2. 被限制的基本权

即使是对于收容者，也不能正当化限制其所有基本权的行为。国家不能放任由其担负确认和保障个人拥有的不可侵犯之基本人权的义务（《宪法》第10条）。因此，从收容者的角度来看，被预订为受限制的自由与权利应当限定在，有关拘禁的目的，即为了执行刑罚或防止逃逸、毁灭证据的身体自由以及迁徙自由等几种基本权。同时，该限制也不能超过必要的范围。

3. 小结

通常在一定条件下，允许收容者进行会见、接受书信（《有关刑罚的执行及收容者待遇的法律》第41条，第43条）或运动、洗浴（《有关刑罚的执行及收容者待遇的法律》第33条）等。但是，严格限制了与一般人的会见权。在辩护人会见未决收容者时，由教导官参与会见的行为是侵害会见权的举动。在辩护人与未决收容者进行书信交换时，应当保障该书信的秘密。然而，对于被禁闭（禁置处分）的受刑者而言，可以进行一定的限制。就使用戒具行为而言，在不违反过剩禁止原则的情况下可以行使。如果想在严重隔离对象的收容场所，设置监控录像进行监视时，应当具备法律根据。代替了《行刑法》的《有关刑罚的执行及收容者待遇的法律》，在该法第 94 条新设了有关使用电子影像装备戒护收容者或机构的相关规定。

第三节　精神的安全与自由

第一项　良心的自由

一、意义

《宪法》第 19 条规定，“所有国民享有良心的自由”。良心自由中的“良心”是指人的内心自由，不仅包括伦理属性（伦理的良心说），还包括作为社会良心的思想自由（社会的良心说）。在韩国《宪法》中，仅规定了良心、宗教的自由，没有对思想自由作出规定。应当认为《宪法》第 19 条的“良心自由”中，包含了思想的自由。同时应当狭义理解该条款中的“思想”，即思想的本质内容，“不论是在何领域，去追求真实的自由，即形成见解（意见）的自由”，当根据这一自由“在伦理、道德的层面上，用人的态度”呈现出来时，便是良心的自由。这种“思想的对外表现与传达”，根据各自由的特性，体现为宗教仪式的自由、言论自由、表演自由、教育自由。甚至对于群体的意见，可以通过集会、示威、结社的自由去传播。

二、良心自由的法律性质

内心的自由是良心自由的本质内容，既是自然权，也是绝对的基本权。在良心自由中的“良心”区别于国会议员（《宪法》第 46 条第 2 款）或法官（《宪法》第 103 条）或宪法裁判官（《宪法裁判所法》第 4 条）的职业良心。

三、良心自由的主体、效力

良心自由的主体是自然人，法人则除外。虽然在《宪法》上使用“所有国民”这一表现形式，但是良心自由的主体既包括本国人，也包括外国人。良心自由约束所有国家权力。同时，良心自由也适用于私人之间（间接适用说）。

四、良心自由的内容

（一）形成（决定）良心的自由

1. 良心自由的本质内容

形成良心或决定良心的自由是指在不受来自外部的任何干涉、压力、强制下，形成良心并决定内在的良心之形象的自由。这是良心自由的本质内容，属于不能被限制的绝对自由。

2. 禁止未决收容者购读新闻

对未决收容者禁止购读新闻，这意味着不让其获得良心、思想，因此有可能会侵害未决收容者的良心自由。

（二）维持良心的自由

1. 沉默的自由

维持良心的自由是指对已经形成的良心，不受外部强制的自由，即不受使得直接或间接向外部表露的强制。沉默的自由是指自己本身所具有的思想与良心，不被强制向外部表露的自由。

2. 谢罪广告制度

不被强制做出违反良心行为的自由，也属于广义的沉默自由，因此命令谢罪广告的行为属于违宪。此外，禁止通过思想调查、忠诚宣誓、踩十字架等外部行动，间接推断良心的行为。

3. 遵法誓约书制度

宪法裁判所认为对违反《国家保安法》与《关于集会及示威的法律》的受刑者作出假释决定前，为了确认出狱后的守法（遵法）意志，要求其提交遵法誓约书的制度，属于合宪。然而，要求提交遵法誓约书的规定（《关于假释放审查等的规则》第 14 条第 2 款），由于不停地受到认为侵害宪法上良心自由的批判，且被指出在刑事政策上不具有实效性，该规定最终被删除（法务部令第 536 号，2003.7.31.）。

4. 出于良心拒绝服兵役（持枪）

（1）对外实现良心时，进行限制的可能性。

“出于良心拒绝服兵役（Conscientious Objections）”是指以宗教信仰或伦理、哲学信念为理由，不仅拒绝参与战争，即使是在和平时期，拒绝为了防备战争而持枪履行兵役义务。“出于良心拒绝服兵役”有可能涉及如下不受强制的自由，即维持良心自由中的不受强迫做出违反自己良心的行为。“出于良心拒绝服兵役”不仅仅停留在形成或决定内在良心的领域，而且还包含对外实现良心自由的行为，因此可以对“出于良心拒绝服兵役”做出限制。

（2）刑事处罚与比例原则。

对“出于良心拒绝服兵役”的人进行刑事处罚的《兵役法》第 88 条，是否违反过剩禁止原则，即该条款是否违宪？首先，当考虑《宪法》上的国防义务（《宪法》第 39 条第 1 款）时，该条款具备目的的正当性。其次，有些见解认为，在存在非战斗服役、公益服役等代替性服役措施的情况下，该条款却执意实施刑事处罚，因此该条款不具备手段的适合性和侵害的最小性。

5. 拒绝陈述权

应当区分《宪法》第 12 条第 2 款的“拒绝陈述权”与刑事程序上为了保障人身自由的“沉默自由”。

（三）表现（实现）良心的自由

当良心向外部表露的瞬间，良心自由与表达自由将发生重叠。可以说这一阶段是丧失绝对基本权属性的阶段。即使是认可“实现良心的自由”的观点，也认为“为了社会共同体的法律上和平，以及宪法秩序的维持”，有必要做出一定限制。

五、良心自由的限制与界限

（一）限制良心自由的可能性

绝对无限制说，认为不管是停留于内在世界的情形，还是在向外部表露的情形，都不能限制良心。内在的无限制说，认为只有当良心停留于纯粹的内在世界时，才绝对不能限制。内在的限制说，认为即使良心没有被表露于外部，也具有一定的内在限制（对国家存续本身的否定等）。

总之，当个人的思想或伦理的判断，停留于内在的情况下，外部不仅无法明确认知该良心，同时该良心会根据个人的意志而产生变化，因此无法在客观上进行限制，若试图对该良心进行限制，则会产生副作用。因此，采纳内在的无限制说比较妥当。

（二）良心自由之侵害的判断标准

就“实现良心的自由”而言，其法益的比较衡量过程呈现出特殊的形态。在判断良心自由的情况下，不完全适用如下比例原则的一般审查过程。即通过审查手段的适合性、侵害的最小性等，根据公益上的理由，基本权应当做出何种程度的让步。

第二项　宗教自由

一、意义

《宪法》第 20 条规定了宗教自由与政教分离的原则。即“所有国民享有宗教自由”（《宪法》第 20 条第 1 款）。“国教不予认可，宗教和政治相分离”（《宪法》第 20 条第 2 款）。在人的内在世界里，为了自由地启发人格，宗教自由不受任何限制。就宗教的定义而言，认为宗教是指“认可神或绝对者，在一定的样式下，相信神或绝对者，欲通过崇拜恭敬获得内心的平安与幸福，是精神文化的体系之一”，但是诸如佛教，也有不认可神或绝对者的宗教，因此很难准确定义何为宗教。

二、宗教自由的法律性质

宗教的自由是人的内在信仰，因此是最基本的自由。信仰的自由，作为宗教自由的本质内容，既是自然权利也是绝对的基本权。

三、宗教自由的主体、效力

宗教自由的主体是自然人。虽然在《宪法》上使用了“所有国民”这一表现形式，但是宗教自由的主体既包括本国人，也包括外国人。然而，基于诸如信仰自由等内心自由的本质，法人不能成为宗教自由的主体。但是教会的传教自由等，则被认可为宗教行为的自由。

宗教自由约束所有国家权力。宗教自由也适用于私人相互之间（间接适用说）。因此在原则上不能以特定信仰为理由，而做出解雇等行为。但是对于由特定宗教经营的“倾向型企业”而言，可以认可其特殊性。

四、宗教自由的内容

（一）信仰自由的绝对保障

信仰的自由包括，选择宗教、变更宗教、无宗教的自由与信仰告白的自由。因此，不能将特定信仰视为就任条件，也不能进行宗教性考试（《美国联邦宪法》第 6 条第 3 款但书）。信仰自由是人内心的作用，因此是绝对的自由，任何理由也不能限制信仰自由。

（二）宗教性表现的相对保障

宗教行为是指向外部呈现信仰的所有仪式、庆典（祷告、礼拜、读经等）。宗教行为的自由包括，宗教仪式的自由、传教的自由、宗教教育的自由。可以对宗教行为的自由做出限制。传教自由是“宣传自己所信奉的宗教，从而集结新信徒”的自由，“传教自由包括，批判其他宗教的自由或向其他教徒劝说改教的自由”。

对比一般性集会、结社的自由而言，宗教性集会、结社的自由具有类似特别法的性质。《关于集会及示威的法律》规定，对于宗教集会而言，不适用“屋外集会与示威的登记制度”等（《关于集会及示威的法律》第 13 条）。

五、宗教自由的限制与界限

（一）限制的一般原理

如同良心自由中的“形成良心的自由”一样（内在的无限制说），宗教自由中的“信仰自由”属于绝对的基本权，不受任何限制。然而，伴随着向外部表露的“宗教行为的自由”与“宗教性集会、结社的自由”，则属于相对基本权，因此可以根据《宪法》第 37 条第 2 款限制基本权的一般理论进行限制。

（二）对宗教教育自由的限制

1. 宗教教育的自由与学校的宗教教育

“宗教行为的自由”包括宗教教育的自由。宗教教育的自由是指在家庭或学校等地，可以教授宗教教理的教育自由。因此，原则上由特定宗教团体设立的学校或育婴机关，可以自由实施宗教教育。

2. 私立初级、高级中学的宗教教育

在大都市，与学生本人意思无关，学生被单方面地分配到国立或公立初、高中和私立初、高中。这种体制很有可能侵害学生的选择学校权利。尤其是在被强制分配到由特定宗教财团设立的学校时，只能忍受特定的宗教教育和宗教理念。

由于这种体系不乏存在侵害学生宗教自由的违宪因素，为了解决这种问题，在分配学校时，有必要在制度上重新考虑宗教问题。

3. 私立大学的宗教教育

现行法制较好地保障了学生自由选择大学的权利。基于此，大法院也认为在私立大学进行的宗教教育，具有正当性（大判 1998.11.10. 96Da37268）。

基于韩国的特殊性，韩国的择校权还没有被实质地确立。因此，在排除韩国特殊性的情况下，适用当事人意思自治的法理，即适用私法上合同的法理解决学生的入学、在读问题，实属不妥当。在学生选择大学与入学以及大学选拔学生的过程中，存在着许多法律上、制度上限制要素，使得私法上合同法理起不了作用。除了由国家实施的大学入学考试、需要反映在校成绩等问题之外，还受到许多如下的公法上限制。如高考日期在事实上被特定的问题，以及在学生选择学校时，在同一学校群中，只能申请一个学校等问题。

学生具有如下绝对基本权属性的自由，即“不具有信仰的自由”。例如在学校附属礼拜堂一起进行祷告的课程，最终有可能侵害学生的信仰告白自由。由于私立学校也在获得国家的援助，因此应当根据基本权的对私人效力，即适用国家援助理论，有必要在政策上，对私立大学的宗教教育设置一定的界限。

六、否认国教与政教分离的原则

（一）意义

《宪法》在第 20 条第 1 款规定了宗教自由，并在第 20 条第 2 款规定了政教分离的原则。就政教分离的原则而言，有见解认为政教分离原则是宗教自由的一部分，属于基本权；另一种见解认为政教分离原则意味着防止政治与特定宗教结合而压迫其他宗教，因此属于间接的制度保障。总之，不能将政教分离原则视为是作为主观公权的宗教自由之当然内容，应当将其理解为是间接保障宗教自由的制度保障。

（二）政教分离的现实意义

虽然西方各国在传统上建立于基督教文化之上，但现如今也出现了政教分离的倾向。这种采纳政教分离原则的现象，意味着其政教一致的历史、社会与现实的诀别。

（三）否认国教与政教分离原则的内容

1. 否认国教

国家不得对特定宗教给予特别保护，国家不得通过指定宗教赋予其各种特权。禁止国家对特定宗教的优待或者歧视待遇。

2. 禁止宗教的政治干预

由于宗教不得干预政治，因此原则上宗教团体不得进行政治活动。限制在宗教仪式中进行的政治活动。然而，可以设立具有宗教性质的政党。

第三项　学问的自由

一、意义

《宪法》第 22 条第 1 款规定，“所有国民享有学问和艺术的自由”。在该条款中规定了学问和艺术的自由。学问的自由和艺术的自由之间，具有密切的联系。学问自由是指探求真理的自由。“探求真理”是指对客观真理进行的主观探求。尤其是在《宪法》第 31 条第 4 款中，保障了探求真理的殿堂，即保障了大学的自律性（自主性）。

二、学问自由的法律性质

对于学问自由具有作为个人自由权属性的观点，并无异论。学问自由的本质内容是基于大学自治制度的“大学的自由”，因此“大学自治制度的制度保障”也是学问自由的当然内容。

三、学问自由的主体、效力

就学问自由的主体而言，虽然在《宪法》上使用了“所有国民”这一表述，但是学问自由的享有主体既可以包括本国人，也可以包括外国人。同时，由于学问自由具有保障大学自治制度的制度保障属性，因此对“大学等研究机构”而言，根据其团体的性质，在一定的情况下也可以成为学问自由的主体。学问自由是对国家的权利，因此是不受国家权力侵害或干涉的权利。对私人之间也可以间接适用。

四、学问自由的内容

（一）研究的自由

研究的自由是指作为学问自由之本体的探求真理的自由。当把学问的自由称为是绝对基本权时，就是指学问研究的自由。然而，古典意义上“研究的自由”，随着科学技术的发展也要不可避免地受到新型规制。例如，克隆人类胚胎的研究，由于其违反人的尊严性，因此在一定情况下有必要禁止该研究。《关于生命伦理及安全的法律》中规定，禁止为了克隆人类将体细胞克隆胚胎植入、停留于子宫或分娩的行为（《关于生命伦理及安全的法律》第 11 条）。

（二）发表研究结果的自由

“发表研究结果的自由”是指通过对学问的研究，向外部发表研究结果的自由。根据发表场所的不同，对该自由的保护程度也有所不同。因此，在大学里的发表，应当受到比表达自由更强的保护。

（三）教授的自由（讲学的自由）

1. 意义

教授的自由或者讲学的自由是指在大学等高等教育机关，能够由教授（Professor）以及研究者自由地进行教授和教育的自由。然而，对于小学、初级中学等的下级教育机关而言，其教育自由不能理解为是学问自由的内容，即不能理解为是教授的自由，而是《宪法》第 31 条受教育的权利，是教育的自由（参照第三篇第六章第四节）。

2. 界限

就教授的自由而言，其教授的内容和方法等不受任何指示或控制。教授的自由也应当立足于民主的基本秩序，并在尊重宪法秩序的框架内行使。

（四）学问性集会、结社的自由

为了使得研究学问、发表研究结果、教授该研究内容的自由获得实质性保障，应当保障学问性集会或者结社的自由。

五、大学的自治（自由）

（一）意义：最大限度保障大学自治

由于大学是研究与教育的中心，为此应当保障大学享有最大限度的自律（自主）与自治。正因为这一点，大学的自治处在了为实质上体现学问自由的中心轴上。

（二）大学自治的宪法根据与法律性质

大学自治是由《宪法》第 22 条第 1 款所保障的学问自由之核心内容，因此对如下观点并不存在异议，即“《宪法》第 22 条第 1 款是大学自治的宪法根据”。同时，《宪法》第 31 条第 4 款“大学自律性（自主性）的保障”，再一次确认并强调了大学自治。大学自治不仅具有基本权的性质，还具有制度保障的性质。

（三）大学自治的主体

1. 意义

虽说所有国民都享有学问自由，但是该自由的基本主体应当是大学中进行研究、讲学的大学教授。因此，最狭义的学问自由就是指教授（Professor）的研究自由与教授（讲学）自由。

2. 教授（Professor）的自治

大学自治的核心是教授的自治，即有关教授身份的人事自治以及研究与教育的自治。虽然通常认为大学的三大主体是教授、学生、职员，并将三者的关系理解为是单纯体量上的对等关系，从而认为是同一体，但是大学的核心主体只能是教授（研究职位）。

3. 学生自治是大学自治的一部分

学生是大学的组成人员，与维持、改善大学的教育环境或条件具有重大的利害关系，因此有必要认可学生的自治。

4. 大学自治（自由）与教授（Professor）的身份保障

教授作为大学主体，如果不能得到自由研究与讲学的身份保障，那么大学自治只会成为徒有其表的摆设。为防止政府或私学财团不当剥夺教授身份，而设立法律、制度装置是保障大学自治的基础。由此，教授的续聘制度得到了根本性的改善（具体参照第六章第四节教授再任用制度）。

（四）大学自治的内容

1. 意义

大学自治的内容包括，教授人事的自治、学生自治、研究与教育的内容和方法的自治、设施管理的自治、预算管理的自治等。

2. 校长直选制

虽然校长直选制并非法律上制度，但在民主化的过程中具体得到了实现。然而，校长直选制并非唯一理想制度。有必要在将来设计一种由校内外成员均能参与的多样性制度。

《教育公务员法》第 24 条之三中规定，当通过大学内的直接选举而选出校长候选人的情况下，应当将该选举事务委托于管辖该大学所在地的区、市、郡选举管理委员会。这一规定应当视为是侵害大学自律性（自主性）的违宪规定。然而，宪法裁判所作出了合宪的决定。

3. 大学的选拔学生权

大学的教育对象是学生。因此，在原则上大学具有自主选拔学生，并进行教育的权利。但是国家可以在一定程度上介入大学对学生的选拔行为。

（五）大学自治的界限

大学并非处于治外法权地位，因此可以对其发动国家公权力。为了实质保障大学自治，针对大学这种特殊研究场所，应当尽可能地克制发动警察权。《关于集会及示威的法律》规定，即使没有大学校长的邀请，也可以有警察权的介入（《关于集会及示威的法律》第19条），但是应当谨慎行使这一权限。

六、学问自由的限制与界限

应当绝对保障研究学问的自由，对于发表研究结果或讲学的自由而言，可以对其进行一定的限制，然而该限制应当限于不可避免地最小限度。

第四项　艺术的自由

一、意义

《宪法》第22条第1款规定，“所有国民享有学问和艺术的自由”，由此在同一条款中规定了学问和艺术的自由。学问的自由和艺术的自由之间，具有密切的联系。艺术的自由是追求“美”的自由。

二、艺术自由的法律性质

艺术自由是创造性地启发人类自由人格的主观性公权。同时，艺术自由还具有客观价值秩序属性，即基于文化国家原理，保障作为制度的艺术。

三、艺术自由的主体

艺术的自由是自然人的权利，因此不仅是本国人，外国人也可以享有这一自由。然而，对于法人或团体是否能够成为艺术自由的主体而言，尚存争论。总之，“是否认可法人或团体的基本权主体性”，取决于是否只有该法人或团体才能创作出一个艺术，而不是根据“该团体在性质上是否具有法人属性”。如下观点也具有一定的道理，即认为由于艺术创作是高水准的精神性、体力性作业的结合体，因此艺术自由作为个人的精神自由，在该领域中很难认可法人或团体的基本权主体性。然而，依照艺术的特殊性可举例交响乐团的演奏，该演奏本身就是一个艺术，不应该将该艺术视为是交响乐团构成成员之个人的自由，而应当认可乐团本身的基本权主体性。

四、艺术自由的效力

艺术自由是不受来自国家权力之侵害或限制的自由，因此当然具有对国家的效力。同时，艺术自由可以适用于私人之间（间接适用）。

五、艺术自由的内容

（一）艺术创作的自由

艺术创作的自由是进行艺术创作活动的自由，以所有艺术创作活动的自由作为内容，包括对创作素材、创作形态、创作过程等的任意决定权。

（二）艺术表现的自由

艺术表现的自由是指将创作完成的艺术品，向一般大众展示、公演、普及的自由。有关普及艺术品的自由，以普及艺术品为目的的艺术出版社等也在此种意境下受到艺术自由的保护。

（三）艺术性集会、结社的自由

"为了艺术性活动的集会、结社"作为艺术自由的一个内容，同宗教自由、学问自由一样，受到比"一般集会、结社自由"更强的保护。在《关于集会及示威的法律》中，针对艺术性集会、结社设定了缓和的规制（《关于集会及示威的法律》第15条）。

六、艺术自由的限制与界限

（一）意义

为了保障国家安全、维持秩序或公共福利，在必要的情况下，可以根据《宪法》第37条第2款的规定，依照法律对艺术自由进行限制。艺术自由不能侵害他人的权利与名誉、公共道德、社会伦理（《宪法》第21条第4款）。

（二）事前审议制度

艺术创作的自由，虽然有必要比照绝对基本权的标准予以保障，但是由于艺术创作的自由在大部分情况下，伴随着艺术性表现，因此在实际上可以对艺术创作的自由做出限制。尤其是对作为艺术之表现的电影、歌剧、唱片以及影视作品等的限制，原则上应当禁止对此等艺术表现的事前限制，但是自律性（自主性）事前审议制度本身，很难视为违宪。由于过去的公演伦理委员会、韩国公演艺术振兴协议会、影像物等级委员会的事前审议或等级分类保留制度属于事前审议，因此对其作出了违宪的决定［宪裁 2001.8.30. 2000Hun-Ka9，《影视振兴法》第 21 条第 4 款的违宪提请（违宪）］。

（三）淫乱的表现

淫乱是指通过刺激一般普通人的性欲，诱发性兴奋，并通过危害正常的性羞耻心，违反性道义观念的状态。对于判断表现物是否淫乱，应当考虑如下几点问题：该表现物对性进行的详尽而赤裸裸的描述、叙述之程度与方法；在表现物全体中，该描述、叙述所占的比重；该表现物表现出的思想等与描述、叙述的关联性；通过分析表现物的构成或展开或者艺术性、思想性等，评价对性之刺激的缓解程度；从上述观点审视该表现物之整体时，该表现物是否主要是诱发观众的好色性趣等。此时，不应当根据表现物制作人的主观意图进行评价，而应当从该社会普通人的立场出发，根据该时代健全的社会常识，做出客观而规范的评价（大判 2005.7.22. 2003Do2911）。

应当区分艺术性与淫乱性。艺术性与淫乱性是不同层次的观念，当认为某一艺术作品具有艺术性时，不可当然否定该作品的淫乱性。然而，基于该艺术作品的艺术价值、主题与性表现的关联度等，可以缓和该艺术作品的淫乱性，从而降低处罚的可能性。

七、著作者、发明家、艺术家的权利保护

《宪法》第 22 条第 2 款规定，"著作者、发明家、科学技术者和艺术家的权利，由法律保护"，从而明示了对科学技术人员的特别保护。其目的是通过促进科学、技术的自由而创造性的研究开发，在理论与实际的两面中，保护其研究与产物，从而提高文化之昌达。

著作者、发明家、科学技术人员和艺术家的知识产权是受特别保护的对象。就权利救济而言，考虑到其特殊性，设置并运用了特许审判院与特许法院制度。

第五项　言论、出版的自由

一、意义

表现自由是总括言论、出版、集会、结社自由的统称概念。在《宪法》第 21 条中，将言论、出版、集会、结社的自由，规定在了同一条款之中。《宪法》第 17 条私生活的秘密与自由、第 19 条良心的自由、第 20 条宗教的自由、第 22

条学问与艺术的自由，也同表现自由有着密切联系。其实，表现自由是民主主义国家生活不可或缺的自由。

二、言论、出版自由的保障

（一）宪法上言论、出版自由的定位－从消极的自由到积极的自由

《宪法》第21条所保障的言论、出版自由是排斥国家权力的自由，即一直被理解为是消极自由权。然而，随着信息社会的加速，言论、出版自由被理解为是包含信息自由（知情权）的权利，是积极收集、处理、传播信息的信息自由。

（二）表现自由的功能与优越地位

当判断针对表现自由的规制是否符合宪法时，在适用合宪性判断标准上，一般设定严格于适用在其他自由权的合宪性判断标准。例如，①禁止对言论、出版进行事前审阅的禁止事前抑制理论（Prior Restraint）；②明确性的理论［由于过于模糊而无效的理论（Void for Vagueness）］与合宪性推定的排除原则；③应当存在明确且现存危险（Clear and Present Danger）的原则；④应当选择“较低限制性手段（Less Restrictive Alternative，LRA）”的选择必要最小限度之规制手段原则；⑤比较衡量（Balancing Test）的原则或者双重标准（Double Standard）的原则。

三、言论、出版自由的法律性质

可以说如今的言论、出版自由是在古典个人自由权属性中结合了言论、出版之制度保障属性的自由。

四、言论、出版自由的主体、效力

言论、出版的自由不仅具有个人的自由权性质，还包括了新闻机关的自由，因此诸如报社、广播、通信社之类的法人也具有基本权主体性。同时，言论、出版的自由是自然人的权利，因此外国人也具有基本权主体性。

言论、出版的自由不仅具有对国家的效力，还具有对私人的效力。就对私人的效力而言，虽然有间接适用说，但可以根据《宪法》第21条第4款，在宪法上直接进行适用。

五、言论、出版自由的内容

（一）意义

言论是指依口头的表现，出版是指依文字或象形的表现。在言论、出版自由中所指的“言论、出版”是指表现思想、良心以及知识、经验等的所有手段，即包括谈话、演说、讨论、歌剧、广播、音乐、电影、歌谣等和文书、图画、照片、雕塑、书画、小说、诗歌等。

言论、出版自由保护的是针对不特定多数人的表现，因此有关自己信息的表现，则由私生活的秘密与自由（《宪法》第 17 条）予以保护，在私领域中能够使得个人相互间接触的表现，则由通信自由（《宪法》第 18 条）予以保护。同时，可以说良心表现的自由（《宪法》第 19 条）、信仰表现的自由（《宪法》第 20 条）是表现自由的特别法性质的规定。音乐、电影、歌剧、图画、照片等的纯粹艺术性表现，在原则上受艺术自由（《宪法》第 22 条第 1 款）的保护。

（二）表明并传达思想、意见的自由

1. 所有形态的表现

“表明并传达思想或意见的自由”是言论、出版自由的基本权内容。就思想或意见的表现方法而言，不仅包括传统的口头或文字以及依象形的方法，还包括视听觉媒体、互联网、象征性的表现方法。

2. 营业广告（商业广告）

营业性表现与经济自由权有着密切联系，因此，比起传统的言论自由，不可避免地会受到更多的限制。对商业广告的限制而言，不得不适用相对缓和的比例原则，同时很难适用禁止事前审阅的原则。

（三）接近（Access）权

1. 意义

（1）概念。

对大众传媒的接近权是指通过接近新闻媒体，利用新闻媒体的新闻媒体接近、利用权。即国民为了表明自己的思想或意见，自由地接近、利用新闻媒体的权利。

（2）功能。

接近权使得“对大众传媒的意思表现”成为可能，为表现自由的实质化做出了贡献。尤其是通过接近权，可以向大众传媒反映不同的思想与意见，从而防止由新闻机关的恣意引发的歪曲舆论现象，促使其报道公正且正确的信息。

2. 宪法上根据

就韩国宪法上的接近权之根据而言，应当从《宪法》第 21 条的言论、出版自由为出发点。为了保护基于《宪法》第 10 条“人的尊严与价值”的人格权，应当认可接近权的存在，此条款还是反论权以及辩解权的宪法根据。为了保障《宪法》第 34 条第 1 款“享受正常人生活的权利”，也应当认可接近权。

3. 法律性质

接近权是由个人享有的主观公权。然而，接近权是以新闻社等私人为对象的权利，因此区别于信息公开请求权。

4. 内容

（1）广义的（一般性）接近权与狭义的接近权。

广义甚至一般性接近权（General Right of Access）是指国民可以利用大众传媒，表明自身的思想或意见的权利。狭义的接近权是指受到来自大众传媒的损害名誉、批判、攻击等的国民，可以要求该大众传媒，报道与自己有关的反论甚至辩解的权利。反论报道请求权或纠正报道请求权等是狭义接近权的具体化。

总统利用电视或广播时间，向国民提出号召后，在野党要求反驳时间的权利，属于“限制性接近权（Limited Right of Access）”。观念广告（意见广告）是“广告主根据广告栏、广告时间，支付代价并将自身的意见以广告的形式刊登于大众传媒做宣传的广告”，具有商业广告的性质，因此区别于纯粹意义上的言论。

（2）广播媒体的特殊性。

“不同媒体之间规制的程度与内容也有所不同”。与广播媒体不同，印刷媒体采用登记制。广播由于频率资源的有限性，广播媒体的设立采用许可制。同时，《广播法》为了强化听众的权利，规定了一系列接近权。

5. 界限

接近权不能过度侵害新闻机关的合同自由及言论自由。当接近权与言论自由相冲突时，有必要做出规范调和性解释。

（四）报道的自由

1. 新闻机关设施法定主义

（1）意义。

《宪法》第 21 条第 3 款规定，“通信、广播的设施标准和保障报纸功能所需事项由法律规定”，从而明示了新闻机关设施法定主义。在《关于振兴报纸等的法律》《广播法》《关于振兴杂志等定期刊物的法律》《关于振兴新闻通信等法律》中，对新闻机关的设置作出了一定限制。例如，定期刊物的登记制、广播的许可制、限制大企业持有一般日刊报纸等、新闻通信的许可制等。

（2）禁止报纸、通信、广播的兼营。

禁止新闻、通信、广播的兼营是纠正可能由于言论企业的垄断，而引发歪曲国民意思现象的立法措施。旧《报纸法》规定的“禁止日刊报纸与广播事业的兼营（旧《报纸法》第15条）”，被认定为宪法不合致。因此制定了《关于振兴报纸等的法律》，废止了禁止日刊报纸与新闻通信的兼营规定，并废止了限制日刊报纸、新闻通信、广播事业法人之股票、股份的持有人再取得日刊报纸法人之股票、股份的规定。同时，在《广播法》中规定了一定的持有限制。

（3）规制日刊报纸的垄断。

旧《报纸法》中，曾规定关于规制日刊报纸之垄断的内容，然而由于宪法裁判所作出违宪决定，在《关于振兴报纸等的法律》中废止了该规定。

2. 采访的自由

（1）意义。

报道自由包括了采访的自由。只不过采访的自由会受到维持秩序、保护隐私、维持国家机密的限制。在法庭上拍摄照片、录制、转播等行为，要有裁判长的许可才能进行（《法院组织法》第59条）。

（2）保护国家秘密。

国家根据关于保护秘密的法令规定，可以不公开有关信息。公务员于在职过程中或退职后，应当严守职务上得知的秘密（《国家公务员法》第60条）。

（3）采访源秘匿权。

一般倾向于不认可对采访源的拒绝陈述权（即秘匿权）。然而作为宪法上言论自由的内容之一，应当认可秘匿权。《关于振兴报纸等的法律》第3条第2款规定，“报纸以及互联网报纸，作为第1款言论自由的内容之一，具有对信息源进行自由接近的权限与公布该采访内容的自由”。只不过这一拒绝陈述权也要受到为了公共利益的限制。

3. 新闻机关内部的自由

随着新闻机关的大企业化、垄断化、商业化，为了防止新闻经营者的人事权、经理权、营运权侵害到新闻从事者的编辑权，应当设置剥离经营权与编辑、编成权的制度保障。

4. 广播的自由

（1）广播的概念。

广播是指通过企划、编成或制作广播节目，以电气通信设备向观众播放的行为，包括电视广播、无线电广播、数据广播、数字多媒体广播（《广播法》第 2 条）。

（2）广播的自由与公共责任。

随着影像媒体的迅速发展，通过新型法律应对广播自由的同时也有必要强调广播的责任（《广播法》第 4 条）。

5. 表现的自由与互联网媒体

（1）意义。

互联网（Internet）是指“由全世界众多电脑网络，相互连接成的庞大网络”，即被定义为“网络的网络（Network of Networks）”。互联网媒体可以分为互联网报纸与互联网广播。

（2）互联网媒体的法律地位。

“互联网报纸是指利用电脑等具有信息处理功能的装置与通信网，为了传播关于政治、经济、社会、文化、时事等的报道、评论、舆论及信息，而发行的电子刊物，且应当满足独立生产文章与定期发行等由总统令规定之标准的刊物”（《关于振兴报纸等法律》第 2 条第 2 项）。“互联网广播是指通过互联网，企划、编成、制作广播节目，并向观众（包括根据个别合同的接受者）播送的情形”。虽然互联网援用多种技术方式，但通常使用网播（Webcasting）、流媒体（Streaming Media）的方式。如果将“互联网广播”编入《广播法》上的广播之一，那么这将对广播既存的公共性与公益性带来根本性的变化。

（3）互联网媒体的规制。

根据互联网的特性，是应当将互联网媒体寄托于脱离规制的思想之自由市场，还是应当设定规制？这一问题需要有政策上的判断。总之，应当朝着统合互联网报纸与互联网广播的方向制定《视听觉法》或《广播通信法》。就互联网媒体的规制内容而言，不得不关注对互联网媒体之法律规制的全世界性共同趋势，即应当限定于对有关暴力、淫秽、损害名誉、侵害私生活、青少年问题、侵害著作权等的规制。

（4）小结。

适用于互联网媒体之规制与地位的基本法律，应当从既存的言论相关法制框架过渡到信息通信相关法制。与此同时，广播通信法制应当提供区分传统广播与互联网媒体的双重框架。

六、言论、出版自由的限制

（一）事前限制

1. 宪法第21条第2款的意义

《宪法》第21条第2款规定，“不得对言论、出版进行许可审查或审阅”。当允许审阅制或者许可制时，很有可能会对国民的精神生活造成威胁，还有可能导致仅允许生产官制意见或对支配者无害之意见的局面。

2. 禁止许可制

言论的许可制是指不分情形先对言论进行全面限制、禁止，在该言论获得许可前，由国家机关进行甄别，在特定的情况下，相应言论才可以被解除限制或者禁止的制度。由于言论自由属于自然法性质的自由，因此，有必要禁止言论许可制。然而，基于广播的特殊性，韩国《广播法》规定了许可、承认、登记等内容（《广播法》第9条）。

3. 禁止审阅制

（1）审阅的含义。

审阅是指思想或意见等被发表之前，以行政权为主体，审查、选别该内容，从而事前抑制发表的制度。

（2）审阅的要件。

禁止审阅的原则是指禁止只能依据行政权的许可才能发表意思表现的事前审查。

第一，作为审阅主体的行政权。禁止的审阅主体并非国家机关，而是行政权。法院作为解决纷争、保护权利的机关，其本质上不能视为审阅的主体。

第二，对表现物之内容的事前审查。当不是对表现内容进行的审查时，即使发生在发表之前，也不属于审阅。

第三，为了得到许可而提交表现物的义务，禁止未得到许可的意思表现以及存在能够贯彻审查程序的强制手段。禁止未得到许可的意思表现，同时只有在该禁止是通过行政命令、罚款、刑罚等被实际强制的情况下，才能认为审阅是对意思表现的违宪限制。

（3）对演艺、电影的事前审阅。

宪法裁判所认为，过去的公演伦理委员会与公演艺术振兴协议会的事前审议制度，影像物等级委员会的影视作品等级分类保留制度，《振兴电影法》上等级分类保留之无次数限制的电影上映等级分类制度，属于事前审阅，因此对其作出了违宪决定（宪裁 2001.8.30. 2000Hun-Ka9）。由此，删除了电影的等级分类保留制度，实施了完全登记制。

（4）登记、申告制与事前审阅。

登记或申告是由于行政上的必要，仅要求满足要件的申请，没有规制意思表现的内容，因此不同于事前许可或审阅，可以允许登记或申告。然而，当登记制在实质上与许可制或审阅制的法律效果相同时，视为违宪。

4. 例外的事前限制

由于表现自由是相对自由，因此可以进行事前限制。在不构成审阅的限度内，应当根据严格的条件，极其限定性地允许该例外。

（二）事后限制

言论自由也受到《宪法》第 37 条第 2 款依一般法律留保的限制。然而，由于公共规制存在较大滥用可能性，因此有必要使得新闻机关进行自主规制。为了强化新闻机关的自主规制，《关于言论仲裁及被害救济等的法律》与《关于广播通信委员会的设置及运营的法律》规定了关于言论仲裁委员会（《关于言论仲裁及被害救济等的法律》第 7 条）、广播通信委员会（《关于广播通信委员会的设置及运营的法律》第 2 章）、广播通信审议委员会（《关于广播通信委员会的设置及运营的法律》第 5 章）等的设置与运营事项。

七、言论、出版自由的限制与责任

（一）意义

《宪法》第 21 条第 4 款规定，“言论、出版不得侵犯他人的名誉、权利或公共道德、社会伦理”。立足于《宪法》规定，在《报纸法》中规定了言论的社会性责任（《报纸法》第 4 条），《关于言论仲裁及被害救济等的法律》中规定了言论的社会性责任（《关于言论仲裁及被害救济等的法律》第 4 条），《广播法》规定了广播的公共责任（《广播法》第 5 条）与公正性、公益性（《广播法》第 6 条），《公职选举法》规定了新闻机关的公正报道义务（《公职选举法》第 8 条）。

（二）国家秘密

国家秘密作为非公开的事实（广义），应当具有“需秘匿性”（又称要秘匿性），即防止针对国家安全产生不利影响的必要；还应当具有“实质秘密性”（又称实质秘性），即当该秘密被泄露时，存在可以视为是对国家安全产生了明显危险的实质价值。

（三）损害名誉

《刑法》规定，通过揭示事实，以诽谤为目的，公然损害他人名誉的言论、出版属于犯罪（《刑法》第 309 条，第 312 条第 2 款）。根据《民法》，因故意或过失做出的表现，构成民事侵权行为（《民法》第 750 条、第 751 条）。但，即使是损害他人名誉的言论、出版，“当揭示的事实属于真实事实，且仅仅是关于公共利益的事实时，不予处罚”（《刑法》第 310 条）。同时，《信息通信网法》规定了网络名誉损害罪（《信息通信网法》第 70 条）。尤其是有关“现实恶意（Actuel Malice）”理论的提出，该理论认为，应当由被害人举证媒体对公众人物进行的损害名誉行为是基于现实的恶意。

（四）私生活的秘密与自由

根据《宪法》第 17 条私生活的秘密与自由，韩国制定了《个人信息保护法》《关于信息通信网的促进利用及保护信息等的法律》等。基于大众、商业性传媒的泛滥，针对明显侵害私生活的行为，将得到处罚（《刑法》第 309 条以后）或者构成侵权行为。

（五）公共道德与社会伦理

公共道德与社会伦理，尤其与淫乱、猥亵性的报道相关联。虽然《刑法》第 243 条处罚对淫乱性文书、图画等的发布、贩卖、租赁或公然进行展示的人，但是对于淫乱的概念尚未明确，应当予以特别关注。

八、言论、出版自由的侵害与救济

（一）意义

当国家权力侵害言论、出版自由时，应当基于言论、出版自由的优越地位理论获得保障。当新闻机关或私人侵害个人的言论、出版自由时，可以根据基本权对私人效力的直接适用说，直接根据宪法获得救济。

（二）言论、出版对基本权的侵害与救济

1. 意义

《宪法》第 21 条第 4 款规定，“言论、出版侵犯他人的名誉或权利的，被害人有权提出损害赔偿请求”，从而明示了言论的事后责任，并基于这一规定制定了《关于言论仲裁及被害救济等的法律》。

2. 救济方法

对新闻报道侵害基本权的救济方法，可以直接向新闻社提出纠正要求、利用被害救济机构、提起诉讼等。然而，通过新闻社的自主性救济或通过民间团体的救济方法，没能发挥满意的作用。由此，援用了伴随法律效果的基于损害赔偿请求、事前留止、谢罪广告、反论权等的救济方法。其中，谢罪广告制度被宪法裁判所决定为违宪，因此用公示判决文书的方法代替了谢罪广告制度。

对于司法救济而言，①以故意、过失等归责事由的存在为前提，还需要具体举证损害或其他法益的侵害；②基于诉讼制度的本质，很难期待获得迅速的救济；③仅依靠金钱的赔偿，还不能满足保护个人法益的需求。由此，《关于言论仲裁及被害救济等的法律》规定了纠正报道请求权、反论报道请求权、事后报道请求权。

3. 反论权、纠正权的制度化与言论仲裁

（1）纠正报道请求权。

由于新闻报道等的主张事实并非真实而受到侵害的人，在得知该新闻报道之日起至3个月以内，可以向新闻社、互联网新闻服务商、互联网多媒体广播商，请求纠正该新闻报道等的内容。但，自该新闻报道等播出后经过6个月时，不得提出纠正报道请求。请求纠正报道时，不要求存在新闻社等的故意、过失或违法性（《关于言论仲裁及被害救济等的法律》第14条）。

（2）反论报道请求权。

由于新闻报道等的主张事实而受到侵害的人，可以向新闻社等请求对该报道内容的反论报道。做出该请求时，不要求存在新闻社等的故意、过失或违法，也不问报道内容的真实与否（《关于言论仲裁及被害救济等的法律》第16条）。

（3）事后报道请求权。

因新闻社等言论机关曾报道或者公布某人具有犯罪嫌疑或者受到刑事上的制裁，然而，该当事人在刑事程序上获得无罪判决或者与此相同形态的结果时，该当事人自知道该事实之日起3个月以内，可以向新闻社等言论机关，请求刊载对该事实的事后报道（《关于言论仲裁及被害救济等的法律》第17条）。

（4）对互联网新闻服务的特别规则。

“互联网新闻服务”是指通过互联网，持续性地提供或中介新闻内容的电子刊物。当互联网新闻服务商收到《关于言论仲裁及被害救济等的法律》上的纠正报道请求、反论报道请求、事后报道请求的情况下，应当毫不迟疑地标示出曾存在过关于该新闻的纠正报道请求等，并应当向提供该新闻的新闻社等，通报该请求内容。

（5）言论仲裁委员会。

为了审议因新闻等的报道或中介而引起的调停纷争、仲裁、侵害事项，设立言论仲裁委员会（《关于言论仲裁及被害救济等的法律》第7条）。

应当在受理申请之日起14日以内进行调停。当仲裁部门的首长受理该调停申请时，应当毫不迟疑地选定调停日期，并要求当事人出席。当要求出席的申请人两次不予出席时，视为撤销调停申请。当被申请的新闻社等两次不予出席时，根据调停申请的内容，视为该被申请人将合议履行该纠正报道等（《关于言论仲裁及被害救济等的法律》第19条）。

4. 广播通信审议委员会的审议

《关于广播通信委员会的设置及运营的法律》规定了广播通信委员会与广播通信审议委员会。广播通信委员会是为了能动地应对广播与通信的融合环境，提高广播的自由与公共性、公益性，并强化广播、通信的国际竞争力，在总统所属下设立的委员会（《关于广播通信委员会的设置及运营的法律》第1条、第3条）。广播通信审议委员会是为了保障广播内容的公共性、公正性，把持信息通信中的健全文化，促成信息通信的正确使用环境，而设立的独立承办事务的机构（《关于广播通信委员会的设置及运营的法律》第18条）。

第六项　知情权

一、意义

知情权（信息的自由）是指接收通常能够接触到的信息，并可以对接收到的信息进行取舍、选择（消极的自由），且可以积极收集形成意思、形成舆论所需要之信息（积极自由）的权利。

二、知情权的宪法根据

虽然在宪法上没有明文规定知情权，但是可以在《宪法》第1条（国民主权主义）、第10条（人的尊严）、第21条第1款（表现的自由）中寻找其主要根据。此外，《宪法》序言、第34条第1款（享受正常人生活的权利）也可以成为知情权的宪法根据。

三、知情权的法律性质

知情权具有复合性，尤其可以根据其请求权属性的基本权性质直接推导出信息公开请求权，因此认可其具体权利属性。具体化知情权的法律，有《关于公共机关信息公开的法律》与《关于教育关联机关信息公开的特例法》。同时，为了具体体现该权利，公共机关还应当对其档案进行彻底的管理。由此，制定了《关于管理公共档案的法律》与《关于管理总统档案的法律》。

四、知情权的主体、效力

知情权的主体在原则上是作为自然人的大韩民国国民。另有观点认为，比照现如今知情权所具有的实现人之尊严的属性，还应当认可外国人的主体地位。对法人也应当认可知情权。知情权在原则上是具有对国家效力的基本权。然而，在例外情形下，可以间接适用于私人之间。

五、知情权的内容

（一）消极地信息受领权

在国民受领、收集信息时，不应当受到来自国家权力的妨碍。为了实际体现知情权，应当提供客观、公正的信息，因此，知情权与言论（报道）自由具有相互补充关系。

（二）积极地信息收集权（信息公开请求权）

可以通过信息公开制度，积极体现知情权。同时，与知情权处于相互补充关系的“自己信息控制权”，也可以从知情权的观点予以理解。即国民各个人应当可以对公共机关所保存的个人信息，进行接近、利用。

六、知情权的限制与界限

知情权也可以根据《宪法》第37条第2款进行限制。知情权的限制，与《关于公共机关信息公开的法律》上的非公开对象具有直接的关联。《关于公共机关信息公开的法律》第9条第1款中明示了如下具体不公开内容：①法令上的秘密；②与安保、国防、统一、外交相关联的信息；③国民的生命、身体、财产以及与公共安全相关的信息；④与裁判、侦查等相关的信息；⑤与监查、监督、合同、意思决定相关的信息等；⑥姓名、身份证号等个人信息；⑦法人的经营、营业秘密的信息；⑧与不动产投机、囤积居奇等的相关信息等。

第七项　集会、结社的自由

一、意义

在《宪法》第21条第1款中，除了规定言论、出版自由以外，还规定了集会、结社的自由。集会、结社的自由是言论、出版自由的集体性表现。比起言论或出版，由于集会、结社对维持社会秩序更具有直接的影响力，因此要受到比言论、出版自由更强的国家控制。

二、集会的自由

（一）集会自由的法律性质

集会自由是可以排除国家权力之干涉或妨害的主观公权。然而，很难将集会自由视为是集会制度的保障。

（二）集会自由的主体、效力

原则上集会自由的主体是国民，然而在宪法上没有特别禁止的事由时，可以认可外国人或无国籍人士的主体性。不仅是自然人，法人在一定范围内也可以成为集会自由的主体。由于集会自由是主观公权，可以约束所有国家机关。根据间接适用说，保障集会自由的对私人效力。《关于集会及示威的法律》第3条中规定了集会自由的对私人效力。

（三）集会自由的内容

1. 集会的概念

集会是指多数人在一定的场所，以共同的目的，进行会合的一时性的结合体。有关集会人数而言，虽然有学说认为是2人以上，但最少应当是3人以上。大法院认为多数人是指2人以上。由于集会是一时性的结合体，因此有别于结社。由于需要有共同的目的，因此参加集会的多数人之间，应当具有“依据内在纽带感的意思接触”。在《关于集会及示威的法律》中定义的示威概念是指，“多数人以共同的目的，在道路、广场、公园等一般人可以自由通行的场所进行游行或显示威力或气势，是对不特定多数人的意见产生影响或施加压迫的行为”（《关于集会及示威的法律》第2条第2项）。

2. 集会的种类

集会的种类可以分为公开集会与非公开集会、有计划的集会与偶发的集会、昼间集会与夜间集会、屋内集会与屋外集会。

屋外集会是指“在没有顶棚或四方没有被封闭的场所，进行的集会”（《关于集会及示威的法律》第 2 条第 1 项）。之所以区别规范屋外集会与屋内集会，是因为前者比后者更具有法益冲突的危险性。《关于集会及示威的法律》中规定的集会中，申告的对象是屋外集会与示威，而屋内集会不属于申告对象。

3. 集会自由的具体内容

就集会自由的内容而言，有积极举办集会的自由、主持或进行集会的自由、参与集会的自由，以及消极的不举办集会的自由与不参加集会的自由。

（四）集会自由的限制

集会自由也受《宪法》第 37 条第 2 款的限制。为了调和集会自由的保障与必要的限制，制定了《关于集会及示威的法律》。

1. 集会的事前限制——许可制的禁止与申告制

（1）意义。

为了最大限度保障表现自由，禁止了集会的“事前许可制”（《宪法》第 21 条第 2 款），采纳了“事前申告制”（《关于集会及示威的法律》第 6 条）。

（2）集会与示威的申告。

欲举办屋外集会或示威的人士，应当在屋外集会或示威开始 720 小时至 48 小时前，将申告书提交至管辖警察署署长（《关于集会及示威的法律》第 6 条第 1 款）。

（3）禁止集会与示威的通告。

收到申告书的管辖警察署署长，发现申告的屋外集会或示威属于如下情况时，即属于禁止对象的集会、示威（《关于集会及示威的法律》第 5 条第 1 款）或者没有补正申告书的记载事项时（《关于集会及示威的法律》第 8 条第 1 款），在由总统令规定的主要城市之主要道路中，认为为了疏导交通应当禁止集会或示威时（《关于集会及示威的法律》第 12 条第 1 款），在接收该申告书之时至 48 小时以内，可以向举办者通告禁止该集会或示威（《关于集会及示威的法律》第 8 条第 1 款）。

（4）对通告禁止集会与示威的异议。

集会或示威的举办者，可以根据同法第 8 条的规定，在接到禁止通告之日起 10 日以内，向该警察署的上一级警察署首长，申请异议（《关于集会及示威的法律》第 9 条第 1 款）。

2. 被禁止的集会与示威

集示法限定性地规定了禁止的集会：为了实现被宪法裁判所解散之政党的目

的，而进行的集会或示威；很明显会使用集体的暴力、胁迫、损毁、放火等对公共的安宁秩序产生直接威胁的集会、示威（《关于集会及示威的法律》第5条第1款）。

3. 以时间、场所等理由的限制

（1）屋外集会与示威的时间限制。

任何人不得在日出之前或日落后进行屋外集会或示威（《关于集会及示威的法律》第10条）。但是宪法裁判所对本条款中的“屋外集会”，作出了宪法不合致决定；对“示威”，作出了限定违宪决定，因此，禁止夜间集会或示威的条款已经丧失了效力。

（2）屋外集会与示威的场所限制。

在驻国内的他国外交机关或者外交使节的住处附近，原则上禁止进行屋外集会或示威，但也存在如下例外情形。即该屋外集会不是针对外交机关或外交使节之住处，且没有侵害外交机关或外交使节之住处的功能或安宁之虑等时，可以允许屋外集会或示威（《关于集会及示威的法律》第11条）。

（3）为了疏导交通与防止噪音的限制。

欲在由总统令规定的主要城市之主要道路中进行集会或示威的情况下，辖区警察署署长出于疏导交通的必要，可以禁止该集会或示威；或者出于维持交通秩序，作出附条件的限制（《关于集会及示威的法律》第12条第1款）。

（4）适用的排除。

有关学术、艺术、体育、宗教、仪式、亲睦、娱乐、冠婚丧祭、国庆等的集会，不适用同法第6条至第12条的规定（《关于集会及示威的法律》第15条）。

4. 集会的事后限制

集会自由也可以依照法律予以限制。与此相关的法律，除了《关于集会及示威的法律》以外，还有《刑法》《国家安保法》《关于使用汽油弹等的法律》等。尤其是在《关于集会及示威的法律》中，规定了警察官的集会场所出入（《关于集会及示威的法律》第19条）、警察署署长的解散之邀请、命令（《关于集会及示威的法律》第20条）等。

5. 限制集会自由的界限

事前许可制是对集会自由之本质内容的侵害。即使是事前申告制，在事实上产生与许可制相同的效果时，也会构成对本质内容的侵害。

三、结社的自由

（一）结社自由的法律性质

就结社自由的法律性质而言，普遍认为其具有主观公权性。与集会自由不同，为了保障社团、工会等团体的法律制度之存续，还应当认可结社自由的制度保障属性。

（二）结社自由的主体、效力

结社自由的主体是国民。在没有宪法上特别禁止的事由时，也可以认可外国人或无国籍人士的主体性。不仅是自然人，法人在一定范围内也可以成为结社自由的主体。大体上与集会自由的效力相同。根据间接适用说，认可结社自由的对私人效力。

（三）结社自由的内容

1. 结社的概念

结社是指多数人为了一定的共同目的结成的持续性团体。即结社是 2 人以上的自然人或法人，根据各自的自由的意思决定，为了达成他们的共同目的结成的持续性团体。

2. 结社的种类

《宪法》第 21 条的结社是有关结社自由的一般法律属性之条款。有关政党的《宪法》第 8 条规定是《宪法》第 21 条之结社的特别法规定。同时，还应当优先适用如下非政治性特殊结社的规定，即《宪法》第 20 条的宗教团体、教团（Religious Body）；第 22 条以学问或艺术的目的结成的学会、艺术团体；第 33 条为了提高劳动条件，由劳动者结成的劳动工会。

3. 结社自由的保障

结社自由中，包括积极地结成团体的自由，存续团体的自由，团体活动的自由，加入、留在结社中的自由，以及消极地从既存团体中退出的自由与不加入结社的自由。

（四）结社自由的限制

必要时，可以依照法律限制结社自由。

1. 通过个别法律禁止结社

在《国家安保法》第 3 条、《刑法》第 114 条等中，禁止了反国家团体、犯罪团体的结社。对于犯罪团体组织罪而言，在实践中适用《关于暴力行为等处罚的法律》第 4 条的规定。《政党法》规定，禁止组建被宣布违宪而解散的政党之代替组织（《政党法》第40条）。

2. 结社的事后限制

即使是合法设立的结社，当认为该团体的活动或目的违反原本的设定目的或活动时，不可避免地要对其进行事后限制。

3. 限制结社自由的界限

事前许可制是对结社自由之本质内容的侵害。即使是事前申告制，在事实上产生与许可制相同的效果时，也构成对本质内容的侵害。

第四节　私生活的安全与自由

私生活的保护属于个人的基本权，也是与个人信息相关的基本权。私生活的保护是有关个人安全的基本权，因此与身体自由具有共同之处。然而，私生活的保护并非是有关身体上安全的基本权，而是有关人格之安全的基本权。广义上关于私生活的基本权，包括住宅自由（《宪法》第16条）、私生活的秘密与自由（《宪法》第17条）、通信的秘密（《宪法》第18条）。其中，住宅自由是最为古典的私生活之保护的领域，其次是通信自由。私生活的秘密与自由近期成为了具有宪法价值的基本权。

第一项　住宅的自由

一、意义

"所有国民的住宅自由不受侵害。对住宅进行扣押或搜查时，应当出示根据检察官申请由法官签发的令状"（《宪法》第16条）。

二、住宅自由的法律性质、主体、效力

国家权力与个人都不得侵害住宅自由，住宅自由是个人的具有防御属性的主观公权。原则上，住宅自由的主体是自然人。在自然人中，即包括本国人，也包括外国人。同时，住宅自由中保护的私生活是私法上的生活领域，甚至是生活空间，由于法人或团体也具有各自固有的私法上生活空间，因此也应当保障其住宅自由。住宅自由具有对国家的效力。依照间接适用说，住宅自由也具有对

私人效力。

三、住宅自由的内容

（一）住宅的不可侵犯

住宅是指个人的空间上私生活领域。因此，住宅的概念并不局限于房屋，还包括为了人之居住而占有的一切建筑物。例如，学校、公司、旅店的客房、办公室等。侵害是指没有居住者的允许或违反居住者的意思，非法进入住处或进行搜查的情形。如果没有正当理由而侵入他人住宅，就会构成《刑法》上非法侵入住宅罪（《刑法》第319条）。

（二）令状主义

“对住宅进行扣押或搜查时，应出示经检察官申请由法官签发的令状”（《宪法》第16条第二句）。“搜查”是指以发现人或者物品为目的，对人的身体、物品或者在一定的场所中，寻找该对象的措施。“扣押”是指强制取得对目的物的占有。在进行扣押或搜查时，应当出示根据正当的理由，由有权法官签发的明示了搜查场所与扣押物品的令状。正当的理由是指具有犯罪的客观嫌疑，扣押、搜查的必要性，存在目的物的盖然性。

（三）令状主义的例外

当逮捕现行犯或实施紧急逮捕时，例外地可以在没有令状的前提下，对住宅进行扣押、搜查（《刑事诉讼法》第216条）。

（四）行政上即时强制与令状制度

行政上的即时强制，在原则上也应当适用令状制度。然而，为了达成诸如预防传染病或消防等纯粹行政目的，对于没有申请令状之充分时间的紧急情况而言，可以例外地排除令状制度（通说）。

四、住宅自由的限制与界限

住宅自由也可以根据基本权限制的一般理论进行限制，即根据《宪法》第37条第2款，可以依照法律对其进行限制。

第二项 私生活的秘密与自由

一、意义

随着信息科学的发展，信息的收集、管理呈现量化、集体化趋势，这对个人的私生活秘密与自由构成了重大的威胁。“所有国民的私生活的秘密和自由不受侵犯”（《宪法》第 17 条）。就“损害名誉”与“私生活的秘密和自由”而言，都属于人格权之保护，因此在保护法益上具有共同之处，且都能构成《民法》上的侵权行为。然而，损害名誉以贬低个人的社会评价为成立要件，当该评价被证明为真实的情况下，只要该公益目的被予以认可，就构成违法性阻却事由（《刑法》第 310 条）。相反，私生活的秘密与自由，与是否贬低了他人之社会评价无关，只要侵害了自由的私生活，就满足成立要件，且与是否是真实无关，就可以构成对权利的侵害。

二、私生活秘密与自由的法律性质

虽然在《宪法》上使用了“私生活的秘密与自由”这一表述，但学界一般使用“隐私权（Privacy）”这一表述。隐私权包括，消极层面上“私生活的平静不受侵害，且私生活的秘密不被随意公开的权利”，以至在积极层面上“能够管理、控制关于自己信息的权利”。为了保护私生活，曾经制定过《关于公共机关之个人信息保护的法律》，此后通过制定《个人信息保护法》代替了先前的法律。

三、私生活秘密与自由的主体、效力

私生活的秘密与自由是基于人的尊严性的基本权，因此其主体既包括本国人，也包括外国人，且原则上限于自然人。对于私生活的秘密与自由而言，同样适用关于基本权效力的一般理论。即约束国家权力，并且适用于个人相互之间（间接适用说）。

四、私生活秘密与自由的内容

（一）私生活秘密的不可侵犯

1. 禁止公开私事

公开私事是指由报纸、杂志、电影、电视等大众传媒，擅自公布或公开有关私人事项的事实或照片等的行为。

2. 禁止公布引起误会的信息

“引起误会的公布”是指公布虚假事实或者公布夸张或歪曲的事实，使得世人认知不同于真实的特定人。这种公布行为应当是在社会常识上无法忍受的程度之行为。

3. 禁止以营利目的利用人格特征

“以营利目的利用人格特征”是指对与人格处于不可分割地位的姓名、肖像、经历等，以营利为目的，进行使用的行为。为了构成上述以营利为目的的使用，应当满足：①被使用的照片等，应当与本人一致；②应当存在营利的目的；③该种行为不能是普遍存在的行为。

（二）私生活自由的不可侵犯

1. 平静私生活的不可侵犯

平静私生活的不可侵犯是指禁止以监视、窃听、窃录等方法，消极或积极实施侵犯地行为。

2. 自由形成、维持私生活的不可侵犯

禁止抑制或者威胁“形成、营造私生活”是指个人自由地营造并实现私生活的行为，不受抑制或者威胁的意思。

（三）对自己信息的控制权

1. 意义

对自己信息的控制权（个人信息自己决定权）是指对于自身的信息而言，可以由该信息的主体，自主控制并决定在何时、对何人、以何种程度使他人知道或利用的权利。即由信息的主体自行控制和决定个人信息的公开与利用的权利。

2. 对自己信息控制权的宪法根据

“对自己信息的控制权”可以视为是《宪法》第 17 条的隐含内容。然而，宪法裁判所却通过决定将“自己信息决定权”视作了未在宪法中列举的基本权（宪裁 2005.5.26. 99Hun–Ma513）。反观，既然在《宪法》第 17 条中已经规定“私生活的秘密与自由”，当广义理解与个人私生活相关的事项时，完全可以将“自己信息决定权”囊括于私生活的秘密与自由。

3. 主体

由于《宪法》第 17 条是“对自己信息控制权”的宪法根据，因此其主体的范畴中，不包括法人或亡者。

4. 内容

在设置信息管理系统时，需要注意如下几点：①禁止一定种类的记录；②限制个人信息收集的方法；③禁止输入违反个人意思的信息；④禁止无限制地积累个人信息；⑤保障对自己档案的接近权；⑥保障个人信息的纠正权；⑦禁止滥用个人信息等。

五、私生活秘密与自由的限制与界限

（一）意义

“私生活秘密与自由”也受到《宪法》第 37 条第 2 款的限制。私生活秘密与自由将与言论自由（知情权），国政监查、调查，行政调查，侦查权，行政法上公开违反义务者的名单，《刑法》上计算机间谍犯罪，《关于儿童、青少年之性保护的法律》的个人信息登记与公开制度，《关于定位信息的利用与保护等的法律》的定位信息，公开公职人员的兵役事项，《关于 DNA 身份确认信息的利用与保护的法律》，民事诉讼程序上的辩论过程等，构成一系列问题。

（二）表现自由与私生活保护（基本权冲突）

根据言论自由与“私生活的秘密与自由”或损害名誉的相互冲突关系，发展了一系列的判例理论。即权利抛弃的理论、公益的理论、公众人物的理论等。权利抛弃的理论是指当抛弃“私生活的秘密与自由”时，该权利即消灭，因此可以公开该私生活的理论。公益的理论是指在符合公益的限度内，可以公开“私生活的秘密与自由”的理论。公众人物的理论是指与一般人不同，即使公开政治人物或有名演艺人等的私生活，也应当忍受的理论。

（三）“关于儿童、青少年之性保护的法律”中个人信息登记与公开制度

《关于儿童、青少年之性保护的法律》废止了过去的身份公开制度，引进了因针对儿童、青少年实施性犯罪，而被确定为有罪的人，应当将其个人信息登记并公开的制度。韩国制定了《关于对特定罪犯进行保护观察及附着电子装置等的法律》，目的是为了防止实施特定犯罪的人再次犯罪，在结束刑期后，通过保护观察等进行指导、照顾、帮助，促使其尽快回归社会；通过附加性措施，在其身体上附着电子定位装置防止特定犯罪，从而保护国民。

六、私生活秘密与自由的侵害与救济

针对侵害的救济制度包括违宪审查、请愿、损害赔偿请求、关联者的惩戒要求等。针对私人的侵害救济手段包括原因排除请求、损害赔偿请求、纠正要求等。然而，基于宪法裁判所的违宪决定，禁止了谢罪广告制度。

针对起因于新闻报道的侵害而言，根据《关于言论仲裁以及被害救济等的法律》，可以行使纠正报道请求权、反论报道请求权、事后报道请求权。《关于信息通信网的促进利用及保护信息等的法律》处罚利用信息通信网的损害名誉行为（《关于信息通信网的促进利用及保护信息等的法律》第 70 条第 1 款、第 2 款）以及损害基于信息通信网处理、保管、传送的他人信息和侵害、盗用、泄露他人秘密的行为（《关于信息通信网的促进利用及保护信息等的法律》第 71 条第 11 项）。网络跟踪（Cyber Stalking），即反复发送诱发恐怖感或者不安感的文字言论行为，是指在社会通常感情下，诱发一般人的畏惧和害怕心理，反复发送使人感到不安、焦虑之文字言论内容的一系列行为。因此，应当处罚网络跟踪行为。《通信秘密保护法》处罚审阅邮寄物或者监听电气通信或者听取、刻录他人之间未公开对话的人（《通信秘密保护法》第 16 条第 1 款第 1 项）。

第三项 通信的自由

一、意义

通信自由是指个人通过信件、电话、电信等的通信手段传达其意思或信息时，不得违反本人的意思公开该内容、当事人等的自由。《宪法》第 18 条规定，“所有国民的通信秘密不受侵犯”。就通信秘密的保护而言，之前主要讨论对象是公共部门对通信自由的控制问题，然而在 1992 年选举总统期间，发生了所谓的“草原福家事件”，由此认识到了来自私领域通信自由侵害问题。因此，以此为契机制定了《通信秘密保护法》。

二、通信自由的法律性质

（一）广义的私生活之保护

广义上关于私生活之保护的基本权，可以理解为是包括了古典的住宅保护、职业秘密、通信秘密等的概念。与古典的住宅自由不同，“私生活的秘密与自由”以及“通信自由”是与现代科学技术的发达具有直接关联的基本权。

（二）与表现自由的关系

言论、出版是一般性的对外表现的行为。相反，通信自由是在有限的限定范围内，保护的是对内意思表示的秘密，因此两者存在一定差异。

三、通信自由的主体、效力

通信自由的主体，不仅包括自然人，还包括法人。与具有自由权属性的基本权之一般性质一样，自然人中包含外国人。本来通信自由是为了保障通信秘密，不受来自国家机关，尤其是不受来自侦查机关或情报机关侵害的自由（对国家的效力）。通信自由既意味着对国家的自由，也意味着对第三人的自由，因此也应当保障私人之间的通信秘密（对私人的效力，通说）。

四、通信自由的内容

（一）通信的秘密

在“通信秘密”中，应当对作为保护对象的“通信”，做出相对宽广的解释。《通信秘密保护法》中的“通信”是指邮件和电气通信。邮件是指邮件法上的普通邮件和包裹邮件。电气通信是指以有线、无线、光纤和其他电子方式，传送或接收所有种类的音响、文字语言、符号或影像的通信（《通信秘密保护法》第 2 条第 1 项～第 3 项）。

（二）通信秘密的不可侵犯

通信秘密的“不可侵犯”是指禁止违反本人的意思，认知该内容等的行为。在没有本人同意的情况下，禁止开封、窃听、阅览通信手段的行为。即使是在职务过程中合法得知的内容，也不得泄露该内容。

五、通信自由的限制与界限

（一）依宪法第 37 条第 2 款的限制与界限

通信自由可以依《宪法》第 37 条第 2 款进行限制。关于通信自由的保障与限制的代表性法律是《通信秘密保护法》。此外，还有《国家安保法》上禁止与反国家团体的通信（《国家安保法》第 8 条）；《刑事诉讼法》上审阅与被告人相关的邮件等（《刑事诉讼法》第 107 条）；《关于刑罚执行与收容者之待遇的法律》上教官例外性地审阅书信（《关于刑罚执行与收容者之待遇的法律》第 43 条）；《关于债务者回生及破产的法律》破产管理人可以查看破产者的邮件（《关于债务者回生及破产的法律》第 484 条第 2 款）；《电波法》上规制主张要以暴力手段破坏政府的通信（《电波法》第 80 条）等。此外，还制定了《关于互联网地址资源的法律》与《关于保护及利用定位信息的法律》。

（二）通信秘密保护法上的限制与界限

《通信秘密保护法》规定，为了保障通信与对话的秘密和自由，除非是基于国家安保的限制通信措施（《通信秘密保护法》第 7 条）、对限制通信措施的紧急处分（《通信秘密保护法》第 8 条）等例外性的情况外，即使是为了侦查犯罪，该限制通信措施，也必须要有法院的许可（《通信秘密保护法》第5条、第6条）。由此，之前一直是违宪争论之焦点的《邮件临时管制法》被废除（《通信秘密保护法》附则第 2 条）。

在限制通信措施中，代表性的焦点问题就是监听。"'监听'是指未经当事人同意，对其电气通信，通过使用电子装置、机械装置等，听取或阅读通信的音响、文字语言、符号、影像，得知、采录或妨碍电气通信的发送与接收的行为"（《通信秘密保护法》第 2 条第 7 款）。《通信秘密保护法》原则上禁止监听。

（三）国家安保法与电波法上的限制与界限

明知有可能危害国家的存续、安全或自由民主之基本秩序，却与反国家团体的成员或者受到其指令的人士，通过会合、通信等其他方法，进行联络的人，将处以 10 年以下的徒刑（《国家安保法》第 8 条第 1 款）。这一规定是根据宪法裁判所的限定合宪决定，新追加了如下要件后的规定，即"明知有可能危害国家的存续、安全或自由民主之基本秩序"。然而在《关于南北交流协力的法律》上，当韩国的住民与朝鲜的住民，以会合、通信等其他方法，进行接触时，应当向统一部长官做出事前申告。

（四）"关于刑罚执行与收容者之待遇的法律"上的限制与界限

原则上收容者可以与其他人进行书信上的交流，该书信的内容不受审阅。但是为了达成行刑的目的，在一定情况下，可以例外地禁止书信交流，并可以对该书信进行审阅。

（五）互联网通信的闭塞与通信自由的限制

对互联网上的虚拟空间进行的法律规制，尚未取得成功。在美国对《联邦通信规范法》（CDA）做出的违宪决定，也反映了较难规制互联网通信的问题［Reno v. ACLU，521U.S.844（1997）］。但是对于有害青少年的媒体内容或者垃圾邮件而言，可以加以限制。

六、通信自由的侵害与救济

对通信自由的侵害与其救济而言，适用基本权侵害与救济的一般原理。虽说通过制定《通信秘密保护法》能够积极地保障通信自由，但是通信秘密仍然会受到威胁。

第五节　社会、经济的安全与自由

第一项　迁徙自由

一、意义

“所有国民享有居住、迁徙的自由”（《宪法》第14条）。迁徙自由（居住、移转的自由）是指所有国民可以在自己希望的场所设定住所或居所，并可以进行迁徙，或者不受违反其意思的迁徙之自由。

二、迁徙自由的法律性质

迁徙自由是个人的主观公权。因此，国家不得侵害个人的迁徙自由。迁徙自由是人身的移动自由，因此与人身自由相关。当人们集体移动时，则与集会、示威的自由具有直接的关联。

三、迁徙自由的主体、效力

迁徙自由的主体在原则上是本国人。本国人中不仅包括自然人，还包括法人或团体。由于迁徙自由是社会、经济属性的基本权，因此应当包括法人或团体。但是对外国人而言，却有特别的限制。迁徙自由具有对国家的效力与对私人的效力（间接适用）。

四、迁徙自由的内容

（一）在国内迁徙的自由

《宪法》规定，“大韩民国的领土由韩半岛及其附属岛屿组成”（《宪法》第3条），因此朝鲜地区也在大韩民国的主权范围内。然而在现实中，大韩民国宪法的效力没能覆盖朝鲜地区，因此不能保障向朝鲜地区的迁徙自由。此时，未经允许访问朝鲜的国民会构成《国家安保法》上的潜入、脱逃罪（《国家安保法》第6条）。然而，根据《关于南北交流协力的法律》，允许经统一部长官的承认等，访问朝鲜。

（二）向国外迁徙的自由

1. 移居国外、海外旅行、回国的自由

迁徙自由中，包含移居国外的自由、海外旅行的自由、回国的自由。所有国民都具有永久居住于国外或长期在海外居住的“向国外迁徙的自由”。为了支持这一解释，在《有关在外同胞的出入国与法律地位的法律》中，设定了特别保护规定。

2. 变更国籍的自由

参照《世界人权宣言》的规定，所有国民都可以依照自己的意愿放弃国籍，而选择他国国籍。

五、迁徙自由的限制与界限

可以根据《宪法》第 37 条第 2 款的规定，限制迁徙自由。例如，可以根据军事作战、国家安保、国际外交、达成特殊身份关系的目的、侦查、国民保健等的需要，对迁徙自由进行限制。为防止人口过度集中于首尔市实施的一系列限制措施，就是典型的事例。

第二项　职业（选择）的自由

一、意义

《宪法》第 15 条选择职业自由是指可以从事自己选择的职业，并经营该职业，且可以任意更换的自由。选择职业自由是民主主义、资本主义社会中，非常重要的基本权之一。

二、职业（选择）自由的法律性质

由于职业自由能够满足各自生活的基本需求，且构成伸张个性的基础，因此具有主观的公权属性。另外，由于国民各个人履行由其选择的职业，才得以形成国家的社会秩序与经济秩序，因此职业自由是作为社会市场经济秩序的客观法律秩序的构成要素。

三、职业（选择）自由的主体、效力

国民是职业自由的当然主体。原则上，外国人也应当享有职业选择的自由，

但是不可避免地会受到国家政策上的一定限制。就法人而言，普遍认为私法人具有职业自由，然而对于公法人而言，由于其处于垂范者地位，因此应当否认其主体性。职业选择的自由是直接约束所有国家权力的针对国家的防御权。在对私人而言，虽然可以间接适用，但要受到较多的限制。

四、职业（选择）自由的内容

（一）职业的决定、从事、移职（兼职）的自由

职业是指为满足生活的基本需求而进行的持续性活动，只要是这类活动，就无须问津其种类或性质。在选择职业的自由中，包含了决定职业的自由、从事职业（事业履行）的自由、移职的自由等。

（二）营业自由与竞争自由

在职业自由中，包含营业自由与创业自由，根据这种营业与创业的自由，原则上任何人都可以自由参与竞争。

（三）无职业的自由

当把《宪法》第33条第2款劳动义务的法律性质视为是法律义务时，不得不否认无职业的自由。但是将劳动义务视为是伦理义务，而非法律义务时，则可以认可职业自由中包含了无职业的自由。

（四）选择职业教育场所的自由

职业教育场所是超出学校教育的范畴，而为职业教育付出贡献的所有设施，然而宪法中没有明文规定选择职业教育场所的自由，因此是否应当将其包含于职业自由的范畴问题，还存在争议。

五、职业（选择）自由的限制与界限

（一）职业（选择）自由与比例原则

当依照法律进行限制的情况下，该限制的方法应当具有合理性，且不得违背过剩禁止的原则或侵害职业自由的本质内容。

（二）关于限制职业自由的阶段理论

根据阶段理论，当立法者认为不可避免地要对职业自由进行限制时，首先应当适用对职业自由侵害最小的方法（1阶段），试着实现目的，当该限制方法无法实现该目的时，应用适用下一阶段的限制方法（2阶段），当认为第二种限制方法也没有实效性时，在最后之不可避免的情况下，才可以选择最后阶段的方法（3阶段）。

第1阶段是限制从事职业的自由。此时，援用比例原则判断其合宪性。第2阶段是以主观性事由，限制职业决定的自由。诸如仅对司法考试中合格的人员，赋予法律从业资格等，结合职业所要求的一定资格，限制选择职业的自由。第3阶段是以客观性事由，限制职业自由。职业选择的自由受到某种客观事由（前提条件）的限制，该事由与希望从事一定职业的基本权主体之个人能力或资格无关，基本权主体对该条件也无法施加任何影响。

第三项　财产权

一、意义

（一）保障财产权的传统理论

在近代立宪主义宪法中，财产权作为"神圣不可侵的权利"，被理解为是前国家的天赋人权。然而，随着工业社会的发展，诱发了贫富差距与社会冲突，因此到了魏玛宪法（1919年）时期，弱化了财产权的绝对性与合同的自由，强调了财产权的社会约束性，从而这一修正资本主义原理占据了支配性地位。

（二）宪法上财产权规定

《宪法》一面保障国民的财产权（《宪法》第23条第1款第1句），另一面却强调了其界限，即财产权应当在受社会约束性的范围内行使（《宪法》第23条第2款）。由此，在《宪法》中设立了形成基本权的法律留保规定，即财产权的具体内容及界限，由立法者制定的法律予以规定（《宪法》第23条第1款第2句）。同时，财产权的限制以正当的补偿为前提（《宪法》第23条第3款）。

此外，通过保障知识产权（《宪法》第22条第2款），禁止以溯及立法剥夺财产权（《宪法》第13条第2款），对私营企业的国有、公有化以及对其经营的控制、管理设定严格要件（《宪法》第126条）等，意欲对财产权进行实效性保障，同时为了限制财产权的滥用明示了如下宪法根据，即例外地允许企业的国有、公有化等（《宪法》第126条）、对天然资源利用等的特许（《宪法》第120条）、禁止农地租佃制度（《宪法》第121条）、为了有效利用土地的限制（《宪法》第122条）等，从而试图调和财产权之保障与社会市场经济秩序。韩国宪法中单独设立了一个关于经济秩序的章节，这在国外的立法例也是罕见的体系。

二、保障财产权的法律性质

《宪法》第23条规定，“所有国民的财产权受到保障”，然而，“其内容及界限由法律规定”，其“行使应符合公共福利”。就财产权的内容与界限而言，在不违反保障私有财产制度之本质的范围内，可以认为已经赋予了广泛的立法裁量。正是在这种意义上，宪法所保障的财产权，既是在保障权利，又是在保障制度。

三、财产权的主体、效力

自然人与法人等可以成为财产权的主体。然而，对于外国人与外国法人而言，可以根据国家政策或国际条约，进行特别的限制（例如，外国人土地法）。作为财产权之客体的财产权，包括公、私法上具有经济价值的所有权利。在财产权中，包括民法上所有权、物权、债权与特别法上的矿业权、渔业权、特许权、著作权以及具有公法属性的水利权、河川占有权。财产权也具有对国家效力。根据间接适用说，具有对私人的效力。传统上来讲，财产权在私人之间引发很多问题。

四、财产权的内容

（一）意义

“财产权受到保障”，具有双重意思，首先是指“以基本权的形式，保障个人现在享有的财产权”；其次是指“保障私有财产制度的意思，即是指保障个人能够享有财产权的法律制度”。

（二）财产权的内容与界限的法定主义

1. 私有财产制度的保障

“内容及界限由法律规定”是指在国家法律秩序体系内的财产权之保障，因此不能依照法律否认私有财产制度。同时，不能认可生产手段的全面国有、公有化。

2. 私有财产权的保障

具体而言，个人享有对财产的使用、收益、处分的权利与自由。因此除非以法律的形式，否则不能对财产权进行限制。即使以法律的形式进行对私有财产权的限制，该种限制还要受到宪法上正当补偿的法理（《宪法》第23条第3款）、对自然力的特许（《宪法》第120条）、企业的国有、公有化（《宪法》第126条）

的制约。

3. 财产权的内容与界限的法定主义

宪法一方面保障财产权，另一方面强调社会约束性，因此财产权的具体内容与界限，要由法律予以规定（《宪法》第 23 条第 1 款）。

4. 界限

关于“财产权的具体内容与界限”的立法，需要遵守《宪法》第 37 条第 2 款的界限，尤其是应当遵守过剩禁止原则。

（三）禁止以溯及立法的形式剥夺财产权

“所有国民均不因溯及立法……而被剥夺财产权”（《宪法》第 13 条第 2 款）。禁止依照溯及立法剥夺财产权指的是具有真正溯及效力的立法，而对于不真正溯及效力的立法而言，原则上允许溯及适用。

（四）无形财产权的保障

财产权中，不仅包含有形财产，还包括无形财产。为了保护无形财产权（知识产权），在《宪法》第 22 条第 2 款中设置了特别规定。

（五）特殊财产权的保障

在《宪法》第 9 章经济中，所保障的特殊财产权，即关于自然力（《宪法》第 120 条第 1 款）、农地（《宪法》第 121 条）、国土（《宪法》第 122 条）、私营企业的国有公有化（《宪法》第 126 条）的规定，具有补充《宪法》第 23 条（保障财产权）的意思。

五、财产权的行使应当符合公共福利的义务

（一）财产权的社会约束性是财产权的限制原理

《宪法》第 23 条第 2 款规定，“财产权的行使应当符合公共福利”，由此明示了财产权之社会约束性的法律义务。

（二）财产权之社会约束性的界限

1. 限制财产权的规范结构

不论何种权利被认可为“财产权”，其行使都应当符合公共福利，其具体内容与限制，由法律加以规定。然而，由于个人的财产权也是以基本权的形式受到保障，因此立法者的立法形成权也会受到一定制约。

就社会约束性的界限而言，具体表现为：①应当依照法律；②不得以立法形成权侵害财产权或私有财产权制度的本质内容，应当一并考虑社会的羁束性，从而达到均衡；③在与《宪法》第 37 条第 2 款的关系上，不得违反限制基本权的

界限原理，即不得违反过剩禁止原则与禁止侵害本质内容的原则。

2. 关于社会约束性之界限的具体标准

就社会约束性的界限而言，争议焦点是如何设定如下两种情况的区分标准问题，对无须补偿的财产权进行的社会制约与对需要补偿的财产权进行的限制。即何种情况是需要补偿的“特别牺牲”。就判断是否是“特别牺牲”而言，根据《宪法》第 23 条第 2 款的规定，首先立法府具有主动权，因此宪法裁判所如果想对其进行判断，则应当抛开补偿规定，只能基于“限制财产权”本身是否违反过剩禁止原则与是否侵害平等权作出决定。

（三）土地财产权的特殊性与土地公概念

1. 土地财产权的特殊性

土地具有固定性、有限性、非对称性，以及具有作为财货生产之本源基础的性质等。《宪法》第 23 条第 1 款、第 23 条第 2 款、第 119 条、第 120 条、第 122 条、第 123 条等，为加重土地财产权的规制提供了宪法根据。

2. 土地公概念的争论

土地公概念并非实定法上概念，而是讲学上甚至是为了方便实务的操作而定立的表述。土地公概念理论并非法律上概念，而是以社会政策性的工具概念出现的理论。这一理论立足于作为宪法一般理论的财产权的社会拘束属性以及应当符合公共福利的义务，意图强调土地的特殊性。

3. 土地公概念的实践法律之问题

（1）土地交易许可制。

在土地交易许可制引发激烈论战之余，宪法裁判所在 88Hun–Ka13 案件中作出了合宪、违宪不宣言的决定（宪裁 1989.12.22. 88Hun–Ka13）。

合宪论。就合宪论的根据而言，土地作为有限资源，具有特殊性；土地的投机行为，带来了极大不劳所得，不仅会导致阻碍经济发展，有害于国民之健全的劳动欲望，还会深化阶级矛盾与冲突；土地交易许可制是《宪法》明文予以认可（《宪法》第 122 条）的限制财产权的形态之一；在国土利用管理法中规制的对象，不是所有私有土地，而是限于有投机疑虑的地区或者地价暴涨地区的土地，且该规制期间是 5 年以内；当不违反标准时，当然可以获得当局的交易许可，因此当事人的处分权没有被完全禁止，同时对于当局的不许可交易处分，设立了救济方法；就抑制对土地投机交易的措施而言，仅仅依靠登记制度、赋税制度、行政指导、收回开发利益制度、土地交易申告制度、土地交易实名制等，无法达到抑制投机的目的，因此不违反最小侵害性等。

违宪论。有宪法裁判官认为，土地交易许可制度中的刑罚规定，违反宪法（裁判官 1 人），部分宪法裁判官认为，土地交易许可制度本身违反宪法（裁判官 4 人），认为土地交易许可制度，使得土地所有权流于形式主义，侵害私有财产制度的本质内容，否认交易效力本身的行为属于违反过剩禁止原则的行为。同时，大法院曾作出如下判断，从而对土地交易许可制规定，进行了弹性解释与适用，没有得到许可的土地交易合同，在事后得到许可后，溯及为有效合同［大判（全员合议）1991.12.24. 90Da12243］。不存在投机目的，却要以得到许可为前提时，即使未经许可而签署交易合同，也不构成违反本法，故不得对其进行处罚（大判 1992.1.21. 92Do2912）。

（2）土地增值得利税法。

由于《土地增值得利税法》，对未实现的利益实施征税，因此宪法裁判所作出了宪法不合致的决定。该法律在事实上被流于形式，最终于 1998 年废止（宪裁 1994.7.29. 92Hun-Ba49 等）。

（3）关于收回开发利益的法律。

宪法裁判所在审理有关该法的案件过程中，除了对适用对象土地的价格计算方式作出部分违宪决定（宪裁 1998.6.25. 95Hun-Ba35 等）之外，认为该法律没有违反“禁止概括性委任立法”或“财产权之保障”。

（4）关于宅地持有之上限的法律。

宅地持有上限制度，可以为实现《宪法》第 35 条第 3 款“舒适的居住生活”，做出贡献，因此应当对该制度做出肯定评价。但是宪法裁判所认为《关于宅地持有之上限的法律》违反宪法（宪裁 1999.4.29. 94Hun-Ba37 等）。

（5）城市计划法上设定的限制开发区域。

宪法裁判所认为指定“限制开发区域的制度”本身，在原则上属于合宪。但是，在没有设置补偿规定的前提下，通过指定“限制开发区域”，导致部分土地所有人忍受超出社会性制约范围的负担时，这类规定则属于宪法不合致（宪裁 1998.12.24. 89Hun-Ma214 等）。因此，韩国制定了作为补偿法律依据的《关于指定及管理开发限制区域的特别措施法》。

（6）综合不动产税法（2005 年制定）的综合不动产税。

综合土地税是以土地所有人为对象，由住所地的地方自治团体，基于其辖区内的土地课税的税种。综合不动产税不同于综合土地税，是指对持有超过一定标准的土地和住宅的所有人，由国税厅对其在全国的持有状况进行分析后，适用累进税率的国税，是住宅综合不动产税额与土地综合不动产税额的和。宪法裁判所认为，根据户口的合算规定属于违宪，就住宅综合不动产税而言，对于不考虑住宅所有人的保有期间或赋税支付能力，而进行的一揽子课税行为，则属于宪法不合致，其余的规定则属于合宪（宪裁 2008.11.13. 2006Hun–Ba112）。

（7）小结。

正如宪法裁判所一贯的决定，对土地财产权的限制性立法，也应当遵守过剩禁止原则，同时应当认可财产权之本质内容，即私领域的价值性与原则上的处分权。

六、财产权的限制

（一）意义

1. 形成财产权之内容、界限的规定

《宪法》第 23 条第 1 款第 2 句规定，“财产权的内容及界限由法律规定”，从而赋予了立法者形成具体内容的权限。但是对财产权的立法形成权而言，只能在《宪法》第 23 条第 2 款的规定限度内行使，即财产权行使的社会羁束性界限，同时应当遵守从法治国家原理中衍生的明确性原则与比例原则，并且不能侵害第 23 条第 1 款第 1 句中规定的财产权之保障与私有财产制度的本质内容。

2. 财产权的公用侵害

《宪法》第 23 条第 3 款规定，当限制财产权的措施超越财产权的社会羁束性界限时，该措施应当是合法的限制，应当对该限制措施导致的损失进行补偿。即在满足“公共需要、法律（形式）、（正当的）补偿”三个要件的情况下，通过个别、具体的规定限制财产权的措施，属于公用侵害，因此可以被正当化。

（二）限制的类型：征收、征用、限制

1. 征收、征用、限制

限制财产权的一般类型包括征收、征用、限制。征收（又称收用）是指强制性、终局性地取得个人之特定财产权的行为。征用（又称使用）是指强制性、一时性地使用个人之土地等其他财产权的行为。限制是指对个人之特定财产权，负以公法上的限制。

2. 社会的制约与公用侵害

《宪法》第 23 条第 1 款、第 2 款与第 3 款的关系，即财产权的社会羁束与公用侵害之间到底具有何种关联，成了争论的焦点。即两者关系是同质的还是异质的，是财产权内容的规定与公用侵害规定处于同一条线上，当脱离内容规定的界限时，就直接转换成具有补偿义务的公用征收；还是财产权内容的规定与公用侵害规定，由于在本质上就不同，因此应当进行区别对待。

在论及《宪法》第 23 条第 1 款、第 2 款与第 3 款关系之前，也有观点认为《宪法》第 23 条第 3 款应当解释为是“结付条款”。结付条款是指宪法在向立法府委任立法的同时，还要求该法律应当满足一定要件，或者要求在该法律中应当规定一定内容的条款。

韩国《宪法》与《德国基本法》第 14 条的规定不同，在《宪法》第 23 条第 3 款中规定了征收、征用、限制等概括性的财产权侵害类型，应当将《宪法》第 23 条第 3 款解释为是与规定了财产权的内容和界限的《宪法》第 23 条第 1 款、第 2 款，具有逻辑关联的规定。

（三）损失的补偿

1. 损失补偿的根据

“根据公共需要而实施的财产权的征收、征用或限制及补偿由法律规定，应支付正当的补偿”(《宪法》第 23 条第 3 款)。根据公共需要，而对财产权进行征收、征用、限制，这种行为是由于公法上特别原因造成的特别牺牲，因此应当对此做出正当的损失补偿。要求对特别牺牲做出正当补偿的规定是符合正义与公平原则的规定，即对特定人施加的特别牺牲，应当由全体来负责补偿。

就《宪法》第 23 条第 3 款的法律性质而言，包括直接效力规定说与方针规定说。直接效力规定说认为,《宪法》第 23 条第 3 款的补偿是必须实施的行为，然而该标准与方法则委任于法律予以规定，并认为这种说法也符合《宪法》第 23 条第 1 款的“对私有财产制的保障原理”。

2. 损失补偿的要件

想要得到损失补偿的个人，应当是其财产权，由于公共需要，依照合法的公权力行使，遭到了特别牺牲。

3. 损失补偿的标准

正当补偿的意思是指对财产权的客观价值进行的完全补偿。

4. 损失补偿的方法

就损失补偿的方法而言，有金钱补偿与实物补偿，预付、一次性支付、分期给付等。《关于为公益事业而取得土地等以及补偿的法律》采纳了金钱补偿、事前补偿的原则。

七、财产权的侵害与救济

（一）侵害的类型

以违宪、违法的形式，侵害财产权的类型包括如下情形。首先，关于《宪法》第 23 条第 1 款、第 2 款的情形，则有规定财产权之界限与内容的立法，侵害私有财产制度的本质；侵害财产权的本质内容；依照不属于法律的条例、行政立法、行政行为等，限制财产权的情形等。其次，关于《宪法》第 23 条第 3 款的情形，则有没有公共需要；没有依照法律；虽然脱离了社会约束性的范围，却没有规定补偿的情形。此外，依照溯及立法而剥夺财产权的行为也属于侵害财产权之本质内容的行为。

（二）救济方法

对于以违宪、违法的形式侵害财产权的行为而言，国民可以请求违宪法律审判、宪法诉愿、命令规则审查，且可以请求国家赔偿。但是对于“虽然脱离了财产权的社会约束性的范围，却没有规定补偿的情形”而言，学说与判例持对立的态度。

在现如今的实质法治国家中，方针规定说很难被接受。就类推适用说而言，判例对征收类似侵害理论的“征收”，表现出留保的立场，同时与德国的情况不同，在韩国没有认可这种规定的宪法惯例性根据，因此很难接受这一学说。就违宪无效说而言，除了很难适用国家赔偿请求之外，由于要对限制财产权的规定本身，作出违宪宣言，因此会产生法律空白，同时会最终导致法院或宪法裁判所的司法消极主义。

总之，从救济国民权利的观点来看，直接适用说（直接效力说）最为妥当。当适用直接适用说的情况下，对于具体补偿的时期与方法等而言，不是由国会，而是由司法府占据主导地位，因此对这一点可能会有人提出对司法本质的质疑。然而，由于补偿规定的欠缺是立法过程中重大的瑕疵；虽然已经赋予了国会立法的机会，国会却懈怠于立法；即使是在进行补偿金请求的诉讼期间，若国会通过了对补偿规定的立法，那么就可以作出不予受理决定，使得其依照法律进行补偿等，因此不会发生侵害立法权的问题。当依照直接效力说时，财产权被侵害的国民，可以以《宪法》第 23 条第 3 款为根据，向法院提出补偿金请求诉讼。

第五章　参政权（政治权）

一、意义

参政权（政治的基本权或者政治权）是国民作为主权者参与国家机关的形成和参与国家政治意思形成过程的权利。作为主权者的国民通过行使参政权参与国家政治意思决定时，该国家将具备民主正当性。在选举的过程中，最能体现国民的政治参与。

二、参政权的法律性质

参政权并非自然人的权利，而是国民的权利，因此是国家内的权利。同时，参政权属于主权者的一身专属性权利，是不能让渡或代理行使的权利。

由于参政权是国民作为主权者的固有权利，因此不能同时成为法律的义务。由于抛弃作为主权者的这一固有权利实属不妥当，因此有必要强调道德性义务。然而，参政权作为国家内的权利，通过实定法附加义务的行为并不当然违宪。

三、参政权的主体

（一）大韩民国国民

"所有国民依照法律规定享有选举权"（《宪法》第 24 条）。由此，《公职选举法》中规定，选举年龄为 18 岁。只有自然人中的国民，才享有参政权。大韩民国国民中包含了在外国民。

（二）外国人

原则上外国人不能享有参政权。但近来也存在例外地在一定范围内赋予外国人以参政权的倾向。根据《公职选举法》，满足一定要件的外国人，能够享有地方选举的选举权（《公职选举法》第 15 条第 2 款）。同时，根据《国民投票法》的规定，满足一定资格的外国人，可以享有投票权。甚至外国人也可以被任用为国家公务员和地方公务员（《国家公务员法》第 26 条之三，《地方公务员法》第

25 条之二）。

四、参政权的内容

（一）选举权与被选举权（参考第一篇第四章第三节第二款第三项之民主的选举制度）

（二）公务担任权

1. 意义

“所有国民依照法律规定享有公务担任权”（《宪法》第 25 条）。公务担任权是指能够担任一切国家机关与公共团体之职务的权利。

2. 内容

宪法所采纳的社会国家原理，同样适用于公务担任权，因此公务员可以享受具有保护价值的利益与权利，同时可以享有与履行公职相应的生活水平和待遇。当公务员被判处禁锢以上缓刑时，要求该公务员退职的法律条款，属于违宪（宪裁 2002.8.29. 2001Hun–Ma788 等）。同时，当地方自治团体的首长被判处禁锢以上的刑罚时，由副首长代行该权限的《地方自治法》之相关规定，由于违背了无罪推定原则，并违反了过剩禁止原则，因此侵害了地方自治团体之首长的公务担任权，属于违宪（宪裁 2010.9.2. 2010Hun–Ma418）。

3. 限制与界限

根据《宪法》第 37 条第 2 款的规定，公务担任权可以依照法律进行限制。《公职选举法》规定了被选举权的限制事由，《国家公务员法》规定了资格要件。

（三）立足于直接民主主义原理的参政权

通过国民投票权，国民能够直接形成国家意思或直接参与政策决定。国民投票制度中包括，单纯询问政策或意思的全民公决（Referendum）和在全民公决上附加统治权者之信任的信任投票（Plebiscite）。虽然在《宪法》上没有引进国民之召回制度，但是由选举产生的公职人员中，地方自治团体的首长以及地方议会议员（地方议会议员中的比例代表除外）而言，为了设立住民控制装置，从而提高地方行政的民主性与责任性，引进了住民召回制度（《地方自治法》第 20 条）。由此制定了《关于住民召回的法律》。

国民投票制度包括，对重要政策的总统之国民投票附议（《宪法》第 72 条）、对宪法修正草案的国民投票（《宪法》第 130 条第 2 款）。同时，在《地方自治法》中引进了对地方自治团体的主要决定事项等的住民投票制度（《地方自治法》第 14 条第 1 款）。为了具体化这一事项，制定了《国民投票法》。此外，还认可了住民的条例制定、改废请求权。

五、参政权的限制

参政权也可以通过基本权限制的一般原理加以限制。“所有国民均不因溯及立法而被限制参政权或被剥夺财产权”（《宪法》第 13 条第 2 款）。“禁止因溯及立法的参政权限制”是立宪主义宪法的一般原理。然而，由于《反民族行为者处罚法》（制宪国会）、《反民主行为者处罚法》（第二共和国）、《政治活动净化法》（1961 年“五一六”之后）、《为了政治风土刷新的特别措施法》（1980 年“五一八”之后）等，曾一度以溯及的形式限制了参政权。

第六章　社会权（生存权）

第一节　社会权（社会的基本权、生存的基本权）的一般理论

一、意义

社会权最初采纳于德国1919年魏玛宪法，是第一次世界大战后，德国在构建国家共同体的过程中，由领导败战德国的右派与革新资本主义矛盾的左派相互妥协的结果。

二、社会权的本质

（一）社会权的沿革基础

德国的社会权是资本主义宪法吸收社会主义理念的产物。随着资本主义经济体制的矛盾与冲突越发激烈，由垄断资本势力与政治权力勾结而形成的帝国主义日益跋扈，导致社会矛盾加剧，由此宪法中出现了社会权。

（二）关于社会权与自由权之关系的传统理论

1. 两者的差异

其一，理念基础上的差异。自由权的基础是近代立宪主义宪法的理念（自然法思想、社会契约论、启蒙主义、自由主义、个人主义、市民国家原理等）。相反，社会权的基础是现代福祉主义宪法理念（为了实现社会正义的团体主义、福祉国家、社会国家、给付国家原理等）。

其二，法律性质上的差异。自由权是先于国家存在的权利（前国家的权利），是排除来自国家侵害的消极、防御、抗议性质的权利。相反，社会权是国家内在的权利，是要求国家参与（支持与给付）的积极性权利。自由权属于具体的权利，如今社会权也被解释为是具体的权利。只不过比起自由权，社会权作为具体

权利的性质较弱一些。

其三，权利主体上的差异。自由权是天赋人权性质的自然权，因此是作为自然人的国民以及外国人的权利。只不过对外国人而言，在不可避免的情况下，可以对其做出一定的限制。法人只有在特殊情况下，才可以成为权利的主体。相反，由于社会权是国家内在的权利，因此原则上只有作为自然人的国民才享有该权利。外国人只有在国内法允许的范围内，才能成为权利的主体。法人不具有基本权主体性。

其四，基本权效力上的差异。由于自由权是直接约束所有国家权力的权利，因此宪法规范即是裁判规范。虽然社会权在原则上具有与自由权相当的效力，但是在国家权力中主要的约束对象是国会的立法形成权，比起自由权，其裁判规范的属性较弱。就基本权的对私人之效力而言，自由权原则上在私人相互之间也具有效力，但社会权只有在特殊情况下，才具有效力。

其五，基本权限制与法律留保层面上的差异。对自由权的限制，意味着限制基本权的法律留保，在社会权中的法律留保，则意味着形成基本权的（具体化基本权的）法律留保（见表 18）。

表 18　社会权（生存权）与自由权的比较

比较事项	社会权（生存权）	自由权
理念的基础	福祉国家、给付国家、社会国家	社会契约论、个人主义、自由主义
法律性质	积极给付请求权（权利性较弱）	消极防御权（前国家的权利）
立法上的差异	基本权之形成的留保	基本权之限制的留保
基本权的主体	原则上仅限于国民	不仅是国民，外国人也可以成为主体（例外性地认可法人）
时代的差异	现代基本权（第二代基本权）	古典基本权（第一代基本权）
基本权效力	作为裁判规范的性质较弱 主要约束立法权 例外性地具有对私人的效力	也可以成为裁判规范 约束所有国家权力 原则上认可对私人的效力

2. 两者的对立关系

以人的自由为重点的自由权与以人之生存的实质平等为重点的社会权，两者基本上处于对立关系。社会权的扩大不可避免地对自由权产生了一定程度的限制。但该对立基本上是一国体制内的对立。

3. 两者的调和关系

不论是自由权还是社会权都是基于“人的尊严与价值”以及“人格自由发现”的权利，因此两者应当形成调和关系。通过社会权的具体化，可以解决来自生存的威胁，从而为自由权提供存在的基础，因此对社会权的保障，最终将为自由与平等的实质化做出贡献。

三、社会权在基本权分类体系上的坐标

（一）基本权分类与体系化的困境和传统的社会权

社会权具有关于人类经济生活的基本权属性。随着教育权与环境权等编入社会权的范畴，在本质上社会权不仅包括经济方面的生存问题，还包括了在非经济方面（包括精神领域）的生存问题。

（二）为确保实质性自由的社会权

社会权不是与自由权相游离的权利，而是使古典自由权变得更加具备实质性的权利。正因如此，对自由权和社会权适用对称式的基本权分类方法，还有些欠妥。例如，为了保障劳动的权利，首先应当以劳动的自由为前提，同时相比宪法上的结社自由，劳动三权具有保障特别法的地位。

四、社会权的法律性质与权利救济

（一）法律性质：从立法方针规定到具体权利

针对“立法方针规定说”等对社会权的权利性予以否定的“否定说”而言，存在如下驳论。即，韩国《宪法》第 34 条第 1 款规定“所有国民享有享受正常人生活的权利”，由此可以发现韩国《宪法》明确规定了“享有……权利”，因此否定说有违宪法的明示旨意。针对“原则规范说”的批判而言，由于原则规范说需要通过衡量多种要素认可社会权的权利性，因此社会权很有可能沦落为相对权利。同时，采纳这一学说将导致随着解释者的不同，作出不同的解释。

在“法律权利说”中，由于“抽象权利说”仅认可对社会权的消极、自由权性的效果，因此很难发现与政策性规定说之间的本质区别。虽然“不完全的具体权利说”是为了克服“具体权利说”的缺点而确立的学说，但是在现实中很难发现与具体权利说的本质区别。

总之，无法否认社会权的裁判规范性，因为根据社会权可以申请违宪法律审查，在“因公权力的行使或不行使，国民的基本权被侵害的情况下”（《宪法裁判所法》第 68 条第 1 款），可以提起宪法诉愿。因此，应当认可社会权的具体法

律权利性。简言之，可以说社会权的具体权利性是一国立法政策、立法裁量、时代精神的融合产物。

（二）作为具体权利的界限：权利救济的不充分

1. 意义

就社会权的实质性保障而言，可以通过将国家政策反映在立法上的方式实现保障。因此，比起自由权，社会权是相对不完全的具体权利。

2. 积极立法引发的侵害与救济

当立法脱离一定的范围与标准时，可以以侵害社会权为由，行使违宪法律审判提请申请权，以及对违宪、违法命令、规则的审查请求权。

3. 立法不作为引发的侵害与救济

当不履行为实现社会权的立法时，可以以侵害社会权为由，提起关于立法不作为的宪法诉愿。立法不作为分为真正立法不作为与不真正立法不作为。宪法裁判所仅限定性地认可对真正立法不作为的宪法诉愿。

4. 行政权引发的侵害与救济

虽然在现实中存在立法，行政权却不予以实现社会权时，可以根据侵害基本权的一般救济途径，寻求权利救济。

第二节 享受正常人生活的权利

一、意义

《宪法》第 34 条第 1 款规定，“所有国民享有享受正常人生活的权利”，从而设立了原则性规定。同法同条第 2 款至第 6 款中设定了为实现享受正常人生活的具体规定：第 2 款，“国家负有为加强社会保障、社会福祉而努力的义务”；第 3 款，“国家应当为提高女性的福祉和权益而努力”；第 4 款，“国家负有实施旨在提高老人和青少年福祉的政策之义务”；第 5 款，“残疾人和因疾病、年老及其他事由而无生活能力的国民，依法受国家保护”；第 6 款，“国家应当为预防灾害并从该危险中保护国民而努力”。同时，在关于环境权的第 35 条第 3 款中规定，“国家应通过住宅开发政策等，为国民能过上舒适的居住生活而努力”，从而明确了居住生活权。

二、享受正常人生活权利的法律性质、主体、效力

享受正常人生活权利，并非只是单纯立法方针政策，也是法律权利。然而，前提是要有作为实质上实现该权利的立法，因此不能排除该权利具有“不完全具体权利”属性的说法。

享受正常人生活权利是自然人的权利，因此不能认可法人的主体性。同时在原则上是指自然人中的国民，即该权利是国民的权利，不认可外国人的主体性。然而，根据对人权的国际保障精神，对外国人也应当保障最小限度的享受正常人生活权利。

由于认可“享受正常人生活权利”具有作为法律权利的性质，因此在该权利受到侵害时，具有可以请求排除侵害的“对国家效力”。就享受正常人生活权利的对私人效力而言，根据间接效力理论，在一定条件下可以被认可。

三、享受正常人生活权利的内容

（一）享受正常人生活的意思

“享受正常人生活的意思”是指符合人类尊严性的健康与文化层面上最低限度的生活。就“最低限度”的意思而言，可以在生物学的最低生存、体面的最低生存、理想中体面的最低生存等层面上，进行理解。总之，在现实社会中不能总是追求乌托邦，因此只能理解为是相当于能够进行人类正常社会活动的“体面的最低生存”。

（二）享受正常人生活权利的具体内容

如果说“享受正常人生活权利”是作为社会权（生存权）之理念基础的原理性规定，那么其他有关生存权的《宪法》规定，则是为了实现上述权利的具体规定。即社会保障需给权（《宪法》第 34 条第 2 款 ~ 第 6 款）、受教育的权利（《宪法》第 31 条）、劳动的权利（《宪法》第 32 条）、劳动三权（《宪法》第 33 条）、环境权（《宪法》第 35 条）、保健权（《宪法》第 36 条第 3 款）等。同时，虽然没有以基本权的形式规定于《宪法》章节中，但是为了实践《宪法》第 9 章（经济）社会市场经济秩序的一系列规定与社会权（生存权）有着间接的联系。例如，对经济的国家规制与调整（《宪法》第 119 条第 2 款），农、渔民的保护（《宪法》第 123 条第 4 款），对消费者保护运动的保障（《宪法》第 124 条）等。

四、享受正常人生活权利的限制与界限

享受正常人生活权利与其他基本权一样，可以根据《宪法》第 37 条第 2 款的一般原理予以限制。然而，也有观点认为，为了保障“享受正常人生活权利”的立法本身就属于公共福利的实现，因此不适合依照法律限制该基本权。

五、享受正常人生活权利的侵害与救济

（一）立法引发的侵害与救济

享受正常人生活权利具有不完全的具体权利属性，因此对该权利的侵害必然与个别立法相关联。当立法超过一定范围与标准时，应当视其为侵害享受正常人生活权利的立法。因此，被侵害的基本权主体，可以行使违宪法律审判提请申请权，以及对违宪、违法命令、规则的审查请求权。

（二）立法不作为引发的侵害与救济

社会权（生存权）虽然具有不完全的属性，但其仍具有作为具体权利的性质。对于为实现社会权的立法作为义务而言，由于立法府没有制定法律或制定的法律不够充分，导致无法享受正常人生活时，国民以侵害生存权为由，可以提请宪法诉愿。

第三节　社会保障需给权

一、意义

“国家负有为加强社会保障、社会福祉而努力的义务”（《宪法》第 34 条第 2 款）。随着当今福祉国家、给付国家、社会国家、社会福祉国家原理的强化，社会保障需给权的重要性逐渐增强，作为独立部门法的社会保障法得以确立。因此，应当将“社会保障需给权”认定为独立的个别基本权。

二、社会保障需给权的法律性质、主体、效力

社会保障需给权是指可以向国家积极要求社会保障性给付的权利。规定社会保障需给权的行为是保障经济上弱者之经济自由的行为，因此社会保障需给权也具有经济基本权性质。然而该权利的本质是基于社会权（生存权）的权利。

社会保障需给权是享受正常人生活权利的基本内容，因此也可视为是自然人的权利。但由于社会权的本质是以一国国内状况而设定的权利，因此应当视为是国民的权利。社会保障需给权是自然人的权利，因此不认可法人的主体性。

宪法中规定了国家为增进社会保障、社会福利而努力的义务，由此明确了对国家的效力。虽然不是国家机关，但是随着社会保障机关的增多，以这些机关为媒介，社会保障需给权的效力也可以适用于私法机关。因此，可以限定性地间接适用对私人的效力。

三、社会保障需给权的内容

（一）社会保障、社会福祉

“国家负有为加强社会保障、社会福祉而努力的义务”（《宪法》第 34 条第 2 款）。由此制定了具体化宪法理念的《社会保障基本法》。

（二）女性的福祉与权益的提高

“国家应当为提高女性的福祉和权益而努力”（《宪法》第 34 条第 3 款）。《宪法》第 11 条的平等权，以及通过社会权予以保障的《宪法》第 36 条第 1 款“婚姻和家族生活中的两性平等”与同条第 2 款“母性保护”，都是为了积极体现女性福祉的规定。

（三）提高老人与青少年的福祉

“国家负有实施旨在提高老人和青少年福祉的政策之义务”（《宪法》第 34 条第 4 款）。随着步入老龄化社会，应当强化对老人的福祉政策。同时，通过保护作为未来之成年人的青少年，应当帮助青少年克服生存负担。

（四）保护残疾人士等无生活能力的国民

“残疾人和因疾病、年老及其他事由而无生活能力的国民，依法受到国家保护”（《宪法》第 34 条第 5 款）。《国民基础生活保障法》中，保障了最低生活费（《国民基础生活保障法》第 6 条）。另外制定了《残疾人福祉法》等。

（五）灾害预防与对危险的救济

“国家应当为预防灾害并从该危险中保护国民而努力”（《宪法》第 34 条第 6 款）。尤其是犯罪被害人救助请求权，该权利是具有请求权性质的基本权，与“灾害预防与对危险的救济”有着关联性。

四、社会保障需给权的限制与界限、侵害与救济

遵从《宪法》第 37 条第 2 款的限制与界限的原理。通过自身努力或金钱投

入的社会给付请求权（年金需给权、产灾补偿保险请求权），作为宪法上的财产权，不允许做出区别性给付。然而，由国家单方面进行的社会给付（社会救济金等），在合理的范围内，可以进行区别性给付。

第四节　受教育的权利与教育的自由

一、意义

《宪法》上规定的“受教育的权利”，可以理解为是“教育基本权”或者“教育权”。只有这样才能确立教育的自由与权利，使其囊括狭义的学习权（又称修学权）和广义的提供教育机会请求权。《宪法》第31条第1款规定，“所有国民享有根据能力均等接受教育的权利”，由此保障了学习权。《宪法》第31条第2款至第6款之使得接受教育的义务、义务教育的免费、教育的自主性和专门性以及政治中立性、大学的自律性、振兴终身教育、教育制度及其运行、教育财政以及教育地位法律主义等，都是为了有效保障学习权的规定。

二、受教育权利的法律性质

狭义解释“受教育权利”时，可以将其视为学习权，该权利仅具有社会权（生存权）属性。“教育自由”是指在接受教育的过程中，不受国家妨害的权利。如果将“受教育权利”理解为是包括了“教育自由”的概念，那么受教育权利中还将具有自由权属性，这便是“教育自由”的宪法上根据。

三、受教育权利的主体

（一）意义

受教育权利的主体是作为自然人的国民。学习权的主体是各个国民，教育机会提供请求权的主体是学龄儿童的父母。然而，实施教育的主体则由国民与作为其代表者的国家共有。由此，在一定范围内应当认可国家对一定教育内容的决定权、父母的教育自由、民办教育的自由、教师的教育自由。

（二）宪法上父母之“受教育权利”的基本权主体性

《宪法》第31条第1款的“所有国民享有根据能力均等接受教育的权利”是关于教育的原则性规定。第2款的“所有国民对其所保护的子女负有至少使其接受初等教育及法律规定教育的义务”是关于教育义务的规定。在宪法中没有论及关于父母之教育的权利，只是以间接方式在义务条款中，通过“所有国民对其保护的子女”这一表述，仅对父母的教育义务作了规定。然而，《宪法》第31条规定的受教育的权利中，还应当认可父母的基本权主体性。

（三）是否认可教师授业自由的基本权性

教师授业自由可以被理解为是在《宪法》第31条第1款与第4款中保障的教育自由的内容之一。虽然教师可以自由地开展教学，然而就其内容而言，与教授（Professor）之讲学自由相比，在本质上属于不同层面上的内容，因此不可避免地要受到许多限制。由此可知，对于仍处于成长过程中的幼年学生而言，应当排斥向其强制注入特定思想的教育。

四、受教育权利的内容

（一）“根据能力”接受教育的权利

“根据能力的教育”是指根据精神上、体力上的差异进行相应的教育。因此，不属于不合理差别对待，而属于根据能力的正当差别待遇。然而，国家应当积极培养能力较弱的人士。

（二）“均等”接受教育的权利

首先，应当保障就学机会的均等。不认可依照性别、宗教、人种、社会身份的歧视待遇。其次，国家与地方自治团体应当树立、实施为了保障教育机会均等的政策。

（三）接受“教育”的权利

教育是指包含家庭教育、社会教育（终身教育等）、公民教育等的广义上教育。其中，应当以学校教育为主。

（四）“接受”教育的权利

学习权是与授业权（教育权）相对应的概念，是指包含儿童的所有国民生来就有通过接受教育，完成学业、发展、成长的权利。国民可以向国家积极地要求改善教育条件、保障均等教育机会。

五、教育的义务与无偿义务教育

（一）教育的义务与义务教育

“所有国民对其所保护的子女负有至少使其接受初等教育及法律规定教育的义务”（《宪法》第31条第2款）。韩国根据法律确定了中等教育为义务教育。

受教育权利的主体是未成年学生，为了让监护人履行相应义务，使得受教育权利得到有效实施，专门为监护人设定了“教育的义务”。教育义务的主体是学龄儿童的亲权者或者监护人。

（二）无偿义务教育

“义务教育为免费”（《宪法》第31条第3款）。无偿义务教育的对象是初等教育及法律规定的教育。认为无偿的范围包括学费、教材、学校用品、伙食费的“就学必须费用无偿说”较为妥当。《幼儿教育法》规定，“升入初等学校之前一年的幼儿教育为无偿，但需要根据总统令的规定逐步实施”（《幼儿教育法》第24条第1款）。

（三）国家的振兴终身教育义务

“国家应当振兴终身教育”（《宪法》第31条第5款）。终身教育是指除去学校的正规教育课程，而包括学历补充教育、成人基础与文字理解教育、提高职业技能教育、人文教养教育、文化艺术教育、市民参与教育等的所有形态之有组织的教育活动（《终身教育法》第2条第1款）。

六、教育的自由与教育制度的保障

（一）学习权与教育权

《宪法》第31条第4款规定了有关教育制度的基本原则，即保障教育的自主性、专业性、政治中立性、大学的自律性，同法同条第6款规定了教育制度的法定主义。教育制度的保障与教育的自由是不可分的一体关系。

（二）关于教育制度的基本原则

“根据法律规定，教育的自主性、专门性、政治中立性及大学的自律性受到保障”（《宪法》第31条第4款）。其一，为了确保“教育的自主性”，应当由教育者自主决定教育内容、教育机构，只有在必要且合理的范围内，才能够由公权力进行监督与介入。就初、中等教育而言，由国家制定教科书的制度是合宪的行为（宪裁1992.11.12. 89Hun–Ma188）。其二，为了提高“教育的专业性”，应当考量教育的特殊性，在树立和执行教育政策时，使得由教育专家担任或积极参与。其三，为了提高“教育的政治中立性”，教育应当摆脱来自国家权力、政治势力、社会势力的压力。为此，禁止“教师的政治活动”，禁止团体行动。其四，“保障大学的自律性”，虽然与教育的自主性、专业性、政治中立性有着密切的关联，然而与“学问的自由”有着更密切的关系。

（三）地方教育自治制度

教育自治制是指为了发展教育的自主性、专业性和地方教育的特殊性，地方自治团体（特别市、广域市、道）针对该地区的教育、科学、技术、体育等其他关于学问与艺术的事务，设置并组织运行与一般行政组织不同之行政机关的制度。根据《关于地方教育自治的法律》，教育自治的实施范畴仅限于广域自治团体。教育自治机构中包括，作为议决机关的地方议会与作为执行机关的教育监。教育监由住民直接选举产生，连任限于3次。同时，先前的教育委员会，则转换为市、道议会内的常任委员会，由住民直接选举的广域议员构成。地方议会具有审议有关教育的条例议案与预算议案的权限，教育监具有教育规则制定权。

（四）教育制度法定主义

1. 意义

“包括学校教育和终身教育的教育制度及其运行、教育财政及教师地位的有关基本事项由法律规定”（《宪法》第31条第6款）。

2. 教师地位法定主义

《宪法》第31条第6款的意思是为了有效保障国民受教育权利，应当由法律来规定包含“教师的报酬与劳动条件”等有关教师地位的基本事项。因此，就有关教师地位的内容而言，比起《宪法》第33条第1款的规定，应当优先适用《宪法》第31条第6款的规定。为了在现实中体现教师地位法定主义，应当通过大幅扩充教育财政，改善恶劣的教育一线环境；保障在教育一线直接担任教学的教师地位，使得符合宪法上的教育自主性、专业性、政治中立性。

宪法裁判所曾作出决定认为《为了提高教师地位的特别法》中的如下规定违宪。即只允许教师对“教师惩戒再审委员会”的再审决定提起行政诉讼，却禁止学校法人或其经营者提起诉讼的规定（宪裁2006.2.23. 2005Hun-Ka7等）。由于同样的理由，作出决定认为如下规定也违宪。即允许在“再任用”的过程中失利的私立大学教师，对“教师诉请审查特别委员会”的再审决定，行使权利救济程序，却不允许既是争议当事人，又是在再审程序中处于被请求人地位的学校法人提起诉讼的规定（宪裁2006.4.27. 2005Hun-Ma1119）。过去“全国教师劳动工会”是违宪的非法团体，但是通过制定《关于设立教师之劳动工会以及运营等的法律》合法化了该工会。允许行使团结权与团体交涉权，但禁止了团体行动权的行使，同时不能以各学校为单位设立劳动工会，只能以广域自治团体为单位设立劳动工会。

3. 教授再任用制度的问题点

宪法裁判所认为，虽然旧《私立学校法》中的“教师期间任用制度”本身并不违宪，但是该法中没有规定关于拒绝再任用的事由和事前程序、对不当拒绝再任用的事后救济程序等，从而完全切断了“被拒绝再任用之教师”的救济途径，因此该法违反了教师地位法定主义。由此，宪法裁判所作出了宪法不合致决定，变更了之前的合宪判例（宪裁 2003.2.27. 2000Hun–Ba26）。大法院也变更了过去的判例，扩大了“再任用”过程中失利之教师的权利救济幅度。即，视为是拒绝国立大学教授之再任用的“任用期间结束通知”，可以成为行政诉讼的对象［大判（全合）2004.4.22. 2000Do7735］。

第五节 劳动基本权

一、意义

劳动基本权的确立是现代工业社会的核心课题。在制定劳动相关法律时，应当将其出发点设定在如何基于社会福祉国家原理与社会的市场经济秩序原理，制定符合享受正常人生活权利、劳动权利、劳动三权原理的实践性法律。

二、劳动基本权的确立

与劳动有关的《宪法》上直接规定，有第 32 条劳动的权利、第 33 条劳动三权、第 32 条第 2 款劳动的义务条款。在基本权中，有关社会权的一系列宪法规定与劳动基本权具有密切的关联性。《宪法》第 34 条第 1 款的“享受正常人生活权利”以及第 34 条第 2 款以下条款的社会保障、社会福祉规定，即国家的加强社会保障、社会福祉的义务（《宪法》第 34 条第 2 款）；国家为提高女性的福祉和权益而努力（《宪法》第 34 条第 3 款）；国家实施提高老人和青少年福祉政策的义务（《宪法》第 34 条第 4 款）；国家保护残疾人和因疾病、年老及其他事由而无生活能力的国民（《宪法》第 34 条第 5 款）；国家为预防灾害并从该危险中保护国民而努力（《宪法》第 34 条第 6 款），表现了保护劳动者的宪法意志。

关于社会福祉国家原理与社会性市场经济秩序的一系列规定，则与劳动基本权具有间接的关联性。其中，尤其是与个别基本权相关联的权利，则有《宪法》上可以称为基本权之原理性规定的人的尊严与价值、幸福追求权（《宪法》第 10

条），以及可以称为根本规范的平等权（《宪法》第 11 条）。诸如迁徙自由（《宪法》第 14 条）、职业自由（《宪法》第 15 条）、集会与结社自由（《宪法》第 21 条）、财产权之保障（《宪法》第 23 条）等，是保障劳动基本权的前提性基本权。

三、劳动的权利

（一）劳动权利的意义

劳动权利是指人为了满足生活必要的基本需求，进行精神上、体力上活动的权利，当具有劳动能力的人想要工作却不能得到工作机会时，可以要求国家积极介入和扶持，从而获得工作机会的权利。

（二）劳动权利的法律性质

劳动权利具有自由权属性，即个人从事工作的权利不受来自国家的侵害。劳动权利还具有生存权属性，即作为经济弱者的劳动者为了过上正常人的生活而付出劳动。然而，基本上生存权属性较强一些。

（三）劳动权利的主体

劳动权利的主体，原则上限于自然人中的国民。《宪法》第 32 条第 1 款所规定的劳动权利，是为了在个体层面上保护该权利，因此各个劳动者是该权利的主体，原则上劳动工会不构成劳动权利的主体。

（四）劳动权利的效力

原则上劳动权利既具有对国家的效力，又具有对私人的效力。尤其是《宪法》明文规定，“国家应运用社会、经济手段，为保障劳动者就业机会的增加和适当工资而努力，并依法实行最低工资制”（《宪法》第 32 条第 1 款第 2 句）。

（五）劳动权利的内容

1. 国家为增进雇佣的努力

《宪法》上规定“国家应运用社会、经济手段，为保障劳动者就业机会的增加……而努力”（《宪法》第 32 条第 1 款第 2 句）。由此，劳动权利的内容可以解释为是能够要求提供劳动机会的权利，而不能扩大为能够要求支付生活费用的权利。

2. 为保障劳动者之适当工资而努力与实施最低工资制

《宪法》上规定“国家应运用社会、经济手段，为保障……适当工资而努力，并依法实行最低工资制”（《宪法》第 32 条第 1 款后段），可知适当工资的保障与最低工资制的实施是宪法上的要求。同时，根据《宪法》第 32 条第 4 款的规定，对女性劳动者也应当适用同一劳动、同一工资的原则。

3. 劳动条件之标准的法定主义

“由法律规定劳动条件的标准，以保障人的尊严”（《宪法》第 32 条第 3 款）。由此，劳动条件作为劳动合同的基本内容，此时合同自由原则将受到一定程度的制约。对此，《劳动标准法》做出了详细规定。

（1）弹性劳动时间制度。

在一周的劳动时间中，除去休息时间，不得超过 40 小时。在一日的劳动时间中，除去休息时间，不得超过 8 小时（《劳动标准法》第 50 条）。但是雇主可以按照就业规则，对两周以内的一定单位期间，做出平均，在前一周的劳动时间不超过一周 40 小时的范围内，在后一特定周或特定工作日，则可以超过一周 40 小时或一日 8 小时的劳动时间。然而，特定周的劳动时间不得超过 44 小时。同时无须额外支付工资。由此，适用了弹性劳动时间制度（《劳动标准法》第 51 条）。

（2）整理解雇制度。

“雇主欲以经营上的理由解雇劳动者的情况下，需要有紧迫之经营上的必要。此时，为防止经营恶化而实施的转让、吸收、合并行为，视为是紧迫之经营上的必要行为”（《劳动标准法》第 24 条）。

（3）此外，还有中途给付退职金制度与退职保险制度的适用（《劳动标准法》第 34 条、《劳动者退职金保障法》），以及选择性劳动时间制度的适用（《劳动标准法》第 52 条）等。

4. 保护女性劳动与禁止歧视

“女性的劳动受特殊保护，在就业、工资及劳动条件方面不受不当的差别待遇”（《宪法》第 32 条第 4 款）。

5. 保护年少者的劳动

“年少者的劳动受特殊保护”（《宪法》第 32 条第 5 款）。在修订的《劳动标准法》中，根据义务教育过程扩大到中学的趋势，将最低就业年龄，从过去的 13 岁上调到了 15 岁（《劳动标准法》第 64 条）。同时，“15 岁以上未满 18 岁者的劳动时间，不得超过一日 7 小时，一周 40 小时”（《劳动标准法》第 69 条）。

6. 对国家有功者等赋予优先的劳动机会

“国家有功者、伤残军警人员及阵亡军警的遗属，依法优先取得劳动的机会”（《宪法》第 32 条第 6 款）。

7. 禁止以其他信仰、社会身份等的差别待遇

《劳动标准法》第 6 条与《职业安全法》第 2 条中规定了禁止以性别、年龄、

国籍、信仰（宗教）、社会身份等的差别待遇。

四、劳动三权

（一）劳动三权的意义

过去以私有财产制、合同自由、过失责任的原则为基调的近代市民法律秩序，受到了随着工业革命出现的劳动阶级之冲击。由此，不得不重新审视作为近代立宪主义宪法之理念指标的自由、平等、博爱原理。“为提高劳动条件，劳动者享有自主的团结权、团体交涉权及团体行动权。身为公务员的劳动者，限于法律规定人员享有团结权、团体交涉权及团体行动权。从事法律规定的重要国防产业的劳动者的团体行动权，可以根据法律规定予以限制或不予认可”（《宪法》第33条）。

（二）劳动三权的法律性质

劳动基本权是通过改善劳动者的劳动条件，提高劳动者经济、社会地位的权利，因此与其说是自由权属性的基本权，其具有更强的社会权属性。

（三）劳动三权的主体：作为国民的劳动者

劳动者是劳动三权的享有者。“‘劳动者’是指不问职业的种类，依靠工资、报酬、其他类似收入，生活的人”（《工会调整法》第2条第1款）。

（四）劳动三权的效力

原则上劳动三权是具有对国家效力的基本权，同时是具有对私人效力的基本权。为了保护劳动者，防止雇主实施侵害劳动三权的行为，《工会调整法》第6章规定了不当劳动行为。

（五）团结权

1. 团结权的意义

团结权是指为了“维持、改善劳动条件，提高劳动者的经济、社会地位，以劳动者为主体，通过自主团结”（《工会调整法》第2条第4项，劳动工会的定义）组织与雇主形成对等交涉权之团体的权利。“劳动者可以自由组织劳动工会或者加入劳动工会。但，对于公务员和教师，则由法律另行规定”（《工会调整法》第5条）。虽然删除了禁止劳动工会进行政治活动的条款，但是“主要以政治活动为目的的情况下”（《工会调整法》第2条第4项第5目），不认可为劳动工会。同时，劳动工会的专职人员，在其任职期间，不能获得来自雇主的任何薪酬（《工会调整法》第24条第2款）。

2. 团结权的内容

虽然团结权同时具有《宪法》第 21 条之对结社自由的特别法属性，但在本质上团结权具有较强的社会权特性，因此应当以不同于结社自由之一般原理的方式审视团结权。

（六）团体交涉权

1. 团体交涉权的意义

团体交涉权是指基于劳动者的团结权结成的团体与雇主或者雇主团体进行自主交涉的权利。

2. 团体交涉权的主体

团体交涉权的主体是劳动工会，并非个别劳动者。此时，劳动者是团体交涉的责任人。

3. 团体交涉权的内容

“劳动工会与雇主或雇主团体基于信义进行诚实的交涉，并签署团体合约，同时不得滥用该权限。劳动工会和雇主或雇主团体在没有正当理由时，不得拒绝或懈怠交涉或者签署团体合约”（《工会调整法》第 30 条）。“无正当理由而拒绝或懈怠与劳动工会的代表人或者受劳动工会委任的人士签署团体合约以及其他团体交涉的行为”（《工会调整法》第 81 条第 3 项），属于不当劳动行为。

4. 关于劳动者参与及增进协力的法律

为了使得“劳动者与雇主双方，通过参与、合作，增进双方共同利益”制定了《关于劳动者参与及增进协力的法律》。在劳动者与雇主协议会中的劳动者委员，由劳动者选出，但是当存在由劳动者过半数组成的劳动工会时，则由劳动工会的代表人与劳动工会委任的人士担任（《关于劳动者参与及增进协力的法律》第 6 条第 2 款）。

（七）团体行动权

1. 团体行动权的意义

团体行动权是指当发生劳动争议的情况下，能够做出争议行为的权利。“‘劳动争议’是指劳动工会与雇主或雇主团体之间，就工资、劳动时间、福利、解雇、其他待遇等关于劳动条件之决定事项，存在不一致的主张时，引发的纷争状态。这里的‘不一致的主张’是指当事人之间，即使继续为合议而付出努力，也无法实现依自主交涉的合议情形”（《工会调整法》第 2 条第 5 项）。“‘争议行为’是指劳动关系当事人以贯彻其主张为目的而进行的罢工、怠工、闭厂等行为以及实施阻碍正常业务运营的对抗行为”（《工会调整法》第 2 条第 6 项）。

2. 团体行动权的主体

团体行动权的第一主体是劳动者。事实上是以劳动者团体的形式具体化团体行动权。因此，劳动工会也是团体行动权的主体。

3. 团体行动权的内容

可以将团体行动权表现为“争议行为权”。就劳动者之争议行为的类型而言，虽然在《工会调整法》中，仅举例说明了罢工（Strike）、怠工（Sabotage），但除此之外，还可以广泛认可抵制运动（Boycott）、生产管理、罢工纠察（Picketing）等的方式。在该法中，还规定了作为争议行为之类型的闭厂行为。

4. 团体行动权的界限

“争议行为，就其目的、方法及程序而言，不能违反法令中的其他社会秩序”（《工会调整法》第 37 条）。应当是非暴力、非破坏性（《工会调整法》第 42 条）的争议行为。原则上不允许有政治目的的争议行为。

（八）劳动三权的限制

1. 限制公务员劳动三权

《宪法》中规定，“身为公务员的劳动者，限于法律规定人员享有团结权、团体交涉权及团体行动权”（《宪法》第 33 条第 2 款）。通过制定《关于设立、运营公务员岗位协议会的法律》与《关于设立公务员之劳动工会及运营等的法律》，从而规定 6 级以下的公务员可以加入劳动工会（《关于设立公务员之劳动工会及运营等的法律》第 6 条），禁止公务员的政治活动（《关于设立公务员之劳动工会及运营等的法律》第 4 条）和争议行为（《关于设立公务员之劳动工会及运营等的法律》第 11 条）。

2. 限制在主要防卫产业体中从业的劳动者之团体行动权

《宪法》中规定，“从事法律规定的重要国防产业的劳动者的团体行动权，可以根据法律规定予以限制或不予认可”（《宪法》第 33 条第 3 款）。

3. 依照宪法第 37 条第 2 款的限制

依《宪法》第 37 条第 2 款规定限制劳动三权时，应当符合比例（过剩禁止）原则，同时不能侵害劳动三权的本质内容。虽然在过去禁止了教师组建劳动工会的行为，但是根据《关于设立教师之劳动工会以及运营等的法律》允许了劳动工会的设立。然而，禁止做出争议行为（《关于设立教师之劳动工会以及运营等的法律》第 8 条）。

废除了针对必要公益事务的职权仲裁制度，删除了禁止第三人介入的规定。同时，援用了没有劳动就没有报酬的原则，“对由于参加争议行为，而没有提供劳动的劳动者而言，雇主没有义务支付该期间的报酬。劳动工会不得以贯彻要求支付该期间的报酬为目的，进行争议行为”（《工会调整法》第 44 条）。

第六节　环境权

一、意义

自 1980 年在宪法中，以基本权的形式明示环境权以来，在现行《宪法》第 35 条中也规定了环境权。“所有国民享有在健康而舒适的环境中生活的权利，国家和国民应当为保护环境而努力。关于环境权的内容和行使由法律规定。国家应通过住宅开发政策等，为国民能过上舒适的居住生活而努力”。就环境权的含义而言，环境问题的重要性被引起重视的初期，认为是防治对大自然的严重环境污染，从而保护国民的权利（狭义：自然环境），此后逐渐扩大成了“在健康而舒适的环境中生活的权利”（广义：社会的环境）。

二、环境权的法律性质

环境权既具有自由权属性，又具有保护、保障请求权的性质。就自由权属性而言，对应当由个人享受的健康而舒适的环境，可以请求排除侵害。就保护、保障请求权的性质而言，具有要求国家提供能够在健康而舒适的环境中生活的权利。作为社会权（生存权）的环境权，具有作为抽象权利的界限。因此，“关于环境权的内容和行使由法律规定”，同时“国家和国民应当为保护环境而努力”。

三、环境权的主体、效力

环境权是“在健康而舒适的环境中生活”的国民之权利。法人不能成为环境权的主体。作为社会权的环境权，原则上仅限于国民，然而对外国人也应当做出限定性的认可。“所有国民享有在健康而舒适的环境中生活的权利，国家和国民应当为保护环境而努力”。因此环境权约束国家权力（对国家效力）。同时，“国民应当为保护环境而努力”，因此对私人之间也具有效力（间接适用）。

四、环境权的内容

（一）包括狭义的自然环境与广义的社会环境

所有国民都享有“在健康而舒适的环境中生活的权利”中，“环境”不仅是指自然环境，还包括社会环境。在《环境政策基本法》中也做出了如下规定。即“环境是指自然环境与生活环境”（《环境政策基本法》第3条第1项）。

（二）在“健康而舒适”的环境中生活的权利之法定主义

健康中不仅包括身体的健康，还包括精神的健康。舒适的环境是指安乐而平稳的环境。环境权具体体现为：①防止环境污染或损失，为保护个人而设定的“公害排除请求权”（环境修复请求权）；②能够要求环境给付性质之生存照顾的“生活环境建成请求权”（环境预防请求权）。在现如今的城市生活中，特别成为问题的是日照权、瞭望权、景观权。“关于环境权的内容和行使由法律规定”（《宪法》第35条第2款）。为此先后制定了《环境政策基本法》《环境纷争调整法》《环境影响评价法》《噪音振动管理法》《水环境保护法》等。

（三）舒适的住宅生活

住宅问题，尤其是在城市化、工业化过程中，逐渐成了严重的社会问题。因此，“国家应通过住宅开发政策等，为国民能过上舒适的居住生活而努力”（《宪法》第35条第3款）。为此，国家应当树立系统化的住宅政策，构建优质的住宅环境。

五、国家和国民为保护环境的努力与义务

《宪法》第35条第1款规定，“国家和国民应当为保护环境而努力”。同时规定了国家应当为舒适的居住生活而努力的义务（《宪法》第35条第3款）。

六、环境权的限制与界限

根据《宪法》第37条第2款基本权限制的一般原理，也可以对环境权进行限制。然而，不能限制环境权的本质内容。环境权具有相邻关系属性，因此环境权将伴随着一定的忍受义务。

七、环境权的侵害与救济

（一）来自公权力的侵害与救济

存在如下两种情形，即由于公权力的积极行使而引发的环境权侵害与公权力

的消极对应而引发的环境权侵害。就后者的情形而言，根据对公害设施的设置许可、过低的污染物排放标准规定等设立的工厂、设施，有可能对环境权产生间接的侵害。

（二）来自私人的侵害与救济

就来自私人的环境侵害救济而言，存在如下两种情形，即作为事后救济方法的“民事上损害赔偿请求权”与作为事前救济方法的“事前留止请求权”。事前留止请求权是指鉴于作为事后救济方法的损害赔偿请求权之界限，当侵害环境权的行为发生或者有发生的顾虑时，可以请求对该行为的中止、排除、预防的权利。然而，鉴于环境纷争的特殊性，关于违法性判断确立了“忍受限度论”，是指通过比较衡量受害者与侵害者的利益、受害的形态、事业的有效性等，当侵害行为的程度，没有超过社会生活中一般能够忍受的程度时，应当进行忍受的理论。就私人之间的环境权争议而言，出现了关于日照权的多数判例。

（三）环境污染损害纷争机构

在解决基于环境损害引发的纠纷过程中，仅以诉讼形式通过适用传统法律理论来解决纠纷的方式存在一定的局限性。因此，为了迅速、适当地解决环境纠纷，在《环境纷争调整法》中，设置了环境纷争调整委员会。

（四）公害诉讼中的原告资格与举证责任倒置

在公害诉讼中，应当扩大原告资格的适用范围，除直接被害人之外，与环境污染相关的人士也应当具有原告资格（集体诉讼）。同时，针对被害人和侵害人、损害发生和因果关系、损害程度等的举证困难，有学者提出了举证责任倒置理论。根据“盖然性理论”可以减轻被害人的举证责任。盖然性理论是指对于被害人的因果关系举证责任而言，不需要进行科学严密的证明，只要侵害行为与损害发生之间存在相当的因果关系即可。

第七节　关于婚姻与家族的权利

一、意义

“婚姻和家族生活应建立和维持在个人尊严和两性平等的基础上，国家对此提供保障。国家应当为保护母性而努力”（《宪法》第 36 条）。这一《宪法》规定阐明了婚姻制度与家族制度应当以“尊重人的尊严性”与“民主主义原理”为根据。

二、关于婚姻与家族权利的法律性质

在宪法条文体系中，婚姻与家族的权利位于社会权部分，同时国家应当保障人的尊严、两性的平等，因此该权利具有社会权属性。该权利作为制度保障直接约束国家权力。因此，婚姻与家族的权利同时具有作为基本权的属性和作为制度保障的属性。

三、关于婚姻与家族权利的主体、效力

由于婚姻与家族权利是基于人的尊严与两性平等原理的权利，因此该主体不能仅限于作为自然人的国民，外国人也应当视为主体。但是法人不能成为该权利的主体。宪法规定了国家的保障义务，因此无疑认可了对国家的效力。同时，基于两性平等同样也认可对私人的效力。

四、关于婚姻与家族权利的内容

（一）婚姻的纯洁与婚姻的自由

婚姻的纯洁是指要求一夫一妻制。因此，禁止纳妾制度或重婚。婚姻的自由通常指是否结婚、选择配偶、决定结婚时期的自由。《民法》上对未成年人的婚姻做出了诸如需要有父母同意等的限制。“同姓同本禁婚规定，正面违背了应当基于个人的尊严和两性的平等，而成立并维持婚姻与家族生活的宪法规定”（宪裁 1997.7.16. 95Hun-Ka6 等）。

（二）保障夫妇的平等

为了保障夫妇平等制，废止了旧《民法》中的将妻子视为无行为能力人的条款。姓名是表现个人身份与个性的象征，是在社会生活中形成和发现自身生活领域的基础。户主制度也由于不符合《宪法》第 36 条第 1 款的要求，即“在婚姻和家族生活中，应当尊重个人的尊严”，因此被决定为是违宪的制度（宪裁 2005.2.3. 2001Hun-Ka9 等）。因此在 2008 年废止了户籍，现如今则按个人制作家族关系登记簿。登记簿包括以下 5 类，即家族关系证明书、基本证明书、婚姻关系证明书、领养关系证明书、亲养子关系证明书。在结婚时，若有协议，子女可以取得母亲的姓和本。当离婚后的女性抚养与前夫所生的子女时，可以将子女姓和本变更为新父亲的姓和本。为了子女的福利，施行了将养子认可为法律上亲生子的“亲养子制度”（《民法》第 908 条之二以下）。

（三）对子女的养育权

父母具有树立养育子女的整体计划，并根据自身的人生观、社会观、教育观实施子女教育的权利。父母对子女的养育权，虽然在韩国宪法中无明文规定，但这是所有人类享有的不可侵犯的人权，是来自《宪法》第 36 条第 1 款保障婚姻和家族生活、《宪法》第 10 条保障幸福追求权、第 37 条第 1 款宪法上未列举之基本权的重要基本权。

五、保护母性

对母性的保护是现行《宪法》新设立的条款。在《母子保健法》中，将“母性”定义为“孕妇与育龄期女性”（《母子保健法》第 2 条第 2 项）。

第八节　关于保健的权利

一、意义

《宪法》第 36 条第 3 款规定，“所有国民的保健受国家保护”，要求国家应当积极对国民保健进行必要的照顾。虽然与其他基本权的规定形式不同，使用了“受到国家的保护”这种规范形式，但也要认可保健权。

二、保健权利的法律性质、主体、效力

关于保健的权利是当国家侵害国民之保健时，能够请求排除该侵害的权利，因此该权利具有自由权属性。但主要问题是关于社会权属性的问题，即关于保健的权利是为了维持健康的生活，而对国家要求照顾的权利，因此该权利具有社会权属性。具有社会权属性的“关于保健的权利”，其主体在原则上仅限于作为自然人的国民。

三、保健权利的内容

保健权利可以区分为如下两方面内容。在消极层面上是防御权，防御来自国家的诸如强制避孕、医学实验等的侵害健康行为。在积极层面上是积极请求实施的权利，请求实施对传染病的预防与管理、对食品流通过程的管理与监督、类似健康保险制度等的医疗政策。因此，义务性地要求加入健康保险的规

定属于合宪。

四、保健权利的限制与界限、侵害与救济

可以根据《宪法》第 37 条第 2 款的一般原理，对保健权利进行限制。同时就侵害与救济而言，适用关于基本权之侵害与救济的一般原理。

第七章 请求权性质的基本权

第一节 请求权性质的基本权之一般理论

一、意义

请求权性质的基本权是救济国民权利的基本权，有着多种表述形式，诸如为了保障基本权的基本权、权利救济的基本权、受益权等。请求权性质的基本权是国民积极要求国家做出特定行为或者请求国家予以保护的主观公权。

二、请求权性质的基本权之法律性质

请求权性质的基本权并非是反射利益，而是为实现基本权的公权。自由权意味着相对于国家的自由，即消极权利；相反，请求权性质的基本权是对国家请求的积极权利。自由权是先于国家（前国家）的基本权；相反，请求权性质的基本权是国家内部实定法上国民（市民）的权利。社会权是通过具体法律能够在现实中具体化的权利；相反，请求权性质的基本权在宪法上是具有直接效力的权利。请求权性质的基本权是为了实现实体基本权的程序性基本权。

三、请求权性质的基本权之效力

请求权性质的基本权依宪法形成，基于法律得以具体化，约束所有国家权力。《宪法》上所说的“依照法律规定”保障请求权性质的基本权，并不意味着形成性保留。即，是否赋予请求权性质的基本权并非立法府通过制定法律予以抉择的事项，相反，立法府的工作是个别化、具体化宪法上已经保障之请求权性质的基本权。

原则上请求权性质的基本权具有对国家效力。由于请求权性质的基本权是对国家的权利，因此对私人相互之间，虽然有间接适用的情形，但不可以直接适用。

四、请求权性质的基本权之内容

请求权性质之基本权，包括请愿权、裁判请求权、国家赔偿请求权、刑事补偿请求权、犯罪受害者救助请求权。只有请愿权是事前的权利救济制度，其他权利是事后的权利救济制度。请求权性质的基本权之权利救济，在本质上与基本权的侵害和救济内容相互重叠，且相互关联。

第二节　请愿权

一、意义

请愿权是指国民可以向国家机关陈述意见或期望的权利。请愿权是在与公权力进行往来的过程中，产生利害关系、意见、期望等时，做出合法请愿的所有国民可以要求国家机关受理该请愿，还可以要求将该审查的处理结果通知请愿者的权利。“所有国民依照法律规定享有以书面形式向国家机关请愿的权利。对于请愿，国家负有审查的义务”（《宪法》第 26 条）。“向政府提出的或移交的有关政府政策请愿的审查”是必须经国务会议审议的事项（《宪法》第 89 条第 15 项）。《请愿法》是关于请愿的一般法律。

二、请愿权的法律性质

由于请愿权是国民可以向国家机关自由陈述意见或期望的权利，因此请愿权具有自由权属性。同时，国民通过请愿可以参与国家意思形成过程，因此请愿权具有参政权属性。尤其是通过请愿权的直接民主主义性质，可以完善代议民主主义的缺点，因此不能忽视请愿权的参政权属性。然而，请愿权是国民向国家机关陈述意见或期望，并要求国家受理、审查该请求的积极权利，因此请求权性质是请愿权的本质内容。

三、请愿权的主体与客体

虽然在《宪法》中使用了“国民”这一表述，但请愿权的主体既包括作为自然人的一般国民与处于特殊身份关系的国民，还广泛地包括了外国人与法人。然而，就处于特殊身份关系的国民（例如，公务员或军人等）而言，可以限制其对与自身职务相关的请愿与集体请愿。对于行使请愿权的对象机关而言，虽然在《宪法》中规定为“国家机关”，但该机关，不仅仅是指国家机关，还包含了地方自治团体之机关或公共团体之机关。

四、请愿权的效力

请愿权虽然是对国家的基本权，但是对私人之间也具有间接的效力。虽然在《宪法》上仅规定了国家的请愿审查义务（《宪法》第26条），但是在《请愿法》中还规定了国家的请愿审查、处理义务与原则上应当在90日以内通知结果的义务（《请愿法》第9条），同时还规定了禁止以请愿为由施以不利待遇（《请愿法》第12条）。以国会为对象进行的请愿，由该管辖委员会处理（《国会法》第124条）。

五、请愿权的内容

（一）请愿事项

《宪法》第26条第1款规定，请愿事项是由法律规定的立法事项。《请愿法》第4条规定的请愿事项包括：①被害的救济；②对公务员的违法、不当行为，要求纠正或惩戒；③法律、命令、条例、规则等的制定、修改或废止；④公共的制度或者设施的运营；⑤此外，属于国家机关等之权限的事项。由于规定了“此外，属于国家机关等之权限的事项”，由此可知上述事项属于例举性规定。因此原则上属于国家机关等之权限的事项，都可以成为请愿的对象。

然而，①监查、侦查、裁判、行政复议、调停、仲裁等，根据其他法令正在进行调查、不服或者救济程序时；②以虚假事实欲使得他人得到刑事处分或惩戒处分，或者是重伤国家机关等的事项时；③属于私人之间的权利关系或者是关于个人私生活的事项时；④请愿人的姓名、地址等不明确或者请愿内容不明确时不受理请愿（《请愿法》第5条）。同时，不得通过以谋害他人为目的的虚假事实，进行请愿（《请愿法》第11条）。

（二）请愿的方法与程序

应当以书面形式进行请愿（《请愿法》第6条第1款）。尤其是向国会和地方议会提出请愿时，必须有国会议员、地方议会议员之推荐（《国会法》第123条第1款，《地方自治法》第73条第1款）。

六、请愿权的限制与界限

根据《宪法》第 37 条第 2 款规定，可以对请愿权进行限制。《请愿法》规定了请愿不受理事项（《请愿法》第 5 条）、反复请愿与双重请愿的处理（《请愿法》第 8 条）、禁止谋害性质的请愿（《请愿法》第 11 条）等。

七、请愿与申诉专员制度

由于在宪法中仅规定了受理国民请愿与审查的义务，因此对于国民请愿事项的实效性而言，还有些不足。为了积极实现请愿事项，从而迅速且有效率地救济国民的自由与权利，在瑞典发展出了“申诉专员制度（Ombudsman）”在韩国也设立了所属于国务总理的国民权益委员会（《关于防止腐败及国民权益委员会之设置与运营的法律》第 11 条）。国民权益委员会的事务囊括了过去由国民信访处理委员会、国家清廉委员会、国务总理之行政复议委员会负责的信访、防止腐败、中央行政复议事务。

第三节　裁判请求权

一、意义

韩国《宪法》除了在第 5 章专章规定法院相关事项之外，另在第 6 章专章规定了宪法裁判所相关事项。这一形式导致了如下争论，得到法院裁判的权利之确切意思是什么？得到裁判的权利是指得到哪个法院裁判的权利？由此是否认可针对法院裁判的宪法诉愿、裁判的具体内容、审级制度的本质是什么等。

《宪法》上关于裁判请求权的基本条款是第 27 条第 1 款。如果说《宪法》第 5 章法院（第 101 条～第 110 条）与第 6 章宪法裁判所（第 111 条～第 113 条）的规定是为了保障裁判请求权的前提规定，那么第 27 条第 2 款至第 5 款与为保障身体自由的第 12 条和第 13 条，则是为了保障裁判请求权的具体规定。

“所有国民享有得到宪法和法律所规定的由法官根据法律作出裁判的权利。非军人或非军务员的国民，在大韩民国境内，除犯有有关军事机密、哨兵、哨所、提供有毒食物、俘虏、军用物品的重大罪行中法律规定的情形以及宣布非常戒严的情形外，不受军事法院的裁判。所有国民享有接受迅速裁判的权利。除有相当理由外，刑事被告人享有及时接受公开裁判的权利。刑事被告人在有罪判决生效前，被推定为无罪。刑事被害人根据法律规定可以在相关案件的裁判过程中进行陈述”（《宪法》第27条）。

二、裁判请求权的法律性质

裁判请求权是为了保障基本权，向国家请求裁判的权利。因此，裁判请求权是为了实质性地保障宪法上基本权的司法程序上基本权或者是诉讼上基本权。同时，裁判请求权是辅助性、形式性基本权，是个人所具有的主观公权。

三、裁判请求权的主体、效力

裁判请求权的主体，不仅包括作为自然人的国民，还包括外国人。同时，国内法人与属于非法人的私法上结社，也可以成为裁判请求权的主体。裁判请求权约束所有国家权力。同时，间接适用于私人相互之间。诉权是私人对国家的公权，因此不能以当事人之间的合议而抛弃对国家的公权。然而，可以进行“不提诉”的合议或“不抗诉”的合议。

四、裁判请求权的内容

（一）得到“宪法和法律规定的法官作出裁判”的权利

1. 意义

宪法和法律规定的法官是指，①依照《宪法》第101条第3款的规定而制定的《法院组织法》中，满足第41条、第42条资格的人；②根据《宪法》第104条与《法院组织法》第41条中规定的程序，为了组织法院而被任命；③根据《宪法》第105条、第106条，其任期、退休事宜与身份已经得到保障；④根据《宪法》第103条，能够依照宪法和法律及其良心，独立进行审判的人；⑤依照《关于法院的构成与管辖及其分配事务等的法律》规定，具有权限；⑥没有由于除斥等其他事由，而被禁止参与该裁判的法官。

2. 即决审判、保护处分、家事审判：由法官作出的裁判

即决审判、法院之少年部的保护处分、家庭法院的家事审判、修订前的《社会保障法》上保护处分等是由宪法和法律规定的法官作出的裁判。

3. 略式命令、通告处分：不服时可要求正式裁判

略式程序作为公开审判之前的简易诉讼程序，与对财政犯和违反交通规则的人进行的通告处分等，当事人对该处罚不服时，可以要求进行正式裁判，因此不

属于违宪。

4. 陪审制、参审制

（1）陪审制（Jury）。

陪审制通过保障国民的司法参与，不仅能够使得民主主义原理贯彻于司法作用，还可以抑制法官的官僚化，同时还可以期待一般人容易接受的裁判结果。然而，由于要投入相当的时间和费用，因此存在着效率低下的问题，同时由于受到舆论或个人之先入为主的观点与偏见等的影响，也有认定事实出错的顾虑。

（2）参审制（Schöffen）。

参审制是指由作为一般市民的参审员与职业法官一同参与到裁判部，参审员具有与职业法官同等的权限，可以对事实问题和法律问题作出判断的制度。参审制一方面为国民提供了参与司法过程的机会，另一方面为诉讼中积极选用具备专业知识的人提供了便利。但是事实上很难期待作为一般市民的参审员能够行使与职业法官同等的权限，因此一不小心参审制就有可能流于形式。

（3）陪审制和参审制的合宪性。

①意义。《宪法》第 27 条第 1 款规定，“所有国民享有得到宪法及法律所规定的由法官根据法律作出裁判的权利”。由此，陪审裁判或者参审裁判是否属于由“宪法和法律规定的法官作出的裁判”成了争论焦点。

②学说。有观点认为，陪审员只参与对事实的判定，不参与法律判断，因此陪审制合宪，然而参审员还要进行法律判断，因此参审制属于违宪。总之，即使陪审员能够对事实进行确定，那也是在法官主宰的裁判程序中，根据法官的指导对证据的价值进行判断，从而确定的事实，因此很难说完全剥夺了法官对事实进行判断的机会。如果在《宪法》中规定“由法官决定是否引用陪审员的评议”，那么或许可以在现行《宪法》的框架内，以刑事裁判为中心，援用一定程度的陪审制。

对参审制而言，如果由法律规定将参审员认定为法官，那么就不会产生任何问题。但，这样一来将导致丧失参审制属性，即保障非法官的专家参与裁判的属性。因此，在现行宪法的框架内援用参审制时，将会导致很大的违宪危机。然而，在如下“准参审制”的情况下，只要有法律的支持，就能毫无顾虑地援用该制度。“准参审制”是指参与裁判的一般市民仅参与事实认定或者仅对量刑等的法律判断提出意见，而法官却不受该约束的制度。现行《法院组织法》在专利诉讼中，援用了“技术审理官制度”，从而允许专家参与审理，并允许在裁判合议中陈述意见（《法院组织法》第 54 条之二）。

（4）“关于国民参与刑事裁判的法律”中的陪审员制度。

第一，陪审员参与刑事裁判。为了提高司法的民主正当性与信赖，明确国民参与的权限与责任，制定了有关裁判程序之特例的《关于国民参与刑事裁判的法律》。“国民参与裁判”是指由陪审员参与的刑事裁判，“陪审员”是指根据《关于国民参与刑事裁判的法律》，为使得参与刑事裁判，而选定的人士（《关于国民参与刑事裁判的法律》第 2 条）。

第二，对象案件。根据《法院组织法》第32条第1款（第2项与第5项除外）的规定，由合议部管辖的案件，原则上属于国民参与裁判的对象案件（《关于国民参与刑事裁判的法律》第 5 条第 1 款）。当被告人不希望适用国民参与裁判时或者根据《关于性暴力犯罪的处罚等的特别法》第 2 条由被害人或法定代理人不希望适用国民参与裁判时，可以作出不适用国民参与裁判的决定（《关于国民参与刑事裁判的法律》第 9 条第 1 款第 3 项）。

在国民参与裁判中，法定刑为死刑、无期徒刑或无期禁锢的对象案件，由 9 人的陪审员参与，此外的对象案件，则由 7 人的陪审员参与。但是当被告人或者辩护人在公开审判准备程序中承认公诉事实的主要内容时，法院可以进行由 5 人陪审员参与的裁判（《关于国民参与刑事裁判的法律》第 13 条）。

第三，陪审员的资格。年满 20 周岁以上的大韩民国国民中，不具有不适格事由或者由于职业等排除事由的人（《关于国民参与刑事裁判的法律》第 16 条、第 17 条、第 18 条）。政务职公务员、选任制公务员、法律专家等不具有资格成为陪审员。

第四，陪审员的作用。陪审员具有认定事实的权限，以及对法令的适用与刑罚的量定提出意见的权限。辩论终结后，参与审理的陪审员，在听取裁判长的一定说明后，对有罪或无罪进行评议。如果评议结果是全员一致，那么就此作出评定。如果对有罪或无罪，没有达成陪审员全员的一致意见，那么在作出评定之前，要听取法官对有关审理的意见。此时，对有罪或无罪的评定，则采用多数决。当评定为有罪时，陪审员与参与审理的法官一起，对量刑进行讨论，并提出有关意见。陪审员的评定与意见，不羁束法院（《关于国民参与刑事裁判的法律》第 46 条）。裁判长作出宣告时，应当向被告人告知陪审员的评定结果，当作出与陪审员的评定结果不同的判决时，应当向被告人说明理由，并记载于判决书中（《关于国民参与刑事裁判的法律》第 48 条第 4 款、第 49 条第 2 款）。

第五，评价。由于陪审员既参与事实认定，又参与量刑过程，因此区别于陪审制，由于陪审员的意见只具有劝告效力，因此区别于陪审制或参审制。即使在评议中得出了全员一致的结论，也不约束法官。同时，为了保障国民的参与机会，检察机关适用了检察官市民委员会。然而，这不是法律上的制度而是检察机关自行适用的制度。

5. 行政复议：保障正式裁判的请求

行政复议等由行政厅作出的各种裁决、事前决定、裁定，是由非法官的人士实施的准司法程序。《宪法》第 107 条第 3 款规定，“作为裁判的前审程序，可以进行行政复议。行政复议程序由法律规定，应准用司法程序”。不服行政复议等的当事人，可以要求进行正式裁判，因此不属于违宪。行政复议已经被转换成任意性程序。考虑到专利审判（特许审判）的特殊性，采用了专利审判前置主义。

6. 军事裁判：宪法上制度

《宪法》第 110 条第 3 款规定，“军事法院的组织、权限以及裁判官资格，由法律规定”，从而为作为例外性法院的军事法院提供了宪法根据。在《宪法》第 27 条第 2 款中明示了军事法院的管辖事项。军事法院的上诉法院是大法院（《宪法》第 110 条第 1 款）。

7. 检察官的暂缓起诉处分、不起诉处分

就检察官的暂缓起诉处分或不起诉处分而言，当该处分是出于检察官的恣意，那么将侵害“得到由法官作出判决”的权利。

（二）得到“依据法律”裁判的权利

《宪法》第 27 条第 1 款后段规定，得到“依据法律裁判”的权利，是指在由法官进行裁判的过程中，依法进行裁判的意思，即根据程序法所规定的程序，依实体法所规定的内容，得到裁判的权利。这一规定是为了保障依法得到裁判的权利，从而在裁判过程中，排除法官的恣意与专断。

（三）得到“裁判”的权利

1. 意义

“得到裁判的权利”是指获得宪法裁判、民事裁判、刑事裁判、行政裁判等各种裁判的权利。“得到裁判的权利”包括积极的裁判请求权与消极的不受由宪法和法律规定之外裁判的权利。

2. 得到宪法裁判的权利

所有国民根据《宪法》第 111 条的规定，可以向法院或宪法裁判所请求违宪法律审判提请、宪法诉愿等。

3. 得到大法院裁判的权利

（1）裁判请求权与上告限制。

宪法裁判所针对《小额案件审判法》第 3 条的上告限制作出了合宪决定。另外，《关于上告审程序的特例法》规定了上告审理不续行的制度，该制度看似规避了上告许可制的违宪性，但在事实上却是针对上告许可制的变通性立法。

（2）非常戒严下的一审终审制。

“在非常戒严时的军事审判中，就军人、军务员的犯罪或军事相关的间谍罪以及有关哨兵、哨所、提供有毒食物、俘虏的犯罪，限于法律规定的情形可以进行一审终审”（《宪法》第 110 条第 4 款）。这是对国民裁判请求权的重要限制。“但宣告死刑的除外”（《宪法》第 110 条第 4 款但书）。

4. 不受军事法院之裁判的权利

“非军人或军务员的国民，在大韩民国境内，除犯有有关军事机密、哨兵、哨所、提供有毒食物、俘虏、军用物品的重大罪行中法律规定的情形以及宣布非常戒严的情形外，不受军事法院的裁判”（《宪法》第 27 条第 2 款）。

（四）得到“公正而迅速的公开裁判”的权利

“所有国民享有接受迅速裁判的权利。除有相当理由外，刑事被告人享有及时接受公开裁判的权利”（《宪法》第 27 条第 3 条）。

1. 公正的裁判

由法院作出的裁判，应当是公正的判决。这是对裁判的当然要求，因此“获得公正裁判的权利”应当视为是在《宪法》第 27 条裁判请求权中，一并保障的权利。

2. 迅速的裁判

“迟到的正义，并非正义”。由《宪法》第 27 条第 3 款保障的“得到迅速裁判的权利”，不仅适用于判决程序，还适用于执行程序。“迅速”的概念不仅包括对解决争议的时间上缩短，还包括在程序上有效运行的要素。

3. 公开裁判

虽然在《宪法》上规定，刑事被告人享有公开裁判请求权，然而该权利是一般国民广泛享有的权利。这一解释也符合《宪法》第 109 条的规定，“裁判的审理和判决予以公开”。“但，妨害国家安全保障、安宁秩序或善良风俗的，法院可以决定不予公开”（《宪法》第 109 条但书）。

（五）刑事被害人的陈述权

《宪法》第 27 条第 5 款规定，“刑事被害人根据法律规定可在相关案件的裁判过程中进行陈述”，从而保障了刑事被害人的陈述权。这是为了让被害人积极防御且主张自身权利的权利。即使不能被解释为是属于刑事实体法上受保护之法益的直接主体，但是由于该犯罪，对该主体产生法律上的不利影响时，将成为宪法上刑事被害人裁判陈述权的主体。

五、裁判请求权的限制

（一）宪法的直接限制

《宪法》明文对裁判请求权作出了直接限制，对于国会议员的资格审查、惩戒、除名而言，规定“不得向法院提出诉讼”（《宪法》第 64 条第 4 款）。

（二）根据法律的一般性限制

1. 军事法院的裁判

所有国民享有得到由宪法和法律所规定的法官依据法律作出裁判的权利。然而，对于军人、军务员而言，将得到《宪法》第 110 条第 1 款军事法院的裁判。军事法院对军人、军务员取得该身份之前的犯罪，具有裁判权（《军事法院法》第 2 条第 2 款）。当一般国民实施《宪法》第 27 条第 2 款规定的罪行中，由法律规定的犯罪时，也应当例外地接受军事法院的裁判。

2. 上告与抗诉、抗告的限制

“法院由作为最高法院的大法院和各级法院组成”（《宪法》第 101 条第 2 款），因此原则上所有案件都应当可以上告至大法院。然而，宪法裁判所［宪裁 2005.6.30. 2003Hun–Ba117,《民事诉讼法》第 393 条第 1 款等违宪诉愿（弃却）］与大法院（大判 1987.4.14. 87Do350）的判例认为，可否将上告理由限定于违反法令、量刑不当、事实认定错误的问题，属于立法裁量事由（宪裁 2004.12.16. 2003Hun–Ba105）。

《宪法》第 110 条第 4 款中，有关非常戒严下的军事裁判采纳一审终审制的规定，可以认为是对裁判请求权之本质内容的限制。然而，由于这一规定是宪法规范，因此无法构成违宪法律审查的对象，对于是否可以对宪法规范进行违宪审查的问题，应另当别论。同时，在没有合理理由的情况下，限制抗诉权或抗告权的行为是违宪行为。

3. 行政诉讼上的限制

在行政诉讼中，限定了提请诉讼的期间（《行政诉讼法》第 20 条）。这是为了尽快稳定行政上法律关系的合理限制。反之，当未明示提请诉讼的期间时，可能侵害到裁判请求权。

4. 宪法诉讼上的限制

其一，通过设立由 3 人组成的指定裁判部，使其担任宪法诉愿审判的事前审查，针对不具备一定要件的案件作出却下决定的《宪法裁判所法》第 72 条的规定属于合宪。其二，在宪法诉愿中，适用的律师强制主义的做法虽然存在违宪的倾向，但宪法裁判所作出了合宪的决定。其三，权利救济型宪法诉愿的提诉期间是自知道有其事由之日起 90 日以内、自有其事由之日起 1 年以内。其四，根据《宪法裁判所法》第 68 条第 1 款的规定，在权利救济型宪法诉愿的对象中，排除了法院的裁判。

5. 刑事裁判上的限制

当有公正裁判之要求、迅速裁判之要求、发现实体性真实之要求等时，为了对各种要求进行调和，宪法裁判所认为，在刑事诉讼中的直接审理主义、公开审判中心主义、传闻法则也可以存在例外。

（三）限制的界限

不得侵害裁判请求权的本质内容。因此不能制约或设置屏障，使得难以得到由法官进行事实确定和解释适用法律的机会。

（四）例外性限制

1. 根据国家紧急权的限制

宣布非常戒严的情况下，可以针对法院的裁判采取特别措施（《宪法》第 77 条第 3 款），可以在军事法院裁判平民（《宪法》第 27 条第 2 款），在特殊的情况下，可以适用一审终审（《宪法》第 110 条第 4 款）。

2. 根据特殊身份关系的限制

军人或军务员将接受军事法院的裁判（《宪法》第 27 条第 2 款）。

第四节　国家赔偿请求权

一、意义

“因公务员的职务侵权行为而受到损害的国民，可依法向国家或公共团体请求正当赔偿。但并不免除公务员自身的责任”（《宪法》第 29 条第 1 款）。国家赔偿请求权是因公务员的职务上侵权行为而受到损害的国民，向国家或公共团体，请求赔偿责任的权利。

二、国家赔偿请求权的法律性质

（一）第 29 条的性质

就国家赔偿请求权的法律性质而言，“立法方针规定说”认为，《宪法》第 29 条并非具体权利，而是要求立法者通过制定法律完善损害赔偿要件等的命令。对此“直接效力规定说”认为，根据《宪法》第 29 条可以直接导出国家赔偿请求权，认为“依照法律规定”应当被理解为是依照法律规定具体的标准、方针的意思。直接效力规定说较为妥当。

（二）国家赔偿请求权的本质

1. 作为请求权的国家赔偿请求权

国家赔偿请求权是一种债权，是一种《宪法》第 23 条规定的财产权。然而比起实体基本权上财产权的属性，具有更强的程序基本权上请求权的属性。同时，国家赔偿请求权是由宪法实定的权利，具有国家内的权利特性。

2. 公权还是私权

由于国家赔偿请求权是依《宪法》第 29 条规定直接发生效力的主观公权，因此应当视为是公权。虽然在诉讼实务上，适用民事诉讼处理问题，而非行政诉讼，但是究其本质应当理解为是公权。

（三）国家赔偿法的性质：私法还是公法

“私法说”认为，《国家赔偿法》具有《民法》之特别法的属性，因此属于私法，国家赔偿责任是国家在与私人同等的地位上所负的责任，同时由于《国家赔偿法》第 8 条准用了《民法》，因此应当视为私法。然而，《国家赔偿法》是有关实现作为公权的国家赔偿请求权的法律，国家赔偿请求的原因行为是公法的作用，同时《国家赔偿法》是对集体主义属性之公平负担原则的宣言，由于行政主体宣言其义务，因此应当视为公法（公法说）。

三、国家赔偿请求权的主体

《宪法》第 29 条中的国民，包括大韩民国国民与国内法人。对于外国人而言，根据《国家赔偿法》第 7 条的规定，适用相互主义。在《宪法》第 29 条第 2 款中，对军人、军务员、警察公务员禁止了双重赔偿，由此限制了其基本权的主体性。

四、国家赔偿请求权的内容

（一）国家赔偿请求的类型

就国家赔偿请求的类型而言，最为典型的国家赔偿请求权是《国家赔偿法》第 2 条规定的因公务员的职务上侵权行为而引发的国家赔偿请求权。然而，现如今还认可了因公共设施的设置、管理上瑕疵而引发的国家赔偿请求权。《国家赔偿法》第 5 条规定，因道路、河川、其他公共设施的设置或管理上瑕疵，发生损害的情况下，将由国家或公共团体负赔偿责任。

（二）国家赔偿请求权的成立要件："因公务员或者受公务委托的私人之职务侵权引发的损害"

1. 公务员或者受公务委托的私人

公务员包括国家公务员和地方公务员。受公务委托的私人是指为国家或公共团体执行公务的一切人士（《国家赔偿法》第 2 条）。

2. 职务上行为

（1）职务的范围。

职务的范围分为：①狭义说，将该范围局限于权力行为。②广义说，除了包括权力行为外，还包括管理行为。③最广义说，不仅包括权力行为、管理行为，还包括私法上的行为。总之，《宪法》第 29 条上的职务行为既包括权力行为与非权力性的管理行为，还包括有关职务的私法上行为。这是由于行为的主体是国家或公共团体。

（2）"执行职务"。

"执行职务"是指除了职务上的执行，还包括客观认为外观上与职务行为存在关联的行为（外形理论）。

3. 侵权行为

侵权行为是指因故意或过失引发的违法行为。违法性是指除了严格的违反法令的情形以外，还包括违反尊重人权、禁止滥用权利、信义诚实、社会秩序等原则的客观不适当的情形。

4. 损害的发生

除了做出侵权行为的公务员和国家外，应当给他人造成损害，这里的"损害"是指将引起法益侵害的所有精神上、物质上的不利益。公务员的侵权行为与损害的发生之间，应当存在"相当的因果关系"。

（三）国家赔偿责任的性质

就国家赔偿责任的性质而言，代位责任说认为，国家赔偿责任并非是国家或公共团体的自己责任，而是代位公务员而负的责任。自己责任说认为，国家赔偿责任并非是指国家代替负担公务员的责任，而是对该机关使用了该公务员的责任，因此是国家对自己行为的自己责任。中间说（折中说）认为，对于因故意、重过失的赔偿责任而言，由于不具有作为机关行为的品格，因此视为是国家等的代位责任；对于因公务员的轻过失而引发的赔偿责任而言，由于可以认为是机关的行为，因此视为是国家等的自己责任。总之，国家赔偿责任应当忠实于国家的无过失责任、危险责任的原理。从现实的论据来看，中间说具有妥当的一面，但是究其本质，基于国家的自己责任、无过失责任的自己责任说更为妥当。

（四）赔偿责任人：国家责任和公务员责任

虽然在《宪法》第 29 条第 1 款中，将国家赔偿请求的对象规定为“国家或公共团体”，然而在《国家赔偿法》第 2 条第 1 款中，却将国家赔偿请求的对象规定为“国家或地方自治团体”，从而缩小了请求的对象范围。同时，在《国家赔偿法》第 2 条第 2 款中规定了对加害公务员的内部追偿责任，即如果做出不法行为的公务员，存在故意或者重大过失，那么国家或地方自治团体可以向该公务员进行追偿。这里的“重大过失”是指缺乏接近于故意的显著注意。

就国家赔偿请求而言，“选择性请求权”说认为，由于在《宪法》第 29 条第 1 款但书中规定，并不免除公务员的民、刑事责任，因此可以选择性地进行请求。“对国家的请求权说”认为，对于《宪法》第 29 条第 1 款但书中的“公务员的民事责任”，根据《国家赔偿法》第 2 条第 2 款的规定，已经通过国家或公共团体对公务员的内部追偿责任得到具体化，因此为了充分保障对被害者的救济，只有具备了充分赔偿资力的国家或公共团体，才能成为赔偿责任人。总之，当以自己责任说的逻辑理解国家赔偿责任的本质时，国家赔偿责任的对象原则上应当是国家。

（五）国家赔偿请求的程序与赔偿范围

《国家赔偿法》第 9 条被修改为任意性的（选择性的）前置主义。就赔偿的范围而言，《宪法》第 29 条第 1 款规定了正当的赔偿，因此应对与该侵权行为具有相当因果关系的所有损害，进行赔偿。在以《国家赔偿法》第 3 条之二第 3 款为根据的施行令第 6 条第 3 款规定中，就赔偿额的计算而言，采用了霍夫曼计算法（Hoffman Method）。规定国家赔偿请求权之消灭时效的《国家赔偿法》第 8 条，属于合宪。

五、国家赔偿请求权的限制

根据《宪法》第 37 条第 2 款的一般原理，可以限制国家赔偿请求权。然而，《宪法》第 29 条第 2 款规定，“军人、军务员、警察公务员以及其他法律规定的人员，因战争、训练等与执行职务相关的行为受到损害的，除法律规定的补偿外，不得以公务员的职务侵权行为而向国家或公共团体请求赔偿”，从而明示禁止了双重赔偿请求。禁止双重赔偿请求的规定，原本并未规定于《宪法》，是《国家赔偿法》第 2 条第 1 款但书上的规定，然而在大法院对该规定作出违宪判决以后，通过修宪规定在了 1972 年宪法中，沿用至今。

《国家赔偿法》第 2 条第 1 款但书将之前的“因战斗、训练等其他与执行职务相关的行为或者在以国防或维持治安为目的而使用的设施以及汽车、舰船、航空器、其他运输手段内”这一规定修改为了目前的“因战争、训练等与执行职务相关的行为”。这一修订，部分改善了对警察公务员的补偿体系。过去警察公务员被排除在赔偿对象之外，而受到了不合理的区别对待。通过这一修订，在履行战争、训练以外的一般职务时，殉职、受到工伤的人，也可以提出损害赔偿请求。

第五节　损失补偿请求权

一、意义

“根据公共需要而实施的财产权的征收、征用或限制及补偿由法律规定，应支付正当的补偿”（《宪法》第 23 条第 3 款）（具体参照第三篇第四章第五节第三项财产权）。根据公共需要对财产权进行征收、征用、限制的情况下，由于公法上特殊原因，而伴随特别牺牲时，应当进行正当的损失补偿。要求对特别牺牲做出正当补偿的规定是符合正义与公平原则的规定，即对特定人施加的特别牺牲，应当由全体负责补偿。

二、损失补偿请求权的法律性质

就《宪法》第23条第3款的实定法属性而言，有“直接效力规定说”与“方针规定说”。“直接效力规定说”认为，《宪法》第 23 条第 3 款的补偿是必需的，只不过将该标准与方法的设定委任给了法律。并认为这种说法符合《宪法》第23条第1款的“对私有财产制保障的法理”。

三、损失补偿请求权的主体

因公用征用、征收、限制等合法的公权力行使，而在财产上受到特别牺牲的是国民。然而不仅是本国人，外国人和法人也可以成为该主体。

四、损失补偿请求权的内容

（一）成立要件

个人的财产权，根据公共需要，因合法的公权力行使，受到特别牺牲。财产权是指所有具有公私法上财产价值的权利。公共需要是指为了实施公益事业或者实现公共福利，不可避免地限制财产权的情形。因公权力的侵害是指针对个人财产权的一切侵害。特别牺牲是指使得特定人负担超出一般受忍义务范围之财产权的牺牲。

（二）标准

正当补偿是指对被侵害财产权的客观价值所进行的完全补偿。

（三）方法

损失补偿的方法包括金钱补偿与实物补偿，预付、一次性支付、分期给付等。具体方法由个别法律予以规定。《关于为公益事业而取得土地等以及补偿的法律》立足于金钱补偿、事前补偿原则。

（四）对损失补偿的不服

个别的特别法律中，没有相关规定时，原则上可以通过行政争讼程序提出不服。大法院则适用民事诉讼程序，而非行政诉讼程序。

第六节　犯罪被害人救助请求权

一、意义

“因他人的犯罪行为而受到生命、身体侵害的国民，可依法获得国家的救助”（《宪法》第30条）。犯罪被害人救助请求权是因他人的犯罪行为而受到生命、身体上侵害的国民，向国家请求遗属救助或残疾救助的权利。

二、犯罪被害人救助请求权的本质与法律性质

（一）本质

就犯罪被害人救助请求权的本质而言，“国家责任说”认为，由于国家具有预防并镇压犯罪的责任，对受到犯罪侵害的国民，承担无过失赔偿责任。“社会保障说”认为，在社会保障的层面上，国家应当救助该被害者。“社会负担说”认为，国家可以将犯罪的受害负担于社会成员。总之，犯罪被害人救助请求权是根据“国家责任的性质”和“社会保障的性质”的具有请求权属性的基本权。

（二）法律性质

“直接效力规定说”将犯罪被害人救助请求权视为是国家赔偿请求权。而“立法方针规定说”认为，犯罪被害人救助请求权是社会性基本权的一种，将其视为是关于社会保障的权利。总之，《宪法》第 30 条的犯罪被害人救助请求权，应当视为是直接效力规定。

三、犯罪被害人救助请求权的主体

犯罪被害人救助请求权的主体是因侵害生命或者身体的犯罪行为，而死亡之人的遗属或者留下残疾或受到重伤害的人（《宪法》第 30 条，《犯罪被害者保护法》第 1 条，第 3 条第 4 项，第 16 条第 1 款）。

四、犯罪被害人救助请求权的内容

（一）成立要件

就积极要件而言，因他人之侵害生命、身体的犯罪行为，而死亡或者留下残疾或受到重伤害的被害人，没能获得受害的全部或部分赔偿的情况；或者在自己或他人之刑事案件的侦查或裁判中，提供告诉、告发等侦查线索的过程中，或在陈述、提供证言或资料的过程中，成为被害人的情形下，才能够满足成立要件。就消极要件而言，在实施犯罪行为当时，需要救助的被害人与加害者之间存在夫妻（包括事实上的婚姻关系）、直系血亲、四代以内的亲属、属于同居亲属的亲属关系时，不予支付救助金（《犯罪被害者保护法》第 19 条第 1 款）。

（二）犯罪被害救助金的内容

救助金的种类分为，遗属救助金、残疾救助金（障害救助金）、重伤害救助金，以一次性支付的方式发放（《犯罪被害者保护法》第 17 条第 1 款）。

第八章　国民的基本义务

一、意义

韩国《宪法》上规定的国民基本义务，包括纳税义务（《宪法》第 38 条）、国防义务（《宪法》第 39 条）、教育义务（《宪法》第 31 条第 2 款）、劳动义务（《宪法》第 32 条第 2 款）、财产权的行使应当符合公共福利的义务（《宪法》第 23 条第 2 款）、环境保全义务（《宪法》第 35 条）。此外，虽然在宪法上无明文规定，但类似于宪法与法律的遵守义务、守护国家的义务等，则属于国民的当然义务。

二、纳税义务

"所有国民负有依法纳税的义务"（《宪法》第 38 条）。纳税义务是为了保障国家的财政基础而设定的义务。不论是身为自然人的国内外人士，还是国内外的法人，只要在国内拥有财产或实施成为征税对象的行为时，就应当负担纳税义务。征税适用"税收法定主义"（又称租税法定主义）、公平课税的原则。

三、国防义务

"所有国民负有依法保卫国家的义务"（《宪法》第 39 条第 1 款）。"任何人均不因履行兵役义务而受到不利待遇"（《宪法》第 2 款）。国防义务是指针对外国或外敌的侵略，为了国家的独立与领土的保全，而负担的国家防卫义务。

就国防义务的性质而言，从积极层面来看，具有身为主权者的国民，针对外来侵略，自愿防卫国家的性质。从消极层面来看，具有以国家恣意、单方面征集，从而保障国民人身自由的性质。国防义务具有无法由他人代替履行的一身专属性质。

国防义务的主体是身为国家成员的大韩民国国民。根据《兵役法》，直接兵役义务的征集对象，仅限于大韩民国的男性。国防义务的概念中，不仅包括直接形成兵力的义务，依照《兵役法》《乡土预备军设置法》《民防卫基本法》《应对非常时期资源管理法》等，还包括间接形成兵力的义务，以及在形成兵力以后服从并协助军事作战命令的义务。“任何人均不因履行兵役义务而受到不利待遇”（《宪法》第39条第2款）。然而“由于履行兵役义务本身而受到的损失，则与《宪法》第39条第2款规定的‘禁止因履行兵役义务而受到不利待遇’无关联”。

四、使得接受教育的义务

“所有国民对其所保护的子女负有至少使其接受初等教育及法律规定教育的义务”（《宪法》第31条第2款）。“使得接受教育的义务”是指亲权者或监护人，使得由其保护的青少年，接受初等教育与法定教育的义务。

“使得接受教育的义务”是为了让所有国民享受体面的生活而设立的义务，这一义务并非是伦理义务，而是法律义务。因此在《初中等教育法》中，设定了针对违法行为的制裁规定（《初中等教育法》第68条）。

《宪法》上“使得接受教育的义务”之主体是亲权者或监护人等。然而，根据《宪法》第31条第3款，无偿义务教育的主体是国家或地方自治团体。就“使得接受教育的义务”而言，成为其对象的教育是指初等教育与法律所规定的教育。就无偿的范围而言，虽然在《初中等教育法》中，仅规定了免除学费（《初中等教育法》第12条第4款），但学习用品、教科书、伙食等就学必要费用也应当是无偿。

五、劳动义务

“所有国民负有劳动的义务。国家依照民主主义原则由法律规定劳动义务的内容和条件”（《宪法》第32条第2款）。劳动义务可以理解为是针对具备劳动能力却不从事劳动的人，可以对其做出宪法非难的意思。劳动义务的主体是所有国民。这里的国民仅限于自然人。“国家依照民主主义原则由法律规定劳动义务的内容和条件”（《宪法》第32条第2款）。规定《宪法》上的劳动义务之内容与条件时，应当依照民主主义原则加以规定之。

六、财产权的行使应当符合公共福利义务

“财产权的行使应符合公共福利”（《宪法》第23条第2款）。这一规定通常表现为是财产权的社会约束性。“财产权的行使应当符合公共福利义务”是超越了单纯伦理层次的宪法性义务。因此可以援用法律来强制“财产权的行使应当符

合公共福利义务”。“财产权的行使应当符合公共福利义务”的主体，不仅包括身为自然人的国内外人士，还包括国内外法人。就“财产权的行使应当符合公共福利义务”的内容而言，包括不得滥用财产权的义务，尤其是土地的积极利用与开发义务等。

七、环境保全义务

“国民应当为保护环境而努力”（《宪法》第 35 条第 1 款后段）。为了应对愈发严重的环境问题,《宪法》不仅规定了环境权，还规定了环境保全义务。不仅是国家，国民也应当负担这一义务。环境保全义务与其他义务不同,《宪法》中明确规定了“应当付出努力”。因此，这一规定不应视为单纯伦理义务，而应当视为宪法性义务，由此可以以法律形式来强制环境保全义务。环境保全义务的主体不仅包括国内外人士和无国籍人士，还包括国内外法人。环境保全义务中包括了不得污染环境的义务、设置并使用公害防止设施的义务等。